Dictionnaire *amoureux* de la Maison de la radio et de la musique

Du même auteur

Aux Éditions Herscher

L'Arrière-cuisine, portraits, 2022.

Aux Éditions MM2M

Mon Berlin, récit, 2019.

Le Fil du temps, nouvelles, 2019.

Aux Éditions du Seuil

Chefs à la carte, portraits, 2018, avec Thierry Marx.

Les Fantômes du 3e étage, roman, 2017 ; Points poche P4789, 2018.

Un été sans alcool, roman, 2014, prix Arverne 2015, prix littéraire national de l'Audiolecture 2016.

Ma petite Française, roman, 2011.

Aux Éditions Flammarion

42 km 195, roman, 2015 ; Audible, 2016 ; Arthaud Poche, 2017.

Aux Éditions de La Martinière

L'Histoire à la carte, récits, 2015, avec Thierry Marx, prix Méditerranée des Écrivains Gastronomes 2016.

Aux Éditions Odile Jacob

Guide de voyage météo, guide, 2013, avec Louis Bodin.

Je voulais vous donner des nouvelles, nouvelles, 2009.

Bernard Thomasson

Dictionnaire *amoureux* de la Maison de la radio et de la musique

Dessins d'Alain Bouldouyre

radiofrance

PLON
www.plon.fr

COLLECTION CRÉÉE PAR JEAN-CLAUDE SIMOËN
ET
DIRIGÉE PAR GRÉGORY BERTHIER-SAUDRAIS

92, avenue de France
75013 Paris
Tél. : 01 44 16 09 00
Fax : 01 44 16 09 01
www.plon.fr
www.lisez.com

Mise en pages : Nord Compo (Villeneuve-d'Ascq)
Dépôt légal : octobre 2023
ISBN : 978-2-259-31614-9

Préface

par Sibyle VEIL
présidente-directrice générale de Radio France

La Maison de la radio et de la musique est posée en bord de Seine depuis soixante ans. Sa forme, unique dans le paysage parisien à la grammaire haussmannienne rectangulaire, lui a donné son surnom, la « maison ronde ». Cette rondeur l'impose comme une évidence, majestueuse le long du fleuve, mais vient aussi équilibrer un volume impressionnant pour la rendre ouverte et généreuse. La Maison de la radio et de la musique est en effet avant tout une « maison », c'est-à-dire un lieu d'accueil, un lieu habité, un lieu pour toutes les heures de la journée, un lieu aux vocations multiples, un lieu qui se transforme chaque jour au gré de ce que ses habitants veulent en faire.

Alors, évidemment, en ouvrant ce *Dictionnaire amoureux*, vous avez sans doute pensé d'abord à la radio, à la fabrique quotidienne d'émissions, désormais de podcasts, et à leur diffusion sur les ondes et sur les réseaux. Ces fonctions occupent bien sûr d'importantes surfaces pour accueillir les studios, les régies, les bureaux des rédactions, des équipes de productions et des techniciens. Admirer la technicité des outils de captation, de montage, leur complexité aussi, est d'ailleurs pour moi une source inépuisable de fierté et d'admiration pour les hommes et les femmes qui les utilisent tous les jours.

Mais la maison ronde a aussi une autre fonction essentielle : on y crée de la musique ! On la joue, on en communique l'émotion aux publics sur nos antennes et dans nos salles, on la répète pour faire tourner nos formations musicales en France et dans le monde. En 2021, au cœur d'une pandémie qui a bouleversé le secteur de la musique et fragilisé les artistes, j'ai souhaité que l'on reflète cette vocation par un deuxième baptême de notre Maison avec l'ajout de « et de la musique ». Dans cette maison, toutes les musiques s'offrent à vous. La grande musique orchestrale grâce à nos quatre formations musicales, qu'elle soit de patrimoine ou de création. La chanson française également, la pop, l'électro, le rock, le rap et les musiques urbaines. Dans le mythique Studio 104 où nos antennes offrent régulièrement au public des concerts des plus grands chanteurs et artistes populaires d'aujourd'hui. L'Auditorium, inauguré en 2014, était la pièce manquante de la construction initiale, magnifique écrin à la mesure du talent de nos formations musicales. En 2025, rouvriront les studios historiques qui feront de ce bâtiment un lieu unique en Europe pour la création sonore sous toutes ses formes.

Réunir en un seul lieu, antennes, formations musicales et salles de concert nous ouvre toutes les potentialités, toutes les rencontres, toutes les hybridations. À l'heure où l'écoute musicale est doublement bousculée par le streaming et par l'appétit croissant du public pour l'émotion en direct avec l'artiste et dans la salle, la Maison de la radio et de la musique se trouve parée pour toutes les transformations à venir. Le public nous suit dans ces expérimentations avec l'HyperWeekEnd, avec les concerts *Pop* ou *Hip-Hop Symphoniques* qui font se croiser musiciens de nos formations et artistes de variété pour des créations inédites.

Toute personne qui passe par la Maison de la radio et de la musique en a conscience : nous n'en sommes que les usagers temporaires. Nous en héritons des générations précédentes et nous passerons le relais aux générations les plus jeunes. Il nous appartenait de respecter le patrimoine unique qui nous a été transmis, le bâtiment pensé et dessiné par Henry Bernard et son intelligence architecturale mais aussi les nombreuses œuvres des grands noms de l'art et du design, Manessier, Soulages, Paulin, tout en l'adaptant aux usages qui évoluent en permanence et aussi aux transformations de l'audio, de la musique et de l'information. Nous avons ainsi fait entrer dans un XXIe siècle numérisé et multiconnecté un bâtiment conçu au siècle dernier avant même les premières émissions régulières sur la FM.

Le chantier historique de la réhabilitation a été mené en ce sens. Le bâtiment n'a pas changé dans son apparence, c'est la même enveloppe, fidèle au paysage de ce bord de Seine depuis soixante ans. À l'intérieur, tout ce qui pouvait et devait changer a changé : une nouvelle accessibilité pour le public, des espaces de travail, de production, de création adaptés à l'époque. Avec l'achèvement du chantier en 2022, la Maison de la radio et de la musique a trouvé un nouveau souffle qui la portera pendant plusieurs décennies, pour être encore plus une Maison ouverte, une Maison pour tous.

Si la Maison de la radio et de la musique s'inscrit ainsi dans un temps long, son cœur bat tous les jours à un rythme bien plus rapide. Au cours d'une journée, c'est toute la France qui passe ici. Les hommes et femmes politiques de tout bord pour une interview en matinale, des universitaires et des intellectuels, des écrivains et des comédiens, des humoristes et des experts. Des écoliers et des collégiens pour une activité d'éducation aux médias ou d'initiation musicale. Le grand public, de tous les milieux et de toutes les générations, pour un concert de rap ou une symphonie avec l'une ou l'autre de nos formations musicales. Et, dans cette même journée, dans notre centre de diffusion, ce sont les voix de tant et tant de Français, à travers tout le pays, qui ont été captées et diffusées dans les reportages, dans les émissions, sur l'une de nos antennes nationales ou sur l'une de nos 44 antennes locales. Vingt-quatre heures de la Maison de la radio et de la musique, c'est un concentré des vingt-quatre heures de chaque Français.

Bernard Thomasson a rédigé ce *Dictionnaire amoureux* à la première personne car, comme bien des salariés et journalistes de cette maison, il a construit avec le bâtiment une relation viscérale et intime, où s'entremêlent rationnel et émotionnel, professionnel et personnel. Chaque lecteur fera son chemin singulier à travers les différentes entrées qu'il a choisies. Que vous soyez déjà amoureux de cette maison ou que vous le soyez moins, vous ressortirez de cette lecture en l'aimant davantage, j'en suis certaine. Que vous achetiez ce livre dans une librairie en 2023, parce que vous êtes un auditeur assidu de nos radios ou que vous vous en saisissiez dans la bibliothèque d'un ami quelques années ou dizaines d'années après sa parution, vous y apprendrez quelque chose de l'histoire de Radio France, de l'histoire de notre pays au travers de cette maison qui est aussi la vôtre.

Bonne lecture !

A

À

À Marie, qui partage avec moi depuis de si nombreuses années deux maisons : la nôtre et la Maison de la radio et de la musique.

Ad-hoc (à lire comme un avant-propos)

Premier personnage : l'auteur

Je ne sais pas si je suis l'auteur *ad hoc* pour écrire ce *Dictionnaire amoureux de la Maison de la radio et de la musique*.

J'en revendique en tout cas l'entière paternité.

Ce n'est pas un ouvrage *corporate*.

Il ne m'a pas été commandé par Radio France.

Personne ne m'a sollicité en interne ou en externe, pour m'y atteler.

C'est un livre d'écrivain qui – après plusieurs romans ou récits sur des sujets aussi variés que la Résistance, Berlin, la gastronomie, le marathon, le temps qu'il fait, le temps qui passe ou Miami – a eu envie de faire partager la chance, la joie, l'honneur et la grande fierté de fréquenter, depuis plus de trente ans, cet exceptionnel bâtiment qu'est la Maison de la radio, à Paris.

L'idée m'est venue durant le premier confinement. Tenu loin du 116, avenue du Président-Kennedy, enfermé en plein air sur mon balcon, sous le soleil exceptionnellement chaud de ce printemps pétrifié, je tentais d'entamer un nouveau scénario autour de Versailles – qui jaillira en son temps – et je pensais à mes collègues travaillant dans des conditions inédites, inquiétantes et difficiles. J'imaginais notre immeuble commun, d'ordinaire si bouillonnant de vie et d'idées, entièrement vide, devenu un endroit désert, presque sinistre à en croire les contacts gardés sur place. Je revoyais tant de moments vécus là, avec des personnes si différentes, dans les studios, les *open spaces*, les salles de réunion, la cafétéria ou la cantine, ces techniciens avec qui on part sur les chapeaux de roues pour un reportage d'actualité, les fidèles attachées de production avec qui on brainstorme pour les éditions à venir, le débrief d'antenne en compagnie du rédacteur en chef, les potes retrouvés après le taf pour boire un verre au bistrot d'en face.

Je songeais, aussi, à ces décennies – toute une vie professionnelle – traversées en un éclair, preuves à la fois du confort de travail offert par un site adapté à toutes les activités qui l'emplissent, de l'absence d'ennui qui n'a jamais l'occasion de s'y installer, et de l'élégance de son architecture, exceptionnelle, que l'on finit par oublier.

Pendant que je lisais Saint-Simon, une petite musique se mit soudain à trotter dans mon esprit et je commençai à m'intéresser à cette pièce montée de métal et de verre, où je me rendais machinalement, chaque matin, ces dernières années, sans plus prendre le temps de la regarder, en ayant perdu la conscience du poids de l'Histoire que portent ses murs ronds, et oubliant d'admirer les œuvres d'art signées des plus grands créateurs qui ornent ses salles. J'avais même perdu le nom du bonhomme qui avait osé cette bâtisse futuriste, trésor d'ingéniosité et de créativité. Quelques recherches simples m'ont conforté dans la conviction que le lieu méritait qu'on s'y attardât.

Restait à trouver comment traiter le sujet...

Un polar entre la salle Olivier Messiaen et la tour centrale ? Je me voyais mal faire entrer le colonel Moutarde dans une rédaction ou un orchestre.

Une visite guidée à la manière d'un catalogue de musée ? Aussi rasoir pour l'auteur que pour le lecteur.

Un récit de mes trente années vécues ici, depuis l'entresol à droite du hall Seine jusqu'au quatrième étage façade avant, en passant par le huitième côté arrière, un coup avec vue sur la ville, un coup avec la cour intérieure dans le champ de vision ? À la lecture de la question, on aura compris l'indigence d'un tel propos.

Un roman-photo au fil des endroits les plus inattendus, avec des images agrémentées de commentaires lâchés par des personnages erratiques ? Bonne idée, mais un peu vieillot comme formule.

Une biographie ? Déjà fait, pour les cinquante ans de l'édifice, avec talent, par Félicie Dubois sous forme même d'autobiographie : *La Cathédrale des ondes*.

Mes premières années dans la maison me guidèrent vers la solution, vers ce *Dictionnaire amoureux* que vous tenez entre les mains. Car si j'avais peu à peu effacé cet immeuble de mon quotidien, je gardais en mémoire la manière dont il m'avait intrigué dès mon arrivée à Paris.

Pour tout journaliste audiovisuel de province, c'est un endroit mythique. Combien d'émissions, de journaux, de reportages avais-je entendus qui partaient d'ici ? Aussi, dès que je fus embauché à franceinfo (que l'on écrivait encore en deux mots en 1992), je profitai du moindre temps libre pour vagabonder le long des immenses couloirs. Les badges n'existaient pas. Les portes ouvraient sur des univers magiques, des rencontres musicales, de théâtre, de divertissement ou d'information. Les sous-sols restaient accessibles – je suis si souvent descendu à la crypte par l'escalier qui s'enfonçait à l'arrière de l'ascenseur central. Les coulisses se laissaient apprivoiser à qui s'y faufilait comme une petite souris. Les toits offraient un panorama inouï sur Paris (c'est toujours le cas mais on n'y accède plus en toute liberté). Les studios révélaient des mondes aux horizons si différents qu'on y embarquait pour toutes sortes de voyages. Un son s'échappait d'une cabine de montage, on s'approchait et on assistait à l'élaboration d'un documentaire passionnant.

Bref, je vagabondais avec bonheur dans tous les coins et les recoins de la maison ronde – ce qui n'était pas le moindre des paradoxes.

Cette promenade intime et amoureuse de mes débuts s'est imposée à moi pour raconter la Maison de la radio aujourd'hui. La raconter en pointillé : un jour le haut, un jour le bas ; là l'histoire, ici la modernité ; un coup les orchestres, un coup les journalistes ; focus sur la tour centrale, regard embrassant la silhouette générale ; les fenêtres en détail, l'entièreté d'un studio ; le métier de bruiteur, l'aventure des orchestres, etc.

La radio publique française est un ensemble protéiforme qui rassemble quatre formations musicales, sept stations de radio, des salles de concert, des studios à gogo dont certains pour la télévision, des centaines de bureaux, des restaurants, un gymnase, un rucher, des associations, des archives précieuses...

Il ne restait plus qu'à convaincre Radio France, propriétaire des lieux sans l'accord duquel rien n'était possible, puis l'éditeur historique de ces dictionnaires dont je possède moult exemplaires et qui sont toujours un délice à savourer.

Janvier 2021, j'adresse un mail à Sibyle Veil, lui glissant non sans malice : « En 2023, notre édifice célébrera ses 60 ans. Ce serait une très belle occasion pour le mettre en valeur par ce texte que je souhaite éclectique, subjectif et vagabond, riche d'anecdotes et de portraits, à la fois historique, actuel, et littéraire. » Dans sa réponse, moins de vingt-quatre heures plus tard, la présidente de Radio France accepte avec enthousiasme ce « projet qui [lui] va droit au cœur ». Plon s'est ensuite associé aux éditions Radio France pour mener l'aventure à son terme et je remercie ici Grégory Berthier-Saudrais et Anne-Julie Bémont, les éditeurs respectifs de ces deux maisons d'édition, deux amis fidèles qui ont cru en cette balade.

Deuxième personnage : l'architecte

Henry Bernard fut incontestablement l'architecte *ad hoc* pour bâtir la Maison de la radio et de la musique (dénomination récente : à sa création on disait « Maison de la RTF », puis très vite avec la réforme de 1964 « Maison de l'ORTF »).

Premier Grand Prix de Rome en 1938, Bernard est un homme de son temps. Il fut l'un des reconstructeurs de la ville de Caen, largement détruite par la guerre. On lui doit aussi le palais du Conseil de l'Europe, à Strasbourg, ou la tour *Reflets*, sur le Front de Seine.

Pour chacune de ses œuvres, la fonctionnalité fut la clé, ce qui lui valut de virulentes critiques, notamment au CHU de Caen que Simone Veil, la ministre de la Santé de l'époque, n'est jamais venue inaugurer en 1975.

Pour la Maison de la radio, Henry Bernard assimila les innombrables conditions imposées par les professionnels (acoustique, circulation des hommes et des documents, nécessité de fabrication des productions) jusqu'à inventer ce cercle où tout conduisait de l'extérieur vers le centre opérationnel et névralgique.

Nous étions en pleine guerre froide, il fallait protéger la diffusion des idées et de l'information. L'architecte érigea un château fort des Temps modernes, habillé de verre et d'aluminium, paré des matériaux les plus nobles et décoré par les créateurs à la pointe. Manière de démontrer la puissance technique, politique et artistique de la nation.

Les années 1950 et 1960 marquaient la réussite d'une France de la modernité. L'aérogare d'Orly venait de sortir de terre. Les grands barrages, comme celui de Donzère-Mondragon dans le Vaucluse, fleurissaient pour produire de l'électricité – ah ! l'épopée de la « houille blanche ». La Caravelle partait à la conquête du ciel, le *France* à l'assaut des océans, et les fusées Diamant faisaient de la France la troisième puissance spatiale derrière l'Union soviétique et les États-Unis.

Henry Bernard s'inscrivait pleinement dans cette époque d'un futur fantasmé.

Sa Maison de la radio en reste l'un des emblèmes majeurs.

Troisième personnage : le bâtiment

À sa naissance, le palais érigé quai de Passy (rebaptisé peu après, à la suite de l'assassinat du président Kennedy) était un bâtiment *ad hoc* pour la Radiodiffusion-télévision française.

Après de longues années de tergiversations, de palabres et de non-décisions, tous les services dispersés dans une quarantaine de sites à travers Paris se trouvèrent enfin regroupés. Cela changea la vie pour des centaines de professionnels qui, jusque-là, couraient sans cesse d'un bout à l'autre de la capitale. Les difficultés techniques s'aplanirent. Le temps gagné sur les déplacements et les recherches put être utilisé à meilleur escient.

Néanmoins, tout changement induit inquiétude et interrogations. Certains trouvèrent le lieu trop froid. D'autres reprochèrent sa situation légèrement excentrée. Tous sans exception se perdirent dans le dédale des couloirs, des étages, des bureaux et des studios. Il n'empêche : la configuration géographique des services était idéale pour travailler.

Vous le verrez en détail dans l'une des prochaines entrées sur l'architecture, mais indiquons simplement que des axes de circulation différenciés permettaient une fluidité pour tous. Le public, qui venait assister à des concerts de musique classique ou des émissions de variétés dans les grandes salles, entrait et sortait directement de et vers la rue. Les artistes étaient accueillis dans les foyers qui donnaient sur les loges puis la scène. Pour la production radio, techniciens et reporters arrivaient soit de l'extérieur où ils avaient enregistré, soit des bureaux dans les étages où ils avaient préparé leurs émissions, et ils se dirigeaient vers les studios de diffusion situés au centre du complexe. Si des archives sonores étaient nécessaires, elles se trouvaient dans la tour au-dessus de ce nœud stratégique, donc accessibles très rapidement. Depuis les studios, les programmes passaient par un centre de modulation, lui aussi au cœur de l'édifice, pour être envoyés vers les émetteurs. Dans l'esprit des concepteurs, et dans le tracé des parcours, ces différents flux ne se mélangeaient jamais.

Maison « amie des sons ennemie des bruits », selon le mot répété à l'envi par Henry Bernard, la radiodiffusion intégrait un bouclier acoustique dans sa conception même : aucun studio, petit ou grand, ne donnait sur la ville, tous furent construits à l'intérieur du cercle. Ils étaient protégés par les foyers (pour les plus vastes accueillant du public au rez-de-chaussée) et par des rangées de bureaux en couronne extérieure (pour les plus étroits, ceux de l'information et de la production quotidienne dans les étages).

Bref, tout était pensé pour que cette maison fût un écrin d'exception.

Quatrième personnage : le livre

Ce *Dictionnaire amoureux de la Maison de la radio et de la musique* me paraît être le livre *ad hoc* pour faire connaissance avec la « maison ronde », ainsi que la désignent avec affection tous ceux qui y travaillent.

De nombreux ouvrages existent, bien sûr, dans lesquels j'ai pu puiser ici des souvenirs, ailleurs des anecdotes, quelque détail précis chez l'un, un morceau de discours ou des explications techniques chez l'autre. Ces ouvrages retracent la vie d'une station, décortiquent la mécanique de l'information ou de la création musicale, mettent en valeur les orchestres, explorent tel ou tel aspect du travail radiophonique ou sont les mémoires d'un ancien qui fait revivre « sa » radio.

Je crois cependant que ce dictionnaire est le premier à s'attarder sur l'immeuble en tant que tel, cet édifice incroyable, toujours d'avant-garde, inscrit aux Monuments historiques.

Dans ma longue enquête auprès de dizaines et dizaines de personnes impliquées dans la vie de la Maison, trois ou quatre d'entre elles m'ont demandé comment je pouvais être « amoureux » de ce lieu. J'ai été étonné. Le bâtiment est beau, au dehors comme à l'intérieur. Il porte en lui soixante ans d'histoire de la radio, ce n'est pas rien. C'est une joie d'en arpenter les espaces. Il dessine, depuis sa réhabilitation, un futur novateur pour les ondes désormais liées aux nouvelles technologies digitales.

Oui, j'en suis amoureux et je le revendique.

Comme tout dictionnaire, celui que vous avez entre les mains dispose d'entrées par lettre alphabétique : vous pourrez y piocher selon vos humeurs, vos centres d'intérêt, votre curiosité, ou vous laisser porter au gré d'une lecture aléatoire.

Néanmoins, comme pour tout dictionnaire de cette collection littéraire, c'est bien le mot « amoureux » qui importe.

Ici, tout est subjectif et je l'assume.

J'ai choisi des occurrences liées à mon propre parcours, à mes émotions, à mon regard, à mes rencontres.

Il n'était pas question pour moi d'aligner, année par année, un récapitulatif exhaustif de ce que la Maison de la radio a vécu, porté, engendré. Non seulement la tâche serait colossale, mais je ne suis pas sûr qu'elle passionnerait les foules.

Ainsi, lorsque je brosse le portrait d'une personnalité en particulier, c'est parce que celle-ci a un lien direct avec le bâtiment : José Artur qui a inventé *Le Pop Club* dans le bar du grand hall ; Macha Béranger qui transformait son studio en salon privatif, comme chez elle, avec lampe de chevet, tapis et coussin moelleux ; Louis Bozon parce que cet ami cher fut l'un des tout premiers à s'installer dans les murs, dès 1963.

Je sais, on va me rétorquer que j'ai oublié un tel (« Comment occulter cet illustre prédécesseur ? »), que je n'ai pas parlé de telle anecdote (« Voyons, cet épisode a marqué les antennes ! »), que j'ai délaissé tel service (« Enfin, sans lui la radio ne fonctionnerait pas... »).

Entendons-nous bien. Vous allez lire le *Dictionnaire amoureux de la Maison de la radio et de la musique*, pas un dictionnaire du média radio.

En revanche, pour compléter ma propre vision, j'ai dialogué avec de nombreuses personnalités qui vous livreront, en quelques lignes, leur propre regard. Je les remercie toutes d'avoir accepté, gracieusement et amicalement, de s'exprimer dans des entrées spécifiques : *La Maison de la radio et de la musique vue par...*

Dernière précision, et vous l'avez peut-être déjà remarqué après ces premières lignes, je passe de « Maison de la radio et de la musique » à « Maison de la radio ». La première dénomination, toute récente, est celle voulue par la présidente Sibyle Veil : je l'utiliserai pour évoquer le bâtiment dans sa stature institutionnelle et dans toutes ses dimensions officielles. La seconde est une expression courante que vous trouverez dans les pages suivantes pour parler du lieu de manière générique, en particulier lorsque nous allons en remonter ensemble l'histoire.

Au fait, c'est drôle de parler d'une maison pour un lieu où on va travailler. Non ?

Agora

Voilà l'un des plus nobles mots de la langue française. Issu de son ancêtre grec *ἀγορά*, il en garde l'orthographe épurée, la sonorité claquante et porte toujours en lui les valeurs de dialogue et de confrontation au cœur de notre vie sociale et démocratique. Il inspire aussi un nouveau souffle citoyen qui tente de faire basculer le pouvoir central de sa verticalité jacobine, chancelante mais tenace, vers une horizontalité ouverte et partagée, dans une ambition de retour à sa version originelle : à la fois la pratique politique du peuple qui se réunit pour décider, et le lieu géographique où il se rassemble. L'agora est donc l'emblème de cet espace public où, au fil des siècles, on a puisé l'information, diffusé l'opinion, débattu puis tranché, acheté et vendu, déambulé ou simplement bavardé. C'est le point où convergent les énergies d'un projet commun.

Depuis sa réhabilitation, la Maison de la radio et de la musique dispose de sa propre agora. Sous une gigantesque et magnifique verrière lumineuse, celle-ci remplace une ancienne cour extérieure qui accueillait jadis son lot de véhicules de service, de matériel à stocker, et prenait parfois des allures de fond d'impasse où il ne faisait pas bon traîner le soir. Constituée de bielles, de câbles tendus, de lamelles vitrées sur les côtés et de grandes baies translucides ouvrant sur le ciel en guise de plafond, cette nouvelle structure crée un puits de lumière apaisant, donne une impression de transparence, soumet une esthétique élancée alliant verre et métal dans une belle finesse de travail et une certaine élégance visuelle. À lui seul, l'endroit mérite le coup d'œil.

À sa mise en service, trônait en son centre la cafétéria du personnel, face à une grande vitrine du club aquariophile de Radio France. Scotchés à la paroi, la bouche ouverte, des petits poissons aux couleurs chatoyantes bombaient leurs ouïes devant tant de personnes venues les admirer, une tasse brûlante dans une main et dans l'autre un croissant ou une *chocolatine* (n'en déplaise à l'ambassadeur français de la gastronomie Guillaume Gomez, qui défend le *pain au chocolat*, je suis du Sud-Ouest on ne se refait pas). Dans son implantation définitive, la cafétéria a été ensuite transposée au foyer E. Là, *exit* l'aquarium : la mosaïque de Gustave Singier sur le mur du fond encourage une contemplation d'un autre genre.

Avec la disparition du comptoir pour le petit noir du matin, l'agora est devenue le nœud central, non plus du personnel, mais du public extérieur. Profitant de sa réhabilitation, la Maison – qui s'était durant quelques décennies parfois trop repliée sur elle-même – entend ouvrir grand ses portes et accueillir des dizaines de milliers de visiteurs chaque année : concerts, conférences, expositions, festivals, forums, événements ponctuels, locations à des tiers, ateliers, performances, émissions en public (dans l'agora, ces dernières peuvent se dérouler *in situ* sous la verrière ou au sein d'un petit studio dédié, le 181).

J'ai failli, en 2014, profiter de cet équipement. Chaque jour en effet, dans ma tranche d'antenne sur franceinfo entre midi et 14 heures, je recevais une personnalité en direct durant la dernière demi-heure, dans une partie un peu plus « magazine » : *Rencontre avec*. Il fut question, sous l'impulsion de mon patron de l'époque Pierre-Marie Christin, de délocaliser ce rendez-vous vers le fameux studio de l'agora, afin de proposer à quelques auditeurs privilégiés d'assister en live aux entretiens avec mes invités. Las, la nouvelle direction de la station, arrivée durant l'été, modifia la grille et supprima *Rencontre avec*. Au demeurant, des ajustements techniques sur le studio ont empêché son utilisation pendant plusieurs mois.

Dans le cahier des charges pour réhabiliter le bâtiment, l'ouverture de la Maison de la radio et de la musique vers le monde extérieur fut inscrite noir sur blanc. Un nouvel axe de circulation vit le jour : une « rue traversante » percée de part en part de l'édifice, depuis l'arrière – rue Raynouard – jusqu'au grand hall face à la Seine. L'idée était de créer un passage naturel pour inciter chacun à entrer par n'importe quel côté du bâtiment et à parcourir, selon son gré, les espaces publics du rez-de-chaussée.

Bertrand Durand, un des pontes syndicaux malgré son allure d'éternel jeune homme, se souvient du projet présenté en comité d'entreprise : « Ils voulaient percer une vraie rue parisienne avec une banque, un bureau de poste, une librairie, un relais de presse et le Studio 181 en vitrine de notre savoir-faire. Les gens auraient pu entrer d'un côté et ressortir de l'autre, comme une galerie marchande publique. »

Les attentats à Paris ont conduit à une réalité tout autre. Puis la Covid-19 a refermé les portes de l'édifice pour de longs mois, y compris à une grande partie des collaborateurs. Ainsi, jusqu'à la fin de la crise sanitaire, l'agora est restée le plus souvent une coquille vide, silencieuse et triste. Depuis, elle tente de reprendre vie.

Ainsi, le vaste parvis rue Raynouard permet à des véhicules de déposer leurs passagers. Il peut servir à des animations et des ascenseurs mènent au parking souterrain juste en dessous. Par ce côté, on pénètre dans l'édifice porte D. Premier espace d'accueil avec des hôtesses, un graff du Mouv' signé André sur la droite, des expositions temporaires sur la gauche et de part et d'autre un accès direct, par les foyers flambant neufs, aux grands studios de création (en rénovation jusqu'en 2025, ils récupéreront alors leurs émissions et enregistrements en public). Puis surgit la fameuse agora, pivot de cette rue traversante qui se poursuit, après quelques marches, par une nef magistrale avec son mur végétal et un nouvel espace d'exposition vers le grand hall porte Seine. Sur la droite et la gauche on file, soit vers le Studio 104, soit vers l'Auditorium, les deux principales salles de concert de Radio France. Le trajet fonctionne, bien sûr, dans l'autre sens.

Agora, rue traversante et Auditorium, font la fierté rétrospective de l'ancien président Jean-Paul Cluzel qui – bien que (ou parce que) n'aimant pas le bâtiment – défendit bec et ongles ces trois aspects de la réhabilitation.

À l'inverse, quelques anciens déplorent que l'esprit d'Henry Bernard n'ait pas été conservé. Parmi eux, Edwige Roncière, ingénieure qualité (et mémoire vivante de la Maison de la radio) qui travaille ici depuis les années 1980 : « On a cassé une logique qui, au départ, était une conception absolument incroyable, totalement dédiée à la radio et à la diffusion. Les studios étaient à l'intérieur, protégés par les bureaux autour, et au cœur se trouvait le Centre de distribution des modulations (avec exactement la même longueur de câbles vers chaque studio) et toute la partie diffusion. Tout était pensé, conçu pour la sécurité de l'antenne et la sécurité du son. Je suis choquée par la rue traversante, qui est l'antithèse de tout cela. »

Il est vrai que l'agora ambitionne de devenir, à terme, une vitrine pour le public. À cette fin, les espaces peuvent y être aménagés en salles de réunion ou en lieux de présentation (selon les besoins des utilisateurs, qu'ils soient issus de la Maison ou qu'ils viennent de l'extérieur), les éditions Radio France entendent y mettre en avant leur production littéraire et musicale, et le Studio 181 doit y accueillir diverses émissions de France Inter (à l'heure où j'écris ces lignes le contour du projet n'est pas définitif). De quoi cependant confirmer pour cet emplacement stratégique le sens originel de son nom, en favorisant les rencontres et l'échange, en suscitant le débat et les idées, en portant la culture et la création.

Quelques événements ont déjà marqué de leur empreinte cet espace ouvert, exceptionnel et stratégique : les concerts FIP 360 ou encore *Oxymore* joué par Jean-Michel Jarre, durant l'HyperWeekendFestival 2022, qui plongea les spectateurs présents dans un son spatialisé et immersif.

Ah, dernier point, pour confirmer que l'agora se positionne au cœur de la politique d'ouverture de l'établissement : sa situation géographique. Cette pièce circulaire est le plus petit des cercles concentriques qui forment le bâtiment. Imaginez une cible. L'agora en est le point du milieu. En s'écartant, vient la « petite couronne » haute de six étages et comprenant notamment les cuisines collectives et le restaurant d'entreprise. Puis un anneau à ciel ouvert est surplombé par des passerelles aux airs de rayons sur une roue de vélo. Suivent les studios de création dits de la « couronne intérieure », auxquels on peut associer le Studio 104 et l'Auditorium côté Seine. Enfin, l'oméga structurel habille le tout avec sa façade ronde dominant les rues autour.

Voir : Architecture ; Guppy ; HyperWeekendFestival ; Ouverture ; Son immersif ; Sous-marin.

Alagna, Roberto

La Maison de la radio et de la musique vue par...

« Nous sommes nés la même année, et quand je passais devant en voiture avec mon père, je trouvais la forme assez rigolote. Nous écoutions beaucoup la radio à la maison, aussi j'imaginais que tout ce que j'entendais dans le poste se passait là. C'était devenu pour moi un lieu presque légendaire. Jamais je n'aurais imaginé m'y produire.

« Or, j'y ai chanté plusieurs fois. Je garde d'ailleurs un souvenir ému de l'enregistrement de la cantate de Debussy *L'Enfant prodigue*, en compagnie de Karina Gauvin et Jean-François Lapointe, avec le Philharmonique de Radio France dirigé par Mikko Franck, à l'Auditorium.

« Bon, à vrai dire, ce n'est pas ma salle préférée, je trouve l'acoustique un peu faible pour les voix, comme aux débuts de l'opéra Bastille. Surtout, cette construction enfoncée, en profondeur, crée une forme de claustrophobie gênante pour un artiste qui a besoin d'air pour s'exprimer (c'est pareil au Grimaldi Forum de Monaco). Du coup, j'ai besoin d'un peu de temps avant d'y trouver mon confort vocal. »

Roberto Alagna est chanteur lyrique.
Entretien accordé à l'auteur.

Aluminium

Il y a quelques mois, je suis tombé sur *Les P'tits Bateaux* de mon amie Noëlle Bréham (avant que, hélas, cette émission disparaisse de l'antenne de France Inter). Douce et charmante, Noëlle est curieuse de tout, elle aime rencontrer les autres et sa voix a marqué des générations d'auditeurs. Enjouée, elle adore la vie et en profite, mais reste discrète sur la sienne. J'ai découvert en préparant ce livre qu'elle descendait de la famille des Bonaparte, par Lucien qui s'était largement brouillé avec son empereur de frère.

Dévoreuse de livre – sa maison dans les Yvelines en est inondée, en piles éparses plutôt qu'en bibliothèque classée – Noëlle avoue avoir du mal avec l'ordre et le rangement. Pourtant, l'émission en question, destinée aux enfants, était parfaitement structurée : des questions simples, enregistrées à l'avance par les mômes, posées à l'antenne, et auxquelles un spécialiste apportait une réponse.

Ce jour-là, Amélie, 6 ans, veut savoir pourquoi le fer rouille et Nino, 14 ans, pourquoi l'aluminium ne rouille pas. Claude Riss, vice-président de l'Institut pour l'histoire de l'aluminium (mais oui, ça existe !), se lance dans des explications limpides. Au contact de l'air, en général un peu humide, il se forme à la surface du fer une couche d'oxyde poreuse qui, à la longue, se transforme en rouille. Pour l'aluminium, la même couche d'oxyde se forme (l'alumine), mais à la différence du fer elle est imperméable et protège le métal. Dans la nature, cette couche est infime, de l'ordre d'un ou deux dixièmes de micron. Des ingénieurs ont donc eu l'idée d'en augmenter l'épaisseur par un procédé d'électrolyse, l'anodisation, pour en accroître la protection. On élabore ainsi une couche d'alumine dont on peut régler l'épaisseur.

Soudain, au fil de ce processus raconté aux enfants, mon oreille se dresse lorsque le Monsieur Aluminium donne un exemple précis : « Vous avez une très belle illustration de ce phénomène, c'est la Maison de la radio. La façade est en effet constituée d'un aluminium qui a été anodisé à environ 20 microns, et on peut constater tous les jours qu'à part les traces de salissure liées à la pollution urbaine, il n'y a pas de corrosion. »

Le bougre a raison. Il a beau pleuvoir, venter, grêler, geler ou régner un soleil de plomb, l'aluminium qui habille l'édifice ne bronche pas. Henry Bernard, l'architecte, avait vu juste en expliquant ceci : « Le revêtement général a été traité en panneaux d'aluminium anodisé, car il semble qu'à Paris comme dans toute grande ville industrielle comportant des poussières très abondantes, le problème du revêtement se pose et il n'est plus pensable d'utiliser certains matériaux qui reçoivent et agglomèrent les poussières, ni d'avoir des éléments de saillie qui les enregistrent et les cristallisent. »

Dans ce propos (que rapporte Camille Luquet dans un mémoire de fin d'études à l'école d'architecture de Paris), l'inventeur de la Maison de la radio ajoute une touche de poésie, évoquant un « matériau noble » qui, au point de vue de la couleur, « puisse s'allier avec les nuances du ciel de l'Île-de-France ». De là à prétendre qu'il fait toujours gris à Paris... Il n'empêche, quand j'observe l'horizon depuis la fenêtre de mon bureau, je constate en effet que les tons de la façade aluminium se fondent très (trop) souvent avec l'horizon.

Une autre raison majeure – à moins qu'il ne fût divinement inspiré par le vaisseau de Jules Verne dans *De la Terre à la Lune* – a poussé Henry Bernard vers le choix de l'aluminium : ce métal était capable d'épouser parfaitement les jolies courbes de Madame Radio. Panneaux convexes sur rue, concaves vers la cour intérieure.

Le défi était de taille parce que dans les années 1950, à l'élaboration du projet, l'aluminium restait peu utilisé. Ce métal récent a été extrait pour la première fois au milieu du XIXe siècle. Sa première application célèbre dans le secteur de la construction remonte juste avant 1900, avec le dôme de l'église San Gioacchino, à Rome, recouvert de feuilles d'aluminium. Trente ans plus tard, à New York, l'Empire State Building de style Art déco fut l'un des premiers bâtiments emblématiques à intégrer des composants en aluminium anodisé.

En France, la Maison de la radio a marqué un tournant, ce que confirmait un an et demi avant son inauguration officielle l'ingénieur général des communications Léon Conturie lors d'une conférence à l'Institut technique du bâtiment et des travaux publics : « Je crois pouvoir dire, d'une part, qu'il n'existe aucune réalisation d'utilisation étendue de l'aluminium qui soit comparable en importance et surtout en qualité à celle des revêtements de façade de la Maison de la radio, d'autre part, que cette réalisation aura provoqué un progrès très sensible dans la technologie de l'aluminium pour son emploi dans le bâtiment. »

La technique choisie fut celle des murs-rideaux, c'est-à-dire des murs non porteurs assis sur les plateaux des étages. Si on admet qu'elle est à présent maîtrisée et largement banalisée, elle représentait à ce moment-là un saut dans une forme d'inconnu. Deux difficultés se présentèrent : l'isolement acoustique et l'isolation thermique. Aucune expérience antérieure ne put aider à trouver la bonne formule pour parvenir aux 45 décibels à ne pas dépasser pour le premier et à un coefficient voisin de 0,7, donc très faible, pour la seconde.

Il fut alors demandé à Jean Prouvé (spécialiste du métal) d'exécuter au Centre technique de l'aluminium un panneau prototype géant et de le soumettre à des essais, en particulier au laboratoire d'acoustique architecturale des bâtiments de la RTF. Sur cette base, un concours d'entreprises fut remporté par la société Scan Luchaire : elle réalisa trois hectares de dalles comportant chacune trois bords tombés et un bord raidi, ce qui permettait de les recouvrir comme des tuiles.

Le résultat final conduisit à une paroi béton relativement lourde côté intérieur et à une paroi extérieure en panneaux d'aluminium suspendus élastiquement et indépendante de la première. Des joints plastiques évitaient toute transmission des vibrations consécutives au choc des ondes sonores sur les façades. Les fenêtres guillotines à double volet coulissant permettaient de ne pas rompre la chaîne de contraintes.

Les panneaux mesurent deux mètres sur deux, et présentent une épaisseur de 4 millimètres. Comme ils n'étaient pas tous de la même nuance de gris, on a mesuré leur teinte à l'aide d'une cellule photoélectrique pour les regrouper : les plus clairs d'un côté, les plus sombres de l'autre. Il y en a près de dix mille au total !

Lors de la réhabilitation de la tour centrale entièrement repensée, l'habillage d'aluminium a été remplacé pour aménager des ouvertures acceptables dans les nouveaux bureaux créés. Les panneaux fabriqués aujourd'hui ont perdu la moitié en épaisseur (et pas mal en coût !) par rapport à ceux d'origine. Ils présentent une anodisation bien moindre que les 20 microns de 1963, ce qui, outre une protection atténuée, a donné quelques sueurs froides aux ingénieurs pour trouver un ton de gris correspondant à la couleur initiale.

Et je ne peux m'empêcher, pour conclure, de rapporter ce vers d'Apollinaire dans le poème « Les Saisons » (paru dans *Caligrammes*) :

Quelque aluminium où tu t'ingénias
À limer jusqu'au soir d'invraisemblables bagues

Apollinaire, s'il vivait encore, serait bien étonné de voir, si près de son cher pont Mirabeau, cette bague d'aluminium que forme, avec sa tour enchâssée, la Maison de la radio et de la musique...

Voir : Ciel ; Fenêtres.

Amiante

Voir : Chantier.

Anniversaires

Le mot de Jacques Audiberti, dans *La Poupée*, est resté célèbre : « Un bon mari ne se souvient jamais de l'âge de sa femme, mais de son anniversaire, toujours. »

On pourrait ajouter que plus on avance en âge, moins on apprécie les anniversaires.

En cette année 2023, la Maison de la radio et de la musique célèbre son soixantième printemps (bien qu'elle fût inaugurée en plein hiver). Elle resplendit d'une nouvelle jeunesse. Si les festivités sont à la hauteur de la respectabilité que confèrent ces six décennies de vie active, elles sacrent aussi le renouveau d'un bâtiment totalement réhabilité durant une bonne quinzaine d'années.

Il est quelques dates qui restent gravées dans la mémoire collective du lieu.

Les 20 ans, en 1983. Exposition, dans le grand hall, de vingt-six maquettes représentant les immeubles imaginés par les candidats au concours d'architecture de 1952. Vitrines séparées pour les stations que comptait le groupe à cette date : Inter, Culture, Musique, Radio Bleue, Radio 7, RFI, FIP et ses dix déclinaisons régionales ainsi que toutes les locales de Radio France. Démonstration des technologies à la pointe en matière de son. Concerts des orchestres. Cela s'appelait « 20 ans, 60 radios ».

Les 30 ans, en 1993. Trois immenses bougies arrimées sur le toit de la tour centrale – ce qui donnait au temple des ondes un air de gros gâteau[1]. Retransmission en direct au Studio 103 d'un concert en son multicanal : huit voies diffusées sur huit haut-parleurs. Nouvelles iconographies au musée pour expliquer la naissance et la construction de l'immeuble. Publication d'un livre de clichés pris par des grands photographes, *La « Maison » entrevue*.

Les 50 ans, en 2013. Un an avant la réouverture partielle, suite à sa réhabilitation, la Maison de la radio s'habillait de mauve. Un site internet lui était entièrement dédié et un livre double *La Maison de la radio* (version 1963 rééditée plus version 2013) fut publié. Un concert géant fut diffusé en simultané sur toutes les antennes (sauf franceinfo) ainsi que sur un écran géant à même le parvis de la rue Raynouard : les quatre formations (Philharmonique, National, Chœur et Maîtrise) se succédèrent sur la scène du Studio 104 – dont les peintures n'étaient pas encore tout à fait sèches après les travaux –, Eddy Mitchell chanta et le président François Hollande prononça quelques mots chaleureux pour rappeler que « la Maison de la radio héberge la plus grande entreprise culturelle de France ».

La Maison de la radio et de la musique a donc 60 ans.

Elle reste dans son temps de manière incroyable. Son design si longtemps décrié demeure d'une étrange modernité. Vaisseau futuriste en 1963, elle appartient désormais au patrimoine national. Sa permanence dans l'excellence radiophonique n'en finit pas d'épater.

Le bâtiment assure plus que jamais le job.

1. L'idée fut reprise quatre ans plus tard, en 1997, pour les dix ans de franceinfo avec dix bougies-baudruches à la mèche jaune, gonflées cette fois-ci sur le toit moins élevé de la façade Seine. Le vent en eut vite raison.

Alors oui, bon anniversaire !

Et laissons Tino Rossi fredonner que « la vie commence à 60 ans »...

Voir : Naissance ; Son multicanal.

Antoine, Éric

La Maison de la radio et de la musique vue par...

« Une architecture amène une énergie. La rondeur et le côté “marmite”, ça barate l’énergie, ça tourne à l’intérieur. Il y a quelque chose de magnétique dans ce lieu, ce qui favorise les rencontres. Par ton intermédiaire, j’ai fait la connaissance de Bernard Werber qui est devenu un de mes plus proches amis, grâce à Ali Rebeihi, j’ai ouvert une porte vers une écriture sur l’optimisme, etc. Chaque fois que je viens à la Maison de la radio, j’ai l’opportunité de faire évoluer ma pensée. Mais étrangement, dans ce lieu de rencontres en principe plutôt intellectuelles, on peut aussi passer des soirées surréalistes, par exemple au bar Le Belair (que j’ai découvert), avec des fêtards, alors que le bâtiment se vide dans la nuit... »

Éric Antoine est comédien, magicien et animateur de télévision.

Entretien accordé à l’auteur.

Architecture

Son architecture classe la Maison de la radio et de la musique parmi les réalisations majeures du XXe siècle, au même titre que l'Unesco, la bibliothèque François-Mitterrand ou le Centre Pompidou. Palais des sons, elle s'inscrit aussi dans la continuité des palais historiques le long de la Seine (Louvre, Grand Palais, palais de Tokyo, palais de Chaillot). Enfin, sa forme circulaire, unique dans la capitale, renforce l'imaginaire autour d'une institution souvent fantasmée.

Ajoutons que son inauguration en pleine guerre froide, en 1963, lui a conféré une aura toute particulière, dont elle conserve des stigmates. « La communication était alors un enjeu stratégique, précise l'historien et producteur Emmanuel Laurentin, une affaire d'État qui se devait d'être protégée et préservée des regards extérieurs. Cette tension se ressent dans l'architecture même du bâtiment, véritable château fort replié sur lui-même : deux enceintes, une cour intérieure et bien entendu un donjon, la grande tour… le cœur inaccessible de la Maison de la radio. »

Rappelons également, grâce à l'ancien opérateur du son Jean-Marie Porcher (reconverti en conférencier pour les visites du lieu), que « la forme cylindrique de la maison, avec ses hauteurs différenciées de l'arrière vers l'avant, rappelle l'image du "gazogène à hauteur variable", pièce maîtresse de l'usine à gaz des origines implantée là au milieu du XIXe siècle ». Une usine à gaz occupait en effet le site, un siècle avant la radio.

Peut-être, à ce stade de notre *Dictionnaire amoureux*, convient-il pour ceux qui ne la connaissent pas (je pense aux auditeurs qui, à travers la France entière, y entendent – et en entendent – parler sans cesse) de décrire cet édifice incroyable, à la fois simple et complexe, avant-gardiste à sa naissance et toujours aussi moderne, ouvert à tous hier comme aujourd'hui, abritant sept radios publiques nationales et quatre formations musicales de renommée internationale, éternel labyrinthe provoquant panique ou inspirant poésie, creuset d'une grande part de l'histoire de la radio et de la télévision de notre pays et témoin de moments de vie inoubliables.

C'est donc un rond.

Pas tout à fait, pourtant.

Vue du ciel (ou sur un plan), la structure se compose d'un oméga extérieur (comme la forme de la lettre grecque : **Ω**) qui s'ouvre vers la Seine, et d'une partie incurvée qui referme le cercle à partir des pieds de l'oméga.

La dernière lettre de l'alphabet grec, « comme s'il était suggéré que l'assomption de l'audiovisuel pouvait signer la fin de l'écrit », suggère avec malice Jean-Marie Porcher.

Pour l'oméga, haut de dix étages, la bande circulaire côté rue, en prise directe avec la ville autour d'elle, ne comporte que des bureaux destinés à protéger du bruit tout ce qui se trouve dans la partie intérieure, notamment la trentaine de petits studios utilisés au quotidien par les antennes. « Au début, il y avait un studio par secteur entre le troisième et le sixième étage, explique Michel Polacco, ancien directeur de franceinfo et journaliste historique de la maison. Tout le monde passait son temps à se balader d'un studio à l'autre. Seule l'information de France Inter avait le droit de rester au 134 et au 135. »

En dessous de l'oméga, sur notre plan de coupe, apparaît un quart de cercle face à la Seine. Il est réservé aux deux grandes salles publiques que sont l'Auditorium et le Studio 104 – à la construction il y en avait trois : les Studios 102, 103 et 104. Cet arc du bâtiment est un peu moins élevé, avec six étages, et comprend dans sa partie supérieure les locaux de France Inter, franceinfo et la présidence de Radio France.

L'ensemble oméga plus façade Seine est désigné comme la « grande couronne ».

Reprenons notre plan. Un deuxième petit oméga, sans pieds celui-là, se trouve enchâssé contre le premier en restant contenu en rez-de-chaussée. Ce sont les studios de création (numérotés de 105 à 120 plus le 101), tous en réhabilitation jusqu'en 2025. Appartenant à la « couronne moyenne », ils sont prolongés au rez-de-chaussée de l'oméga par les immenses foyers aux baies vitrées (immanquables avec leur vertigineux douze mètres de verre sécurisé formant paroi du sol au plafond), des foyers où patientaient jadis les artistes.

Vient ensuite une cour à ciel ouvert et, au centre de l'ensemble, un dernier cercle de six étages, la « petite couronne ». C'était au début de l'aventure le cœur stratégique de la RTF puis de l'ORTF : des studios appelés « écrans » numérotés de 121 à 128 associés à des régies finales pour la diffusion des antennes, et le Centre de distribution des modulations (CDM) qui assurait les liaisons vers l'extérieur.

Au-dessus, s'élance la tour centrale, 68 mètres de haut pour 22 étages. Destinée à être la mémoire de l'audiovisuel, elle emmagasinait les disques et les bandes magnétiques, et abritait à son faîte l'ancien système aéroréfrigérant. Depuis la réhabilitation, elle est transformée en nouveaux espaces de travail.

« L'architecte avait fait triompher une intention qui combinait non sans audace, commente l'ancien P-DG de Radio France Jean-Noël Jeanneney dans *Le Rocher de Süsten*, une horizontalité circulaire – la couronne extérieure atteignant 500 mètres de circonférence – et une verticalité intrépide. Celle-ci installait au centre une tour de 140 mètres qui devait atteindre le deuxième étage de la tour Eiffel : hauteur finalement réduite de moitié, l'audace ayant ses limites. »

Une architecture au caractère discipliné, rigoureux, « janséniste » même comme l'admit Henry Bernard dans *Le Monde* en 1963. Dans cet article titré « Un "carburateur" de 500 mètres de circonférence », le journaliste Jacques Michel poursuivait : « Les lignes circulaires confèrent un équilibre, une certaine "immobilité". Mais cette "immobilité", pour la saisir, il faut bouger, tourner autour... Plus qu'ailleurs, cette architecture doit être vue en mouvement, dans un certain déroulement, comme au cinéma. »

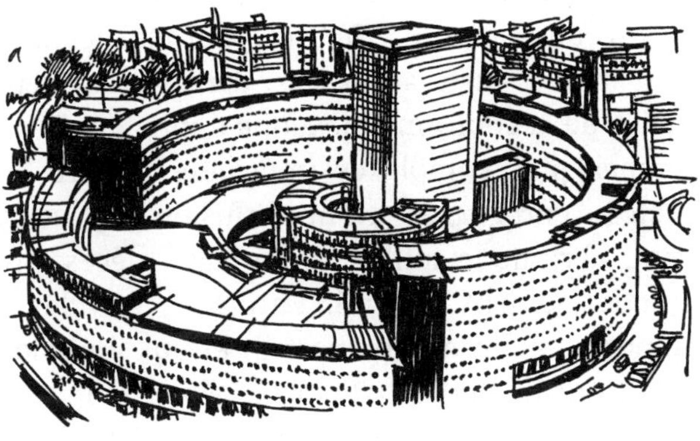

Je développerai tout cela au fil d'entrées consacrées à l'architecte, au concours lancé pour le choix du projet, à la naissance du bâtiment, à l'ingénieur général de la radiodiffusion Léon Conturie qui avait conceptualisé les besoins de l'époque, à la tour, aux foyers, aux différents studios, au CDM, etc.

Voyons simplement, pour une première approche, comment Henry Bernard en arriva à ce fameux cercle.

Les acousticiens l'avaient mis en garde : surtout pas de studios rectangulaires, qui se renvoient le son en écho sur leurs murs parallèles. Il fallait des trapèzes. Dessinant ces trapèzes côte à côte, l'architecte vit apparaître un cercle, selon le principe tout bête des portions de camembert dans leur boîte !

Partant de là, l'homme suivit à la lettre les consignes de Léon Conturie : placer au centre du dispositif les studios et les régies de direct avec un accès le plus rapide possible à la fois aux archives (pour enrichir les contenus) et au Centre de distribution des modulations (pour envoyer le son vers les émetteurs). Voilà pourquoi, au début en tout cas, la production immédiate se faisait dans la petite couronne où se trouvaient les studios écrans (dont le 125 possédait une porte blindée permettant de s'isoler en cas d'intrusion) ainsi que le CDM, et pourquoi les archives étaient installées juste au-dessus, dans la tour centrale. Les studios de la couronne moyenne donnaient lieu à des programmes plus complexes (musique, théâtre, magazines, etc.), enregistrés avant diffusion. La couronne extérieure abritait le millier de bureaux nécessaires au bon fonctionnement général. Enfin, les grandes salles côté Seine servaient aux orchestres et aux émissions en public (surtout le Studio 102 pour la télévision).

L'autre élément fonctionnel qui guida l'architecte fut les flux de déplacements. Il s'agissait de faire en sorte que se côtoient plusieurs mondes, en parallèle, sans se croiser, ni se gêner.

Les techniciens pénétraient par l'arrière de l'édifice, porte D et, suivant un couloir en radiale, gagnaient la petite couronne et les studios du direct. Ils pouvaient aussi bifurquer sur leur trajet pour se diriger d'un côté ou de l'autre vers les studios de création de la couronne moyenne.

Les journalistes et les personnels administratifs arrivaient par des portes situées au niveau des pieds de l'oméga (porte B et F) pour monter directement vers les étages.

Les artistes attendus pour enregistrer des fictions, de la musique ou des émissions de divertissement, entraient par les côtés de l'oméga, portes C et E, afin d'accéder aux foyers où ils patientaient.

Quant au public, il se présentait sur le quai de Seine, par les portes A du grand hall, et se dirigeait à gauche vers le 104 (ou le 105 grâce à un couloir vers l'arrière), à droite vers le 102 (ou le 101 grâce à un autre couloir vers l'arrière). Studios 101 et 102 étaient réservés à la télévision, Studios 104 et 105 à la musique. Le 103, au centre, avait très peu de sièges et permettait surtout aux orchestres de répéter et d'enregistrer. Les visiteurs pouvaient aussi accéder à un couloir intermédiaire entourant la couronne moyenne, à hauteur du deuxième étage, pour apercevoir en plongée (grâce à des vitres-hublots) l'activité dans les studios de création en contrebas.

Les plans d'origine, signés par Henry Bernard, révèlent ces différents axes de circulations et le détail précis des studios. Tout était parfaitement pensé : le tiers gauche de l'immeuble (quand on le regarde depuis la Seine) pour la musique, les variétés sur le tiers droit, et le dernier tiers (l'arrondi de l'oméga sur la rue Raynouard) attribué au théâtre.

Toutefois, l'architecture n'est pas que fonctionnalisme, contrairement à ce que proclamait partout Henry Bernard.

Comment croire que cet homme, présentant un projet pour construire une Maison de la radio que la France attendait depuis plus de trente ans, n'eût pas en tête de marquer son siècle ? La seule mention *Maison de la radio, Colisée du XXe siècle, la fonction rejoint le symbole* (sur le plan-masse de son dossier de concours) laisse penser qu'il visait le très haut niveau et l'Histoire.

Lisons à ce propos ce qu'écrivait François de Mazières, ancien président de la Cité de l'architecture et du patrimoine, dans un fascicule publié par Radio France pour raconter les 50 ans de l'édifice : « Par sa modernité, et par la modernité de la radio, ce bâtiment est un symbole national. Un symbole de prestige dans une France qui se relève de la Seconde Guerre mondiale et qui veut démontrer sur la scène internationale qu'elle est une grande nation, une nation bâtisseuse. »

Jean-Marie Porcher remarque aussi que « la nécessité d'affirmer sa puissance, malgré le déclin de son empire colonial, pousse la France à démontrer sa maîtrise de la modernité par quelques "prouesses" telles que la Maison de la radio, le Cnit, le pont de Tancarville, le paquebot *France*, ou le Concorde ».

Henry Bernard savait que cet ensemble aurait certes des détracteurs, mais surtout d'ardents défenseurs, qu'il serait la vitrine du pays pour l'information et la culture. Il voyait bien que la radio devenait un média de masse écouté par des millions de personnes et que la télévision naissante saisirait sa part de développement. Il avait forcément compris que l'État attendait un lieu symbolique autant que pratique et qu'on lui accorderait les moyens nécessaires pour mettre fin à ce terrible puzzle qui dispersait personnels et matériels de la RTF dans près de quarante lieux à travers Paris.

Voilà ce qui explique la deuxième force de l'architecture de la Maison de la radio : son exceptionnelle qualité. Rien ne serait assez beau ni assez moderne. Henry Bernard choisit des matériaux nobles pour habiller son « bébé » : bois luxueux, comme le palissandre pour la présidence, ou un sol en marqueterie pour le Studio 103, des mosaïques italiennes sur les bâtis verticaux des façades, un granito spécial et un marbre de Carrare mélangé à du mica scintillant pour les escaliers. Il osa l'aluminium – jamais exploité à une telle ampleur pour un immeuble – et le verre dans des proportions démesurées (les plus hautes vitres d'Europe, peut-être même du monde, à l'époque). Il sollicita les artistes contemporains les plus en vue pour décorer les salles : de Soulages à Mathieu en passant par Paulin ou Leygue.

« La faiblesse d'une bonne part de l'architecture française des années 1970, remarque Jean-Noël Jeanneney, avant la renaissance ultérieure dont témoignent, par exemple, les bâtiments de diverses universités nouvelles, valorise après coup, par contraste, l'œuvre d'Henry Bernard. » Ce président-là, P-DG de Radio France de 1982 à 1986, apprit « à aimer le charme original de cet ensemble en forme de cyclone » tout en sachant qu'il n'y trouverait certainement jamais « le calme assuré en son centre ».

Dernier élément pour caractériser l'architecture de la Maison de la radio : l'exploit du chantier. On pourrait d'ailleurs dire des chantiers.

Celui de 1953 à 1963 d'abord.

La proximité du fleuve rendait le terrain marécageux. Des centaines de pilotis de béton armé furent ancrés à la partie rocheuse, loin dans le sous-sol, afin d'éviter tout enfoncement dans la première couche trop meuble. Face aux risques de débordements de la Seine, des radiers précontraints de plus de deux mètres furent coulés pour stabiliser les grandes salles publiques, ainsi que des joints de néoprène entre chaque radier. Tous les autres grands studios de la couronne moyenne furent construits à l'intérieur d'alvéoles préparées dans l'édifice – une boîte dans la boîte – et posées sur une couche élastique (le Linatex, qui était du caoutchouc pur à 95 %) pour éviter toute vibration. Un puits artésien fut creusé à près de 600 mètres de profondeur, sous la tour, pour alimenter un système géothermique qui assurait autant le chauffage que la climatisation, procédé inédit en France à l'époque, etc.

Celui de 2003 à 2023 ensuite.

Une remise à neuf totale de la Maison de la radio, tout en continuant l'activité sur site, le défi était considérable. Par un jeu de pousse-pousse entre services, chaînes et formations musicales, les 110 000 mètres carrés de surface ont pu être réhabilités dans leur totalité. Désamianter, curer, désosser, reconstruire. À l'inverse du serpent qui change de peau, Radio France a conservé l'essentiel de la réalisation initiale, en la vidant, la réaménageant, la dotant des outils les plus actuels et en adaptant ses locaux au fonctionnement d'un groupe radiophonique du XXIe siècle. Là encore, des prouesses furent nécessaires, dans le gros œuvre, de la part d'Architecture Studio (cabinet choisi pour ce chantier démesuré). Ainsi le radier de l'ancien Studio 102 fut agrandi pour l'Auditorium – posé sur 200 boîtes à ressort réparties sous la salle –, et certaines « boîtes dans la boîte » furent réaménagées pour les studios de création. Des paliers supplémentaires furent ajoutés dans la tour. Pour relier les unités au cœur de la production, quatre passerelles aériennes ont été suspendues entre les couronnes, donnant à l'oméga des allures de roue de vélo, etc.

L'aventure peut donc continuer.

Vous allez découvrir, au fil des entrées suivantes, autant d'exemples qui démontrent l'excellence, la modernité et l'unicité de cette construction hors du commun.

Archives

L'une de mes premières démarches fut de plonger dans la longue histoire de la Maison de la radio et de la musique. Pour cela, Cécile de David-Beauregard, cheffe du service

Archives écrites et Musée, m'a volontiers ouvert les cartons et chemises renfermant des milliers de précieux documents.

Parcourant une infime partie de ces trésors (articles, affiches, revues, photos, livrets, etc.) j'ai d'abord eu peur de me noyer. Par où commencer ? Comment sélectionner ce dossier plutôt que cette note ? Quelle direction emprunter ?

J'emplissais des pages d'observations, enregistrais des dizaines d'images sur mon smartphone, dressais des listes de mots-clés. Après quelques nuits agitées, je choisis de me laisser guider par mon instinct, mes sensations, les thématiques qui me sont chères, les sujets que je connais bien.

Sept cents pages plus loin – cette entrée est l'une des dernières sur laquelle je travaille – je ne regrette pas cette approche qui, au fond, correspond à l'esprit de vagabondage amoureux de ce livre.

Au fur et à mesure que je fréquentais ce service, je découvrais le rôle important des archives de la Maison. Cécile m'en expliqua les deux axes : « Nous avons une première mission, administrative, qui consiste à gérer toutes les archives écrites du groupe dans l'exercice de son activité. Autrement dit collecter, classer et conserver les documents officiels émis par l'entreprise chaque année. Nous avons une deuxième mission, patrimoniale et culturelle, celle de constituer, dresser l'inventaire et mettre à disposition toutes les ressources historiques, institutionnelles et muséales dont Radio France est dépositaire. En clair, permettre aux chercheurs de venir travailler sur l'ensemble des documents dont nous disposons. »

Avis aux amateurs.

On peut venir ici pour plancher sur l'histoire de la politique éditoriale et musicale des radios de service public, sur l'évolution des stations et les différentes émissions culte, sur les audiences et les publics touchés, sur la communication et les supports graphiques au fil des décennies, sur les formations musicales et les concerts, sur l'architecture de la Maison, sur la stratégie de l'entreprise ou ses relations avec les institutions, etc.

D'une manière plus générale, on peut aussi fouiller dans l'histoire globale de la radio et de la télévision de service public, depuis les premiers essais télégraphiques jusqu'aux derniers développements numériques.

Également accessibles, les sources iconographiques et écrites rassemblées par le musée de Radio France, qui couvrent l'évolution des techniques de 1898 à nos jours. Cécile et ses collaborateurs gèrent d'ailleurs le prêt des objets dudit musée (qui n'existe plus physiquement mais qui a conservé ses collections) pour contribuer à des expositions en France et dans le monde.

J'ajoute une impressionnante bibliothèque de livres, thèses, mémoires, travaux universitaires ou revues dont les plus anciennes datent des années 1920. Il n'est qu'à jeter un œil au catalogue de près de 200 pages.

Pour accéder au service des archives, il suffit de prendre rendez-vous en ligne.

Voir : Hôtesses.

Art, œuvres d'

Par nature, la Maison de la radio et de la musique appartient au monde de l'art. Le bâtiment n'est-il pas en soi une création digne d'un artiste ? Sa forme, ses matériaux, les émotions qu'il procure, l'imaginaire qu'il suscite, la beauté qui s'en dégage. Au-delà de la fonctionnalité voulue et mise en avant par son concepteur Henry Bernard, l'édifice atteint sans conteste un idéal esthétique et reste un des rares établissements publics à exprimer son propre style artistique. Les plus grands créateurs contemporains des années 1950 et 1960 ont été sollicités pour le parer d'œuvres magistrales. Oserait-on songer à Louis XIV allant quérir ailleurs les meilleures prouesses techniques et les plus belles formes ? L'Académie de France à Rome, sous l'impulsion de Colbert, n'eut d'autre fonction que d'héberger des « copistes » du génie italien pour en rapatrier l'essence à Versailles.

Certes, Jean Nouvel a prévenu un jour sur France Culture qu'un architecte « ne peut pas s'abriter derrière sa condition d'artiste pour faire ce qu'il a envie de faire » et que « l'architecture est un art utile qui joue un rôle social et sociétal ». Il n'empêche, on pourrait presque peindre de l'immeuble un tableau mental différent d'heure en heure, en fonction de la couleur du ciel, de la lumière ambiante, de l'angle, des gens présents, de sa propre humeur. Quand j'en franchis l'une des portes, je réalise le privilège rare de travailler dans un tel écrin. Au diable les grincheux qui lui reprochent gigantisme, position excentrée, manque de praticité, froideur voire laideur !

Chez moi la magie opère comme au premier jour. Je devrais d'ailleurs écrire « jour » au pluriel, car il y en a deux en vérité.

Le second (par chronologie) fut un bel après-midi de l'été parisien 1992, alors qu'étant « matinalier » à Radio France Alsace (on ne disait pas encore France Bleu) j'entamais un mois de mobilité professionnelle dans la capitale. Mois qui allait se prolonger en plus de trente ans de bons et loyaux services entre ces murs.

Le premier (longtemps auparavant) avait été en 1979 une fin de matinée de mon adolescence, quand je vins assister avec mes parents à l'émission *Le Luron de Midi* animée par un artiste que j'admirais depuis ma province lointaine. Imitateur, chanteur, humoriste, poète, Thierry Le Luron était un garçon drôle, intelligent, provocateur et bienveillant, trop vite parti. Un artiste au sens plein du terme.

Or, à la Maison de la radio, les artistes sont chez eux.

En brève visite, pour la majorité : invités à parler sur les antennes de leur travail ou en situation de performance ponctuelle (un concert, une exposition, une *masterclass*).

À demeure provisoire, pour les musiciens des orchestres, les producteurs auteurs, les journalistes romanciers, les acteurs en enregistrement de dramatiques : tous ceux-là séjournent de quelques jours à plusieurs années au 116, avenue du Président-Kennedy, le temps de leur contrat.

Intégrés *ad vitam æternam* au patrimoine du lieu pour une minuscule poignée.

En effet, si Henry Bernard ne se revendiquait pas artiste, il voulut que la Maison de la radio et de la télévision fût en contact immédiat avec les créateurs de son époque. La volonté était-elle sienne ? L'injonction vint-elle du plus haut sommet de l'État, le général de Gaulle ? Ou de son bras armé aux affaires culturelles, le ministre André Malraux ? L'ingénieur en chef de la Radiodiffusion-télévision française Léon Conturie y eut-il sa part ? Il convient aussi de remarquer qu'en ce temps-là architectes, artistes et designers travaillaient main dans la main pour installer des ambiances dans des espaces culturels et sociaux. Ce fut le cas pour le Palais de Chaillot, pour le bâtiment de l'Unesco et pour la Maison de la radio.

Henry Bernard envisagea un temps d'intégrer de vastes peintures d'Auguste Herbin. Il commanda finalement à des créateurs non figuratifs, et en vogue, diverses sculptures, mosaïques, tapisseries, peintures, fresques qui appartiennent désormais au patrimoine architectural de la Maison. Conçues pour l'immeuble, elles ne l'ont jamais quitté (sauf rénovation), et lui confèrent un statut inattendu de musée informel. Toutes sont monumentales, poétiques, colorées. Elles se veulent inspirées par la musique ou par le spectacle. Emblématiques des années 1960 et reflétant le talent de l'École de Paris – vitrine de la création française d'après-guerre –, elles sont devenues, depuis, des classiques, bichonnées et protégées.

Commençons par la plus visible pour qui entre dans le hall majestueux face à la Seine. Le regard embrasse une série de longues colonnes de teck, enchevêtrées les unes aux autres du sol au plafond comme une forêt impénétrable. Certains y voient des portées musicales verticalisées, d'autres imaginent une représentation de sons qui s'élèvent. Le désir initial d'Henry Bernard était de porter « du végétal dans un ensemble qui est strictement à l'opposé ». L'œuvre signée François Stahly s'intitule *Portiques, Totems et Papillons*. Après les portiques très moches de style aéroport qu'il faut d'abord franchir, ceux-là symbolisent à l'inverse un accueil d'une douceur évidente, liée à la nature du bois qu'on a envie de caresser, aux formes sans angles vifs engagées dans un dialogue entre puissance tellurique et envolée sacrée, entre creux et pleins, ronds et rectangles, face sombre et tranche éclairée (chaque lame prend une teinte différente selon la lumière qui inonde le vaste hall vitré). Stahly – qui a poursuivi quelques années plus tard dans cette veine avec sa forêt de Tacoma à Seattle ou son *Totem* à Pau – avouait toucher à « des choses préexistantes qui sont comme des vérités en soi ». Pour lui, des combinaisons de formes « qu'on cherche d'abord pour des raisons assez confuses » devenaient tout à coup « sonores ». Il m'arrive parfois au passage, ou en attendant l'ascenseur tout proche, de tapoter sur ces élégants portiques en quête de cette « sonorité ». J'ai l'impression d'entendre du creux. Leur fonction, outre esthétique et artistique, réside également en une atténuation de la réverbération dans le volume bruyant qu'est l'immense vestibule. Ils sont aidés en cela par des panneaux de bois horizontaux, suspendus tout en haut, en forme d'ailes de papillons.

Sur la gauche, dans ce même espace d'entrée, de lourdes portes conduisent vers le Studio 104. Entièrement refait à neuf, il a récupéré une partie de ses couleurs d'origine mais surtout il a conservé les bas-reliefs de Louis Leygue. En vis-à-vis sur chaque paroi latérale, ces compositions accentuent l'aspect monumental de la salle – la plus grande de la Maison en 1963 avec 1 000 places assises, aujourd'hui c'est l'Auditorium. Sur toute leur longueur d'une vingtaine de mètres, chaque décor vert bronze plaqué au mur descend – comme pour la forêt de Stahly – depuis le plafond jusqu'à atteindre dix mètres sous le niveau scénique. De part et d'autre du public, ce sont donc deux paravents en staff, aux formes géométriques irrégulières, qui s'inscrivent dans la pénombre au moment du concert par opposition aux pleins feux sur les artistes, et qui participent de l'acoustique par leurs striures, leurs bosselés, leurs échancrures (au même titre que le reste des murs en pointe de diamant). Ces bas-reliefs devaient être, à l'origine, agencés en volumes polychromes. Après présentation de la maquette en pastel vert, il fut décidé de conserver cette unique teinte à laquelle furent assortis une moquette prune et des fauteuils moutarde (les sièges actuels du 104 reprennent, en patchwork, ces couleurs, également utilisées en rappel dans la nef qui relie l'entrée de l'immeuble à l'agora centrale). Enfin, des éléments aériens en cuivre martelé évoluent au premier plan, à droite les *Bruits de la forêt*, à gauche les *Rumeurs de la ville*. Ces grands oiseaux symboles de la légèreté et de l'immatérialité de la musique hésitent entre figuratif et abstrait.

Deux expressions artistiques que Leygue rejeta dans son discours d'installation à l'Académie des beaux-arts, en 1994 : « Cette division simpliste [...] n'est applicable qu'à des objets neutres, sans âme et qui ne révèlent rien. » Il suffit de pénétrer l'intimité du Studio 104 pour ressentir une certaine âme du lieu, en grande partie grâce aux panneaux gigantesques de ce sculpteur rescapé de la Déportation.

Toujours face à l'entrée Seine du bâtiment, se trouvait jadis le Studio 103, démoli pour aménager la nef et l'Auditorium. Dans cette pièce faussement ronde en raison du cercle central dessiné au sol, une tapisserie de Roger Bezombes occupait tout le pan mural côté foyer, encadrant les deux portes d'accès ; la destination future de cette tenture n'est pas encore définie, le Studio 101 et son foyer furent, à un moment, évoqués mais aucune décision n'est prise à l'heure où j'écris ces lignes. Inspirée par la salle où venaient répéter musiciens et choristes (qui avaient vue sur l'œuvre depuis leur estrade), *La Musique* est une sorte d'arlequinade, selon la définition même de son auteur. Peintre, graveur, décorateur de théâtre, illustrateur, lithographe, sculpteur, affichiste, Bezombes était un homme à l'inventivité démesurée. Il s'agit d'une draperie de 150 mètres carrés de tissus, dentelles, soies exotiques, damas, velours, tapis anciens d'Europe centrale, moquettes usées, auxquels ont été ajoutés des pendeloques de cristal, quilles et miroirs brisés. Cette mosaïque vivante et joyeuse frappe par la puissance de ses coloris : le magazine *Vogue* l'utilisa naguère comme décor, pour réaliser une série de clichés de mode qui furent un succès. Elle se veut une évocation passée, présente et future de la musique. D'un pupitre central, s'envolent des notes de tissu. Les tonalités les plus vives, triomphantes, renvoient aux cuivres ; les plus douces, intimes, restituent l'émotion provoquée par les instruments à cordes. « Bezombes, pour qui la couleur conserve comme un émerveillement de l'enfance », ainsi que l'a si bien défini le conservateur, historien de l'art et académicien René Huyghe. C'est d'abord au sol que la tapisserie fut composée, l'artiste dirigeant ses assistants du haut d'un échafaudage de six mètres. La commande des frères Niermans – chargés aux côtés d'Henry Bernard de construire les grandes salles de spectacle – fut posée à Bezombes en ces termes : « Pouvez-vous réaliser une tapisserie abstraite avec dominante rouge qui pourrait cadrer avec le budget de l'ORTF ? » J'ignore si l'enveloppe financière fut respectée, mais je note surtout une dominante bleu-mauve, plus pêchue que le rouge, qui donne tout son éclat et sa beauté à cette « muralité ».

Pour s'emplir les yeux de rouge, il faut se rendre devant le Studio 105, vers la porte B de la radio. Georges Mathieu y plaqua une fresque en hommage à son ami Jean Cocteau. Commencée le vendredi 11 octobre 1963, le jour même de la mort du poète, elle fut achevée en moins d'une semaine malgré la présence d'une rampe de deux cents tubes fluorescents – aujourd'hui retirée – qui ne facilita pas la tâche du peintre. Les lampes altéraient les couleurs : « Les rouges devenaient des noirs, raconta Mathieu par la suite, les bleus des violets, les noirs des gris. Seuls les jaunes de cadmium restaient des jaunes, mais devenaient "citron". J'étais à bout de forces. Je revins la nuit avec 15 litres d'essence, j'effaçai tout. Je fis tout recouvrir en rouge une fois encore. Je télégraphiai à Henry Bernard que le jaune était la seule couleur qui pût résister à son impossible lumière, je ne voyais qu'une solution, utiliser l'unique couleur qui pût briller sur ce fond mat : de l'or. » Le calligraphe passa alors quatre nuits entières à tracer le dessin puis à le recouvrir de huit cents feuilles d'or. Enfin, un morceau de velours noir arraché à la robe d'une amie compléta la fresque pour marquer la disparition de Cocteau qui réclamait, selon Mathieu, des signes « pour transformer le silence en trompettes glorieuses ». Le noir en signe de deuil, le velours en raison de la douceur d'âme du poète.

En grimpant quelques marches, on accède au foyer B dont le mur du fond est recouvert dans son entier par une mosaïque bleue et jaune de Jean Bazaine. Conçue à la même époque que celles qu'il avait créées pour l'Unesco à Paris et pour le paquebot *France*, elle fut réalisée en collaboration avec deux grands mosaïstes italiens, Luigi Guardigli et Lino Mélano. Nerveuse, presque rugueuse, l'image évoque la forêt, l'écorce, la force des ondes dans l'énergie de la vie : « Je m'efforce chaque matin de naître », disait ce maître de la peinture d'avant-garde, venu à la non-figuration. « J'ai toujours été sollicité par la géométrie intérieure des formes plus que par leur apparence », expliquait encore celui qui sculptait un visage ou un paysage par ses lignes de force et ses volumes de lumière et non par leurs contours. Le concept prend tout son sens quand on se pose devant *L'Envolée musicale* en prenant le temps de se laisser pénétrer par la mosaïque qui accroche l'éclat du jour grâce à l'orientation des émaux, pierres, marbres, onyx et dalles de verre qui la composent. Quatre mois furent nécessaires à l'installation de cette œuvre magistrale, dont l'image fut projetée sur le mur pour faciliter la pose de chaque carreau.

En poursuivant le tour des foyers extérieurs dans le sens des aiguilles d'une montre, on traverse celui de la porte C. Là, trône la tapisserie d'Alfred Manessier (initialement située à l'entrée du Studio 101), *Chant grégorien*, qui se rapproche d'un vitrail. L'artiste s'appropria une gamme de tons et « des rythmes horizontaux » pour traduire ce qu'il ressentait du chant grégorien : une « atmosphère de joie sereine et grave ». Une première version brûla dans un début d'incendie, en 1968. L'artiste renouvela donc son travail par une composition très proche, en la renversant et en remplaçant le fond ocre par un noir profond ; peut-être l'idée de la cendre laissée par le feu ?

Dans la suite de notre parcours, on coupe la rue traversante, à l'accès vers le parvis arrière de l'édifice. Là, sur la droite, se trouve un tag signé André (André Saraiva). Il ne date pas de 1963 mais de 1997 quand fut ouverte Mouv', la station dédiée aux jeunes. Par manque de place, cette nouvelle antenne avait pris ses quartiers provisoires dans des Algeco le long d'une cour intérieure. Invité dans ces locaux précaires, le graffeur se désola de leur tristesse et accepta d'en égayer les façades. Par des lignes colorées et des superpositions de lettres et de dessins naïfs, son style flamboyant marque la dynamique urbaine et jeune que reflète aussi la radio.

On arrive ensuite au foyer de la porte E, qui abrite désormais la cafétéria du personnel. Ainsi, en prenant son petit noir le matin, chaque collaborateur peut-il admirer une autre mosaïque, celle de Gustave Singier, lui aussi créateur de la non-figuration et largement inspiré par la nature. Auteur d'une œuvre lithographique importante, de décorations murales, de tapisseries, de décors et de costumes pour le théâtre et la danse, il intitula son œuvre *L'Espace et la Danse*, un ballet flottant qui n'est pas sans rappeler celui de Matisse. Ce sont des pâtes de verre taillé que l'artiste déposa là afin d'offrir au spectateur un « tremplin pour sa sensibilité et son imagination sans aucune référence avec le réel », en contrepoint avec le dépouillement de l'architecture de la salle.

Achevons ce tour de ronde par le foyer F, où deux éléments sont remarquables.

D'abord la conception même de cette pièce, mise en scène par le designer Pierre Paulin qui créa ici l'un de ses tout premiers aménagements de lieu public. Intéressé autant par le mobilier que par l'espace intérieur, il mit en place un jeu architectural consistant à réaliser un pliage au plafond afin d'intégrer dans chaque pliure un éclairage très léger. Des tables rondes entourées de sièges en corolle étaient éclairées chacune par un bouquet de lustres aériens accrochés à des filins descendant jusqu'à un mètre du sol. Cela constituait des salons intimes et conviviaux, selon une idée chère à Paulin. Désormais transformée en lieu de réunion, la salle a perdu ses alcôves mais pas les pliures éclairées.

Ensuite, sur l'un des murs de ce foyer, une dernière tapisserie, signée Pierre Soulages. Le peintre ne voulut rien illustrer de particulier – d'où l'absence de titre à ce tableau qui n'a ni thème ni sujet – mais chercha davantage à épouser le lieu, sa lumière, son volume, ses lignes et l'espace. Partant d'une tache bleue adossée à la porte vitrée, et en résonance avec des bancs noirs posés au sol, plusieurs obliques s'élancent en tournant par la droite vers un ciel imaginaire. Ce sont des maîtres tapissiers de la manufacture Pinton, à Felletin près d'Aubusson dans la Creuse, qui ont donné corps au projet de l'artiste.

Cette œuvre est sans conteste ma préférée parmi toutes celles de la Maison de la radio et de la musique.

Par sa grâce, son esthétique, l'impression d'envol qu'elle procure, la force paradoxale de ces bâtonnets fragiles comme des mikados, ce bleu entre Klein et outremer, et déjà le noir, pas encore envahissant mais si présent, si fort, si beau.

Sans doute aussi parce que de tous les artistes que je viens d'évoquer, Soulages est le seul que j'ai rencontré. En mai 2014, il venait d'avoir 94 ans. Il nous reçut, Thierry Fiorile du service culture de franceinfo, Gilles Gallinaro pour la prise de son et de vue, et moi-même, pendant deux heures dans son atelier, derrière la Mutualité, à Paris. De sa légendaire faconde, le regard abrité derrière de sombres lunettes, il nous raconta sa vie entière consacrée à la peinture, le musée de Rodez, les vitraux de l'abbatiale de Conques, son énergie jamais entamée et, bien sûr, la rencontre avec son fameux « outrenoir » : après avoir « pataugé dans un marécage de noir » il s'était couché, dépité, et au réveil avait compris qu'il travaillait non sur le noir, mais avec la lumière réfléchie par des états de surface du noir. L'outrenoir désigne, pour ce géant pictural du siècle, « un autre pays que celui, émotionnel, du noir simple et qui est la définition même du champ mental atteint par ce phénomène-là ».

L'outrenoir est né dans les années 1980, donc bien après la tapisserie du foyer F, mais les prémices en sont déjà là, tant ce sont les barreaux de noir, inspirés par le banc noir au sol, qui prennent toute la lumière sur cette œuvre éclairée de plein fouet par les baies vitrées, à sa droite.

Certes le chantier de réhabilitation a contraint à la dépose et la réinstallation des ouvrages ici rapidement brossés. Un travail d'orfèvre, réalisé selon les prescriptions d'un conservateur en chef des Monuments historiques, et suivi de près par Emmanuelle Bordeau, architecte en charge de la préservation du patrimoine durant les travaux. Elle souligne que la plupart des œuvres conçues « en relation avec le lieu, son volume, sa lumière » avaient pu conduire à des choix artistiques opposés à leur éclairage, par exemple à l'aide d'une « matité des tapisseries » ou une « brillance des mosaïques ».

Chacune, dans son nouvel écrin et après un toilettage mérité au bout de soixante années d'exposition, est désormais remise en valeur au mieux, dans une véritable renaissance artistique.

Chacune mérite qu'on s'y arrête une minute ou plus, selon son plaisir intérieur, au gré de son inspiration, son envie d'évasion, son sentiment de plénitude ou son degré d'amour pour l'art.

Voir : Niermans, frères.

Artur, José

Celui-là est entré dans la légende radiophonique par son *Pop Club*. Une voix à peine éraillée reconnaissable au premier phonème, un humour cinglant voire acide, une manière déroutante et sans complaisance d'interroger ses interlocuteurs, une élégance au micro et dans la vie marquée du sceau de son éternelle écharpe blanche, José Artur reste dans la mémoire de la Maison de la radio comme un être à la fois brillantissime, attachant et difficile à vivre. « Sa “méchanceté” était légendaire, raconte Jean-Luc Hees dans *Ces ondes merveilleuses*, sauf que ce n'était en aucun cas de la méchanceté. » José était trop doué, cela en énervait sans doute plus d'un. C'était un rebelle dans l'âme – ses maîtres, dans les différentes écoles catholiques qu'il a fréquentées, enfant, l'ont appris à leurs dépens –, trop attaché à sa liberté (et à celle des autres) pour se laisser emmerder par quiconque.

Je ne l'ai jamais rencontré mais je l'ai écouté, beaucoup, comme des générations d'auditeurs accrocs de France Inter, admiratif de son esprit, impressionné par ses reparties, curieux de ses invités. Pendant quarante ans, de 1965 à 2005, il a reçu chaque soir tout ce que l'art, la culture, la création, la pensée comptait de plus célèbre et de plus pertinent. Les Beatles sont venus jusqu'à lui, La Callas, Pablo Neruda, Duke Ellington, Serge Gainsbourg, Yves Montand, Jean Anouilh, Otis Redding, Johnny Hallyday, les Doors... 30 000 personnalités auraient ainsi défilé en quatre décennies. Un record, sans doute mondial, qui aura bien du mal à être battu.

Le Pop Club est né de la volonté de Roland Dhordain, le patron de France Inter dans les années 1960. Félicie Dubois, dans *La Cathédrale des ondes*, en rapporte la genèse dans la bouche même de son créateur : « Je voulais une émission qui commencerait un peu avant la fin des spectacles, pour qu'on ait les impressions des critiques tout de suite et qu'on n'attende pas les commentaires réchauffés du lendemain. » Son conseiller Jacques Tournier eut l'idée d'y ajouter la musique venue de Londres, la *pop*, d'où le nom au générique. José Artur, dilettante par philosophie, bavard qui savait écouter, amoureux du théâtre et du cinéma, un carnet d'adresses déjà bien rempli, était le garçon idoine pour en devenir l'animateur.

Fils d'un officier de marine breton qui finit sous-préfet, José appartenait à une fratrie de huit enfants et se prit très tôt de passion pour le théâtre. Entré au conservatoire et déjà très habile dans l'entregent, il devint tout jeune le secrétaire particulier du comédien François Périer et se lia d'amitié avec Pierre Brasseur. Et le voilà qui entame une carrière d'acteur : on le voit dans *Le Père tranquille* de René Clément ou sur les planches dans une dizaine de pièces au cours des années 1950. Plus tard, il jouera aussi dans *Z* de Costa Gavras, *Bel ordure* de Jean Marbœuf, *Deux heures moins le quart avant Jésus-Christ* de Jean Yanne, *Il y a des jours et des lunes* de Claude Lelouch, plus une quinzaine d'autres films. Il n'est jamais devenu le grand acteur qu'il espérait peut-être, à en croire Patrice Blanc-Francard qui a livré cette confidence dans *Télérama*, au lendemain de sa disparition : « Après un verre, deux verres, comme n'importe quel humain qui aurait l'alcool un peu triste, il disait "je suis un raté, je ne serai jamais Gérard Philipe". »

À défaut, José Artur fut un animateur et intervieweur d'exception, qui sut donner vie aux ondes hors des murs traditionnels d'un studio.

Il tenta d'imposer *Avec ou sans sucre* au 14e étage de la tour centrale de la Maison de la radio, chaque jour à 14 heures. Il avait fallu pour cela une dérogation spéciale des services de sécurité. Les invités montaient seulement par deux dans l'unique ascenseur disponible. L'aventure tourna court.

En revanche *Le Pop Club* s'est installé durablement dans le Bar Noir, au-dessus du grand-hall, sur la droite, là où se trouve à présent Le Belair. Dans un de ses livres, *Micro de nuit*, José décrit « un décor de brasserie de gare confortable, impersonnel et froid » et un lieu « tout de cuivre, de verre et de moleskine noire ». À la télévision en 1973, il complète le tableau : « La Maison de la radio ne ferme pas ses portes à 8 heures du soir, c'était un peu mort. On voulait un club, un endroit où les Parisiens, les gens de passage, connus ou pas connus, savaient qu'ils pouvaient trouver un endroit chaud avec de la musique et de la lumière, où il y avait des choses à voir, à entendre et éventuellement même à boire. »

Dans une atmosphère enfumée et parfois un chahut de potaches, l'alcool coulait en effet à flots. Il arriva même que certains en vinssent aux mains (José se serait retrouvé un jour à l'hôpital avec la mâchoire démise). Il n'empêche, *Le Pop Club* a ouvert la voie à une nouvelle forme de radio. Pertinence dans l'impertinence, ton branché et *people* avant la lettre, manière de mélanger sur un même plateau différentes personnalités, la dragée haute tenue à quelques vedettes imbues d'elles-mêmes, un puits de culture et de connaissance, José Artur était tout cela et bien davantage. « J'agressais, en jouant du contre-pied comme d'une arme, pour sortir mes invités de leurs appréhensions, obtenir des ripostes "naturelles" et faire oublier le micro », avoue-t-il dans un autre de ses livres, *Au plaisir des autres*.

Insatiable, il mena diverses épopées radiophoniques. Je garde un souvenir précis d'*À qui ai-je l'honneur* où il devait deviner – à partir d'une lettre manuscrite et avec le soutien d'une graphologue – qui était son invité(e) dont il était séparé par un rideau et dont la voix était déformée. Il emportait avec lui dans le jeu chaque auditeur derrière le poste, ainsi m'escrimais-je à tenter de mettre un visage sur l'inconnu(e) du rideau ; autant dire que je n'y parvenais jamais, quand lui trouvait presque toujours. Il a aussi animé *Qu'il est doux de ne rien faire*, *Flirtissimo* ou *C'est pas dramatique*, des émissions à succès au titre très « arturien ».

Sur ses vieux jours, dans *Le Télégramme* (journal de sa Bretagne d'origine), il revint sur sa carrière de comédien : « J'ai eu trop de chance au départ. [...] J'étais élève avec Serrault qui bossait beaucoup pour réussir tandis que moi, j'étais déjà la petite vedette totalement usurpée. J'étais juste un bon comédien quand le rôle m'allait. » Gaucher – « comme Léonard de Vinci » –, accoucheur des ego de ses congénères, José Artur s'est éteint en 2015, refermant une vie bien remplie puisqu'il a aussi été un homme de télévision, qu'il a présenté des spectacles de la Fête de l'Humanité, écrit de nombreux livres, collectionné des peintures et aimé ses proches.

À Bernard Pivot qui s'étonna un soir dans *Apostrophe* qu'il ait « toujours fait les questions et les réponses », José Artur répliqua avec malice : « J'ai inventé l'interview monologue » (ce qui lui était bien utile les jours de retard ou d'absence d'un invité et qu'il lui fallait « combler » à l'antenne). Une grande partie de ses assistants sont devenus à leur tour de talentueux hommes et femmes de radio : Claude Villers, Leslie Bedos, Patrice Blanc-Francard, Ève Ruggieri, Bernard Lenoir, une fois encore la liste serait trop longue.

Claude Villers a rapporté de délicieuses anecdotes à Félicie Dubois (*La Cathédrale des ondes*) : « Les deux premières années du *Pop*, on avait beaucoup d'imagination. Un soir, on avait fait "la vallée des Peaux-Rouges", c'est-à-dire qu'on avait dressé des tipis tout autour de la Maison. Un autre soir, on avait fait un méchoui sur le parking, mais on a rapidement été convoqués par le directeur, Jean-Bernard Dupond, comme des écoliers chahuteurs.

Une “duchesse” du quartier s’était plainte d’avoir “de la racaille” sous ses fenêtres. »

Celui qui a su rendre gourmande une certaine culture élitiste avait la « plume trempée dans le cyanure », comme le chantait Pierre Perret pour l’un des multiples génériques du *Pop Club*. Preuve de l’affection que les artistes lui portaient, plusieurs d’entre eux – et non des moindres – se sont prêtés au jeu de lui écrire la musique d’entrée de son émission. Serge Gainsbourg susurrait : « Allonge-toi dans la fourrure », tandis que Jane lui répondait : « José Artur », Bernard Lavilliers encourageait sur un air de reggae à « changer d’azur avec José Artur », ou encore le groupe Chagrin d’amour et sa chanteuse Valli (devenue par la suite productrice sur France Inter) rappait : « Avec José t’as le teint rosé, à ceux qui n’écoutent pas Artur tant pis pour toi il faut dormir. »

Le plus célèbre reste incontestablement la version jazzy enregistrée par Claude Bolling et Les Parisiennes : « Vingt-quatre heures sur vingt-quatre, la vie serait bien dure si l’on n’avait pas *Le Pop Club*, avec José Artur. » Un hymne intime et personnel enregistré le 6 août 1966, orchestre de jazz au complet, dans l’un des studios de la Maison de la radio.

Assouline, Pierre

La Maison de la radio et de la musique vue par...

« Pour moi, la radio, c’est la Maison de la radio. Il n’y en a pas d’autres. Symbole du service public. Présence du public, à la fois pour les concerts (en tant que mélomane j’ai beaucoup fréquenté les grandes salles dans le bâtiment) et lors de certaines émissions comme *Le Masque et la Plume* à laquelle j'ai apporté ma contribution durant trois saisons (au studio Charles-Trenet).

« C'est une maison qui rend fou par l'absence de coins. Tout est rond, on dirait du Raymond Devos, on peut y tourner longtemps, même pour trouver une sortie : certains accès sont condamnés pour des raisons de sécurité, tu peux te cogner le nez à la vitre, voir les gens dehors, et demeurer enfermé...

« Cela me rappelle le générique du film *Alphaville* de Jean-Luc Godard où Eddie Constantine essaye plein de portes et n'arrive pas à sortir, ou encore le côté absurde et irréel des films de Jacques Tati dans la modernité à tous crins. »

Pierre Assouline est écrivain, journaliste, membre de l'académie Goncourt.

Entretien accordé à l'auteur.

Ateliers

Il existe à Paris, rue du Faubourg-Saint-Jacques juste en face de l'hôpital Cochin, un très bel hôtel particulier qui fut déménagé à la fin des années 1920, pierre par pierre, depuis son site d'origine sur les Champs-Élysées. Construite au XVIIIe siècle en pleine campagne, cette bâtisse néo-classique fut d'abord une « folie », abritant des fêtes galantes et quelques amours clandestines, avant de changer plusieurs fois de mains, dont celles du duc de Massa, assez longtemps pour en prendre le nom.

Le transport de cette demeure coquette fut organisé, en 1927, afin de la sauver d'un projet de démolition par les Galeries Lafayette qui avaient racheté son emplacement sur les Champs dans le but d'ouvrir un complexe commercial. La crise de 1929 brisa le projet, une banque américaine fit construire à la place un édifice Art déco et c'est près d'un siècle plus tard, en 2019, que les Galeries ont pu finaliser leur rêve de s'installer sur la plus belle avenue du monde. De son côté, l'hôtel de Massa, déplacé et remonté à l'identique sur une parcelle des jardins de l'Observatoire – grâce au ministre de l'Instruction publique et des Beaux-Arts Édouard Herriot –, devint le siège de la Société des gens de lettres (SGDL). Cette société, née en 1838 sous l'impulsion de Balzac, Hugo, Dumas, Gautier ou Sand, défendait les intérêts moraux et matériels des écrivains et a beaucoup œuvré pour l'instauration du droit d'auteur.

Sociétaire de la SGDL, il m'arrive de fréquenter l'hôtel de Massa, où j'ai notamment suivi des formations autour du scénario et de l'animation d'ateliers d'écriture. Je suis frappé de voir combien d'amoureux des mots cherchent à mieux en maîtriser le maniement, à jouer avec et à les combiner pour inventer des histoires. Ancrés de longue date aux États-Unis, les ateliers d'écriture connaissent depuis une quinzaine d'années un essor fulgurant en France, et l'engouement pour cette pratique, à la fois ludique et studieuse, s'est accru durant la crise sanitaire. Depuis ma formation à la SGDL, j'ai animé différentes sessions auprès de lycéens, au sein d'une école parisienne ouverte aux adultes à cette seule fin (Les Mots), ou à distance par Internet.

À la Maison de la radio et de la musique, les mots se prêtent à certains ateliers, les notes à d'autres, bref toutes les activités liées aux personnes qui travaillent sur place : musiciens, journalistes, animateurs, techniciens. Depuis une vingtaine d'années sont ainsi proposés des moments de sensibilisation à la musique ou de pratique musicale. Les enfants sont invités à découvrir ce qu'est un orchestre, à connaître différents instruments, à reproduire un son ou un rythme sous les conseils bienveillants et avisés d'un musicien professionnel. Le panel s'est désormais élargi à une quinzaine d'offres très précises allant au-delà de la musique.

Mais commençons par elle.

Les premières formules se construisent autour de l'écoute, qui ouvre à des mondes insoupçonnés. Quelques œuvres sont adaptées et mises en scène à destination du jeune public et jouées en après-midi, sur une heure, ce qui permet à des classes entières de venir avec leur professeur passer un moment magique à l'Auditorium. D'autres concerts sont proposés en soirée avec, à 18 h 45, une séance de travail et d'explication qui fournit aux élèves les clés de compréhension de ce qui se tramera, juste après, sous leurs yeux et à leurs oreilles. Certains groupes peuvent aussi assister à des répétitions générales de l'une des formations de Radio France, dans l'intime de ce travail tant individuel que collectif, d'une complexité inouïe, quand se construit peu à peu la représentation qui sera donnée plus tard devant plus d'un millier de personnes (en salle) et pour des dizaines de milliers d'autres (derrière leur poste).

Et puis, il y a les ateliers musicaux proprement dits. Ceux de la saison 2023-2024 sont d'une richesse étonnante. Pour un premier éveil, des membres de l'Orchestre national de France vont dans les écoles, à la rencontre des enfants, avant de les inviter à venir assister à une répétition générale à la radio. Une expérience est aussi proposée autour de la voix, grâce à des membres du Chœur, une autre à partir de comptines pour s'essayer à des jeux rythmiques et au chant, en assistant à une répétition de la Maîtrise. On peut appréhender l'orgue, instrument colossal et mystérieux pour des gamins, en comprendre la mécanique et le fonctionnement aux côtés de Lucile Dollat (organiste en résidence à la Maison de la radio). Un voyage inédit au cœur du « labyrinthe du temps » est également proposé durant le festival de musique contemporaine Présences, avec un accompagnement numérique pour traquer le son ou faire le lien entre programmation algorithmique et invention musicale.

Depuis une quinzaine d'années, les ateliers se sont élargis à la radio en général. Ils permettent d'approcher la pratique des métiers qui concourent à la fabrication d'une émission.

Tout est parti de franceinfo, surtout pour des raisons de praticité. Il est en effet assez aisé de faire réaliser à des jeunes un mini-journal (d'autant que beaucoup d'entre eux se prêtent déjà, au sein de leur établissement scolaire, à l'exercice d'un rendez-vous d'information régulier), et cela demande peu de moyens techniques ainsi qu'un espace réduit. Romain Beignon, l'actuel responsable du pôle Diversification, était à la fin des années 2000 chargé de la communication de la radio d'information : « Il s'agissait de faire en sorte que franceinfo puisse être en lien physique avec son public, par un projet autour de la famille et de la sensibilisation des enfants à l'information en leur dévoilant les coulisses. »

Ainsi est né l'atelier mobile franceinfo, en extérieur, à l'occasion d'événements parrainés par la station, comme le Salon de l'agriculture, Kidexpo, ou la Route du Rhum. Il a été ensuite dupliqué au sein de la Maison de la radio où un petit studio école a investi les locaux d'une ancienne banque présente sous le hall principal (un escalier y descend, au fond à gauche de l'entrée côté Seine).

Dans les deux cas, le principe est le même : des rôles sont attribués (présentateur, reporter, technicien, météo), une brève conférence de rédaction est organisée, chacun se met à la tâche à partir de dépêches d'agence et de la presse du matin (écrire les titres et les lancements, aller interviewer des témoins, préparer la régie technique, élaborer un bulletin météo, etc.), puis le journal est enregistré en conditions du direct. Les rôles peuvent être échangés et, à la fin, chacun repart avec un souvenir précieux : le fichier sonore du moment vécu.

En extérieur, le tempo est un peu plus serré, quarante-cinq minutes au lieu de deux heures *in situ*, pour des participants souvent pris à la volée et qui, il est vrai, ne sont pas venus pour cela, contrairement à ceux qui se rendent à la radio. Olivier Laurent, qui fut longtemps durant les week-ends mon très efficace attaché de production (celui qui « cale » et accueille les invités interrogés en direct) est en charge des ateliers franceinfo en extérieur. Marathonien comme moi (et « cent-bornard » à Millau), ce garçon a l'endurance et le talent pour insuffler son enthousiasme et pour guider dans leur approche petits et grands. « Nous n'avons pas que des enfants, se réjouit-il. Les adultes sont très demandeurs. Nous avons vu venir un jour une dame de 87 ans qui avait rêvé toute sa vie de faire de la radio. Nous lui avons offert ce bonheur. »

Un autre rendez-vous est proposé par ma station, très prisé, l'atelier *Le Vrai du faux*. Les élèves sont chargés d'enquêter sur une rumeur ou une photo qui circulerait sur les réseaux sociaux, et doivent en rendre compte lors d'une émission de radio où ils sont encadrés par des journalistes. Comment vérifier les informations, se frayer un chemin dans les flux qui nous inondent, repérer les *fake news*, mettre en forme les bonnes sources, rédiger une « brève », prendre la parole au micro. Voilà une expérience de citoyenneté très formatrice, tout comme d'ailleurs celle de l'apprentissage du débat, autre atelier remarquable, souvent animée par la journaliste de France Culture Louise Tourret.

Citons encore un très bel atelier autour des créations radiophoniques (les voix, les bruitages ou les ambiances sonores développent l'imaginaire), un autre ayant pour thème les ondes symphoniques (la musique permet d'aborder de manière ludique le sport, la météo, l'horoscope ou l'interview) et un dernier porté par la radio des jeunes, Mouv' (se mettre dans la peau d'un animateur ou d'un technicien et créer son propre univers).

Au total, entre musique et radio, ce sont une quinzaine d'ateliers différents qui sont ouverts chaque saison, animés par des professionnels de la maison, soit au total plus de 400 rendez-vous.

Le succès est tel auprès des scolaires que, dès la mise en ligne du programme, les places sont prises d'assaut à la fois par des écoles et par des jeunes qui s'inscrivent en individuel. Certaines sont réservées aux publics du champ social : maisons de quartiers, centres sociaux, centres de loisirs, Secours catholique, Secours populaire ou Emmaüs.

Voir : Auditorium ; Chœur ; Jaune ; Maîtrise ; Musique ; Orchestres ; Ouverture ; Présences.

Atomique

C'est à l'heure où Boris Vian subissait la censure de la Radiodiffusion-télévision française pour *Le Déserteur* que s'élevèrent les murs de la future Maison de la RTF. Et c'est à l'heure où le chanteur fit sauter – virtuellement – tous les chefs d'État dans sa *Java des bombes atomiques* que, sous les murs de cette même maison, prirent corps quatorze abris antiatomiques.

Voilà des mois et des années
Que j'essaye d'augmenter
La portée de ma bombe
Et je n'me suis pas rendu compte
Que la seule chose qui compte
C'est l'endroit où s'qu'elle tombe

Les paroles de Vian manient l'ironie pour dénoncer la course aux armements de la guerre froide. Or à l'époque on ne rigolait pas avec ces choses-là. Par crainte que *l'endroit où s'qu'elle tombe* fût celui, stratégique, duquel s'élevait la voix de la France, les dirigeants de la radio – et du pays – préférèrent assurer leurs arrières en y prévoyant des chambres de sécurité.

Replaçons-nous dans le contexte. Il régnait dans les années 1950 une tension croissante entre les deux blocs, capitaliste à l'Ouest (derrière les États-Unis et le Royaume-Uni) et communiste à l'Est (autour de l'Union soviétique). Ces trois pays – les seuls à maîtriser alors la bombe A – multipliaient les essais nucléaires (la France se joignit au bal à partir de 1960). Churchill résuma sans détour la situation, dans son discours d'adieu à la politique, devant la Chambre des communes en 1955 : « Il se pourrait bien que nous ayons, par un processus d'une sublime ironie, atteint un stade de notre Histoire où la sécurité sera l'enfant robuste de la terreur, et la survie le frère jumeau de l'anéantissement. »

L'ironie prenait là une autre dimension que chez Boris Vian : la paix garantie par la menace, la dissuasion seule gage de stabilité. L'année 1961 marqua un tournant dans cette folie humaine : baie des Cochons à Cuba, échec de la discussion à Vienne entre les deux « K » (Kennedy et Khrouchtchev), érection du Mur de Berlin ; à tel point que fut lancé un commerce des abris antiatomiques (dont le coût empêcha néanmoins la prolifération). Lisons le *Paris Match* du 30 septembre qui déplorait la rareté des abris : « À Paris, la future Maison de la radio, la rue Pastourelle et la rue Castagnari sont, avec le garage du marché Saint-Honoré et le PC policier de la place de la République les seuls lieux où l'on risquera de survivre. Pourquoi ? Faute de crédits, bien sûr, puisqu'un abri pour 50 personnes revient à 12 millions. Là est le drame. »

La « future Maison de la radio » fait donc partie des rares endroits où quelques privilégiés survivraient à une attaque nucléaire, pour un prix sans doute moins élevé que celui évoqué dans le magazine puisque les abris n'y sortirent pas de terre *ex nihilo* : ils s'intégrèrent au gigantesque chantier en cours, quai de Passy.

On a vu à l'entrée *Architecture* que la fonction enfanta le bâtiment : sa rondeur provenait de la juxtaposition de studios en forme de trapèzes. Son cœur de production, en plein centre, restait très vite accessible de n'importe quel point du cercle autour. Les archives, conservées dans la tour juste au-dessus, étaient à portée de main à tout moment.

Tout de même, cette silhouette n'inspirait-elle pas aussi l'image d'une forteresse des Temps modernes ? L'enceinte circulaire (500 mètres de circonférence, c'est du sérieux non ?) protégeait une couronne intérieure où tout se décidait et se fabriquait. Entre les deux, une cour de séparation formait une douve étrange, sans eau. Au-dessus, le donjon culminait à près de 70 mètres de hauteur et semblait un rempart ultime et imprenable.

La RTF, saint des saints, prête à diffuser à chaque instant les messages du pouvoir gaullien, se devait de rester insubmersible. À cette fin, un studio (le 125 dans la petite couronne) offrait l'option de se barricader à l'intérieur et d'actionner un commutateur pour être relié en direct à l'émetteur de la tour Eiffel, sans nul intermédiaire technique. Et donc, quatorze abris antiatomiques étaient positionnés en sous-sol, le long du couloir circulaire.

Par l'épaisseur de leur mur – 1,50 mètre –, ils servaient (aussi) de socle à une partie de l'immeuble. À gauche de chaque porte d'entrée – blindée comme il se doit – une grosse boule de métal occupait un compartiment adapté dans le mur en le traversant de part en part. En cas de souffle nucléaire, elle était censée être projetée vers la partie la plus étroite du compartiment, côté abri, pour l'obturer de manière parfaitement hermétique. Des trappes permettaient de passer d'un abri à l'autre. Il se dit aussi que des galeries serpentaient sous le bâtiment pour rejoindre les égouts et qu'une s'ouvrait sur le coin de la rue Raynouard...

Les abris antiatomiques font partie de la légende de la Maison de la radio et de la musique. Ils n'en sont pourtant pas une, bien qu'ils n'aient jamais servi en tant que tels.

J'ai pu visiter ceux qui ont été réaménagés après les travaux de réhabilitation. Ce sont désormais des pièces de stockage. Pendant un temps, y furent remisés les gilets pare-balles pour les journalistes partant sur le front. Divers documents administratifs y ont également séjourné, de même que quelques instruments de musique.

Certains de ces abris conservent une fonction « secret-défense » : des ordinateurs de la Direction des services informatiques y logent en toute sécurité. Ainsi, en cas de cyber-attaque contre Radio France, pourrait-on, pour assurer la défense du site, s'écrier à juste titre : « Tous aux abris ! »

Attentat(s)

La première fois où le mot attentat devint pour moi une réalité tangible, c'était en 1995.

Le 25 juillet, à 17 h 30, une bouteille de gaz bourrée de clous et d'écrous sautait dans une rame du RER B, à la station Saint-Michel : 8 morts, 117 blessés. Moins d'un mois plus tard, nouvelle déflagration près de la place de l'Étoile, une bombe déposée dans une poubelle extérieure : 11 personnes atteintes. Début septembre, une cocotte-minute trafiquée explosait sur le marché du boulevard Richard-Lenoir : quatre nouvelles victimes légères. Deux autres attaques à la bouteille de gaz, en octobre, ajoutèrent une trentaine de noms sur la liste des blessés. Un vent de panique s'empara de la capitale.

Habitant Paris depuis peu, je ressentis le poids de cette atmosphère anxiogène. La crainte se lisait sur les visages, dans les transports en commun qu'on hésitait à emprunter. Les poubelles rigides disparurent au profit de poches plastiques translucides dont on pouvait voir le contenu. Le plan Vigipirate fut formellement instauré : une « Protection des Installations contre les Risques d'Attentat Terroristes à l'Explosif » (acronyme : Pirate), créée après la guerre du Golfe en 1991 et agrémentée d'une vigilance accrue (Vigi). Depuis, ce plan Vigipirate n'a jamais été suspendu.

Au micro de franceinfo, j'évoquais le GIA et je tentais de résumer au mieux la situation, entre la guerre civile en Algérie, ce Groupe islamique armé chargé d'exporter le terrorisme en France, le délicat jeu de pouvoir et de relations officielles et officieuses entre les deux pays. Je pestais de ne pas pouvoir développer davantage – au-delà de mes quelques minutes d'antenne imparties – tant je voyais les gens autour de moi se sentir menacés sans vraiment comprendre pourquoi.

Pour certains spécialistes, la France a basculé, par cette vague meurtrière, dans le schéma actuel du terrorisme islamiste, celui qui frappe à l'aveugle pour susciter la peur collective. Auparavant – si l'on excepte l'attentat contre le train Strasbourg-Paris (28 morts et près de 200 blessés en 1961) qui est longtemps resté objet de querelles d'historiens et fut le plus meurtrier jusqu'en 2015 – la plupart des opérations sur notre territoire avaient toujours visé des cibles précises : l'OAS contre le général de Gaulle au Petit-Clamart, le Fatah dans la fusillade de la rue des Rosiers, une armée de libération de l'Arménie à l'aéroport d'Orly, ou encore Action Directe déstabilisant l'État.

Arrêtons-nous un instant sur ce groupe anarchiste et révolutionnaire qui, au début des années 1980, mena une guérilla contre diverses institutions : le patronat français, différents ministères, des grandes entreprises ou leurs dirigeants, des banques, certains établissements militaires, des organismes financiers, des structures policières et quelques médias.

Ainsi, le 14 octobre 1985 à 5 h 10 du matin, une violente déflagration secoua la Maison de la radio. Le P-DG Jean-Noël Jeanneney fut réveillé dès potron-minet, comme il le narre dans *Le Rocher de Süsten* : « Un bref instant, me frottant les yeux, j'imaginai Radio France en flammes. Je me précipitai sur les lieux – un peu vexé que le préfet de police fût passé juste avant moi. Il s'agissait d'une bombe déposée contre un mur, du côté est, qui avait causé d'importants dégâts dans la façade. »

L'engin, placé sur un parking le long de la rue du Ranelagh, détruisit trois cars-régie et deux voitures de reportage. Elle souffla les grandes baies vitrées du foyer E qui volèrent en éclats, tout comme de nombreux carreaux du voisinage, et laissa un trou béant d'un mètre de diamètre dans la façade de l'immeuble.

Par bonheur, l'attentat ne fit pas de victimes. Un coup de fil au standard de la maison ronde avait permis d'évacuer le site à temps ; le correspondant s'était réclamé d'Action Directe. Même scénario à dix minutes d'écart au siège d'Antenne 2, rue Jean-Goujon. Le groupe armé entendait, par ces deux actes, dénoncer la participation de Jean-Marie Le Pen à l'émission de France Inter *Face au public* et à *L'Heure de vérité* sur le petit écran.

La volonté d'ouverture de la Maison de la radio, de tout temps, s'est confrontée à la réalité pragmatique de la sécurité. Jean-Noël Jeanneney avoue que la situation symbolique de Radio France, « entourée de son prestige et de sa mythologie », en fait une cible privilégiée pour

« les esprits dérangés et les militants éperdus d'une haine sociale ». Il explique avoir géré, en tant que P-DG de l'institution, cette contradiction au jour le jour. Et c'est sans doute encore le cas pour la présidence actuelle, même si des mesures draconiennes sont désormais mises en place pour vérifier chaque personne pénétrant dans le bâtiment.

Depuis 1995, les attentats sont hélas entrés dans notre quotidien. Nous avons tous vécu en direct, avec effarement et angoisse, le World Trade Center de New York. À la rédaction, les yeux rivés sur nos écrans, nous n'avions pas le cœur à mener l'édition spéciale aussitôt mise en route. Ce jour-là mon directeur Pascal Delannoy vint me demander si mon passeport était valide. Ce grand professionnel de l'actualité avait pris conscience, en quelques minutes, que le monde entrait dans une nouvelle ère : il envisageait d'envoyer une équipe renforcée à Manhattan. Je devais en être. Comme l'espace aérien restait fermé, je venais chaque matin à la radio avec ma valise, prêt à partir. Ce fut enfin possible le samedi, quatre jours après le drame. Un petit groupe emprunta le premier vol commercial entre Paris et New York, un avion à bord duquel j'envoyai un papier en direct du ciel pour raconter l'angoisse et la douleur des Américains présents dans l'appareil et retournant chez eux. Nous sommes restés une quinzaine de jours sur place. L'explosion de l'usine AZF à Toulouse, dans la foulée, accentua davantage cette tension sécuritaire – l'hypothèse d'un attentat ayant été envisagée – et mobilisa largement nos équipes déjà éprouvées par New York.

Pascal m'a aussi raconté comment il fut retenu par des familles de Kurdes, venues réclamer un temps de parole sur les ondes publiques. « Ils n'étaient pas armés, se souvient l'ancien directeur de franceinfo, mais ils étaient déterminés et voulaient s'emparer du micro. On est restés bloqués plusieurs heures et on a fini par leur faire croire qu'ils passaient à l'antenne. » Arrivée en force de la police, libération des journalistes retenus sur place et fin heureuse de l'épisode.

Autrement plus dramatique, la barbarie contre *Charlie*, en 2015, au cours de laquelle j'ai perdu des confrères dont quelques amis. La Maison de la radio s'est retrouvée placée, durant plusieurs semaines, sous l'étroite surveillance des forces de l'ordre. Des gendarmes ou des militaires armés nous accueillaient chaque jour à la porte principale, sur le quai Kennedy. Cette même année, l'horreur absolue frappa Paris un vendredi 13. La maison ronde resta en état de siège un bon moment. Dans l'air, flottait à nouveau l'atmosphère pesante de 1995.

Voir : Badges.

Auditorium

Dès mon enfance, je me suis adonné à la clarinette puis au cornet à pistons au sein de l'Harmonie municipale Sainte-Cécile, à Brive. Au-delà des cérémonies officielles que nous accompagnions (combien de *Marseillaise* et de *Chant des Partisans* avons-nous pu assurer), mon heure de gloire fut la tierce dans une phrase solo qu'interprétait avec brio mon professeur de trompette et que j'accompagnais tant bien que mal dans ces quelques secondes où nous étions seuls à jouer, tous les deux, durant les *Noces de Figaro* réarrangées pour notre formation. Par la suite, le chant fut une passion et le piano un rêve inaccessible.

Le mélomane en moi apprécie particulièrement les grandes œuvres classiques, qu'il est toujours préférable d'écouter en musique vivante jouée par un orchestre. Expérience inégalée, à la fois en raison du son qui enveloppe et envahit le corps entier, et avec la vision de ces femmes et de ces hommes habités par la partition qu'ils servent à la perfection. C'est là le fruit d'une vie entière d'apprentissage, de travail individuel et de répétitions collectives.

Aussi, dès que l'Auditorium est entré en fonction à la Maison de la radio, j'allais souvent me glisser comme une petite souris dans les gradins, durant les répétitions. De franceinfo, un couloir longe à l'entresol les galeries ouvertes sur la seine et conduit jusqu'aux balcons latéraux. Pendant très longtemps, les portes sont restées ouvertes, je pouvais entrer dans une des loges, poser mes fesses sur un fauteuil que je dépliais avec précaution pour éviter le moindre craquement, et je restais dix minutes ou une heure à me plonger dans un moment musical privé et privilégié, sans savoir le plus souvent ce qui était joué, suivant du regard et de l'oreille les consignes du chef envers ses musiciens, les arrêts en plein mouvement, les reprises, les remontrances, les encouragements, la recherche de l'excellence.

Quelle salle !

1 461 places en arène, la scène au centre, les spectateurs tout autour.

Elle a été inspirée par la mythique Philharmonie de Berlin, elle aussi en « vignoble », où j'ai assisté à plusieurs concerts dont une mémorable *Cinquième* de Beethoven dirigée par Lorin Maazel.

Son esthétique chaleureuse est due à l'habillage de bois massif, et à une proximité inédite avec les musiciens, proximité que Berlioz avait déjà réclamée dans son livre *À travers chants* : « Il est certain que le son, pour agir *musicalement* sur l'organisation humaine, ne doit pas partir d'un point trop éloigné de l'auditeur. [...] Or, *il faut vibrer* soi-même avec les instruments et les voix, et par eux, pour percevoir de véritables sensations musicales. » À l'Auditorium, 17 mètres seulement séparent les auditeurs les plus éloignés des artistes sur la scène.

L'acoustique a été au cœur du projet. Elle découle des formes et des matériaux employés pour réfléchir le son. Le bois massif s'étale sur 6 000 mètres carrés. Un bijou. Pour les parois, les murs, les gradins et les plafonds : une marqueterie en bas-relief de hêtre, bouleau et merisier. Pour le plancher de la scène : du cyprès de Lawson (un bois suffisamment souple et tendre où peuvent se planter les piques des violoncelles et des contrebasses). Pour l'orgue : du chêne et de l'épicéa.

La géométrie des panneaux qui habillent les loges et les balcons, leur relief aléatoire entre un et trois centimètres, et les polycylindres[1] plaqués sur tous les murs contribuent à l'homogénéité du son dans l'espace et dans le temps.

Une canopée joue aussi un rôle essentiel dans la qualité des sons, qu'elle distribue en les renvoyant plus ronds et plus chaleureux. Il s'agit d'une immense lentille ovoïde

---

1. Ce sont des résonateurs à diaphragme, en forme de demi-cylindres verticaux, dont la propriété est d'absorber les fréquences basses indésirables tout en maintenant la clarté et la brillance du timbre original.

de 22 tonnes en bois, suspendue à 15 mètres au-dessus de la salle, sorte de réflecteur qui permet aux musiciens de mieux s'entendre.

Il est vrai que la construction tout en verticalité de l'Auditorium n'a pas facilité la tâche des acousticiens. Érigé en lieu et place des anciens Studios 102 et 103, il dut s'adapter à l'espace libéré, relativement comprimé, pour offrir une salle de plain-pied. De cette contrainte est née l'idée de l'arène, entourée de balcons sur plusieurs niveaux. Les architectes du bâtiment et ceux du cabinet Architecture Studio, associés aux artisans de Nagata Acoustics et de Lamoureux Acoustics (les deux entreprises choisies pour le son), en ont profité pour renforcer la sensation d'intimité en créant des groupes d'auditeurs et éviter un effet de grande assemblée. Chaque balcon est ainsi fragmenté en petites corbeilles distinctes.

Il fallait voir, à la fin des travaux, l'acousticien Yasuhisa Toyota gonfler ses petits sacs en papier avec sa bouche et les éclater entre ses mains pour vérifier la réverbération naturelle du son (moins de deux secondes), sans micro ni haut-parleur. Afin de parvenir à un tel niveau d'excellence, des contraintes de masses avaient été imposées pour les parements (60 kilos par mètre carré pour les parois et le double pour les plafonds).

Où que l'on soit assis, la musique vous pénètre, on croirait toucher du doigt chaque interprète ou la baguette du chef. Cette rare proximité offre des conditions d'écoute magistrales tant pour les grandes formations – le Philharmonique ou le National – que pour les récitals en musique de chambre. Le Chœur et la Maîtrise y trouvent aussi leur place, puisque les travées du public à l'arrière de l'orchestre sont amovibles et se transforment en plateau pour les chanteurs.

Parvenir à ce résultat a nécessité des mois de travail en amont, et la réalisation d'une maquette au dixième.

Reprenant l'antienne de la maison ronde, le son ici circule (*circulus*, cercle) dans tous les sens, autour des musiciens, de haut en bas, d'un côté à l'autre du hall. Il n'est, au surplus, perturbé par aucun bruit extérieur. Car la construction de l'Auditorium a respecté la mécanique mise en place dès 1963 par Henry Bernard (et les frères Niermans pour les grandes salles) : la boîte dans la boîte.

Explication. La structure est entièrement indépendante, les murs ne sont pas liés à ceux du bâtiment. Le plancher repose sur des longrines posées sur des boîtes à ressorts. Le plafond et les parois intérieures ont été construits à l'intérieur d'autres murs et plafond avec un vide entre les deux. Une isolation absolue.

Mais pourquoi diable un Auditorium de cette dimension et de cette qualité ? Combien de fois ai-je entendu cette récrimination, alors même que Paris se dotait en simultané d'une Philharmonie flambant neuve à La Villette et d'une Seine Musicale non moins rutilante à Boulogne ?

L'arrivée d'une salle symphonique d'une telle ampleur s'inscrit non seulement dans la volonté d'ouverture de la Maison de la radio et de la musique, afin d'attirer un public toujours plus nombreux, mais aussi dans l'optique d'offrir enfin aux formations maison un écrin digne de leur talent.

Jusque-là, les ensembles se produisaient surtout en externe : L'Orchestre national de France au théâtre des Champs-Élysées et l'Orchestre philharmonique de Radio France à la salle Pleyel. Ils résident désormais, tous deux, avenue du Président-Kennedy. Toutefois, se partager la même scène ne va pas sans complexité dans la gestion des plannings. Cela nécessite un travail de dentellière pour permettre à chacun de s'exprimer : alternance des répétitions, changements de plateaux, pré-générales, préparations des concerts. En principe, le National commence le lundi pour un concert le jeudi, et le Philharmonique entame sa semaine le mardi pour un concert le vendredi (sans compter l'organisation des prestations à l'extérieur ni des propositions pédagogiques le week-end).

Au moment de redessiner le profil des futures grandes salles publiques de l'établissement, le P-DG de l'époque s'est laissé convaincre par son directeur de la musique, René Koering, de la nécessité de ce prestigieux équipement, malgré le surcoût financier. Jean-Paul Cluzel ajoute : « Mon obsession était de rendre la Maison de la radio moins "totalitaire" moins "soviétique" moins repliée sur elle-même, d'en faire un lieu vivant et d'accueil. »

Son prédécesseur, Jean-Marie Cavada, souhaitait déjà offrir un cadre plus structuré aux orchestres, avec un lieu de prestige.

Son successeur, Jean-Luc Hees, regrette, lui, de n'avoir pas pu doter la salle d'une certaine polyvalence : « J'ai tenté de modifier les plans pour que le son de la pop n'y soit pas trop pourri. J'aurais rêvé que l'endroit soit aussi bien pour le "Philhar" que pour les Stones. »

S'il reste attaché à la musique classique, l'Auditorium sait quand même croiser les genres avec *Hip-Hop Symphonique* (tous les ans en novembre) – quand les musiciens accompagnent MC Solaar, IAM, Gaël Faye ou Bligflo&Oli – et avec *Pop Symphonique* autour de Clara Luciani, Arthur H ou Bernard Lavilliers.

Bien sûr, la radio y a toute sa place et dispose d'un studio d'enregistrement capable de capter les grands événements produits là, pour les retransmettre sur les antennes.

C'est aussi une salle de projection et de spectacle équipée de matériel scénique et audiovisuel.

D'ailleurs, au-dessus de la Canopée et du plafond, on accède aux cintres par une étroite échelle métallique. Le son atténué gagne ces hauteurs où l'on devine les violons et les cuivres au lointain. Ici, tout est aux normes de sécurité les plus récentes. En cas d'incendie, une dizaine de gaines de désenfumage peut aspirer – grâce à des moteurs situés en partie haute – les gaz chauds et les fumées pour les renvoyer vers l'extérieur. Des systèmes de treuil, avec commandes en partie basse, permettent aux régisseurs, comme dans tous les grands théâtres modernes, de faire monter et descendre les micros et les appareils selon les besoins et les configurations musicales.

Un autre élément que j'aime beaucoup à l'Auditorium, par son esthétique, son volume, et sa présence incongrue, est le dôme qui coiffe le tout. Il n'est pas visible du grand public puisqu'il donne sur la cour intérieure de la Maison. Seuls les collaborateurs bénéficient du spectacle d'un ciel changeant en reflet sur les immenses panneaux d'aluminium accolés à la manière d'un immense puzzle en 3D (je vous raconte cette expérience à l'entrée *Ciel* consacrée à la météo).

L'Auditorium invite chaque année près de 250 artistes, il a accueilli plus d'un million de spectateurs depuis son inauguration, et héberge 200 concerts par saison.

J'ajoute que la Maison de la radio et de la musique a profité de la construction de cet espace exceptionnel pour le doter d'un orgue sur mesure, en vue de proposer une programmation d'œuvres écrites pour cet instrument. Sa réalisation a été confiée au facteur Gerhard Grenzig (j'y consacre aussi une entrée à part).

Voir : Aluminium ; Berlin ; Chantier ; Ciel ; Forêt ; Orchestres ; Orgue ; Ouverture ; Tricotage.

Avant-garde

Si l'aspect forteresse de l'édifice a déjà été suggéré dans ces pages, ce n'est pas l'acception militaire du mot « avant-garde » qu'il convient de retenir pour la Maison de la radio et de la musique, mais bien celle qui concerne les techniques, l'architecture et l'art en général.

Dès le départ.

Imposer un cercle de verre et d'aluminium au milieu des alignements haussmanniens, utiliser la géothermie pour la première fois en France à une telle échelle, inventer un système de « boîte dans la boîte » pour les grands studios (conçus comme des éléments indépendants à l'intérieur même du bâtiment), installer les vitrages les plus hauts d'Europe (peut-être même du monde), faire appel à de jeunes créateurs pour le design, les matériaux, la décoration et quelques œuvres magistrales accrochées aux murs, tout était réuni pour que la Maison de la radio fût une exécution d'avant-garde.

« Cette maison a toujours été précurseure et innovante dans les talents qui ont présidé à sa construction et à sa décoration, martèle sa présidente actuelle Sibyle Veil. Ce côté avant-gardiste du bâtiment imprègne l'état d'esprit qui y règne et entretient la volonté de création. Nous sommes une maison de créateurs. »

Aujourd'hui encore.

Le rapport au lieu se ressent dans les activités qui y sont menées, dans les productions qui y sont réalisées, dans les œuvres qui y sont jouées ou diffusées, dans les technologies qui y sont utilisées. La Maison de la radio est le réceptacle de tout ce que l'avenir dessine déjà. Le festival Présences pour les musiques les plus actuelles. La recherche autour du son immersif (qui n'est pas sans rappeler le Groupe de recherches musicales de Pierre

Schaeffer, en son temps). Les rencontres Médias en Seine pour réfléchir à l'information de demain, dans un mélange audacieux entre le groupe *Le Parisien-Les Échos* et Radio France. Les soirées musicales *cross-over*, quand un orchestre symphonique accompagne des artistes issus du rap ou de la pop. La mise en ligne d'une plateforme unique de streaming et de podcasts pour défendre la valeur ajoutée et les droits inhérents des produits créés et diffusés ici. Les concerts de Nouvelle Scène, à l'occasion des rentrées musicales des antennes, destinés à propulser des jeunes talents et qui font, selon Sibyle Veil, « écho à toute l'histoire de cette maison qui a toujours soutenu les nouvelles générations d'artistes ».

Demain sûrement.

Pour la suite, sans jouer les Nostradamus, gageons que les évolutions les plus novatrices accompagneront les différentes stations et les formations musicales installées à demeure. Dans un premier temps, ces évolutions seront portées pour l'essentiel par le digital. À plus long terme, qui sait ? Nos petits-enfants entendront peut-être dans leur tête les programmes ou les concerts de leur choix sans même avoir à allumer un poste de radio ni à venir à l'Auditorium ou au Studio 104 ? L'avant-garde n'est jamais très loin de la science-fiction...

Voir : *Ad hoc* ; Architecture ; Art, œuvres d' ; Musique ; Présences ; Son immersif ; Son multicanal ; Utopie.

B

Badges

« Ah ! Pourrr chanter… Vous montez au quazquième…

— Au quatrième ?

— Non, au quinsmième étage et vous demandez monsieur Grrrrrinsomsonburrrreau…

— Monsieur comment ?

— Sikansomsoburrrro…

— Grainson ?

— Non, Grrrrnsin… vous voulez chanter ou pas ? »

Le sketch du « planton de la Maison de la radio » fit rire la France entière, en 1966 à la télévision, dans la célèbre émission *La Caméra invisible*. Un Jacques Legras képi vissé sur le crâne derrière son guichet, roulant les « r » comme un exilé de l'Est, y tenait des propos incompréhensibles. De quoi désarçonner les visiteurs cherchant à se déplacer dans le bâtiment qui, à ce moment-là, n'avait que trois ans d'existence et n'était pas encore très connu des Français.

Les vrais « plantons » de l'immeuble ne jouaient pas tout à fait le même rôle.

Rappelons que le terme est d'abord militaire, puisqu'il s'agit à l'origine d'un soldat qui se tenait debout auprès d'un officier supérieur, à sa disposition pour porter à tout moment ses ordres aux sous-officiers. Par la suite et par analogie, dans les administrations civiles on désigna comme « plantons » les préposés aux liaisons entre les différents services.

À la Maison de la radio, le planton a toujours été celui (des hommes en majorité quand j'y ai commencé) ou celle (les femmes sont plus nombreuses ces dernières années) qui assure la surveillance des entrées du bâtiment. Situé aux portes donnant sur l'extérieur, son seul point commun avec ses prédécesseurs en uniforme d'armes est de rester debout.

Auparavant, un simple signe de la main, un bonjour d'un coup de menton, un « Comment allez-vous ce matin ? » ou une amicale poignée de main pour ceux qu'on connaissait davantage servait de sésame pour franchir le seuil et gagner l'antre de la radiophonie publique française. Les plantons avaient l'habitude de nous voir passer chaque matin par la même porte, on s'engouffrait dans l'ascenseur et ils ne filtraient que les visages inconnus pour les renvoyer vers des hôtesses d'accueil.

Ça, c'était avant.

Un beau matin, des affichettes sont apparues sur tous les murs de la maison pour présenter au personnel son nouveau meilleur ami : le badge.

Aussitôt, tollé à tous les étages. Comment ! La direction veut fliquer son personnel, la liberté de se déplacer est brimée, on va se sentir prisonnier voire tenu en laisse, le moindre retardataire subira une sanction, pour sûr, tous les petits chefaillons connaîtront nos déplacements, de l'aube au crépuscule… Bref, un vent de révolte souffla pour dénoncer une surveillance masquée des collaborateurs. Car le badge, assorti de son immanquable (et très seyant) tour de cou, s'accompagnait aussi de serrures électroniques à chaque porte.

La forme panoptique de la maison ronde avec son donjon central semblait devenir réalité.

Même si le petit rectangle de plastique plaqué sur nos poitrines ne sert pas forcément à nous suivre à la trace, et même s'il nous simplifie parfois la vie – on peut, grâce à lui, fermer son bureau à clé, payer son repas à la cantine ou accéder au parking en sous-sol – il en dit long sur le monde dans lequel nous vivons.

Il faut en effet montrer patte blanche à son propre patron. Les flux de circulation sont gérés de telle sorte qu'ils créent des cloisonnements plutôt que des échanges spontanés. Surtout, la sécurité gouverne le monde. À la Maison de la radio et de la musique, comme dans toutes les grandes entreprises et institutions, des portiques de détection accompagnent ce climat lourd et anxiogène. Depuis les années 2000, la planète a basculé dans l'ère de l'attentat-terreur qui peut surgir n'importe quel jour à n'importe quelle heure et à n'importe quel endroit. Quelle tristesse.

Grand paradoxe – mais l'homme aime le paradoxe et en joue –, le badge représente en même temps le lien qui unit ceux qui le portent. Sensation d'appartenir à une famille.

Thierry Marx m'a souvent avoué sa fierté de posséder ce badge qui le marque du sceau de la radio publique. Il aime cette maison et il est très heureux d'y revenir chaque fois, quand nous enregistrons nos émissions. Dès que son badge arrive au terme de sa date de validité (les collaborateurs extérieurs ont une autorisation temporaire), Thierry s'empresse de me réclamer le renouvellement du précieux sésame.

Il m'est arrivé une fois d'oublier mon badge. Galère totale : plus d'accès à mon bureau, impossible d'ouvrir la porte vers les studios de franceinfo, obligation de contrôle à l'entrée du bâtiment, pas de cantine, etc. Tête de linotte ne rime pas avec journée sans fausse note !

Quant à nos plantons, ceux des portes d'entrée, ils tiennent encore le poste avec fidélité. Nous nous saluons toujours avec courtoisie, pour ceux que je connais – les plus anciens, puisque des sociétés mandatées prennent de plus en plus le relais. Une chose a changé pour eux : ils portent des gilets pare-balles.

Retour à la case militaire...

Voir : Attentat(s).

Baraton, Alain

La Maison de la radio et de la musique vue par...

« Quand on veut connaître l'histoire d'un arbre, on le coupe et on observe les cernes. L'arbre en produit un chaque année.

« La Maison de la radio, circulaire comme un arbre, est une succession de cernes : chaque étage, chaque bureau, chaque studio d'enregistrement, chaque pièce correspond à un cerne qui nous raconte une histoire.

« Ici les débuts de José Artur, là un concert mythique du Philharmonique, ailleurs les *Flagrants Délires* avec Desproges ou *Radioscopie* de Chancel. Ce sont des lieux chargés d'émotion.

« Si on n'a pas conscience de cela, on ne voit que des vitres, des portes, des couloirs, et de la moquette sans intérêt. Mais lorsqu'on regarde l'édifice de l'intérieur, comme un forestier fait pour observer le bois et l'écorce d'un arbre, alors on est capable de comprendre son fonctionnement, son origine, son histoire et sa vie. »

Alain Baraton est jardinier en chef du domaine national de Trianon et du Grand Parc de Versailles. Il parle des jardins chaque week-end sur France Inter.

Entretien accordé à l'auteur.

Barr, Jean-Marc

La Maison de la radio et de la musique vue par...

« Pour moi qui ai grandi aux États-Unis dans les années 1970, élevé par une culture télé où la radio n'avait pas d'existence, sinon dans la voiture, la Maison de la radio à Paris fut une double découverte : une architecture unique qui reste gravée en mémoire, et un univers de création incroyable.

« Après *Le Grand Bleu*, je commençais à être invité dans des émissions et je me suis rendu compte (tout comme au siège emblématique de la BBC) qu'on pouvait y enregistrer du théâtre, y donner des concerts, y côtoyer des personnes admirables. Je me souviens une nuit m'être retrouvé à passer deux heures en compagnie de Michel Serrault, comme ça. J'ai alors réalisé la grandeur et l'importance de ce lieu de création, de rencontres et de débats.

« Dans sa rondeur, cet immeuble est à la fois viril et doux. Il garde, grâce à ses courbes, une persistance pour avancer comme une force de culture. »

Jean-Marc Barr est acteur et réalisateur.

Entretien accordé à l'auteur.

Bauer, Alain

La Maison de la radio et de la musique vue par...

« J'ai le souvenir de la première fois où je suis allé à la Maison de la radio – elle était déjà en travaux – comme d'un grand jeu de cache-cache : on prenait un ascenseur pour monter à un étage, on parcourait un demi-cercle, on dévalait un escalier avant d'arriver enfin à sa destination. Il y avait, en version laïque et profane, quelque chose du labyrinthe de Chartres, qui reste l'un des grands mystères de la symbolique à la fois maçonne (une cathédrale est bâtie par un maçon) et chrétienne.

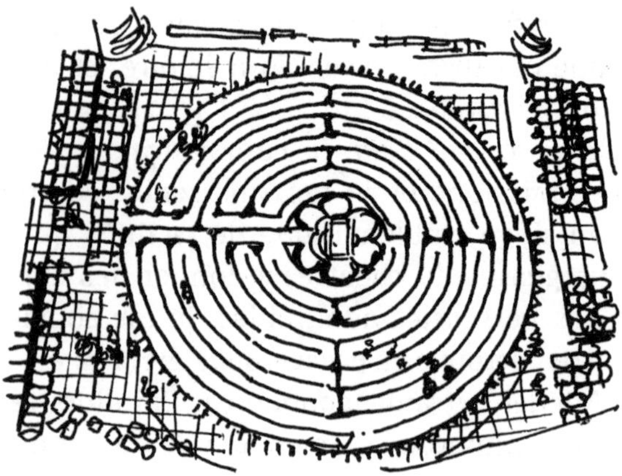

« En matière de logiques de circulation, on ne peut pas dire que ce soit le dispositif le plus fluide qui soit... Il vaudrait mieux, parfois, des architectes qui pensent un lieu *avec* leurs utilisateurs plutôt qu'*à leur place*. »

Alain Bauer est professeur de criminologie, écrivain, et ancien grand maître du Grand Orient de France.

Entretien accordé à l'auteur.

Béranger, Macha

Une voix unique. Un timbre rauque, écorché comme l'étaient celles et ceux qui appelaient la nuit au téléphone. Macha Béranger a marqué trois décennies de dialogue intime avec les auditeurs de France Inter, passé minuit, de confidences et d'écoute, de questions et de conseils.

Les Passagers de la nuit, très beau film de Mikhaël Hers, replonge dans cette ambiance nocturne des années Mitterrand. Emmanuelle Béart y joue le rôle de Vanda Dorval, animatrice de radio qui ouvre son micro et son cœur aux « sans sommeil » chers à Macha, dont elle s'inspire largement. Le réalisateur, victime d'insomnies durant ses jeunes années, chaussait son walkman au fond de son lit et se souvient (reportage sur *Ciné+*) comment *Allô Macha* véhiculait un « imaginaire collectif très fort, ces voix de la nuit, ces passerelles : être en lien avec quelqu'un qui témoigne, une vie qui n'a rien à voir avec la vôtre mais que vous allez toucher du doigt ».

Une communauté de partage se fédérait en effet autour de cette émission devenue culte. L'impression de connaître, ou tout du moins de comprendre, l'autre, au bout du fil, dans ses joies ou ses peines, de partager ses émotions, de compatir à ses douleurs.

Admirable Macha. Elle savait laisser s'installer la confiance, dans une empathie qui n'a jamais faibli au fil des années.

Pour y parvenir, elle transformait le studio où elle opérait (134 ou 154 selon les périodes), pour en faire un lieu chaleureux et familier. Lumière coupée, seule la lampe qu'elle apportait chaque soir depuis son bureau diffusait un halo autour d'elle. « C'est très important pour moi, la lampe, confia-t-elle un jour à la télévision dans *Lignes de mire*. Cela rappelle une maison. Je suis dans ma maison et je bavarde avec des auditeurs qui sont dans leur maison, donc la complicité est intacte et égale. Il y a davantage d'intimité. »

La fumée de ses cigarettes rendait l'endroit trouble, en résonance avec les mots de certains de ses appelants.

Barrette dans le pelage et embaumant le parfum Guerlain, son fidèle chien Œdipe l'accompagnait, au grand dam de la direction et des employées de ménage en raison des « signatures » déposées çà et là sur la moquette.

Oubliée la Maison de la radio, Macha recevait donc comme chez elle, et on aurait presque pu penser que le « sans sommeil » ne se trouvait pas de l'autre côté du poste mais tout près d'elle, juste en face. Au reste, elle laissait s'installer parfois des visiteurs en chair et en os dans le studio. Mathieu Gallet, futur P-DG de Radio France, se rappelle une nuit ainsi amorcée. Il avait 21 ans : « Un soir, Macha reçoit le copain d'un pote à moi qui nous invite à l'accompagner. Il nous dit : "Faudra juste rester assis dans le studio, et silencieux !" Il y avait bien sûr la lampe, le whisky, les verres, les cigarettes et le chien… »

Mariage entre divan et confessionnal, l'émission fut lancée en 1977, d'abord sous le titre *Après-Minuit*, et jusqu'à 3 heures du matin. Le générique initial, la bande originale du film *Bilitis* signée Francis Lai, créait d'entrée une atmosphère apaisée et prête à accueillir toutes sortes d'aveux personnels. Puis le *Concerto pour piano n° 21* de Mozart devint l'hymne officiel de ce rendez-vous qu'il introduisait par la douceur lancinante des violons entamant le deuxième mouvement.

On y parlait de tout, « mais avec une certaine tenue » selon la volonté de son animatrice. En presque trente ans, des dizaines de milliers d'esseulés noctambules, de quidams en souffrance, de solitaires en mal d'être et, une fois par semaine, de personnalités en confiance se sont ainsi livrées à la « Dame de la nuit » qui accompagnait les misères, les chagrins et les espoirs de chacun. Comme le relève Jean-Luc Hees dans *Ces ondes merveilleuses* : « Elle les rendait fous avec sa voix de chatte perchée, usant outrageusement d'un organe flirtant avec la tessiture d'un baryton. » Le fils d'un vrai baryton d'opéra, Claude Nougaro, lui rend hommage dans sa chanson « Insomnie » :

À la radio ça agonise
Allô Macha sauve-moi la mise

Macha Béranger avait commencé sa carrière comme comédienne au théâtre et à la télévision où elle apparut dans *Les Brigades du tigre* ou *Les Enquêtes du commissaire Maigret* version Jean Richard. Durant toute sa vie elle aura joué dans une quinzaine de séries et autant de films au cinéma, dont *Le Glandeur*, *Comme t'y es belle* ou *Vipère au poing* avec Catherine Frot.

Un soir de 1970, un cocktail est donné à la Maison de la radio. Le regard de Macha Béranger croise celui de Louis de Funès. Coup de foudre immédiat entre la jeune débutante du micro et la plus grande star du cinéma français du moment, connu dans le monde entier depuis *La Grande Vadrouille*. C'est le début d'une liaison qui se prolongera jusqu'à la mort de l'acteur. *Vanity Fair* raconte que les deux amants se retrouvaient dans une suite de l'Intercontinental, près de la place Vendôme, louée à l'année par de Funès.

Dix ans plus tard, le 27 juin 1981, Macha reçoit Louis à l'antenne, comme si de rien n'était. « Moi, je vous connais très peu, à la ville », entame-t-elle, faussement ingénue. Il lui répond en évoquant le micro qu'il n'aime pas : « J'ai peur, c'est pour cela que je suis venu la nuit, les personnes écoutent d'une autre façon. » Puis il ajoute, un sourire à peine masqué dans la voix : « Je vous écoute le soir, depuis de nombreuses années, je vous écoute très attentivement. »

Le critique musical Philippe Manœuvre animait une tranche sur Inter, juste avant Macha, en 1982. Vingt ans plus tard, il lève le voile dans *L'Obs* sur cette relation interdite : « Louis de Funès, qui était amoureux d'elle, était là tous les soirs. Il s'installait en cabine avec les techniciens [...] Il grimaçait, commentait – on aurait dit un film – Macha lui lançait des regards complices : ils étaient en fusion. » Certains soirs, l'acteur déposait Macha devant la porte B de la Maison de la radio. Elle descendait de la Rolls comme une diva.

L'idylle resta plus ou moins clandestine malgré les rencontres à répétition et les arrangements sur certains tournages où Macha rejoignait Louis. Michel Galabru a brisé le secret dans ses mémoires *Les Rôles de ma vie* : « Tout le monde a très vite compris la situation, sauf Mme de Funès, qui était restée au Cellier[1] dans le château familial. »

Connue pour sa collection de chapeaux – elle en portait un différent chaque soir à l'antenne – Macha fut emportée par les cigarettes qu'elle fumait en trop grand nombre et qui lui avaient donné cette voix si profonde, si reconnaissable. Elle disparut trois ans à peine après avoir été retirée de la grille des programmes.

Pour sa dernière émission (*Allô Macha* était passée au fil du temps à deux heures, puis une heure d'antenne), son ami Jean-Claude Brialy vint, aux côtés d'autres proches, la saluer : « Dans un monde de tromperies et de mensonges, les gens ont besoin d'amour, de fraternité, et qu'on leur tende la main. Je suis triste pour ces filles et ces garçons suspendus à leur téléphone pour un

1. Le château de Clermont, sur la commune du Cellier en Loire-Atlantique, fut la propriété de Louis de Funès jusqu'à sa mort.

mot d'amitié, un message de réconfort, tous ceux qui se noyaient, qui se perdaient. »

Ce même soir, Macha remercia « ses » sans-sommeil grâce auxquels elle confessa avoir vécu « tant d'émotions riches en couleurs de cœur ».

Pour ma part, je garde une tendresse particulière pour Macha Béranger, non pas que je fusse un fidèle de ses rendez-vous nocturnes, mais parce qu'à mes débuts à Radio France Limoges, la petite bande d'animateurs potaches auxquels je m'étais attaché (Éric Vigneron, Marie de Bruynes, Jean-Michel Vouzelaud, Diane Bridgland) passait son temps à la parodier. Une forme d'admiration naïve, sans doute, pour une voix mythique et un cœur où se déversaient tant de sentiments et d'émotions. À ce jeu de l'imitation, Éric était le meilleur, de loin (j'avais plutôt un talent pour singer Chirac) et, peut-être par mimétisme, il avait repris à son compte l'expression avec laquelle Macha Béranger lançait chaque nuit son émission : « À tout de suite vite... »

Berder, Cécilia

La Maison de la radio et de la musique vue par...

« Difficile de comprendre ce bâtiment tant qu'on n'y est pas entré. Et encore. La première fois, on cherche son rendez-vous, on se fait expliquer, on monte, on descend, on s'y perd, c'est étourdissant, mais on finit toujours par trouver un chemin puisque c'est rond. Surtout la richesse des activités est incroyable, une véritable fourmilière. On se croirait comme un enfant, les yeux brillants, passant de manège en manège dans un parc d'attractions : radio, concert, débat, rédaction, salle de spectacle, parfois même un événement inattendu. Par exemple, j'ai mené des initiations à l'escrime, dans le grand hall ; ce n'était pas vraiment idéal avec les baies vitrées qui éblouissent, mais quelle expérience de faire croiser le fer à des gamins dans cette maison unique ! »

Cécilia Berder est vice-championne olympique d'escrime par équipe, elle a été championne du monde par équipe et plusieurs fois championne de France. Elle a aussi animé différents rendez-vous d'antenne sur franceinfo.

Entretien accordé à l'auteur.

Berlin

Sur le parvis de la Maison de la radio et de la musique, parmi les arbres qui font illusion de sous-bois, se dresse une stèle à la silhouette reconnaissable et glaçante : une plaque du Mur de Berlin. En forme de « L », elle a conservé sur son ancienne face externe – qui était, à l'époque de la partition, directement accessible depuis une rue de Berlin-Ouest – un entrelacs de traits rouges encadrés de noir sur un fond bleu foncé. Les couleurs, un peu délavées, rappellent comment le serpent de béton servit, durant la guerre froide, de support à un art graphique grandissant, celui de la peinture urbaine.

Si le *street art* est né aux États-Unis, Berlin lui offrit une tribune politique en Europe. Art de délit, art interdit, art subversif, il permit de dénoncer l'absurdité d'une muraille qui déchira le peuple allemand durant près de trois décennies. Les plaques de béton se couvraient de slogans de paix, de dessins sur la liberté ou de promotion pour des groupes de musique alternatifs. Dans les années 1980, le Mur servit donc de défouloir à une jeunesse décalée, désœuvrée et prompte à dénoncer autant le capitalisme débridé que l'immobilisme soviétique.

Jonathan Borofsky, le sculpteur américain qui a eu la gentillesse de m'offrir l'image de couverture du récit que j'ai consacré à la capitale allemande[1], a été l'un des premiers artistes reconnus à pratiquer le *street art* à Berlin. À l'occasion d'une exposition qui lui était consacrée en 1982 au *Martin Gropius Bau* tout juste rénové, Borofsky peignit, à même le mur qui longeait le musée, un homme en train de courir. « J'ai mis deux heures pour réaliser ce *Running Man*, raconte le créateur sur son site internet. Aux trois quarts de mon travail, une patrouille de soldats britanniques vint me demander ce que je faisais. Ils étaient inquiets de voir mon échelle plaquée contre le Mur. "Avez-vous une autorisation pour cela ?" Je leur répondis que non, que j'étais un artiste exposant dans la maison en face, et que j'avais presque fini. "OK, terminez, mais ne dites à personne qu'on vous a laissé faire." Je pense que la peinture est tombée avec le Mur, en 1990. » À la suite de

1. *Mon Berlin*, Édition MM2M, 2019.

Borofsky, d'autres artistes de renommée internationale s'emparèrent de cet improbable espace d'expression de plus de 150 kilomètres de long. Aujourd'hui, la *East Side Gallery* en reste l'emblème majeur avec le fameux baiser entre Brejnev et Honecker du peintre Dmitri Vrubel, d'après un cliché du photographe français Régis Bossu. À Paris, le graffiti du morceau de Mur devant la radio est sûrement l'œuvre d'un dessinateur anonyme.

Mais comment diable ce préfabriqué de quatre mètres de haut et d'une quinzaine de centimètres d'épaisseur – à Berlin ils étaient surmontés de cylindres pour éviter la moindre prise à d'éventuels fuyards – est-il arrivé jusque-là ?

En 2009, Radio France organisa une journée entière de direct intégral depuis Berlin, avec le même programme diffusé sur l'ensemble des chaînes du groupe[1]. « J'avais l'idée que toute la Maison de la radio pouvait se déplacer, raconte le président de l'époque, Jean-Luc Hees. Ce fut très compliqué à monter, pour un milliard de raisons logistiques, syndicales, politiques, etc. mais je voulais qu'on fasse une *colonne Morris* de Radio France à Berlin. Ce n'était pas juste un caprice de P-DG, c'était quand même le vingtième anniversaire de la chute du Mur ! » Une ambition à la hauteur de la puissance de la Maison de la radio, « tellement douée » s'émeut encore aujourd'hui Jean-Luc, qu'elle est capable de s'exprimer ailleurs qu'en ses murs.

« Nous avons donc fait la Maison de la radio à Berlin. Et ça a marché. » Pas peu fier, Jean-Luc Hees, du succès

---

1. En 1969, pour couvrir l'événement extraordinaire que représentèrent les premiers pas de l'homme sur la Lune et pour concurrencer la force de l'image télévisée, l'ORTF avait déjà uni trois de ses chaînes de radiodiffusion, France Inter, France Culture et Inter Variétés en une seule *Radio Terre* qui émit en direct durant trente heures, alternant explication scientifique, reportage, musique et divertissement. Mais c'était au sein de la Maison de la radio.

de l'opération baptisée *Radio France fait le mur*, d'autant que cette antenne éphémère fut diffusée ce jour-là sur la fréquence de Deutschlandradio, ce qui amuse encore l'ancien président : « Je me suis toujours demandé ce que cela faisait aux Allemands d'entendre vingt-quatre heures d'émissions en français sur leur territoire. J'essaye d'imaginer ce que la réciproque aurait donné, en France, je crois que cela ne serait pas très bien passé... »

Bluffé par le talent et la compétence de toutes les équipes qui ont permis cette performance, Jean-Luc Hees assure que seule la Maison de la radio permet de telles prouesses. Alain Faucher, chargé de production pour l'événement, se souvient : « Nous avions déplacé 180 personnes et 100 tonnes de matériel. Deux studios étaient déployés, l'un dans l'ancienne partie ouest de la ville à l'Institut de France, l'autre à l'est, au siège de la ZDF[1]. »

En remerciement de cette mise en valeur de sa ville, de son patrimoine et de son histoire, le patron de Deutschlandradio, Willi Steul, offrit à Radio France un panneau du Mur de Berlin qu'il avait récupéré et conservé depuis le démantèlement, et qui fut transporté en France par convoi spécial.

Voilà pourquoi il trône à présent près de la Seine.

Ce 9 novembre 2009 reste l'un de mes grands regrets. Venait de sortir mon tout premier roman[2], dont Berlin était le décor (j'avais à dessein choisi cette date anniversaire pour le publier), et je préférai consacrer mon énergie à sa promotion, notamment à la Foire du livre de Brive qui se déroulait le même jour. J'avais décliné, à contrecœur, la proposition du directeur de franceinfo, le regretté Philippe Chaffanjon, de rejoindre les troupes

1. *Zweites Deutsches Fernsehen*, la deuxième chaîne de la télévision publique allemande.

2. *Ma petite Française*, Seuil, 2009.

berlinoises de Radio France. Ce fut un déchirement tant Berlin est ma seconde patrie : j'y ai posé le pied pour la première fois en 1977 à l'âge de 15 ans, durant la guerre froide et, depuis, j'y retourne chaque année à plusieurs reprises. Je me suis rattrapé dix ans plus tard, pour les trente ans de la chute du Mur, en y animant une nouvelle journée spéciale.

Au-delà de ce morceau du Mur, Berlin entre en résonance avec la Maison de la radio pour diverses raisons.

La première remonte avant même les plans initiaux de l'édifice. Au concours d'architecture, l'ingénieur général des télécommunications Léon Conturie imposa un cadre très strict après avoir visité plusieurs bâtiments de radio existant en Europe, dont la *Haus des Rundfunks* de Berlin. C'est un lieu incroyable en forme de triangle, cœur historique de la radio allemande depuis 1931. L'audace de l'architecte Hans Poelzig fut d'orienter tous les studios vers la cour intérieure du triangle, afin de les protéger des éclats de la ville par l'enveloppe des bureaux (Henry Bernard reprit l'idée trente ans plus tard à Paris). L'acoustique, travaillée à l'extrême, nécessita des panneaux réfléchissants et des fauteuils qui absorbaient les sons dans la grande salle d'enregistrement. Cette dernière, enchâssée entre les trois côtés du bâtiment, a gardé sa patine des années 1950, période où elle fut remise en état.

Autre lien, les escaliers de l'ancienne aérogare berlinoise de Tempelhof sont identiques à ceux que je grimpe pour accéder à mon bureau au quatrième étage de Radio France : des escaliers dit « Chambord » à double révolution. Petit retour en arrière pour mieux comprendre ceux de Berlin. Hitler voulait un aéroport colossal et révolutionnaire pour son époque, dont on prétend que l'avant-gardisme servit de modèle aux grandes structures aéroportuaires d'après-guerre : les arrivées à un étage, les départs à un autre, les tapis automatiques pour les bagages, etc. Le complexe, en demi-cercle de 1 200 mètres de longueur, était censé représenter un aigle en plein vol, emblème de l'Allemagne. Son toit fut conçu pour y arrimer près de 100 000 sièges : le site aurait dû servir aux parades militaires et aux discours allégoriques du *Führer*. Cependant, pour cause de guerre, les travaux ne furent jamais achevés. Ainsi le restaurant, qui ambitionnait 2 000 couverts par jour, demeura un espace vide au centre du bâtiment. Pour y accéder, les fameux escaliers doubles : l'un monte, l'autre descend, chacun en vis-à-vis, ils auraient dû permettre l'évacuation la plus rapide possible du gigantesque restaurant. À la Maison de la radio et de la musique à Paris, les deux traits du « X » ainsi formé sont cloisonnés, alors qu'à l'aérogare Tempelhof à Berlin tout est ouvert ; autrement dit, en grimpant le palier, on peut voir à côté les marches qui permettent de le dévaler.

Enfin, dernier point commun, notre Auditorium. Il est directement inspiré de la *Philharmonie* de Berlin, salle mythique en arène avec la scène au centre et ces formes bizarres donnant une acoustique idéale. J'y reçus en pleine figure la *Cinquième* de Beethoven menée par le tatillon Lorin Maazel. L'homme effaçait sa réputation d'autorité par une baguette irréprochable. Il était ce jour-là l'invité du chef attitré de la *Philharmonie*, l'inamovible Karajan. La salle fut d'ailleurs longtemps surnommée par les Berlinois le *Zirkus Karajani*, en référence au *Circus Sarrasani*, cirque allemand mondialement connu avant la guerre.

Tiens, la première pierre de la *Philharmonie* fut posée le 13 août 1961. Le même jour où fut érigé à quelques pas de là… le Mur de Berlin.

Voir : Auditorium ; Conturie, Léon ; Escaliers.

Bernard, Henry

Henry Bernard est un architecte urbaniste des Trente Glorieuses en France. Si la Maison de la radio et de la musique reste sa construction phare, il est à l'origine de bien d'autres édifices : le siège du Conseil de l'Europe à Strasbourg, la tour *Reflets* du Front de Seine à Paris, le Centre hospitalier universitaire de Caen ou la préfecture du Val d'Oise (une austère et audacieuse pyramide inversée de béton et de verre) érigée en pleins champs à la création de la ville nouvelle de Cergy-Pontoise. Il a aussi lancé une vaste réflexion sur l'aménagement des villes, en particulier de la capitale et de l'Île-de-France, dans un ouvrage paru sous le titre *Paris Majuscule*.

L'homme, mince et élancé, toujours tiré à quatre épingles, mesuré dans ses propos, semble aussi sérieux que ses constructions. Il faut l'entendre parler de son édifice préféré, la radio publique. C'était sur l'unique chaîne de télévision encore en noir et blanc, au moment de l'inauguration : « Cette maison n'est pas ronde *a priori*, sa forme est strictement une enveloppe épousant sa vie intérieure. » En clair la fonction fait le bâtiment. Pas de place pour la fantaisie.

Tout le propos de Bernard est là. Fonctionnaliste, il place le programme au centre de toutes les préoccupations.

On lui réclame des studios avec une bonne acoustique ? Il les imagine de forme trapézoïdale afin que le son ne se répercute pas à l'infini d'une paroi à l'autre, comme ce serait le cas dans un rectangle. On lui explique que tout doit converger vers la diffusion ? Il juxtapose les trapèzes côte à côte, telles des portions de camembert, et naît le cercle. On lui demande des outils techniques et des archives au plus près ? Il implante une tour au centre du dispositif pour un accès direct depuis tout point du cercle. Et hop ! la Maison de la radio est inventée.

Né à Albertville à la veille de la Première Guerre mondiale, Henry Bernard a suivi l'école des Beaux-Arts à Paris, sous la houlette de Paul Bigot, un architecte de la mémoire, qui sera son maître. Lauréat du Grand Prix de Rome en 1938, il ne profite pas beaucoup de sa gloire naissante puisque la guerre le happe ; il est fait prisonnier trois ans et demi. Durant cette captivité, il réfléchit longuement aux questions d'urbanisme, ce qu'il traduit dès la Libération par un *Essai sur la croisée de Paris* qui tend à mettre en valeur les quartiers historiques en superposant les aménagements de surface et les circulations en sous-sol.

Après la guerre, l'heure est à la reconstruction. Adjoint à l'urbaniste en chef de Caen, Marc Brillaud de Laujardière, Henry Bernard y est à l'origine de plusieurs ouvrages dont l'université de la ville et l'église Saint-Julien (un ovoïde en béton ajouré dont les vitraux ne sont pas sans rappeler, vus de l'intérieur, ceux de la Gedächtniskirche sur le Ku'damm, à Berlin).

Puis il devient architecte-conseil du ministère de la Santé publique pendant une bonne dizaine d'années et dans la foulée de la réforme Debré qui institue les CHU, il imagine un type de construction hospitalo-universitaire (lui-même bâtit notamment ceux de Caen, Tours et Grenoble). Là encore, en vertu de l'immeuble au service de la fonction, son concept devient celui d'un « hôpital-paquebot » où se réalisent les trois fonctions inhérentes à ces nouveaux établissements : soigner, enseigner, chercher. « L'hôpital idéal, plaide-t-il dans un texte conservé aux archives de l'Institut français de l'architecture, serait pour nous celui où le malade ferait le séjour le plus bref du fait qu'il aurait reçu les meilleurs soins et d'où il serait le plus vite rendu à sa vie normale. » Le CHU de Caen doit ainsi sa structure – un donjon central en forme de « H » posé sur un vaste socle carré en soubassement – à la nécessité des circulations entre les services et les blocs opératoires. Mais le site ne fait pas l'unanimité et subit une critique telle que la ministre de la Santé Simone Veil n'est jamais venue l'inaugurer, en 1975.

Dans le même temps, Henry Bernard projette sa réflexion sur l'avenir des villes. Il imagine, à La Défense, une grande avenue triomphale bordée de barres parallèles et, pour Paris, des tours de grande hauteur implantées à différents points de la capitale faibles en architecture : gare Montparnasse, place d'Italie, porte de la Chapelle ou Front de Seine. Dans son livre *Paris Majuscule*, apparaissent les esquisses d'une métropole nouvelle intégrant les flux automobiles en augmentation, les nouveaux réseaux de transport et une densification urbaine toujours plus forte. Selon Bernard, tout doit être repensé : les zones industrielles, les moyens de déplacement, les hôpitaux, les marchés, les grands magasins. La pollution de l'air est même à ses yeux un enjeu qu'il ne faudra pas négliger à l'avenir. Faut-il le qualifier de visionnaire ? Beaucoup de ses idées seront, en tout cas, reprises par la suite. On fait aussi appel à lui pour dessiner le plan de masse du village olympique, à Grenoble, en 1968 (réalisé par Maurice Novarina).

Début 1953, Henry Bernard et ses équipes soumettent leur candidature au concours lancé par la Radiotélévision française en novembre de l'année précédente. L'architecte a passé son Noël à y réfléchir. Le terrain acquis par l'État dans le 16e arrondissement, six mois plus tôt à l'été 52, présente de nombreuses contraintes de surface, de forme, d'éloignement, de sous-sol marécageux, d'environnement douteux. Déjà adossé à une carrière bien remplie, l'ingénieur sait alors déjouer tous les pièges grâce à son esprit avant-gardiste (pilotis en profondeurs, studios à double caisse de béton, façades en aluminium, géothermie, baies vitrées géantes, etc.). Surtout son projet, qui a pris le nom de code *Cheval*, répond à toutes les exigences de la RTF. Il l'emporte grâce à sa fonctionnalité. « Ce cylindre nu a quelque chose de brutal, d'autoritaire, admet Henry Bernard dans un entretien à la revue *Mélomane* en 1993. Sans doute est-ce dû au fait qu'il est la réponse à un programme qui était lui-même très autoritaire, et devant lequel je me suis montré extrêmement obéissant. »

Le général de Gaulle salue de son côté le « mariage réussi de l'art et de la technique ». Car, à l'égal de quelques édifices emblématiques de la seconde moitié du XXe siècle comme le palais de l'Unesco, Henry Bernard intègre la beauté artistique à sa créature de métal et de verre : les meilleurs décorateurs contemporains sont sollicités pour les intérieurs (Pierre Paulin ou Jacques Dumond) et des œuvres d'artistes – Soulages, Bazaine, Bezombes, Mathieu, Manessier, etc. – sont incluses de façon pérenne.

Le seul regret du père de la Maison de la radio fut que sa tour centrale n'eût pas la hauteur dont il rêvait. Imaginée dans la perspective de l'aménagement global qu'il concevait pour une capitale parsemée de gratte-ciel (tour Montparnasse ou Front de Seine), elle devait mesurer 130 ou 140 mètres afin d'ouvrir un « dialogue » avec les constructions de haute taille espérées de l'autre côté du fleuve. Or, le Conseil général des bâtiments de France lui refusa et exigea même de faire modifier les fondations de manière à rendre impossible toute élévation future. « La Maison de la radio donne l'impression d'avoir le cou enfoncé entre les épaules ! » tempête alors Henry Bernard.

Entré à l'académie des Beaux-Arts en 1968, l'homme en devient le président vingt ans plus tard. Entretemps, il s'implique dans la création de l'atelier parisien d'Urbanisme, qui dessine le schéma directeur de la région parisienne, mis sur les rails à la fin des années 1970.

Derrière sa rationalité toute professionnelle et son habit vert d'académicien, Henry Bernard cachait aussi un talent d'artiste, qu'il a sans doute développé durant sa formation aux Beaux-Arts de Paris. Talent précoce puisque parmi les sculptures et peintures qu'il a laissées, figure un autoportrait réalisé en 1929, à l'âge de 17 ans. Le coup de crayon y révélait, déjà, à la fois rigueur et détermination, peut-être même une pointe d'austérité. Surtout le regard portait au loin, semblant chercher à l'horizon quelque rêve inaccessible.

Voir : *Ad hoc* ; Aluminium ; Architecture ; Art, œuvres d' ; Cheval ; Terrain.

Bigot, Yves

La Maison de la radio et de la musique vue par...

« Quand j'y suis arrivé en 1990 comme directeur des programmes de France Inter, le bâtiment m'est apparu à la fois impressionnant par sa masse et déroutant par sa géographie circulaire. Je le trouvais autant iconique que vieillot. Venant du privé avec son fun et son luxe, je découvrais là une ambiance "service public", grise, triste, comme dans un commissariat ou à la Sécurité sociale.

« Le fonctionnement aussi me troublait. À Europe 1, nous étions dans la modernité et le confort, j'avais mon Studer dans mon bureau pour faire mes montages alors qu'à Inter il me fallait solliciter un opérateur du son et aller dans une pièce dédiée. Là où nous étions deux, rue François-Ier, pour assurer une émission (le technicien et moi), cinq ou six personnes étaient nécessaires à la maison ronde. Surtout, l'ouverture du micro n'était pas automatique, je devais lever la main pour réclamer l'antenne ! Tout cela appartenait à l'image d'une entreprise corsetée, ronronnant et vieillissant mal.

« Une nuit où je suis monté chercher un café à l'étage du dessus, les portes se sont refermées, je ne pouvais plus sortir. Les portables n'existaient pas encore. Depuis un poste fixe, j'appelais sans répit des veilleurs de nuit qui ne répondaient jamais. Ma délivrance est survenue vers 4 heures du matin grâce au personnel de ménage…

« Par bonheur, la nouvelle Maison de la radio et de la musique, depuis les travaux, est entrée dans l'ère du futur. Elle est magnifique. »

Yves Bigot est président de l'Alliance française et directeur de TV5 Monde.

Entretien accordé à l'auteur.

Bocal

Voir : KB.

Bon, François

La Maison de la radio et de la musique vue par…

« La Maison de la radio, comme pour quiconque s'y est perdu trente fois, m'est toujours apparue comme une grotte avec des zones profondes, et interdites – la discothèque. N'importe quelle requête qu'on lance nous déplace vers des mondes enfouis. Les armoires en fer, avec cadenas ou pas, des réalisateurs qui y ont leur vie, et ces boîtes de bandes magnétiques jamais exploitées où ils savent retrouver cette étrangeté-là, précisément, qui vous durera quinze secondes dans l'émission (le nom de Yann Parenthoën). Ou celui qui a fonction de bruiteur et dont le père déjà était bruiteur, et qui, pour vous faire rire, émet en stéréo le bruit d'une mouche qui vole et puis clac. Mais il vous fera aussi bien une explosion d'une plaque d'aluminium, et manie les fausses portes ou les vraies machines à écrire comme si c'était déjà du H.G. Wells dans votre tête. »

François Bon est écrivain.
Extrait du site internet de Radio France.

Bozon, Louis

Entré à la RTF en 1957, Louis Bozon vit la Maison de la radio sortir de terre, « chantier colossal et contesté », et vécut le déménagement des antennes vers le quai de Passy. De l'événement il garde en mémoire le discours du général de Gaulle et l'immensité des lieux livrés aux équipes. « On se perdait tout le temps, raconte celui qui devint par la suite une voix emblématique de France Inter. Le bâtiment était si grand que personne ne savait s'y repérer ni renseigner les autres ! » Bon vivant et humain au possible, Louis Bozon reprochait aussi au lieu sa froideur, son côté « hôpital ». La vie extérieure n'entrait pas assez dans ce nouveau palais, éloigné de tout, dont les portes demeuraient closes. Le jeune homme se réfugiait alors au dixième étage, au restaurant d'entreprise, afin de jouir d'une vue inouïe et rassurante sur la capitale.

Mes premiers souvenirs de Louis Bozon remontent au début des années 1990, avant que j'arrive moi-même à la Maison de la radio. J'effectuais un tour de France des « locales », comme on désignait à ce moment-là l'actuel réseau France Bleu, une sorte de parcours obligé avant d'intégrer Radio France (c'est toujours plus ou moins le cas). Je bourlinguais de Limoges à Melun, de Strasbourg à Brest, de

Guéret à Besançon. C'est là, en grimpant vers la citadelle au petit matin pour rejoindre les studios de Radio France Besançon, que je me laissais bercer par le timbre cristallin de sa voix sur l'autoradio de ma vieille R5. Il animait *Réveillez-vous, on s'occupe du reste*. Ses dialogues chaleureux avec les lève-tôt qui téléphonaient pour jouer ou lui passer un simple bonjour, son humour malicieux et son érudition discrète m'accompagnaient sur le chemin du boulot.

Louis, ami fidèle et généreux depuis, a toujours eu une véritable fibre artistique, grâce à sa mère qui l'a initié très tôt à la musique, au théâtre ou au ballet. Quand elle n'avait pas les moyens d'acheter deux billets, elle l'envoyait seul au concert. Il voulut toutefois s'émanciper au plus vite du giron maternel et quitter sa ville natale. Ce provincial né avant la guerre, lauréat du premier prix d'art dramatique de Grenoble, n'avait qu'une idée en tête : monter à Paris. Ce qu'il fit dès sa vingtaine, passant deux ans à l'école de théâtre de la rue Blanche. Devenu plus parisien que les Parisiens, il connut après les matinales une nouvelle notoriété par un étrange renvoi de miroir grâce à la... province, avec *Le Jeu des 1 000 francs* qu'il reprit en 1995. Parcourant la France dans tous les sens, de métropoles en cités moyennes, de villages en arrondissements, de bourgades en hameaux, il en apprivoisa chaque recoin. On peut suivre sa trace en relisant *Mes petits sentiers*, dans lequel Louis rassemble ses escapades les plus marquantes. Face à un public de chair et de sang, qui l'acclamait chaque jour presque comme une star, retrouvait-il ses rêves de jeunesse de monter sur scène ? Un jour à Paris, empruntant un taxi en compagnie de Marlène Dietrich, le chauffeur avoua le grand honneur d'avoir une vedette à son bord : il parlait de Bozon et non de l'actrice ! Cette longue décennie à parcourir le pays l'éloigna de la Maison de la radio, où il gardait toutefois un bureau pour préparer lui-même les questions à poser aux candidats.

Au début de sa carrière, Louis Bozon fut d'abord assistant d'Yves Darriet, écrivain et musicien rescapé des camps de la mort qui réalisait des témoignages sur cette période tragique. Sa première apparition sur les ondes survint quelques années plus tard, depuis Biarritz, où il donnait un coup de main sur l'émission *Radio-Vacances* créée par Roland Dhordain. Louis fut requis pour remplacer au pied levé un animateur défaillant dans une lecture de lettres d'amour. Sa voix en or, ses talents de comédien et son empathie naturelle le propulsèrent définitivement vers la lumière. Il avoua plus tard avoir eu, de son côté, un véritable coup de foudre pour le micro. Ironie de l'histoire, la toute première lettre qu'il lut, pour cette émission, commençait par *Bonsoir mon ange chéri…* Quand on sait que Dietrich (dont il fut le plus proche confident) l'interpellerait des années plus tard au téléphone : « Allô mon ange, c'est Marlène ! »

Ah, la voix chaleureuse et élégante de Louis Bozon ! Grain envoûtant, sonorité légère. Il parle vous souriez, il sourit vous entendez sa joie. « Je ne sais, à dire vrai, ce qu'est une belle voix, confie-t-il dans ses souvenirs. S'il fallait la définir, je dirais qu'elle doit toucher l'auditeur en dehors de toute considération esthétique. Elle doit avoir sa griffe qui la fait reconnaître d'emblée. » Celle de Louis est unique, identique dans le poste et dans la vie ; rares sont ceux qui ont le talent de ne pas transformer, en public, leur voix du quotidien.

Il travailla quatre ans dans les studios de Radio Côte Basque, où le public aimait sa proximité et le respect de la culture basque, avant d'être rapatrié vers la capitale. Garçon enthousiaste et curieux de tout, il anima d'abord le jeu *3-6-9* avant de partir découvrir la planète grâce à *Bonjour tout le monde* : 37 pays visités et racontés aux auditeurs, à une époque où les voyages étaient un luxe (par conséquent aussi un rêve) et où Internet n'offrait pas de vivre l'ailleurs par procuration. Louis Bozon devint en parallèle un visage à la télévision avec *L'Inspecteur mène l'enquête* et *Réponse à tout*.

Sa dernière, dans *Le Jeu des 1 000 euros* le 27 juin 2008 dans le 16e arrondissement de Paris, fut empreinte d'une forte émotion avec une *standing ovation* devant lui dans la salle et sans doute – on se plaît en tout cas à l'imaginer – dans chaque cuisine de France où il était écouté avec ferveur à l'heure du déjeuner.

Fin connaisseur de la vie culturelle, cinéphile averti, grand lecteur, en particulier d'essais ou de biographies, Louis n'a rien perdu de sa verve. Un dîner à son domicile (avec la complicité de son ami Pierre) est la garantie d'une soirée de divertissement et de culture, emplie d'anecdotes à l'infini. Bozon, comme chacun l'appelle affectueusement, parle moins de Marlène – à laquelle il a consacré une biographie : *Marlène, la femme de ma vie* – pour se tourner pleinement vers ses amis.

Bruiteur

Voir : Studio 114.

Bureau(x)

En trente ans de présence dans la maison ronde, je n'ai eu qu'une seule occasion de pénétrer dans la place forte des places fortes : le bureau présidentiel.

Nous sommes en 2007, je n'en mène pas large ce jour-là et je n'ai guère le temps d'admirer le décor (pas encore classé, il le sera dix ans plus tard). Je me retrouve face à Jean-Paul Cluzel pour défendre ma candidature au poste de correspondant permanent à Washington, et tente de structurer au mieux dans ma tête l'argumentaire que je vais déployer. Nous sommes assis dans le petit salon à l'écart de la table de travail. Avec sa manière de vous parler tout en douceur, la tête légèrement penchée et le regard en dessous, le président pose question sur question pour être convaincu du bien-fondé de la stratégie que je développerais si j'étais nommé. J'avais tout misé sur le reportage, à un an de la course à la Maison Blanche. Je lui promets de traverser le pays d'un océan à l'autre, de brosser des portraits de l'Amérique depuis les paysans des plaines les plus reculées aux traders de Wall Street en passant par les policiers cubains de Miami ou les mineurs de Pennsylvanie, de sortir des arcanes diplomatiques, de mettre l'art en exergue (j'espérais faire vibrer l'une des cordes sensibles de Cluzel), de ne pas négliger les minorités ni l'inclusion (autre corde sensible du P-DG). Pendant l'heure qu'a duré l'entretien, d'une totale courtoisie, et bien que je n'entende que des compliments à mon égard, je sentais ma cause perdue d'avance. Une intuition confirmée quelques jours plus tard avec la nomination de ma camarade Fabienne Sintes, qui fit le job avec talent aux States pendant six ans.

Je ressortis du bureau sans même avoir remarqué qu'il était presque, comme celui de la Maison Blanche que je venais d'évoquer pendant de longues minutes, ovale. En effet, en miroir à la légère courbure des fenêtres liée à la forme du bâtiment se dessine un arrondi artificiel de la pièce, côté couloir. Sans doute le désir originel de distinguer le lieu des autres bureaux davantage en angles et de lui conférer la solennité inhérente à son statut unique, celui d'antre du pouvoir – auquel on accède par des alcôves à double porte, comme dans certains châteaux, jadis. Pour en accentuer encore la majesté, les murs sont habillés d'un bois exotique luxueux, le palissandre, déroulé en lambris verticaux qui en imposent par leur beauté et par une douceur inédite dans cette maison de fer et de verre.

Ce bois, appelé « bois de rose » est si onéreux qu'il a surtout été utilisé au fil des siècles en placage pour du mobilier ou en marqueterie de décoration. Ses qualités acoustiques lui offrent aussi une vie musicale dans divers instruments comme les bassons, les manches de guitares, les flûtes des Andes, les chevilles de violons, les éclisses de clarinettes ou les lames de xylophones. Ses essences proviennent d'Inde, de Madagascar ou du Brésil. Victimes d'une surexploitation, elles sont pour la plupart protégées et, de nos jours, interdites de commerce. Le palissandre dont il est ici question est, avec son ton flamboyant et ses veines très sombres, celui dit « de Rio ».

En 2015 il valut au locataire du fauteuil présidentiel, Mathieu Gallet, une polémique qui ternit un peu plus son image déjà abîmée auprès du personnel de l'entreprise. *Le Canard enchaîné* révéla la rénovation du fameux bureau et de ses boiseries pour 100 000 euros alors même que la maison ployait sous les charges, n'arrivait pas, pour la première fois de son histoire, à boucler les fins de mois, et envisageait des suppressions d'emplois. On imagine l'ire des syndicats. L'hebdomadaire enfonçait le clou : « Table basse, table de réunion, canapé, fauteuil en cuir de designer italien, etc. : il change tout ou presque et ne conserve que le bureau et une table d'époque. » Avec le recul, des experts ont affirmé que cette remise en état se justifiait pour maintenir à sa valeur un « ensemble patrimonial exceptionnel ». Car, même si le palissandre se montre très dense et résistant à l'humidité ou à la vermine, les boiseries n'avaient jamais été retapées depuis la construction du bâtiment (à l'époque où le premier président du conseil d'administration de l'ORTF, Wladimir d'Ormesson, préférait cet espace d'une trentaine de mètres carrés à son étroit local du quai d'Orsay). Elles arboraient des lattes brisées, des couleurs passées et un vernis largement émoussé.

L'affaire a enflé lorsque l'on a su que dans le cadre de la réhabilitation du bâtiment – la présidence avait déménagé quelques mois auparavant, passant du quatrième étage au troisième – le bureau avait été entièrement démonté et remonté, bénéficiant d'un premier coup de jeune. À cette occasion, la moquette vert moutarde d'origine – largement trouée selon Jean-Marie Cavada, qui prit possession des lieux en 1998 – avait été remplacée et les murs repeints. Mais les boiseries, de manière étonnante, étaient restées en l'état.

Quant au décor initial des années 1960, qui ressurgit sur de rares photos d'époque, il renvoie aux films de Georges Lautner ou d'Yves Robert, entre kitch et nostalgie. On y voit des fauteuils Le Corbusier en cuir, couleur caramel, entourant la table de travail sur laquelle sont rangés un sous-main, une horloge et un porte-crayon en vilain caca d'oie assorti au sol. Incrusté dans le mur, un téléviseur à l'écran bombé est le seul ornement. On y voit aussi des banquettes Barcelona créées par Ludwig Mies van der Rohe, dernier directeur de l'école Bauhaus, architecte de la Neue Nationalgalerie à Berlin. Ce précurseur du modernisme influença Henry Bernard qui a peut-être voulu lui rendre hommage, par cet espace devenu mythique : Mies van der Rohe avait posé les mêmes panneaux de palissandre de Rio, avant-guerre, dans la Villa Tugendhat, à Brno, aujourd'hui en République tchèque.

Parmi les multiples locataires de ce bureau présidentiel, arrêtons-nous sur Arthur Conte, P-DG de l'ORTF entre juillet 1972 et octobre 1973, parce qu'il en parle longuement dans ses mémoires *Hommes libres*. Il y raconte son fauteuil « chocolat clair », installé sur roues, qui pivotait sur lui-même. Il s'y étonne de ne disposer que de deux téléphones « mais avec deux claviers comptant chacun une vingtaine de plots rectangulaires et verts », pour un accès direct à tous les directeurs. Surtout, il s'y sent enfermé : « J'ai maintenant en face une boiserie à étroites cloisons verticales : l'ensemble compose une étrange grille à barreaux invariables, que l'on surnommera vite “la prison du P-DG”. Il y faudrait une tapisserie de Lurçat ou de Picard le Doux, avec des couleurs somptueuses : elle ne sera même pas commandée. Pour me délivrer de l'obsession d'être en cellule, Abeille me prêtera l'un de ses tableaux de grand humble : un morceau de pain de campagne près d'une bouteille de vin violacé, avec une gousse d'ail à croquer d'emblée. » La femme d'Artur Conte, Colette, désigna ironiquement ce tableau comme le « repas du prisonnier ». Conte, qui avait choisi de s'asseoir dos aux fenêtres pour ne pas être ébloui, ne voyait en effet à longueur de journée que les montants boisés, tels des barreaux. Il sera éjecté de sa « cellule » au bout de seize mois pour avoir voulu donner trop de liberté à l'ORTF, retrouvant ainsi la sienne.

Aujourd'hui Sibyle Veil a partagé le vaste espace en trois zones : petit salon de réception, table de travail, et bureau personnel (face à la Seine). Comme un rituel, elle accueille les visiteurs par la gauche et les raccompagne par la droite (simple commodité de déplacement).

Dans cinq ans, le mariage entre les lambris présidentiels et la Maison de la radio et de la musique aura atteint son apogée : c'est à soixante-cinq ans qu'un couple célèbre ses noces de palissandre !

Hormis celui de la présidence – « une boîte à fantasmes » selon Jean-Luc Hees qui l'occupa pendant cinq ans –, les bureaux sont innombrables dans l'édifice.

D'abord les pièces.

Les plus étroites restent pour les soutiers de service. Elles s'étirent tout en longueur sur une seule travée, la porte en vis-à-vis direct de l'unique fenêtre qui forme quatrième mur.

Les plus vastes sont occupées par les directions. Elles mordent sur trois ou quatre travées et s'enorgueillissent de plusieurs fenêtres (souvenons-nous qu'après la Révolution un impôt spécifique sur le nombre d'ouvertures dans le bâti désignait les nantis). L'un des espaces les plus réussis que j'ai vus était celui depuis lequel Laurence Bloch dirigeait France Inter : couleurs chatoyantes, rayonnages de livres, fauteuils accueillants. On s'y sentait à l'aise.

Ensuite les meubles.

Il s'en trouve de toutes configurations et de toutes matières, avec ou sans tiroirs, dotés ou non de caisson, accompagnés dans certains cas d'un canapé et d'un salon (pour les mêmes personnes qui disposent de plusieurs fenêtres), entourés parfois d'étagères du sol au plafond.

En 1963 déjà, la différenciation entre puissants et petit personnel se faisait par la taille du mobilier : 185 centimètres pour le grand bureau, 150 pour le standard, 128 pour le demi-ministre et 112 pour la table dactylo. L'aménagement des bureaux de la direction générale et des salles de conférences avait été confié au designer en vogue Joseph-André Motte, concepteur peu auparavant de l'intérieur des aérogares d'Orly et à qui l'on doit aussi certaines stations de métro.

« Tous les tiroirs ferment à clé, mais il n'y a pas de tiroir central. Vous pourrez, mesdames, croiser les jambes sans risquer d'accrocher vos bas. » Les documents officiels d'alors ne seraient plus, de nos jours, publiables.

En réalité, ces questions ne sont pas si futiles que cela.

Faut-il un bureau qui ferme à clé ? Oui ! réclament les chefs de service, les journalistes d'investigation qui traitent de dossiers confidentiels, les archivistes pour protéger les documents qu'on leur confie, les responsables de matériel technique soucieux de ne pas être pillés, les stars télévisées en mal de tranquillité. Non ! rétorquent les managers amateurs de *brainstorming* permanent (c'est surtout vrai dans les rédactions), les facilitateurs du dialogue entre leurs collaborateurs. C'est ainsi que Jean-Marie Cavada, P-DG à la fin des années 1990, imposa des *open spaces*, ce qu'il nomme le « tout paysager », pour faire sortir les gens de « leurs petits clapiers » comme il le formulait parfois. Il se heurta, par exemple à franceinfo, à des résistances inédites : le matin, des séparations étaient reconstituées, que Cavada faisait démonter durant la journée. Elles fleurissaient à nouveau la nuit suivante ! Une mise au point avec l'administrateur de la chaîne mit un terme à cette guérilla de l'individualisme.

Pour ma part j'ai changé maintes fois de bureau, le plus agréable ayant été – à l'arrivée d'Info dans ses nouveaux locaux (actuels) du quatrième étage, côté Seine, alors que j'animais la tranche 12 heures-14 heures – celui offrant une pleine vue sur la tour Eiffel. Il se situe juste au-dessus de la présidence et comme celle-ci est descendue d'un étage, avec les travaux de réhabilitation, il est à l'exact ancien emplacement du fameux bureau quasi ovale décoré de magnifiques lambris de palissandre...

C

Campagnes

Il est question ici des campagnes électorales.

Pour la dernière présidentielle, l'Autorité de régulation de la communication audiovisuelle et numérique (Arcom) a publié, dans une décision rappelant les différentes lois afférentes à l'élection du chef de l'État, les modalités de diffusion des « émissions de campagne ». Il s'agit des spots enregistrés par chaque candidat et diffusés de manière obligatoire, durant l'ultime semaine avant le scrutin, sur les médias de service public.

Ce sont les séquences de propagande – un peu rasoir, admettons-le – qui s'enchaînent et permettent à chaque postulant de délivrer ses vérités : 48 minutes au total, pas une de plus pas une de moins, réparties en 11 messages de petit format (1,30 minute) et neuf autres plus longs (3,30 minutes). Ils sont repris sur France Télévisions par France 2, France 3 et franceinfo, sur chaque chaîne radio et télé d'Outremer La Première, sur France Médias Monde par RFI et France 24, et sur Radio France par France Inter.

Pendant de nombreuses années, ces émissions furent enregistrées à la Maison de la radio. Quatre studios moyens, habituellement destinés à la production de créations radiophoniques, étaient réquisitionnés pour y aménager des plateaux télévisés, en lien avec la Société française de production (SFP), le Conseil supérieur de l'audiovisuel (CSA) ancêtre de l'Arcom et le ministère de l'Intérieur. Dans chacun des studios, quatre différents décors étaient construits, laissant le choix aux partis politiques de préférer une ambiance rurale ou urbaine, un mobilier Louis XV ou une salle contemporaine, des couleurs chaudes plutôt que froides, etc.

Le foyer E était transformé en sas d'accueil, la quadrature du cercle consistant à faire en sorte que les candidats ne se croisent jamais. Lorsque Jean-Marie Le Pen arrivait porte E, il fallait raccompagner Jacques Chirac porte D. Tout était programmé, minuté, encadré, balisé, sécurisé. L'accès à chaque studio se faisait par un sas unique.

Autre passage obligé des campagnes électorales – en réalité sans obligation légale, mais qui sont devenus une tradition –, les débats du second tour.

Le premier fut instauré, à la Maison de la radio, entre François Mitterrand et Valéry Giscard d'Estaing (« Vous n'avez pas le monopole du cœur ») le 10 mai 1974. Une table démesurée à l'écran, Mitterrand à droite, Giscard à gauche, Jacqueline Baudrier et Alain Duhamel au fond, devant un immense panneau de bois précieux arborant le logo de l'ORTF. Une belle austérité de forme accompagnée, sur le fond, d'un manque de punch des deux hommes (et des interviewers).

C'est le Studio 101 qui accueillit ce tout premier débat de l'entre-deux tours, ainsi que les suivants jusqu'à la réhabilitation de l'édifice, autrement dit : 1981 la revanche Giscard-Mitterrand (« Vous l'homme du passé devenu l'homme du passif »), 1988 Chirac-Mitterrand (« Vous avez tout à fait raison, monsieur le Premier ministre »), et enfin 1995 le très policé Chirac-Jospin. En 2002, Jacques Chirac refusa de débattre avec Jean-Marie

Le Pen. Ensuite, les travaux à la Maison de la radio déportèrent ce rendez-vous – devenu au fil des décennies quasi institutionnel – vers des studios à Boulogne puis à la Plaine Saint-Denis.

À propos du 10 mai 1981, un autre moment télévisuel se déroula au Studio 102 de la Maison de la radio : la soirée électorale de TF1, avec aux manettes un Jean-Marie Cavada échevelé, dans un décor dessiné pour l'occasion par Raymond Moretti. Sur les baies vitrées du grand hall, les effigies des deux candidats avaient été apposées et, une fois le dépouillement entamé, les estimations s'affichaient sous les portraits. C'est pourtant l'image d'Antenne 2 qui est passée à la postérité, quand le visage de François Mitterrand apparaît, pixélisé. Tout simplement parce que TF1 n'avait, pour visualiser le résultat final, que deux pauvres cubes avec les pourcentages de voix inscrits à leur sommet.

Carlotti, Barbara

La Maison de la radio et de la musique vue par...

« La Maison de la radio est un véritable monde en soi. Cette concentration de professionnels de la création est inouïe. J'ai eu la chance d'y faire écouter mes premières musiques en venant frapper à toutes les portes.

« J'y suis venue pour la première fois à 20 ans pour un stage. J'étais impressionnée par ce labyrinthe circulaire à l'architecture vertigineuse et totalement paradoxale par rapport à l'intimité que représente l'écoute d'une radio.

« À l'heure où la redevance audiovisuelle est supprimée, je songe à ceux qui ont inventé cet endroit comme un lieu national d'information et de diffusion de la culture.

« La forme de camembert est étonnante mais donne une certaine force à l'idée qu'on tourne là sans cesse autour de la culture. »

Barbara Carlotti est auteure, compositrice, interprète. Entretien accordé à l'auteur.

Carrefour des putes

Il tombe des hallebardes. La pluie a cogné mon carreau toute la nuit. Le sol doit être détrempé et le pavé luisant. Je n'irai pas courir ce dimanche matin. En regardant le jour se lever, je pense à tous ceux qui vont s'élancer, malgré cette tempête d'automne, pour une épreuve préparée de longue date. Qu'il neige ou qu'il vente, quelles que soient les conditions météo, froid polaire ou canicule, le jour J, ils se présentent sur la ligne de départ. Les semaines et les mois d'entraînement ne sauraient, en effet, s'effacer à la première intempérie. On serre les dents et on y va.

Combien en ai-je préparé, de ces courses, durant mes années de travail à franceinfo ? Une vingtaine de marathons, c'est sûr, et des dizaines de semi-marathons. Souvent, il m'arrivait de m'échapper de mon bureau, avant ou après mes heures de service, et de filer directement vers le bois de Boulogne tout proche, terrain de jeu idéal pour des sorties un peu longues quand on vit à Paris. Les tracas du boulot déposés à la rédaction pour une heure ou deux, les baskets et le short enfilés en douce dans le petit gymnase qui logeait sous la porte F avec sa salle de musculation et ses trois douches de faïence blanche, et je grimpais la rue du Ranelagh jusqu'à la porte de Passy pour entrer dans le Bois par le carrefour des Cascades. Sur mon chemin, il m'arrivait régulièrement, même en pleine journée, de croiser quelque dame de petite vertu qui tenait commerce à l'orée de la forêt.

Pourtant, ce n'est pas là, mais bien à l'intérieur de la Maison de la radio, que se situait à l'époque un « carrefour des putes ».

L'histoire commence en 1942 quand Pierre Schaeffer, musicien, écrivain et homme de radio, demanda à Jacques Copeau, personnalité majeure du théâtre d'avant-guerre et ancien administrateur de la Comédie-Française, d'animer en Bourgogne un stage de formation aux arts radiophoniques. De cette aventure, naquit en 1943 le Studio d'Essai de la RTF, laboratoire voué à l'expérimentation radiophonique et installé rue de l'Université, dans un hôtel particulier ayant appartenu à la radio de Vichy. S'y enregistraient, la nuit, des poèmes et des messages dédiés à la Résistance.

Ce studio devint trois ans plus tard, après la Libération, le Club d'Essai, sous la direction du poète Jean

Tardieu – un épris de liberté. Là, se structura peu à peu l'art de la création radiophonique, autour d'un nouveau métier inventé par Schaeffer : metteur en ondes. Métier que décrit Blandine Masson, directrice de la fiction à France Culture, dans son livre *Mettre en ondes* : « Conduire un ensemble artistique, construire une histoire, assembler des images, mentales ou filmées, guider des acteurs, enregistrer, tailler, retailler, monter, mixer les sons, la musique et les voix sans oublier les silences. » Prévert, Jarre, Camus, Bachelard, Boulez, Queneau, Ponge et tant d'autres y trouvaient un espace de création inespéré pour marier musiques, textes, bruits, paroles et silences. Par la suite, ce furent les Michel Bouquet, Raymond Devos, Michel Polac, Pierre Tchernia ou Francis Blanche qui y firent leurs premières armes.

En 1965, le Club d'Essai quitta à regret sa bâtisse intimiste du centre de Paris pour s'installer au centre Pierre-Bourdan, dans le 16e arrondissement, avant de rallier la Maison de la radio et de prendre possession de nouveaux et grands studios sans charme, réservés à cet art naviguant entre théâtre, cinéma et radio. Ce fut l'Atelier de création radiophonique. Avec lui, Radio France devint l'un des premiers employeurs de comédiens du pays. Les plus talentueux étaient sollicités. Mais le talent sur les planches n'est pas toujours celui à mettre en œuvre derrière un micro. Ici, la gestuelle, les mimiques, la dramatisation de la diction, la puissance sonore n'apportent rien à l'auditeur. Une voix capable de faire passer l'émotion à travers le poste est précieuse. Elle doit s'animer d'une présence intérieure, venir du cœur sinon de l'âme, adopter un ton posé sans surjouer. Jacques Copeau l'avait compris, lui qui venait pourtant de la scène : « Le microphone, comme le microscope et comme la caméra, grossit, accuse, exagère tout ce qu'il saisit. »

Aussi, pour tenter de vendre leur voix, des jeunes artistes autant que des sociétaires au chômage faisaient le pied de grue à l'entrée des studios. Ils guettaient les tout-puissants réalisateurs auprès desquels ils cherchaient un engagement. Autour du Studio 112, près d'une machine à café et non loin du guichet de la microthèque (d'où sortaient des paniers emplis de casques, micros et câbles), se jouait un incessant ballet d'allées et venues. Quelques acteurs patientaient avant d'enregistrer, certains sortaient d'une séance, les uns fumaient une cigarette ou avalaient une boisson chaude entre deux prises, les autres bavardaient et refaisaient le monde ou leur métier. Et il y avait ceux, donc, qui espéraient convaincre un réalisateur pour, à leur tour, bientôt jouer dans une création.

Le lieu, ce bout de couloir sombre et pas très gai, devenant très passager avec tant de gens en quête d'un contrat, prit le vilain nom de « carrefour des putes ». Ce dont se désole Blandine Masson : « Les mots disent la vérité d'un monde : ce triste carrefour où l'on vendait son talent aussi bien que son absence de talent dit certainement le danger qui guetta alors le monde des pièces radiophoniques : non plus un artisanat, encore moins un art, mais une production à grande échelle. » Le danger a été écarté : aujourd'hui le « carrefour des putes » n'existe plus et les fictions radiophoniques, servies par d'excellents comédiens, s'avèrent d'une remarquable qualité. À preuve, la popularité de ces moments hors du temps ne cesse de grandir, en particulier grâce aux podcasts.

Voir : Studio 114.

Cathédrale des ondes

Monument magistral au cœur de la capitale, vaisseau de métal et de verre à l'avant-garde de son temps, temple d'où s'élèvent des incantations audibles dans chaque foyer de France et de Navarre, siège des adorateurs de l'information, de la culture ou du répertoire classique, la Maison de la radio et de la musique tient d'une forme de religion.

C'est une cathédrale des ondes.

Certains ne manqueraient pour rien au monde la grand-messe du 8 heures de France Inter. D'autres communient plusieurs fois par jour avec le dieu Info grâce au flux continu de franceinfo. Il y a ceux qui ont eu la révélation de l'opéra sur France Musique. Ceux qui bénissent la puissance d'un orchestre philharmonique, ressentie à l'Auditorium. Que dire des fidèles parmi les fidèles d'un son rap, sur Mouv', ou d'une tonalité décalée, sur FIP. Sans parler des véritables théologiens du savoir, à l'écoute de

France Culture, ni des amoureux de leur paroisse locale, grâce à France Bleu. Quant à ces voix divines de la Maîtrise ou du Chœur...

La cathédrale des ondes.

Pour de bon.

C'est par cette expression, « cathédrale des ondes », qu'à une époque les brochures de l'Office de tourisme de Paris présentaient l'immeuble du 116, avenue du Président-Kennedy et que les commentaires des bateaux-mouches désignaient le mastodonte bizarroïde, là, sur la droite, au moment d'opérer le demi-tour bouclant le parcours sur la Seine.

La Cathédrale des ondes est aussi un livre très original de Félicie Dubois. Sous la plume de l'écrivaine, la Maison de la radio y prend la parole pour célébrer son cinquantenaire. Publié en 2013, ce texte fit l'objet d'une série *À voix nue* diffusée en quatre épisodes sur France Culture.

CDM

Voir : Sous-marin.

Cellule(s)

Chacun le sait, la cellule est la plus petite unité vivante capable de se reproduire seule, sans demander son avis à personne. Tant mieux car c'est ce qui nous permet de prolonger la vie. J'ai ainsi récemment appris du camarade Frédéric Saldmann (médecin spécialiste de la prévention des maladies, cardiologue et nutritionniste) qu'à chaque seconde, le corps produit 20 millions de cellules pour remplacer celles qui sont mortes. Je connaissais le processus mais j'en ignorais l'ampleur. Le bénéfice est de renouveler notre capital biologique. Le risque, avec l'âge, est de multiplier les erreurs de copies qui sont à l'origine de bien des maladies dont les cancers et les faiblesses immunitaires.

Je dis « camarade » pour évoquer Frédéric, parce que nos rencontres amicales se tiennent toujours sur le terrain de discussions franches et directes, sans détours ni manières, pour évoquer la santé, l'alimentation, la littérature ou quelque question de société dans l'actualité du moment.

Par association d'idées, le mot camarade renvoie à un autre type de cellules – vous me voyez venir – que j'ai fréquentées durant mon adolescence. Mes parents étaient des militants communistes de longue date, j'ai grandi dans cet univers de l'anticapitalisme et antiaméricanisme, et j'ai participé tout naturellement à leurs côtés aux actions de la « cellule de quartier » pour tenter de rallier nos voisins à la cause des lendemains qui chantent.

Pourtant une autre forme encore de cellule, et de chant, me fascinait davantage à l'époque. À 20 ans, on se cherche et pour élever son esprit on tire sur différentes cordes. Celle de la spiritualité par exemple. J'observais les francs-maçons entre attirance et doute, mais j'abandonnais assez vite. Puis je planchais sur l'idée d'une expérience d'isolement dans un cloître, pour me retrouver seul face à moi-même : non pas pour entrer dans les ordres – le fait religieux me renvoie plutôt à la fragilité de l'homme –, mais pour passer une semaine à réfléchir sur le monde et sur ma place dans celui-ci. Les moines cisterciens de Saint-Honorat, dans l'abbaye de Lérins au large de Cannes, accueillent ainsi celui ou celle qui veut vivre une courte retraite et lui ouvrent leurs offices ponctués de chants grégoriens. Je suis allé à l'écoute de leurs chants, je songe toujours à un séjour chez eux. Un jour, peut-être...

Par bonheur, j'ignore la réalité des cellules carcérales.

Des cellules, la Maison de la radio et de la musique en possède aussi. Ni pour enfermer les collaborateurs à l'activité dissolue, ni pour offrir un havre de paix à ceux en quête de plénitude. Ce sont, selon leur fonction précise, des « cellules de montage » ou des « cellules de mixage » (les anciennes « cellules d'écoute » ont disparu).

Directeur de recherche au CNRS, Hervé Glevarec a ainsi défini les premières dans son livre *France Culture à l'œuvre* : « Les cellules de montage sont des petites pièces, souvent exiguës. On y trouve, la plupart du temps, deux, voire trois magnétophones. Producteur et chargé de réalisation s'y installent. [...] Bien plus qu'une simple capacité manuelle, le montage radiophonique requiert une compétence auditive fine. Il permet de couper à la lettre près. »

Cette description renvoie à la Préhistoire (ou presque) des bandes magnétiques. Le reporter pour un journal, ou le producteur pour une émission plus complexe, partait avec son lourd appareil Nagra enregistrer des éléments sonores sur le terrain (interviews, témoignages, ambiances, bruits, musiques) et ramenait bien plus de matière qu'en nécessitait le produit final. Il convenait alors de couper la bande, à l'oreille, en pivotant à la main les platines du magnétophone pour trouver l'endroit exact sur le ruban enregistreur, et de recoller les deux morceaux pour que le phrasé récupère un naturel rendant la coupe invisible. Les consonnes labiales « p » ou « b » et les dentales « d » ou « t » se révélaient plus facile à repérer que des voyelles ou des sons d'attaques comme « on », « à » ou « en ». Afin de fluidifier le tout, on taillait souvent en biais les deux morceaux à coller, selon un coup de ciseaux dit en « queue d'aronde » qui consistait à découper la bande en pointe de flèche d'un côté, et en arrière de flèche de l'autre.

Il arrivait souvent que l'on jette à la hâte un mot pourtant indispensable à la compréhension générale. Le grand jeu consistait alors à fouiller nerveusement la poubelle emplie de morceaux de bande magnétiques, balancés comme des cotillons pendant une fête, à la recherche de l'extrait miracle.

Monter représentait un véritable travail d'artiste. La vitesse de réalisation révélait la virtuosité du monteur. Des années durant, j'ai possédé une trousse dédiée, avec ma propre réglette pour ajuster les deux parties de bande à coller, mon rouleau de collants (la précision pour apposer un collant était diabolique, au risque de faire onduler la bande et de créer un son bizarre et indéfini), mes ciseaux de montage (comme les coiffeurs, chacun avait sa paire personnalisée), le ruban bleu que l'on plaçait au début du bobino (afin que le technicien à l'antenne se positionne bien à l'entame du son à diffuser) et le ruban jaune pour la fin. Il y avait aussi une boîte dite de « cols clo », petites étiquettes adhésives en forme de col

Claudine que l'on apposait sur le bobino pour y inscrire le contenu : « témoin accident », « son Chirac », « papier rentrée scolaire », « ITW Deneuve », etc. Cette trousse me suivait partout et je la surveillais comme la prunelle de mes yeux.

Pour les émissions plus élaborées, un deuxième travail se déroulait en « cellule de mixage ». On y mélangeait différentes parties, éventuellement on glissait de la musique ou de l'ambiance, parfois on intégrait à une séquence tournée à l'extérieur un commentaire enregistré en studio ; tout cela donnait un produit « prêt à diffuser » (PAD dans notre jargon).

Un troisième type de cabines, les « cellules d'écoute », permettait de s'enfermer pour vérifier la bonne qualité d'un travail déjà effectué, ou pour rechercher des éléments spécifiques dans des archives. Depuis l'apparition du numérique, de telles cellules n'existent plus.

Cas de figure unique à Radio France : Yann Paranthoën. Ce réalisateur de créations radiophoniques de grand talent (auquel je consacre par ailleurs une entrée) disposait de sa propre cellule – la 208, dans la radiale D, au cinquième étage – pour pouvoir, au-delà de ses heures statutaires, travailler sur des réalisations plus personnelles. Dans cette pièce un peu plus vaste, il disposait d'une console, de huit ou neuf magnétos Studer pour le mixage et d'un autre pour l'enregistrement.

Désormais, un écran d'ordinateur suffit pour exécuter l'ensemble des étapes. Et si les couleurs sont restées sur les logiciels, avec l'expression « mettre un bleu et un jaune » – cela signifie qu'aucun montage de coupe n'est nécessaire à l'intérieur de l'enregistrement, il suffit d'en marquer le début et la fin –, mes plus jeunes confrères biberonnés au digital en ignorent probablement l'origine.

Les cellules n'ont, pour autant, pas disparu de la Maison de la radio. Il en reste un peu moins de 50. Dans le cadre de la réhabilitation elles sont désormais uniformisées (chacune ressemble à l'autre et accepte toutes les formes de travail lié au son) et regroupées, en partie, le long de la petite couronne. Bien sûr, les différentes opérations dans la fabrication d'un sujet simple peuvent être réalisées depuis n'importe quel poste de travail doté des outils numériques adéquats (partout dans les bureaux, les *open spaces* ou à partir de petites cabines d'enregistrement isolées pour une meilleure acoustique). Mais dans le cas de réalisations sophistiquées qui réclament une expertise particulière, et toujours une virtuosité d'artiste – je pense aux créations radiophoniques, aux captations musicales ou à certains documentaires au long cours – les cellules demeurent indispensables. Elles sont numérisées depuis belle lurette (vive le digital : les chutes coupées par mégarde sont récupérables en un seul clic, plus besoin de fouiller les poubelles !), mais gardent cette fonctionnalité de bulle où l'on s'enferme pour se focaliser sur un labeur délicat.

Le terme de cellule tend parfois à céder le pas à celui de cabine, ce que regrette presque Guillaume Baldy, réalisateur à la Direction des personnels de production (il travaille essentiellement pour France Culture). D'après lui, « la fonction première d'une cellule de montage renvoie à une privation – volontaire – de l'environnement, comme un repli du monde pour mieux traiter le monde ». Le réalisateur et le producteur se soustraient des contingences quotidiennes et se concentrent sur leur ouvrage, sans aucune interférence possible. Voilà pourquoi « la cellule est l'emblème de la qualité de ce que l'on produit à la Maison de la radio et de la musique », renchérit Fabienne Bureau, la directrice des personnels de production.

L'espace est exigu, moins de 15 mètres carrés, dont les deux tiers sont occupés par de l'inerte. La configuration nécessite en effet deux enceintes assez puissantes en fond de pièce, à deux mètres cinquante environ l'une de l'autre, et derrière son bureau le réalisateur referme le triangle parfait, à équidistance. Ainsi un grand vide incompressible se crée au milieu de la pièce. À droite du réalisateur, le producteur, ou le journaliste, qui a préparé les enregistrements. « Très souvent, il nous arrive de travailler épaule contre épaule, explique Guillaume, car le producteur – et c'est bien légitime – souhaite se rapprocher au plus près du triangle parfait, au centre des enceintes, afin d'avoir la meilleure idée possible du rendu des tentatives : la cellule est une "cabine d'essayage" où l'on teste différentes versions de montage. » Cet exercice de grande proximité implique donc une bonne connaissance de l'autre, voire une vraie complicité. En général, les documentaires les plus longs sont amorcés à deux – le producteur et le réalisateur, qui s'apprivoisent en amont, durant les recherches sur le sujet et pendant les enregistrements en extérieur –, ceux-là mêmes qui vont se retrouver enfermés de longues heures, chaque jour, pendant parfois près de deux mois.

De telles cellules servent aussi à préparer des émissions de direct, au fil de la semaine. On y monte des séquences qui seront ensuite diffusées à l'antenne, par exemple pour les matinales du lendemain à France Inter ou à France Culture.

Enfin, il y a à la Maison de la radio et de la musique une cellule qui a pris ces dernières années une envergure inédite. Rien à voir avec la technique ou la production.

Face aux fréquentes affaires qui gangrènent le pouvoir, secouent les arcanes des puissants ou s'immiscent dans les milieux sportifs ou culturels (finance, corruption, sexe et autre), des journalistes affûtés enquêtent en permanence, sous la houlette de Jacques Monin, et jettent régulièrement leur pavé dans la mare de l'actualité. Tous appartiennent – au grand dam de certains hommes politiques ou capitaines d'industrie dans le collimateur, ces dernières années – à la brillante et efficace Cellule Investigation de Radio France[1].

Voir : Yann.

Chantier

11 Septembre. Un jour entré dans l'Histoire par une tragédie humaine. Personne ne pouvait croire à la scène qui se déroulait sous nos yeux. Retransmise en mondovision sur les chaînes d'actualité, l'attaque contre les tours jumelles de New York et l'effondrement du World Trade Center en un amas de béton, tôle, poussière et chair humaine a marqué à jamais les esprits. Le monde occidental n'était plus habitué à cette fureur destructrice, cette folie meurtrière.

Je ne suis pas loin de partager l'analyse de certains historiens pour qui le XXe siècle s'est achevé le 9 novembre 1989 avec la chute du Mur de Berlin (fin d'un monde bipolaire et peur collective de l'autre bloc) et le suivant s'est ouvert le 11 septembre 2001 au World Trade Center de New York (menace permanente du terrorisme dans un monde fragmenté et peur individuelle d'en être victime).

---

1. Mathieu Gallet, président de Radio France de 2014 à 2018, explique dans *Jeux de pouvoir* avoir initié cette cellule (à l'inspiration du service public canadien) avec le pressentiment que ce serait son « nid à emmerdes ». En 2017 cette cellule publia une enquête sur les contrats des assistants parlementaires des députés européens du MoDem, qui allait faire tomber François Bayrou du nouveau gouvernement. Quelques jours plus tard, Mathieu Gallet était renvoyé devant un tribunal pour un délit de favoritisme à l'Ina qui conduirait, de fait, à sa révocation en 2018.

Il est sûr que notre vie quotidienne fut bouleversée à partir de cet événement : la hantise d'un attentat à tout instant (Paris ou Nice en firent la triste expérience moins de quinze ans plus tard), les contrôles renforcés dans les aéroports, les portiques d'accès dans les lieux accueillant du public, ou encore la vérification systématique de la solidité des constructions les plus élevées. Car la désintégration des deux immeubles de Manhattan en moins d'une heure sous l'effet de la chaleur a soulevé bien des interrogations sur la faiblesse de leur structure.

Ainsi en France, fin 2002, une réflexion fut menée par l'ingénieur général des ponts et chaussées Raphaël Slama sur la sécurité des immeubles de grande hauteur, pour donner suite à une demande de l'État (en particulier de la secrétaire d'État au logement Marie-Noëlle Lienemann, six mois plus tôt). La tour de la Maison de la radio fit donc partie des édifices passés au crible de diverses commissions. Il en ressortit que sa stabilité au feu était de l'ordre du quart d'heure.

Jean-Marie Cavada, le président de Radio France à ce moment-là, affirme que la situation était déjà connue avant le World Trade Center. Un rapport annuel sur les conditions de sécurité de l'établissement, établi en lien avec les pompiers et la préfecture, dénonçait déjà ce risque. Le P-DG l'apprit peu après sa nomination en novembre 1998.

« Quand le rapport arrive sur mon bureau, raconte-t-il, je découvre une situation ahurissante : au bout de 15 ou 16 minutes la tour centrale est complètement carbonisée et effondrée, mais il faut 22 minutes pour descendre. » En clair, si les 21 étages (à l'époque le 22e abritait des appareils de refroidissement) partaient en fumée, cela mettait en péril la vie de dizaines de collaborateurs et menaçait de réduire à néant le patrimoine discographique stocké dans les rayonnages.

« Autrement dit, poursuit Cavada, pendant vingt ou trente ans on a accepté que des gens pouvaient se faire griller dans cette tour. » Dès lors, le président de Radio France décida d'engager des travaux de réhabilitation. Il s'adressa au préfet de police Jean-Paul Proust, « un homme charmant, mais qui s'était habitué à ce que le rapport annuel de Radio France soit une signalétique *pro forma* », ainsi qu'à son propre conseil d'administration qui, « courageux mais pas téméraire, me laisse le bébé sur les bras ».

Le patron de la radio alerta alors sa tutelle, à la fois le ministère de la Culture et celui des Finances pour avancer sur le dossier. Les réticences se multiplièrent. À Bercy chez le ministre et avenue Kennedy parmi les administrateurs. « Ou bien vous votez, menace Jean-Marie Cavada, ou bien j'écris une lettre au procureur de la République pour lui signaler que mon conseil d'administration, sous la pression de Bercy, n'ose pas engager les crédits nécessaires. » La situation se débloqua finalement grâce à l'intervention directe du Premier ministre Lionel Jospin, prétend Cavada qui obtint *in fine* le budget nécessaire pour rénover la tour centrale de la Maison de la radio. Pas seulement la tour, au reste, puisque l'ensemble de l'édifice était amianté et devait être remis aux normes. De surcroît, le patron de Radio France entendait redonner un coup de jeune aux studios de musique qui s'apprêtaient à accueillir les deux nouveaux chefs qu'il venait d'embaucher, deux monstres sacrés, Kurt Masur à l'Orchestre national de France et Myung-whun Chung à l'Orchestre philharmonique. Il voulait aussi en profiter pour rénover les locaux de France Culture, au sixième étage de la façade Seine, qui donnaient de sérieux signes de fatigue.

Se posa alors la question du process à lancer : déménager tout le monde, le temps de remettre la maison ronde en état, ou évoluer par secteurs et maintenir les activités radiophoniques sur place ? « Me vint alors aux oreilles une petite musique de Bercy, confesse à nouveau Jean-Marie Cavada, musique qui me disait : “Pourquoi ne pas implanter, temporairement, Radio France à la Plaine Saint-Denis ?” Les fonctionnaires des finances voulaient, en réalité, revendre le terrain de Passy, revendre également le réseau de fréquences de France Culture et fermer un des deux orchestres. C'est le *package* qui m'était soumis. » C'eût été déserter un bâtiment de France, historique, avec le risque réel de démolition complète afin de récupérer cet espace précieux au cœur de Paris. Le P-DG refusa et mit sa démission en jeu. Il assure aujourd'hui que la décision fut tranchée dans le bureau du président Chirac qui aurait prononcé la phrase suivante : « Le général de Gaulle a inauguré cette Maison de la radio, il n'est pas question d'en faire un parking ! »

Ainsi fut confirmée l'urgence d'entamer un chantier d'ampleur, de le mener en site occupé et de réhabiliter complètement l'œuvre d'Henry Bernard (dans la foulée de Jussieu, la présence massive d'amiante imposait un projet aussi titanesque).

Changement de présidence en 2004, Jean-Paul Cluzel hérita du fameux « bébé » évoqué par son prédécesseur. Mesurant le gigantisme des travaux à venir, il décida d'attirer les plus férus des ingénieurs par un grand concours public. Une autre raison, plus personnelle, l'y incita : « J'ai tenu à lancer un concours d'architecture pour tenter d'enlever un brin d'austérité au bâtiment, pour lequel je n'avais aucune passion, et que je ne trouvais pas convivial du tout. » À vrai dire, et il l'admet volontiers, Cluzel aurait bien quitté les bords de Seine pour tout déménager dans un bâtiment plus fonctionnel aux portes de Paris. Il tenta de relancer l'idée, mais ne fut suivi ni par les pouvoirs publics (qui avaient acté au plus haut niveau la sauvegarde de la Maison de la radio) ni par les syndicats qui, dans son souvenir, poussèrent de hauts cris. « C'est pourquoi, commente-t-il aujourd'hui, tant qu'à rester sur place, j'ai eu envie de rendre le site un peu plus vivant. » Ainsi, sous son impulsion, furent décidés la naissance d'un auditorium de 1 500 places digne de ce nom (l'idée venait du directeur de la Musique de Radio France René Kœring), le percement d'une rue traversante allant de la Seine à la rue Raynouard (comme un passage public parisien garni de boutiques et d'activités diverses) et la création d'une agora tel un cœur vibrant pour la future bâtisse rénovée.

Cette fois-ci, la réhabilitation était lancée.

Comme en 1953, un jury fut désigné pour choisir parmi les trente-cinq dossiers de candidature ; il était composé de représentants de la radio, de l'État et de la Ville de Paris ainsi que de personnalités indépendantes notamment des architectes et des urbanistes. Une première sélection de neuf projets se resserra autour de trois finalistes : Architecture Studio, Christian Hauvette et SCAU architecture.

Leurs propositions étaient « respectueuses de l'œuvre originale de l'architecte de la Maison de la radio, Henry Bernard, qui reste une des œuvres les plus représentatives des années 1960 », écrivait Jean-Paul Cluzel dans le magazine interne à Radio France *116, avenue*. Elles présentaient néanmoins des innovations, intérieures pour un confort et des espaces d'accueil à la hauteur du XXIe siècle, extérieures pour permettre à l'édifice de s'insérer encore mieux dans le paysage urbain et le quartier.

Les travaux furent prévus pour s'étaler de 2006 à 2012. En réalité, ils se prolongeront au moins jusqu'en 2025. Car on est allé bien au-delà d'un simple ravalement de façade. L'immeuble a été reconstruit de fond en comble, désossé secteur après secteur et remodelé. À l'exception du plan général et des panneaux d'aluminium en façade, presque tout a été repensé, curé, démonté, restructuré, adapté, rénové, embelli. Ces travaux ont même endossé, selon une confidence du physicien Étienne Klein, un aspect philosophique tout à fait inédit : la Maison de la radio et de la musique résoudrait, d'après lui, le problème du bateau de Thésée. Dans la mythologie grecque, pendant que Thésée partit combattre le Minotaure, les Athéniens remplacèrent les planches pourries de son bateau par des neuves, de sorte qu'à son retour le navire resplendissait toujours. Les philosophes en ont tiré un questionnement sur la notion d'identité : le bateau était-il toujours le même ou était-ce un autre bateau ? La radio est-elle toujours la même ou est-ce un autre bâtiment ? À l'évidence, elle ressemble beaucoup à sa version d'origine mais ceux qui, comme moi, la fréquentent depuis plus de trente ans voient bien qu'elle est devenue tout autre. Giscard avait théorisé le changement dans la continuité, voici l'invariance dans le renouveau.

Pour parvenir à leurs fins, les architectes finalistes disposaient de thématiques majeures : la Maison de la radio et la ville, l'aspect patrimonial, le site comme lieu de vie et de travail. Les trois projets finalistes avaient tous en commun de mieux intégrer l'immeuble à son environnement proche et en particulier la Seine, de transformer la tour centrale et ses archives en bureaux accueillants, et d'ouvrir davantage au grand public la future « nouvelle » Maison de la radio.

Christian Hauvette suggéra un parvis élevé franchissant l'avenue Kennedy pour rallier les bords du fleuve, un grand atrium pourvu de boutiques desservant les circulations verticales de l'oméga et de la tour, ainsi que deux grandes salles de spectacle. « On peut se souvenir de l'heureuse mutation fonctionnelle du musée du Louvre après son réaménagement sous l'autorité de l'architecte Pei », expliqua Hauvette, pour qui préservation et innovation n'étaient pas antagonistes.

L'agence SCAU (Société de Conception, d'Architecture et d'Urbanisme) proposa aussi un parvis vers la Seine ainsi qu'un vaste jardin tout autour de la bâtisse qui « par son échelle assure au quartier une respiration », des passerelles pour fluidifier les passages de la tour centrale vers la grande couronne, et un immense hall d'entrée de douze mètres de haut (supprimant ainsi la galerie à mi-hauteur des vitrages).

Architecture Studio, désigné *in fine* lauréat, inventa l'agora, cet espace central sur l'emprise de l'ancienne cour, lumineuse sous sa verrière et qui devait dès le départ intégrer un jardin suspendu (jamais réalisé). Des passerelles furent, là aussi, proposées (elles permettent au cinquième étage un accès direct de la périphérie vers le centre). Un parking souterrain, à l'arrière, complétait le tout et surtout la tour était conservée dans son aspect initial comme un « élément emblématique de l'édifice dans ses visions lointaines ».

Hercule des temps moderne, Radio France se lançait dans des travaux d'une envergure inouïe.

« La tenue au feu attendue pour un immeuble de grande hauteur, explique la directrice de la Réhabilitation Sidonie Guénin, doit être de deux heures. Pour atteindre cette durée et remettre le bâtiment aux normes de sécurité incendie, il ne s'agissait pas d'ajouter des extincteurs, des détecteurs ou du *sprinklage*[1], mais de désosser la structure, de la renforcer par des épaisseurs complémentaires pour améliorer sa tenue au feu, de déposer une couche protectrice aux fenêtres pour éviter la propagation des flammes, de créer des trémies de désenfumage contenant des gaines d'évacuation afin de limiter les asphyxies, de créer du compartimentage et d'installer bien sûr du *sprinklage* mais aussi de la brumisation. »

En déshabillant de la sorte une vieille dame comme la Maison de la radio, se posa en parallèle la question des usages, qu'on a interrogés et parfois modifiés. D'où la construction de l'Auditorium de 1 500 places, l'ouverture facilitée au public par la percée de la rue traversante ou la transformation de la tour d'archives en espace de bureaux.

Une réhabilitation aussi colossale en France, en site occupé, est rarissime. Celle de Jussieu lancée quelques années auparavant en avait révélé toutes les difficultés. Comme un camembert, qu'elle représente dans l'imaginaire de certains, la Maison de la radio fut découpée en plusieurs portions qui allaient être traitées une par une pendant que les autres resteraient en activité. Durant toutes ces années, les installations transversales (les

1. Système d'arrosage par des canalisations indépendantes sous pression desservant des têtes de dispersion. En cas d'élévation de la température, une petite capsule – contenue dans chacun des *sprinklers* (qui décorent les plafonds des centres commerciaux et des immeubles de bureaux) – éclate et libère l'eau.

réseaux d'eau, le chauffage, l'informatique) ont fonctionné en double : les anciennes pour les tranches non rénovées, les nouvelles pour les tranches déjà réhabilitées.

Ce tissage inextricable fut un casse-tête inimaginable. Il m'a été donné de voir, au cœur du chantier, dans les sous-sols, un enchevêtrement de câbles (verts, bleus, noirs ou rouges) et de gaines (rondes, carrées, en métal ou en plastique) allant du sol au plafond, à parfois pouvoir à peine circuler dans certains couloirs. Des dizaines de ces fils et de ces tuyaux partaient dans tous les sens, à tel point qu'il me parut inconcevable de savoir à quoi correspondait chacun d'eux !

La tour, évacuée en septembre 2004, fut la première à subir son lifting en profondeur : on procéda pendant de longs mois à un curage et à un désamiantage systématique. Une immense bâche portant l'inscription « C'est bien la première fois que nous avons quelque chose à vous cacher » masqua les opérations et marqua les esprits. Vint ensuite ce que les administrations désignent dans leur magnifique jargon par le sigle ERP (Établissement recevant du public) : les anciennes grandes salles 102, 103 et 104, autrement dit la partie basse de l'édifice qui referme, face à la Seine, l'oméga structurel. À la livraison de cet espace restauré, en 2014, la formule un peu trompeuse « Réouverture de la Maison de la radio » a laissé croire que le chantier arrivait à son terme. Il n'en était en réalité qu'au tiers.

On sait la polémique engendrée par le coût pharaonique de ce projet – la Cour des comptes et bien des politiques ont eu bonne grâce à enfoncer le coin –, un coût dû à son ampleur titanesque mais aussi, sans doute, à quelques hésitations. Ainsi, après la tour et l'ERP, au lieu de poursuivre les travaux comme prévu en tournant dans le sens des aiguilles d'une montre (de la porte B rue de Boulainvilliers vers la porte F rue du Ranelagh), l'inverse fut décidé. On voulut ainsi retarder la fermeture des studios les plus emblématiques de Radio France, le 105 et le 106 utilisés par les émissions les plus prestigieuses des chaînes. Or tout avait été préparé, notamment dans la planification des réseaux en double usage, pour démarrer porte B. Cela compliqua encore un peu plus la tâche de ceux qui avaient à gérer la maîtrise d'œuvre.

Une fois la tour, l'ERP et la grande couronne achevée, les studios de création (les plus volumineux au centre du bâtiment) ont été regroupés en une seule phase de réhabilitation, la dernière. « On les a désaffectés tous en même temps, détaille Sidonie Guénin, avec une livraison prévue en 2025. Pour y parvenir, la réalisation des travaux a été confiée à un seul groupement professionnel et non à des entreprises distinctes comme dans les phases antérieures. Cela a évité un véritable enfer administratif. » Il est en effet kafkaïen de s'adresser séparément à 30 ou 40 entreprises pour entériner la moindre modification ou retouche. Or un tel allotissement – c'est-à-dire faire appel, séparément, à différents corps de métiers – est imposé par la loi dans toute commande publique. Pour le contourner, une négociation serrée dut être menée avec l'ensemble des entreprises concernées et une dérogation spéciale fut demandée aux autorités compétentes.

Enfin, l'inscription de certaines parties du bâtiment au titre des Monuments historiques conduisit les responsables du chantier à prendre en main tout un aspect patrimonial : le parvis le long de la façade Kennedy, les escaliers Chambord à double volet, la mosaïque de faïence verte dont quatre minuscules carreaux forment un motif, les œuvres d'art des foyers, les garde-corps ou encore des éléments de serrurerie. Un architecte du patrimoine fut associé à toute cette partie de la réhabilitation.

Au fil des mois, Ulysse accompagna Hercule. « Ulysse a plein de galères, soupire Sidonie Guénin. Des ennuis en cascade sur le chemin du retour vers Ithaque, et il finit tout de même par y arriver. L'opération de réhabilitation de la Maison de la radio, c'est un peu la même chose : on surmonte les obstacles les uns après les autres, la crise de la Covid n'ayant pas été l'un des moindres. »

Au moment où Sidonie convoque Ulysse dans notre échange, me viennent à l'esprit ces vers de Cavafy :

Quand tu partiras pour Ithaque,
souhaite que le chemin soit long,
riche en péripéties et en expériences.

Le poète Constantin Cavafy est né et mort à Alexandrie, où j'ai eu la chance de visiter sa maison en compagnie de l'éditrice et écrivaine Teresa Cremisi, grâce à nos amis du Centre méditerranéen de littérature qui organisent régulièrement, autour de son fondateur André Bonet, des rencontres littéraires en partenariat avec la bibliothèque d'Alexandrie. Cavafy a su dire dans *Ithaque*, poème traduit par Marguerite Yourcenar, l'importance du chemin par rapport au but :

mais n'écourte pas ton voyage :
mieux vaut qu'il dure de longues années,
et que tu abordes enfin dans ton île aux jours de ta vieillesse,
riche de tout ce que tu as gagné en chemin,
sans attendre qu'Ithaque t'enrichisse.

Je ne suis pas sûr que la difficulté du chemin fût, pour la réhabilitation de la Maison de la radio et de la musique, aussi importante que le but, à savoir la remise à neuf, aux normes de sécurité et dans une fonctionnalité renouvelée, d'un bâtiment qui célèbre ses 60 ans à l'heure où paraît ce livre. L'âge symbolique pour lui, non pas d'une retraite bien méritée, mais d'une vie nouvelle qu'on lui souhaite aussi longue et heureuse que la précédente.

Voir : Agora ; Auditorium ; Escaliers ; Klein, Étienne ; Naissance.

Chapelle

« Je ne fréquente pas dans la chapelle. » Quand j'ai connu mon épouse, peu après mon arrivée à Paris, elle m'a fait tout de suite comprendre par cette phrase sibylline qu'elle n'entendait pas sortir avec un garçon travaillant, comme elle, à la Maison de la radio.

Nous avons finalement convolé, mais durant plus de vingt ans notre liaison ne fut ébruitée dans l'entreprise qu'auprès de très rares proches en qui nous avions toute confiance. Même nos directions respectives n'étaient pas au courant, chacun avait gardé son nom. Pour vivre heureux, vivons cachés.

J'ai raconté une version de notre histoire dans un de mes romans[1] : un ami commun, persuadé que nous marcherions à l'amble, m'avait glissé à l'oreille : « Je connais la femme de ta vie » tout comme il répétait à Marie : « Je connais l'homme de ta vie. » Sa force de persuasion nous jeta dans les bras l'un de l'autre. Le bougre avait du nez ! C'était il y a près de trente ans et Marie et moi avançons toujours du même pas et dans la même direction.

En vérité, la maxime *no zob in job* semble bien fragile, voire désuète, à en juger par le nombre de couples

1. *Les Fantômes du 3e étage*, Seuil, 2017.

présents ici, dans les rédactions, entre musiciens, ou parmi d'autres catégories de personnels.

Quelques-uns restent dans nos mémoires, telles Laure Adler-Alain Veinstein ou Anne Sinclair-Yvan Levaï, des personnalités publiques longtemps présentes sur les ondes.

D'autres, comme Marie et moi, ont préféré cultiver la discrétion.

Certains, plus ou moins durables, naviguent parfois dans les eaux fragiles de l'illégitimité. Il se dit que le dernier palier de l'escalier porte C, au-dessus du dixième étage et cul-de-sac avant le toit de l'immeuble, servait de cadre (fugace et peu confortable) à des amours clandestines.

Dans les premières décennies du bâtiment, le « couloir jaune » qui par la suite abrita le musée – depuis cette galerie périphérique (aujourd'hui condamnée), les visiteurs pouvaient, par des lucarnes vitrées, apercevoir les studios de production de la couronne intérieure, en contrebas – ce couloir, donc, servit à de jeunes polissons de la rédaction qui venaient épier, par les fameuses lucarnes, quelque flirt avancé, parfois même un ébat entamé par un couple un peu trop fébrile dans l'un des studios inoccupés.

Parmi les générations récentes, il est devenu naturel de ne plus rien cacher : ainsi les mails annonçant les nouveaux « bébés franceinfo » fleurissent régulièrement dans ma messagerie. Félicitations aux heureux parents qui se sont rencontrés au long des coursives de la Maison de la radio et de la musique.

Une maison sans chapelle, où la crypte (bien réelle) n'a rien à voir avec celle d'un édifice religieux, bien que des anciens évoquent un autel, jadis érigé à proximité, pour de rares cérémonies ponctuelles liées à des hommages particuliers.

Un miracle se produisit toutefois à l'Auditorium, le 1er octobre 2019, pour l'ouverture de la saison baroque, quand la Chapelle harmonique, ensemble né de la réunion d'un chœur et d'un orchestre sur instruments d'époque, donna *Le Messie* de Haendel. Le contre-ténor Alex Potte, indisposé, avait été remplacé quelques heures avant le lever de rideau par David DQ Lee, qui tomba aphone au beau milieu de la représentation. Présente dans le public, la jeune mezzo-soprano Adèle Charvet fut propulsée sur scène. Elle sauva la soirée, en messie inattendu, et sans esprit de chapelle.

Chats

Enfant, je rêvais d'un animal de compagnie. J'en ai longtemps voulu à mes parents qui ont toujours refusé : la seule idée d'un chien ou d'un chat les hérissait. En ce temps-là, les consoles vidéo balbutiaient, sinon j'aurais pu me consoler avec un jeu comme *Stray* qui vous glisse dans la peau d'un mignon matou. Depuis, je me suis rattrapé. Mon premier chat s'appelait Sacha (n'ayant aucune idée de patronyme, les premiers jours, je le désignais : « Ça, chat ! »), et les deux qui vivent aujourd'hui à la maison sont jumeaux, bien que noir et blanc pour Filou et tigré pour Moka.

Ce dernier s'est glissé dans une séance photos pour la sortie d'un de mes romans, au moment où Astrid di Crollalanza réalisait une série de portraits à domicile. J'étais accoudé sur une table noire dont la brillance offrait un jeu de reflet, lorsque Moka s'est invité sans prévenir pour un affectueux câlin contre mon visage. Astrid a tellement aimé la photo qu'elle l'a placée dans sa galerie sur Internet et qu'elle me l'a offerte pour mon propre site.

Quant à Sacha, il a été le héros d'une de mes nouvelles[1], auteur lui-même du récit dont voici un extrait :

« Un face-à-face avec mes huit vies antérieures ?

« Ce serait amusant ! Passer de l'une à l'autre, franchir les siècles sans barrière. Remonter aux premiers instants félins d'Anatolie ou de l'Égypte ancienne. Me prendre pour le sauveur du Prophète, ce Muezza que tous les chats d'Orient vénèrent. Prédire l'avenir à la manière de Grimalkin, qui guidait Nostradamus et émouvait Catherine de Médicis. Remplacer, sur les parchemins de Montaigne, Madame Vanity, que la plume grinçante du philosophe contournait pour ne pas la déranger, laissant de grands blancs dans le texte. Rejoindre à Key-West Furhouse, Dilinger, Crazy Christian, Snowball, Blanche-Neige et autres moustaches minaudant autour de leur géant barbu. Être le petit chat noir de Colette (ou son ombre), à la rigueur celui de Rilke, mais surtout pas celui d'Allan Poe. »

Les écrivains et les chats, une histoire d'amour qui dure depuis presque toujours...

1. Dans *Le Fil du temps*, MM2M, 2019.

On raconte souvent que la Maison de la radio et les chats c'est aussi une histoire de longue date.

Pendant des décennies, les sous-sols de l'édifice auraient servi de refuge à des félins de toutes races. Jean-Noël Jeanneney suggère même, dans *La République a besoin d'Histoire*, que ces derniers furent introduits par des responsables de la maintenance pour chasser des souris proliférant à tous les étages. Et d'ajouter : « Ils se seraient contentés, n'étant pas téméraires, de délimiter leur propre territoire, d'un étage à l'autre, tout en devenant sauvages à leur tour. »

Je n'ai jamais vu les chats.

En revanche les souris s'invitent bel et bien. Il m'est arrivé d'en croiser à la rédaction, lorsque traîne quelque relief après un pot amical ou qu'un paquet de gâteaux mal fermé est oublié au fond d'un tiroir.

Depuis la réhabilitation de l'édifice, tous les sous-sols ont été curés ou nettoyés, démolis ou reconstruits, réaménagés, vidés, parfois cimentés et obturés.

Les chats y ont perdu leurs petits et aucun ouvrier que j'ai rencontré n'a le souvenir du moindre feulement.

Les chats de la radio entrent donc dans la légende, comme celui « de la voisine » est gravé dans la chanson française...

Voir : Geluck, Philippe.

Cheval

Le nom de code[1] du projet d'Henry Bernard pour donner une maison aux professionnels de l'audiovisuel était *Cheval*. Pourquoi diantre ?

Un bâtiment en fer à cheval ?

Une tour centrale à cheval sur ses deux couronnes de verre et d'aluminium ?

Un clin d'œil à Pégase, symbole de sagesse et de renommée, avec l'espoir d'une envolée des programmes de la RTF vers les cieux de la réussite ?

L'idée d'une ruche invisible, tel un cheval de Troie, à la conquête de la ville et du monde par la ruse des ondes ?

L'intuition de l'architecte que la construction de son « bébé préféré » serait une longue chevauchée peu tranquille ?

Un cheval (galopant) comme effet de contrepoint à une tortue (laborieuse) en forme d'hommage sibyllin à André Rondenay, militaire qui pilota le réseau national de la Résistance *Tortue* et dont le nom ornait le frontispice du stade labouré pour ériger la radio ?

1. Les candidats au concours d'architecture lancé en 1952 par la Radiodiffusion-télévision française présentaient leur projet sous anonymat, avec un nom de code, pour éviter tout lien particulier avec le jury et toute influence par notoriété.

Ou alors un clin d'œil à Ferdinand Cheval – la Maison de la RTF devant devenir, elle aussi, un Palais idéal pour ceux qui la serviraient ?

Le fin mot de l'histoire n'est pas parvenu jusqu'à moi, mais j'aime à imaginer que l'une ou/et l'autre de ces hypothèses ai(en)t pu inspirer Henry Bernard dans son génie créatif. Je note tout de même que l'inscription « Hall André Rondenay, Compagnon de la Libération » a longtemps figuré à l'intérieur de l'espace vitré donnant sur la Seine, espace où se trouvait également une stèle à la mémoire de ce héros torturé et assassiné par la Gestapo...

Voir : Naissance.

Chœur

Le Chœur. Voilà un thème dont je n'ai pas vraiment la maîtrise.

En revanche, un ressenti bouleversant m'a cueilli le jour où j'ai assisté au *Nabucco* de Verdi, à Strasbourg et que le chœur a entamé le « Va pensiero ». Je venais d'être titularisé à Radio France Alsace et j'appréciais le théâtre lyrique. Je connaissais bien sûr déjà cet opéra, que j'avais écouté sur disque dans mes jeunes années. Mais l'entendre en spectacle vivant, pour la première fois, fut un choc émotionnel intense.

Les voix vous happent dès le début, tout en douceur, par cette mélodie en vagues, avant de s'ouvrir dans une force tranquille à pleurer. Des basses aux sopranes, tout est là, dans le détail de chaque son, pour faire vibrer la peau et élever l'âme. Ce morceau a le don de transporter, d'autant plus quand on sait la valeur de chant de résistance qu'il a prise dans l'imaginaire collectif. *Nabucco* raconte la révolte et la souffrance des Hébreux exilés à Babylone. « Va, pensée », va vers ma « patrie si belle et perdue », se lamentent les esclaves dans ce chant-prière dont le public italien, en 1842, s'est emparé comme une métaphore de la domination autrichienne sur son pays.

Depuis, « Va pensiero » surgit là où on ne l'attend pas toujours. Ricardo Muti a, par exemple, raconté comment en 2011, pour les 150 ans de la naissance de l'Italie, tout le public de l'Opéra de Rome s'est levé et a repris la mélodie en *bis* avec les artistes pour dénoncer la politique culturelle de Silvio Berlusconi.

J'ai eu aussi un pincement quand, pour la dernière grande grève en janvier 2020 à Radio France, des voix se sont élevées, durant les vœux de la présidente Sibyle Veil, contre les mesures de restrictions budgétaires prévues. Pas n'importe quelles voix, celles des chanteuses et chanteurs du Chœur qui ont entamé le « Va pensiero » avant de quitter la salle sous les applaudissements des salariés.

Verdi a donné au livret du poète Temistocle Solera un souffle inimaginable. Ce fut un triomphe à l'époque, succès initial qui a lancé la carrière que l'on sait pour le compositeur. Cela reste un chant inédit dans l'art lyrique. À Strasbourg, où un *bis* fut également réclamé par le public, l'expérience fut troublante pour moi et, depuis, mon cœur chavire chaque fois que résonne ce chœur-là.

Outre deux orchestres – le National et le Philharmonique –, la Maison de la radio et de la musique héberge donc une Maîtrise (pour les concerts puisque les enfants qui apprennent le chant sont basés à la fois à la cité scolaire La Fontaine dans le 16e arrondissement et à Bondy en Seine-Saint-Denis) et un Chœur.

Il est, en France, le seul chœur permanent à vocation symphonique. 75 membres, avec toutes les tessitures, pour accompagner les orchestres dans le répertoire symphonique ou lyrique et pour promouvoir également le chant *a cappella*. Il a rejoint en 2020 le Réseau des centres nationaux d'art vocal dans le but de susciter des rencontres professionnelles et artistiques de haut niveau, de faire rayonner davantage encore le paysage choral français, et de développer des captations afin de créer une collection discographique de référence dans le répertoire de musique vocale française.

Le Chœur a également lancé un cycle *Chorus Line*, pour des prestations innovantes, en s'entourant d'invités prestigieux. Il participe au concert annuel du 14-Juillet sur le Champ-de-Mars et s'ouvre à des pratiques vocales en milieu scolaire, notamment grâce au portail numérique *Vox, ma chorale interactive*. Son nouveau directeur Lionel Sow – qui a réussi un brillant parcours entre la Maîtrise de Notre-Dame et le Chœur de l'Opéra de Paris – poursuit le travail autour des grands classiques (en particulier pour la saison passée, le répertoire romantique avec Brahms et les chœurs d'hommes de Schubert) et des musiques actuelles (par exemple la création durant le festival Présences du requiem *Monumenta II* de Yann Robin).

L'histoire de cette formation vocale est rattachée, tout comme celle des deux orchestres, à l'histoire même de la radio. L'Orchestre national de la Radiodiffusion française, créé en 1934, et l'Orchestre radio-symphonique, né trois ans plus tard – tous deux destinés à alimenter les programmes des stations radio publiques d'avant-guerre –, ont fait appel assez vite à deux ensembles vocaux de l'époque : le chœur Yvonne Gouverné (plutôt tourné vers le lyrique) et le chœur Félix Raugel (axé sur le symphonique). Ces deux formations ont fusionné après la Libération en un seul ensemble, sous la direction de l'organiste et compositeur René Alix : le Chœur de la Radiodiffusion française.

Quand la Maison de la radio fut érigée, en 1963, il semble que le Chœur n'ait pas été la priorité des concepteurs du lieu : aucune salle dédiée ne fut prévue pour les chanteuses et chanteurs qui erraient donc de studio en studio, en fonction des disponibilités laissées par les orchestres et les émissions de variétés. Certains choristes parmi les plus anciens pointent même un « mépris fondateur » et prétendent que le Chœur s'est parfois retrouvé à répéter dans les couloirs.

Ce qui est sûr, c'est qu'en l'absence d'un lieu pérenne pour cette petite centaine d'artistes, le foyer E fut aménagé à leur intention. Des pupitres en demi-cercle remplacèrent alors le mobilier et le chœur apprivoisa cette vaste pièce lumineuse avec vue sur l'extérieur, mais sans véritable acoustique adaptée.

Depuis la réhabilitation, l'endroit est devenu la cafétéria d'entreprise. Le Chœur est donc exilé jusqu'en 2025 à la Seine musicale, à Boulogne-Billancourt. Après quoi, il intégrera son nouvel écrin, le Studio 107, spécialement dessiné pour lui. Dans ce futur espace aux tons blancs, le jeu et la matérialité des différents types de parois, du plafond et de l'éclairage donneront une grande luminosité en accord avec l'acoustique vivante et claire requise pour un exercice de chant.

Ah, le chant. Quelle merveille. J'ai toujours aimé chanter et j'ai suivi pendant une dizaine d'années des cours lyriques auprès d'une ancienne cantatrice bulgare, surtout pour apprendre la respiration, la manière de bien poser sa voix et de placer le son dans les résonateurs naturels. Cependant, il ne m'a jamais été donné de chanter en chœur.

L'exercice ne doit pas s'avérer aussi simple qu'il pourrait le paraître, à en croire les principaux intéressés. Il convient de trouver un délicat équilibre entre son propre chant et ceux des choristes autour, de donner suffisamment de présence et de puissance à sa voix pour qu'elle existe, mais pas trop pour qu'elle se fonde parmi les autres afin de ne jamais pouvoir être entendue de façon isolée.

Vous pouvez toujours essayer, si le c(h)œur vous en dit…

Voir : Auditorium ; Orchestres ; Musique ; Souffle ; Studios de création.

Ciel

De mon fauteuil de travail, j'aperçois les reflets du ciel sur le toit métallique de l'auditorium de la Maison de la radio et de la musique, à deux ou trois mètres seulement de ma fenêtre. Chapeau ovale, triste et gris par temps de pluie, écrasé sous la brumasse de l'hiver, disparaissant parfois derrière des rideaux de pluie. Boule à facettes éblouissante quand le soleil darde, alors miroir de quelque cumulus d'été flottant sur un firmament azur. En toute saison, dès que je pose mon regard sur cette étrange construction, je pense à *Temps X*, à une silhouette de vaisseau intergalactique, au télescope James Webb en quête de nos origines dans les tréfonds de l'univers, à tous ces satellites qui facilitent les prévisions météorologiques.

Peut-être la réminiscence d'un imaginaire adolescent me portant vers cette immensité inconnue et noire au-dessus de nos têtes. Sans doute, tout bêtement, parce que j'ai l'horizon en ligne de mire de ce dôme futuriste, où j'aime à guetter le moindre caprice des éléments. Ou alors parce qu'Henry Bernard avait eu une idée de génie :

faire en sorte que l'enveloppe d'aluminium du bâtiment prenne la couleur du ciel de Paris pour se confondre avec lui.

Gamin, j'observais à la nuit tombée les étoiles et je rêvais des mystères qu'elles emportent en s'éloignant de la terre ; au reste, comment ne pas être à 12 ou 13 ans fasciné par ces lucioles inaccessibles et secrètes ? À l'aide d'une longue-vue je tentais de discerner la mer de la Tranquillité sur la face visible de la Lune ; je cherchais un astéroïde qui me rappellerait *Le Petit Prince* ; je plongeais dans des livres consacrés au système solaire et aux interrogations sur la naissance de la vie. Pourtant, assez vite, une autre passion me rapprocha davantage de l'atmosphère terrestre : la météo. Pourquoi ? Je l'ignore. En tout cas, chaque matin, rivé à mon poste de radio, j'attendais avec fébrilité le bulletin de René Chaboud sur France Inter. *Pleuvra, pleuvra pas* – titre d'un de ses livres –, voulais-je juste savoir comment m'habiller avant d'affronter le climat du jour sur ma Motobécane bleue pour aller au lycée ? Ce devait être plus profond que cela. J'avais bricolé une carte de France collée sur une grande plaque de fer posée contre le mur de ma chambre et, au fur et à mesure que Chaboud égrenait ses régions, je plaquais sur ma carte des symboles aimantés représentant soleil, nuages ou pluie. Deux décennies plus tard, cette lubie étrange me conduisit jusqu'à La Chaîne Météo où j'ai présenté et commenté à l'écran, durant près de quinze ans, des centaines de cartes beaucoup plus officielles.

Ce ciel, compagnon du quotidien, il m'est presque tombé sur la tête un beau jour de janvier 2016 quand, à mon retour des fêtes, je découvre sur mon bureau (celui face au toit de l'Auditorium) une bardée d'ordinateurs flambant neufs reliés les uns aux autres ainsi qu'à une imprimante sécurisée. Météo-France avait déployé là ses propres outils de travail. Pour la première fois de l'histoire de la Maison de la radio, un prévisionniste s'établissait entre nos murs, à la demande de Radio France pour différentes raisons : convivialité du direct au côté des animateurs, interaction avec eux par un dialogue réel et non plus à distance, réactivité immédiate en cas de situation climatique tendue, proximité des équipes de rédaction pour savoir par exemple où partir en reportage en cas d'inondations ou de chutes de neige en plaine, etc.

Et si Élodie Callac a été installée là où j'officiais, ce n'est pas en raison de mon amour pour la météorologie, mais tout simplement parce que la porte du studio d'antenne se trouve juste en face, à deux mètres. Un studio où cette spécialiste des anticyclones, dépressions et autre marais barométriques se rend chaque demi-heure pour livrer ses bulletins. Sur ses écrans, elle dispose d'un accès direct au système Synopsis de Météo-France et peut analyser les données du monde entier, zoomer sur certaines images satellites, disposer des températures dans les moindres petites villes, connaître les taux d'hygrométrie, les points de rosée, ou les hauteurs de neige au centimètre près. J'ai hérité du fauteuil à côté d'elle et, bizarrement, nous abordons plein de sujets, rarement la météo.

Avant Élodie, les prévisionnistes avaient opté pour le télétravail avant l'heure : Joël Collado était basé à Toulouse, Jacques Kessler à Marignane, Jean-Michel Golynski à Villeneuve-d'Ascq.

Le premier de la série, Michel Martin, venait de manière irrégulière à la Maison de la radio pour commenter les aléas du ciel. Il n'a pas laissé de traces impérissables.

La véritable première voix de la météo sur les ondes publiques fut René Chaboud, rendu célèbre parce qu'il se faisait souvent « chambrer » par Pierre Douglas, sur France Inter. Il commença cet exercice au milieu des années 1970, en venant chaque matin du siège de Météo-France, avenue

Rapp, jusqu'à la radio. Il finit par demander, et obtenir, une mutation à Lyon où un mini-studio fut mis à sa disposition.

Jacques Kessler fit aussi ses premières armes de l'autre côté de la Seine. Il y préparait son briefing de très bonne heure avant de traverser le pont de l'Alma pour venir lire ses infos dans le studio d'Inter. Rapidement, à son tour, il a préféré la province. Joël Collado a, quant à lui, toujours travaillé depuis Toulouse.

Auparavant, les textes étaient préparés par des ingénieurs de la Météorologie nationale, puis faxés entre les deux établissements et lus à l'antenne par des speakers, sans grande fantaisie ni conviction. Rien à voir à l'époque avec un Albert Simon sur Europe 1, ancien météorologue dans l'armée américaine en Égypte, devenu expert de la pluie et du beau temps pour la station privée. Sa voix au débit rapide et aux « r » roulés comme des cailloux sur un chemin de garrigues fut révélée au grand public l'année même de l'inauguration de la Maison de la radio, en 1963.

Météo et audiovisuel partagent à présent plus d'un siècle d'intimité. Dès 1922, des bulletins radio étaient émis depuis la tour Eiffel. En décembre 1946, les cartes firent leur apparition à la télévision : rédaction des textes assurée par des ingénieurs de la Météorologie nationale, prises de vues par la Télévision Française, informations lues par des speakerines. Le modèle a perduré jusqu'à la disparition de l'ORTF, bien qu'un prévisionniste, Guy Larivière, apparût à l'écran à partir de 1970. En 1978, Antenne 2 se dotait de son premier présentateur météo attitré, Laurent Broomhead, et en 1987 TF1 accolait le bulletin météo au journal télévisé du soir (à grand renfort d'annonceurs payants).

Ah ! ce ciel qui fait notre joie ou notre tristesse selon que l'on préfère le soleil ou la pluie. Aujourd'hui encore, il m'arrive, à la campagne, le soir ou au petit matin, loin des lumières urbaines, de planter mon regard dans cette étrange voûte étoilée, si proche et si lointaine.

Un ciel que scrutent avec la plus grande concentration les navigateurs de tout poil. Leur vie en dépend. Grâce aux nouvelles technologies, ils peuvent consulter la météo marine en temps réel. Il n'en fut pas toujours de même et d'aucuns regrettent le charme de la voix soyeuse et poétique de mon amie Marie-Pierre Planchon pour leur susurrer à l'oreille des mots doux qu'eux seuls comprenaient : « Viking, grand frais, Cromarty, des grains, Iroise, Dogger, vents 7 à 8, mollissant, Fisher, dépression secondaire, Ligure, mer agitée s'atténuant, Maddalena, fraîchissant sud, Utsire, 5 à 6 à la fin, profond talweg, etc. » Cette litanie ésotérique portée par une voix cristalline a marqué plusieurs générations. Là encore, tout était préparé à l'extérieur de la Maison de la radio et faxé au jour le jour. Ce qui soulevait parfois des vents de panique quand les télex sur papier carbone destinés à France Inter se mélangeaient à ceux pour RFI : les zones marines n'étant pas les mêmes, cela aurait pu mettre en péril les auditeurs du grand large.

Marie-Pierre dut son intégration à Radio France à un enchaînement de plusieurs hasards, inédits et heureux, lors d'un jour de visite à la maison ronde. Elle y reçut un coup de pouce de José Artur qu'elle admirait, qu'elle aborda, et qui la recommanda auprès d'un des patrons d'alors à France Inter, Jean Garretto. Un signe du ciel ?

Voir : Eiffel, tour.

Clichés

Des clichés, la Maison de la radio et de la musique en génère son lot, comme toute institution qui a pignon sur rue.

« L'immeuble coûte une fortune. » Bon, j'admets, ce n'est plus forcément un cliché après la réhabilitation… « Les fonctionnaires qui y travaillent, justement, ne travaillent pas beaucoup. » Je vois tout de même mes collègues, qui n'ont pas le statut de fonctionnaires, marner et en faire toujours plus avec moins d'effectifs. « Macron est prêt à se réfugier dans les abris antiatomiques, au cas où. » Heu… comment dire… ces salles ne sont plus fonctionnelles depuis des lustres, sinon pour stocker du matériel ou accueillir des gaines et des conduits de sécurité. « Cette maison est une gabegie qui plombe la redevance télé. » Sur les presque quatre milliards de cet impôt (aujourd'hui disparu), 15 % à peine revenaient à Radio France (600 millions d'euros), France Télévisions en captant l'essentiel. « En cas de crue majeure de la Seine, l'immeuble risque de s'affaisser. » Si l'eau engloutit un jour le quartier, d'autres constructions autour seront submergées avant la Maison de la radio, où un système de digues doit s'ériger immédiatement dans les sous-sols (ajouté à des pompes prévues pour rejeter le trop-plein d'eau). Et puis les fondations sur pilotis sont tellement profondes que les dalles qui supportent les grands studios et les planchers en béton de la couronne ont vraiment peu de chance de bouger d'un pouce.

Et ainsi de suite.

Pour ressentir la Maison de la radio et de la musique sous un angle plus authentique, voire artistique, mieux vaut goûter à des clichés d'une autre nature : ceux de son photographe Christophe Abramowitz. Il connaît par cœur chaque pièce de l'immeuble, chaque couloir, chaque point de vue, chaque lumière, chaque angle, chaque horizon.

Christophe a réalisé de nombreuses prises de vues avant la réhabilitation, pendant les travaux et depuis les nouveaux aménagements : « J'ai appris à aimer ce bâtiment parce que, pour être franc, l'architecture de cette époque ne m'a jamais attiré. D'ailleurs, je suis sûr que beaucoup de Parisiens passent devant sans même le voir. Il est implanté de telle façon qu'il reste discret. Soit on est trop près, soit on est trop loin. Il faut vraiment être à la distance de la Seine pour l'apprécier. »

L'une de ses photos les plus emblématiques est en noir et blanc, prise au pied de l'escalier extérieur de la porte B donnant sur la rue de Boulainvilliers. La rampe, au centre des marches, ligne de fuite parfaitement droite, désigne, comme un doigt tendu, la courbe douce et féminine qui dessine l'amorce de l'oméga formant la couronne extérieure. La forteresse de verre et d'acier paraît prête à plier comme une feuille de papier. Une œuvre d'art. « J'ai le sentiment qu'Henry Bernard a voulu créer ce que je ressens dans ce cadrage : une sorte de vertige inversé. »

Un instantané visuel en dit souvent plus qu'un long discours, c'est bien connu. Christophe garde dans ses archives quelques perles, comme cette photo d'un jour de grève ne montrant qu'un tract CGT-CFDT et un gobelet froissé dans une coursive vide – comme si la vie restait, après le moment vécu, imprimée dans l'architecture –, ou encore les portraits de techniciens en larmes au jour du dernier concert dans le Studio 106, avant son démantèlement.

Si Christophe Abramowitz est un professionnel de l'expression par l'image, la Maison de la radio reste un sujet/objet de créativité pour qui souhaite s'en emparer. Les smartphones et leurs objectifs toujours plus sophistiqués permettent de saisir – à l'impromptu, ou en cherchant une mise en scène spécifique – un instant de beauté rare : la nuit à travers les baies vitrées, un petit matin de brouillard sur la façade argentée, un rayon de soleil tapant dans l'œil de la silhouette un peu gironde mais si élégante de la bâtisse, ce moment de magie musicale autour d'un artiste sur l'une des scènes publiques, un selfie en tenant par l'épaule une star mondiale de passage entre les murs, une vue exceptionnelle depuis les toits avec la lumière qui va bien, ces fuites en arrondi...

Une promenade sur les réseaux sociaux vous convaincra que l'édifice n'en finit jamais d'être saisi : lors d'un événement particulier, durant un moment de partage, pour sa beauté, tout simplement. Les collaborateurs, en particulier, s'adonnent à la prise de vue spontanée, fiers qu'ils sont de montrer l'endroit où ils ont la chance de mener, jour après jour, leur vie professionnelle.

Voir : Fierté.

Cloison

Ah ! l'émoi de la cloison.

« La nuit s'épaississait ainsi qu'une cloison. » Chez Baudelaire (dans « Le balcon »), elle prend des allures inquiétantes de fantôme de minuit. Le poète la fait aussi rimer avec poison. Ce qu'elle devient au cinéma, pour Clovis Cornillac et Mélanie Bernier dans *Un peu, beaucoup, aveuglément* : un cauchemar quotidien entre voisins que tout sépare (sauf la cloison), lui créateur, elle pianiste.

À la Maison de la radio et de la musique, la cloison apparaît et disparaît comme par enchantement au gré des aménagements. Dès sa conception, la bâtisse offrit cette modularité pratique et simple à mettre en œuvre : des équipes montent et démontent lesdits panneaux pour agrandir un bureau, réduire une salle de conférences ou créer une pièce supplémentaire.

Certains collaborateurs, qui ont besoin de confidentialité ou d'isolement, réclament des cloisons pour gagner une paix nécessaire et un univers personnalisé fermant à double tour. D'autres préfèrent l'esprit convivial, malgré le frein à la concentration, d'un *open space*. Vous avez pu lire à l'entrée *Bureau(x)* comment des cloisons apparaissaient la nuit à franceinfo quand le nouveau P-DG Jean-Marie Cavada – qui souhaitait un « espace paysager » ouvert – passait le matin pour les faire retirer.

À l'image de beaucoup d'entreprises, et bien que centrée autour d'une production liée à l'humain, Radio France (et donc la Maison de la radio et de la musique) est, hélas, trop cloisonnée. Je suis le premier à y contribuer, en péchant par facilité.

On arrive le matin par sa porte habituelle, on salue le planton de service (sans s'intéresser à son environnement de travail), on adresse un signe à la chargée d'accueil (souvent « externalisée », donc à visage variable), on saute dans l'ascenseur le plus proche et quand on y croise un quidam, on ignore s'il rejoint un orchestre, une autre radio du groupe, les cuisines ou un service administratif (et on ne lui demande surtout pas), on s'arrête à l'étage de son bureau où les échanges se concentrent sur l'activité du jour et sur ses collègues en interaction immédiate, on va déjeuner à la cantine, ou à l'extérieur, avec ses relations les plus proches (les mêmes avec qui on a passé la matinée ?), on retourne à son poste, puis on reprend le même ascenseur que le matin, dans l'autre sens. En quittant le bâtiment, on jette un regard vers le chargé d'accueil qui, ce soir, est un jeune homme (jamais vu ici), on salue le planton de service (une femme, pour une fois) à qui on souhaite une bonne soirée (sans s'enquérir de sa journée) et on s'éclipse jusqu'au lendemain.

Chacun chez soi.

Ceux qui sont plus enclins que moi à s'ouvrir vers autrui diront que j'exagère. Ceux qui viennent de comprendre qu'ils ne quittent guère leur pré carré me maudiront. Ceux qui ne jurent que par leur métier continueront à s'y jeter corps et âme. Ceux qui tiennent les rênes de la maison (ou d'une partie de celle-ci) s'interrogeront.

Soyons franc. Combien de musiciens glissent une tête régulière (ou unique) dans une rédaction ? Quel journaliste assiste avec assiduité (ou ne serait-ce qu'une seule fois) à une répétition du Chœur ? Qui monte au huitième étage porte D à la rencontre des femmes de ménage, là où elles ont leur local ? Un opérateur du son, un magasinier, un producteur savent-ils dans quelles conditions travaillent les cuisiniers ? Y a-t-il beaucoup d'administratifs qui ont mis un pied dans le parc instrumental ? Les informaticiens vont-ils chez les serruriers (et réciproquement) ?

Le photographe de la Maison de la radio, Christophe Abramowitz, remarque cette absence de circulation entre les services : « Les gens entrent par la même porte, se dirigent vers leur bureau, vont déjeuner et repartent sans jamais circuler dans les innombrables couloirs. Chacun s'est approprié “sa” Maison de la radio. Paradoxalement, c'est superbe, comme dans une ville où chacun va toujours au même troquet en ayant l'impression de connaître tous les troquets. Car dans les quartiers où on ne fait que circuler, comme les Champs-Élysées à Paris, il n'y a pas d'âme. Il faut vivre et rester sur place pour donner une âme à un lieu. »

Cette constatation se retrouve sans doute dans n'importe quelle grande société. Mais le foisonnement des activités et des entités au sein de la Maison de la radio et de la musique accentue le phénomène. Car ne l'oublions pas, sont regroupés en un même lieu deux orchestres symphoniques, un chœur, une maîtrise, sept chaînes de radio, des services web, des équipes de techniciens et de régisseurs dédiées aux opérations extérieures, une restauration collective, des ateliers pédagogiques, une branche diversification, la sécurité et les pompiers, les mécaniciens, les serruriers, les archivistes, les énergéticiens, sans oublier, depuis une vingtaine d'années, les spécialistes de la réhabilitation, etc.

Dans ce contexte, comment éviter le cloisonnement ?

Et puis il y eut l'apparition de badges (vers les années 2000) et une compartimentation par secteur. Bien sûr, voilà qui est tout à fait concevable sur un site où la sécurisation des personnes, du matériel et des idées demeure une priorité absolue. Ainsi, la petite bande Led intégrée à chaque serrure s'affiche en vert uniquement sur les portes que vous êtes autorisé à déverrouiller – et elles sont rares au regard de leur nombre total dans le bâtiment !

L'idée de ce *Dictionnaire amoureux* m'est venue, vous l'avez déjà compris, par une nostalgie de l'époque (bien avant les badges...) où l'on pouvait accéder au moindre recoin de cette fabuleuse maison : sous-sols, terrasse, vénérables studios radio, scène télé du 102, salle de concert, crypte, gymnase, locaux de RFI, bureau de poste, banque, restaurant au dixième étage, foyers, salle de répétition des orchestres, cabines de réalisation...

Pour rédiger cet ouvrage, j'ai à nouveau arpenté l'édifice de long en large, le plus souvent accompagné d'une personne accréditée pour son secteur. Au fil des discussions engagées avec des dizaines de mes coreligionnaires, j'ai compris que la majorité d'entre eux ressentent peu ou prou ce cloisonnement. Parmi les plus anciens, beaucoup s'attristent qu'aient disparu pièces et couloirs ouverts à tout vent, où régnait la jovialité, où des sons attiraient sans cesse l'oreille : ici vers une cellule de montage, là vers une rédaction animée, ailleurs vers une régie de studio en pleine activité.

Un exemple (il n'est pas unique). Le cinquième étage près de la « radiale », siège historique des producteurs de France Inter, bruissait en permanence de mille discussions. Il régnait là une humanité fraternelle et un esprit potache. « C'était magique ! s'enthousiasme encore Janine Marc-Pezet, qui fut documentaliste puis productrice. Il y avait une vie extraordinaire. Nous avions à côté de nous les ateliers de création, Yann Paranthoën, les cabines des "écouteurs" qui scriptaient les émissions afin de les archiver. Avec tous ces gens, j'ai eu une Sorbonne à ciel ouvert. »

Une Sorbonne à ciel ouvert.

La belle formule.

Certes, la cloison a brisé en partie ce bouillonnement qui, pourtant, existe encore, de manière différente. Sans doute plus fragmenté au sein des chaînes, dans les services, ou en comité restreint dans les bureaux.

À chacun de recréer la transversalité, d'aller à la rencontre de métiers inconnus. Aux uns et aux autres de se retrouver, de s'ouvrir à la richesse humaine de la maison. À tous de nourrir son quotidien de celui de ses voisins.

Réclamons une lumière verte sur toutes les portes...

En tout cas, l'écriture de ce dictionnaire m'aura permis de magnifiques découvertes que, grâce à votre lecture, j'ai le bonheur de partager au fil de ces pages.

Voir : Badges ; Crypte ; Locataires ; Yann.

Conturie, Léon

Que serait Jean Valjean sans Javert ?

Sherlock Holmes privé de Watson résoudrait-il aussi aisément ses énigmes ?

Comment parler d'Emma Bovary sans le contrepoint de Charles ?

Harry Potter pourrait-il se passer de son meilleur ami Ron ?

Les héros de fiction bâtissent toujours leur histoire en appui sur des personnages secondaires, aussi importants qu'eux pour l'équilibre général du récit, qu'ils soient « adjuvants » quand ils soutiennent le protagoniste principal, « opposants » s'ils tentent de l'empêcher d'atteindre son objectif ou « miroirs » en le renvoyant à lui-même (c'est ce qu'enseigne peu ou prou Éric-Emmanuel Schmitt à des apprentis scénaristes).

Dans l'histoire de la construction de la Maison de la radio, un seul nom est passé à la postérité, celui d'Henry Bernard. Or, l'architecte feint d'avoir simplement suivi « à la lettre » les contraintes imposées par l'ingénieur général des télécommunications Léon Conturie, dans l'offre de marché.

Grand ordonnateur du média phare des années 1940 et 1950, la radio, Conturie la connaissait sur le bout des ongles, tant pour son fonctionnement global que dans ses aspects techniques et structurels puisqu'il était aussi chef du service des Bâtiments.

L'édifice lui doit beaucoup.

Il convient donc de remettre au centre de la scène cet acteur majeur resté dans l'ombre.

Difficile pour autant de le placer en pleine lumière, en raison de la maigreur des archives sur un homme aussi discret qu'efficace. Né juste avant la Première Guerre mondiale, il s'est éteint en 2003 à l'issue d'une vie entière au service de l'État, et des télécommunications. Une de ses dernières responsabilités remonte à 1973 lorsqu'il fut nommé, par le P-DG Artur Conte, inspecteur général de l'ORTF.

C'est donc Léon Conturie qui rédigea, en 1952, le programme précis du concours d'architecture afin que les candidats pussent inventer la future maison dont la Radiodiffusion française avait tant besoin.

Il y expliquait comment la RTF parvenait à fournir à 40 millions de Français de l'information ou des distractions, à n'importe quel moment de la journée, grâce à quatre programmes continus. « Ce qui l'amène, précisa-t-il un jour devant la Société des ingénieurs civils de France en parlant de la RTF, à faire appel à un grand nombre de journalistes et à la quasi-totalité des auteurs, compositeurs et musiciens français. [...] L'ensemble de ces tâches met en mouvement chaque jour plusieurs milliers de personnes. Cela demande pour la réalisation des émissions parlées, musicales ou théâtrales des locaux spécialement appropriés, et implique des équipements techniques de prise de son, d'enregistrement, de communication et de diffusion d'une structure complexe et d'un maniement délicat. »

Pour guider les architectes, Léon Conturie détaillait le fonctionnement de la radio, à partir de deux éléments : les journalistes ou les artistes qui s'exprimaient dans un studio, et le son réglé par un technicien qui était envoyé sur les ondes (par un courant électrique) dans un enchaînement d'émissions le plus fluide possible.

Interrogé au micro de ladite RTF, il affirma clairement : « Cette Maison de la radio est d'abord – et dans la proportion des quatre cinquièmes – un outil de production. » Il ne s'agissait surtout pas, à ses yeux, comme d'aucuns auraient pu l'imaginer à l'évocation du projet, de concevoir un immeuble administratif. La présence des studios, des outils de prise de son ou de montage, des centres récepteurs-émetteurs de modulations devaient en constituer « non seulement l'âme mais la chair ».

Cet aspect de l'ultra-production est développé dans la notice du concours – citée par Simon Texier dans *Le Moniteur* – à travers une comparaison inédite du futur bâtiment avec un véritable site industriel. Les « matières premières (livres, partitions) » passent entre les mains d'« ouvriers (artistes) » sous la direction d'un « chef de fabrication (producteur) » qui peut leur ajouter des « pièces détachées (enregistrements) acquises à l'extérieur ». Dans certains cas, le « produit » sort parfaitement fini de « l'atelier de fabrication ». Dans d'autres, il est nécessaire de lui ajouter des « accessoires », grâce à des techniques de montage. Enfin, certains produits sont un simple « assemblage de pièces détachées » exécuté en studio.

Léon Conturie insistait aussi sur la nécessaire ouverture du lieu « au contact de Paris », pour que le public vînt assister aux concerts, spectacles et émissions de variétés. À ce « public vivant », qui convergerait de tous points de la capitale dans les futures grandes salles, l'ingénieur associait un « public absent », sous-entendu les centaines de milliers d'auditeurs captés à distance par l'événement musical ou le divertissement retransmis en direct. Ouverture aussi par les grands foyers visibles depuis la rue, par

« l'association de l'art à l'architecture » et par l'insertion du bâtiment « dans le paysage et la tradition plastique et artistique de Paris ».

Pour rédiger un programme aussi minutieux, comprenant une définition aussi précise des obligations et des contraintes, Léon Conturie connaissait, bien sûr, le fonctionnement de la RTF à la perfection. Il avait aussi visité des « maisons » déjà existantes en Europe et ailleurs, notamment celles de la radiodiffusion à Bruxelles, de la *Rundfunk* à Berlin ou de la radio et télévision à Alger. Il avait pu en apprécier les avantages et les inconvénients.

Nul doute qu'il espérait un édifice d'une fonctionnalité absolue et d'une certaine valeur artistique.

Simon Texier note que, devant l'oméga conçu par Henry Bernard, « il ne pouvait qu'accueillir avec satisfaction la mise en forme harmonieuse, symétrique même, du dédale de ses prescriptions ».

Rendons ici à Léon Conturie une partie de la paternité de la Maison de la radio et de la musique.

Voir : Architecture ; Art, œuvres d' ; Bernard, Henry.

Coopérative

Au fil de mes recherches, plusieurs personnes m'ont parlé d'une supérette au sein même de la Maison de la radio. Je crus qu'elles confondaient avec la cafétéria d'entreprise, où l'on peut aussi acheter quelques boissons et friandises. J'imaginai mal un Félix Potin ou un Shopi accrocher son enseigne à l'intérieur d'un site public. Mais comme on insistait, je menai l'enquête.

Je songeai aux auteurs japonais qui mettent en scène ce genre de lieux, véritables antres de la consommation alimentaire courante. Imaginons une nouvelle, *Radio supérette*, dont l'héroïne serait la caissière. Celle-ci recueillerait les confidences intimes de stars désabusées sortant d'émission et venant se fournir en clopes ou mignonnettes. Elle revendrait ensuite à prix d'or ces propos secrets à des magazines *people*.

Je spéculai sur un trafic clandestin de reporters douteux ramenant de leurs périples lointains quelque cargaison de cigarettes bon marché pour les fourguer – à l'époque où le tabac n'était pas encore banni des locaux professionnels – à leurs potes fumeurs.

Pire, je craignis une acception figurée du terme *supérette* décrivant un lieu déterminé et modifiable – par exemple un sas d'entrée de studio, un escalier condamné ou une place un peu sombre dans le parking souterrain – où des accros de coke seraient venus se fournir auprès de dealers.

Fort heureusement, rien de tout cela, mais bel et bien une coopérative, tout à fait officielle, dans laquelle les salariés pouvaient s'approvisionner en biscuits, en-cas et boissons diverses allant de l'eau plate au vin en passant par les sodas et les jus de fruits. Gérée par le comité d'entreprise, elle se situait sur une centaine de mètres carrés, dans la cour intérieure (l'agora n'existait pas), à l'arrière des studios de création, du côté des 105 et 106.

Régulièrement, des ventes « exceptionnelles » avaient lieu avec des producteurs venus des régions : du chocolat pour Pâques, des gâteaux pour Noël, du vin pour le beaujolais nouveau.

Au bout d'une dizaine d'années, constatant que les ventes d'alcool (en particulier les plus forts) l'emportaient sur tout le reste, et face à certains abus récurrents, le CE supprima définitivement la coopérative.

Coucou

Mes premiers pas à franceinfo remontent au 1er août 1992. À cette époque, la station logeait – comme me le rappelait récemment Jean-Marie Cavada qui en deviendrait le P-DG six ans plus tard – dans un « cul-de-basse-fosse » ! Nous étions à l'emplacement de l'actuel bar Le Belair, là même où avait jadis existé le Bar Noir (théâtre des grandes heures du *Pop Club* de José Artur), c'est-à-dire entre deux étages à l'arrière des escaliers monumentaux du hall Seine, côté droit. Des escaliers que, dès lors, j'empruntais chaque jour pour rejoindre mon poste de travail, et aux pieds desquels se trouvait l'entrée du public pour l'ancien Studio 102 (aujourd'hui l'Auditorium).

Or un mois et demi après mon arrivée, un tourbillon s'empara de cette salle de spectacle : l'émission télévisée *Coucou c'est nous !* Aux manettes, le virevoltant Christophe Dechavanne, en compagnie de son complice Patrice Carmouze et d'une petite bande de chroniqueurs. Ce rendez-vous, devenu cultissime, faisait chaque soir le plein des gradins pour une heure de show en direct et, très souvent, déjanté.

Je garde en mémoire les files d'attente des spectateurs, à travers lesquelles nous devions nous frayer un chemin pour atteindre franceinfo, les bruits fracassants qui remontaient parfois de la scène ainsi que des séquences surréalistes réalisées sous nos yeux dans le grand hall ou sur le parking extérieur devant la radio.

« C'est vrai qu'on a fabriqué une piste de neige, sur le gazon, entre l'avenue Kennedy et les studios, se souvient Christophe Dechavanne, on a fait des courses de kart, des courses de lit d'hôpital dans le hall d'entrée avec André Santini le maire d'Issy-les-Moulineaux. Bon OK, on a un peu “utilisé” le bâtiment mais ce n’était pas, non plus, la chasse aux trésors ! »

Grâce à une chaîne dédiée sur les plateformes vidéo, il est possible de revoir ces morceaux d’anthologie qui démarraient sur les chapeaux de roues par un générique endiablé, dans les pas d’un type pressé de rentrer chez lui pour allumer son poste et ne pas rater le début de l’émission. À ce moment précis, on voyait à l’écran Christophe dévaler une rampe d’accès en saluant un public enthousiaste. Juste après lui, l’invité surgissait du sol, entouré d’un nuage de fumée.

« Ah, notre ascenseur mythique ! s’enthousiasme encore l’animateur-producteur. C’était la seule émission qui pouvait se targuer de faire ça, parce que la scène disposait d’une fosse suffisamment profonde avec un monte-charge. On y avait installé une espèce de fusée dans laquelle l’invité flippait toujours quand il venait pour la première fois. À travers la fumée, la fusée apparaissait, les portes s’ouvraient et l’invité sortait. Je n’ai, depuis, jamais pu le refaire. »

Pour cela, Christophe Dechavanne aurait pu bénir chaque soir les frères Niermans qui construisirent la salle, selon les plans de l’architecte Henry Bernard. En 1963, lorsque le bâtiment sortit de terre, ce studio exploitait la technologie la plus avancée, il était aussi le seul à positionner des spectateurs en balcon.

Jean Niermans s’en est expliqué cette année-là, quelques jours seulement après l’inauguration par le général de Gaulle, devant ses confrères de l’Institut technique du bâtiment et des travaux publics : « Cette salle de théâtre possède différentes caractéristiques qu’on ne trouve pas dans les autres salles de spectacles de Paris. La première, c’est qu’elle se compose surtout d’un balcon. Un balcon parce que le parterre au niveau de la scène doit être libéré de façon à pouvoir faire passer les caméras de télévision, faire des travellings. [...] Il y a également une fosse réservée pour les musiciens : son parquet est sur vérins hydrauliques. Celui-ci, relevé, arrive au niveau plancher. En position basse, la fosse d'orchestre est suffisamment grande pour contenir un orchestre de variétés. »

Une fosse côté scène, et un système appelé « basculo » côté gradins pour conjuguer l'option plein public, avec des fauteuils en parterre lors de concerts de musique vivante ou de récitals d'artistes, et l'option plateau pendant les grands-messes télévisées : les sièges basculaient et s'engouffraient en sous-sol, libérant l'espace pour les caméras. Car longtemps avant *Coucou*[1], le 102 fit les beaux jours de la culture populaire au fil des émissions mythiques de Guy Lux (*Le Palmarès des chansons*, *Les Étoiles de la chanson*, *Système 2*, *Ring Parade*, *Cadence 3*, *Top Club*) ou avec *Studio 102* animé par Claude François.

1. Christophe Dechavanne avait commencé au Studio 102 dans le milieu des années 1980 avec *C'est encore mieux l'après-midi*, sur le créneau de l'immuable *Aujourd'hui Madame* (puis *Aujourd'hui la vie*), bousculant les habitudes d'un auditoire plus âgé.

Jean-Luc Delarue y performa également avec *Ça se discute*. De grandes soirées électorales investirent aussi l'immense scène qui pouvait accueillir des décors somptueux (ce fut le cas le 25 avril 1981 pour le premier tour de la présidentielle).

Mon propos n'est pas ici de raconter la longue vie du 102 – dont certains ont regretté amèrement la disparition, entraînant dans l'oubli tout un pan des grandes heures de la télévision débutante –, mais de rappeler que ce fut un lieu d'exception.

Déjà, dès sa sortie de terre, il nécessita des moyens spécifiques. Sur ses 1 200 mètres carrés, il possédait une double enveloppe en béton, boîte dans une boîte, afin de demeurer isolé des vibrations et du bruit extérieurs. La présence de la fosse et du fameux basculo a par ailleurs nécessité d'évider une partie du radier lourd et de renforcer davantage encore sa structure.

Sur sa fin de vie, le Studio 102 fut cédé en concession à une société de production, France 102 Studio, qui en assura l'activité jusqu'à sa destruction durant la réhabilitation du site.

Voir : Auditorium ; Dechavanne, Christophe ; Jaune ; Niermans, frères.

Couloirs

Voir : Labyrinthe.

Crèche

N'ayant jamais été parent, je ne connais pas les délices de la crèche : y réfléchir dès avant la naissance, en chercher une de qualité à proximité de son domicile ou de son lieu de travail, réserver une place des mois voire des années à l'avance, trembler à l'heure d'y déposer son enfant la première fois, s'inquiéter de la qualité des équipes d'accompagnement, craindre une mauvaise influence des autres chérubins sur le sien, se débrouiller pour trouver une solution le jour où on est appelé par son patron alors qu'on ne devait pas aller au bureau... Tiens, et si justement il y avait une crèche dans l'entreprise, ce serait génial, non ?

Pourquoi Radio France – près de 4 000 salariés dont une partie importante de femmes – ne propose-t-elle pas un tel service dans ses locaux, comme la plupart des grandes sociétés ?

Première piste de réflexion, pour répondre à cette interrogation, le terrain. Il a fallu de longues années – à la fois en raison de querelles politiques et pour des questions d'espace et d'aménagement – avant que la mairie de Paris accorde l'emplacement du quai de Passy. Et lorsque tout le monde (État, commune, administration, radiodiffusion, riverains) a accepté la solution proposée sur le quadrilatère face au pont de Grenelle – loin des vibrations des métros et proche de l'émetteur de la tour Eiffel – on s'est aperçu que là, sous le site de l'ancienne usine à gaz de Passy, se trouvait du goudron dans le sol. Les pilotis, destinés à soutenir le bâtiment sur ce terrain proche de la Seine et en partie marécageux, ont permis, semble-t-il, une forme d'isolation des matières toxiques, et l'excavation des terres a été accompagnée de dépollution. A-t-on tout de même préféré, par précaution, maintenir les bambins à distance ?

Deuxième élément de réponse, lié cette fois-ci à la construction du bâtiment et à la qualité de l'air ventilé. Ce dernier, avec l'ancien système d'aération, était aspiré à l'extérieur puis filtré, recyclé et partiellement renouvelé. Les technologies les plus performantes furent mises en action pour assurer une température stable et un degré d'humidité idéal. Malgré tout, il semble que l'atmosphère n'ait jamais été jugée suffisamment saine pour accueillir des nourrissons durant de longues heures.

Dernière raison possible, que l'on devine à travers le récit de Jean Maheu dans *La Saga France Inter*, le livre de Valérie Péronnet et Anne-Marie Gustave. L'ancien P-DG de Radio France découvre, à son arrivée en 1989, que 11 tonnes d'ammoniaque liquide sont stockées sous les pieds des salariés. Ce produit hautement toxique sert au système de refroidissement. Il faudra des années, selon le président Maheu, pour le faire évacuer dans le plus grand secret. Comment, dès lors, envisager une pouponnière dans la maison.

Et aujourd'hui ? Qu'en est-il maintenant que l'édifice vient de subir une réhabilitation totale ? Le principe d'une crèche a failli être acquis il y a une quinzaine d'années. Un souhait de la présidence sous Jean-Luc Hees, en particulier pour les personnels en horaires décalés. D'études en réunions, de plans en calculs, tout avait été minutieusement examiné. Le Syndicat national des journalistes, dans un billet publié sur son site en 2011, l'annonçait même pour 2017 : « Elle sera édifiée sur le côté droit de la Maison, là où actuellement on a posé les locaux provisoires des ingénieurs. » En partage avec la mairie de Paris, ajoutait le SNJ, « elle comptera 60 places, inscrivez-vous ».

Les Algeco blancs de la direction des travaux, ancrés depuis de longues années face à la gare RER Avenue du président-Kennedy-Maison de Radio France, sont encore là.

La crèche n'a toujours pas vu le jour.

Aucun espace dédié n'est annoncé pour l'instant.

Je serai sûrement à la retraite quand elle sortira de terre.

Trop tard pour envisager une progéniture à y déposer.

Voir : Pilotis ; Secret ; Terrain.

Crypte

Décrypter est désormais devenu, pour les médias, une activité normalisée, intégrée à leur fonction informative. Un journaliste n'est plus seulement le témoin des événements : au-delà de les présenter, il les commente, les explique, les décortique, les analyse et donc les décrypte. Cette dernière notion implique, si l'on se réfère à l'étymologie du terme, une mise en lumière de certains éléments masqués.

Ils peuvent être masqués par la nature même de l'information traitée. Un sujet compliqué, un thème inconnu, des implications annexes ou une vision très large induisent des angles morts pour le lecteur, auditeur ou téléspectateur. Il/Elle ne peut tout savoir sur tout. Il convient dès lors de l'éclairer pour l'aider à mieux comprendre et lui permettre de se forger sa propre opinion.

Les événements peuvent être aussi rendus invisibles à dessein, par la volonté de quelque acteur dans l'actualité pour berner, duper, endormir, déstabiliser ou attirer celles et ceux à qui il s'adresse : le politicien avide de récolter un maximum de votes, le gourou en quête de nouveaux adeptes, la multinationale pour promouvoir des produits nocifs, l'influenceur désireux d'amplifier son audience sur les réseaux sociaux, le complotiste amateur de chaos qui prétend tout et son contraire afin de fragiliser les institutions, etc.

Depuis plusieurs années déjà, tous les journaux de presse écrite, les radios et les télévisions ont instauré des services de vérification. franceinfo a été pionnière en créant d'abord, en interne, une agence de presse destinée à approfondir chaque information diffusée à l'antenne. Puis une cellule *Le Vrai du faux* a creusé le sillon en portant au quotidien sur les ondes une actualité passée au crible. C'est désormais une équipe de six personnes qui œuvre à temps plein sur ces questions, entre *fact checking* et décryptage.

Au reste – et cela nous ramène à l'édifice – des ateliers *Le Vrai du faux* sont organisés au sein de la Maison de la radio et de la musique, où les élèves des collèges et lycées sont invités à appréhender la fabrication de l'information, à reconnaître la propagation des rumeurs, ou à identifier des *fake news*.

Profitons-en pour quitter le sens figuré du terme et retrouver son étymologie physique. Le grec ancien κρύπτη, *krúptē*, désigne une « voûte souterraine » invisible de la surface du sol. Jules Verne, par exemple, envoie ses personnages de *L'Île mystérieuse* en visiter une : « Le canot s'arrêta, et les colons aperçurent une vive lumière qui illuminait l'énorme crypte, si profondément creusée dans les entrailles de l'île. » Quant au latin *crypta*, il renvoie au « caveau » construit sous un édifice religieux pour y recéler des reliques divines – comme les Lares, génies protecteurs des membres d'un même foyer – ou des sépultures de personnalités. Ainsi, Julien Green s'émeut dans son *Journal 1935-1939* en visitant celui situé sous la basilique des rois à Saint-Denis : « Dans le froid et l'obscurité de la crypte, ces gisants couchés les uns à côté des autres produisent un effet extraordinaire. »

D'une certaine manière, on aurait pu associer durant plus d'un demi-siècle ces deux acceptions à la Maison de la radio. Sous l'entrée principale, se trouvait en effet une crypte, à la fois sous-sol du bâtiment et écrin d'un monument aux morts devant lequel, chaque 8 mai et chaque 11 novembre, le P-DG de Radio France se recueillait et déposait une gerbe, entouré de porteurs de drapeaux et de la musique de la police municipale (dans les dernières années un technicien fut mandaté pour sonoriser l'espace et jouer *La Marseillaise* sur bande magnétique). Il est vrai que dès avant l'inauguration de 1963, les Anciens Combattants de la RTF avaient réclamé un tel emplacement en souvenir de leurs morts pour la France. La stèle commémorative fut même dessinée par un architecte au service des Bâtiments.

Mon ami Pascal Delannoy, qui fut durant treize ans directeur à franceinfo, s'amuse encore d'une vieille histoire : « Une année, durant les Journées du patrimoine, les visiteurs ont été autorisés à circuler dans toute la maison. Nous avons vu des familles entières traverser la rédaction. Certains étaient de vrais passionnés et nous posaient des questions précises sur les horaires des titres ou la fabrication d'un reportage. D'autres venaient en touristes et réclamaient les stars d'Europe 1 ou de RTL ! La journée fut longue et épuisante, en particulier pour les guides accompagnateurs, qui conduisaient les groupes jusqu'à la crypte. L'un d'eux, n'en pouvant plus, prétendit que tous les défunts présidents de la radio étaient enterrés là... » Cette image fantasmée d'un pouvoir qui hante pour l'éternité sa cathédrale des ondes renvoyait de manière plus ou moins consciente à la basilique Saint-Denis et à sa nécropole des rois. Cela ne manquait ni d'humour, ni de panache, ni de culot.

Les travaux de réhabilitation ont eu raison du lieu. Là où les musiques de la police venaient jouer pour les cérémonies, sont désormais rangés les instruments des orchestres parmi les plus volumineux : vibraphones, glockenspiels, gongs, harpes, grosses caisses, timbales, ainsi que des caisses de contrebasses alignées (abritent-elles le moindre fantôme présidentiel ?) comme autant de sarcophages alanguis. Pour protéger ce précieux matériel, en particulier les percussions à peau animale, l'hygrométrie est maintenue et surveillée en permanence à 50 % d'humidité et la température à 20 °C.

Le monument aux morts a disparu.

Exit la stèle.

Exit l'idée même d'un lieu de mémoire et de symbole.

Exit la crypte.

La boucle est bouclée : la Maison de la radio et de la musique a été dé-cryptée.

Voir : Ateliers ; Sarcophages ; Xylophone.

Cyprès, allée des

Surnom donné, du temps de l'ORTF, au couloir des directeurs.

Sur cette partie courbe du quatrième étage côté Seine, se trouvait l'ensemble des bureaux des grands patrons de l'Office avec, au centre, celui du P-DG. Au début des années 1970, Arthur Conte y arrivait tous les matins à 7 h 45 précises. De son bureau, quatre portes donnaient respectivement sur les pièces de ses huissiers, sur celles de ses secrétaires personnelles, sur un réduit où il stockait des litres d'eau (qu'il ingurgitait « à la régalade » selon son expression), et sur le bureau du directeur général délégué Alain Dangeard (le numéro deux de l'établissement).

De part et d'autre de ce binôme exécutif, chacun des directeurs disposait, pour accéder à son propre bureau, d'une porte recouverte d'un cuir matelassé dont les lignes et le vert sombre pouvaient, en effet, évoquer des cyprès.

Symbole du Bien chez les Iraniens, gardien d'un « monde vertical » auquel Pablo Neruda se heurte en traversant la forêt chilienne dans *J'avoue que j'ai vécu*, garant de longévité en Chine ou au Japon, le cyprès a surtout flirté avec la mort : dans l'Antiquité gréco-romaine il accompagnait le deuil. Les Égyptiens l'utilisaient pour fabriquer les sarcophages. Au Moyen Âge il portait un message de Résurrection et d'Espérance. C'est donc auréolé de ce funeste nimbe qu'il est arrivé jusqu'à nous, et qu'il continue de veiller sur de très nombreux cimetières, en particulier dans le Sud.

Faut-il en conclure que les locataires de « l'allée des cyprès », à la Maison de l'ORTF, avaient comme seule issue promise une disparition à court terme du paysage audiovisuel ?

Jean Ferrat, dans « Le fantôme » – celui qui agitait ses chaînes à la télévision –, en était persuadé (à fredonner avec une certaine ironie dans le ton...) :

En vingt ans de dur labeur
J'ai connu vingt directeurs
Qui partirent à ma cha-a-a-a-a-a-a-sse
Mais avant qu'ils ne m'attrapent
Ils passaient tous à la trappe
Moi je suis toujours en pla-a-a-a-a-a-a-ce

D

Dechavanne, Christophe

La Maison de la radio et de la musique vue par...

« La Maison de la radio a marqué les prémices de ce que je suis devenu. J'étais permanencier de nuit, j'annonçais le flash de minuit, trois secondes de gloire auprès de ma petite amie de l'époque qui me disait, quand je rentrais : "Pas mal, ce soir..." !

« Un jour, je pique un nagra, je vais au Fouquet's en me faisant passer pour un reporter de France Inter, j'interviewe Depardieu, je ramène le son qui passe dans la matinale du lendemain. Le présentateur Denis Astagneau signe l'interview de la journaliste cinéma de l'époque. J'étais furax. Mais en réalité, je n'étais rien. Pourtant, tout a commencé là dans ma carrière.

« Pour être honnête, je n'ai pas grand-chose à dire sur le côté architectural du bâtiment, qui ne m'intéresse pas vraiment. Je garde plutôt le souvenir de certaines émotions. Ainsi la femme que j'ai rencontrée là, et avec qui j'ai fait une petite fille qui a aujourd'hui 35 ans. Ou encore la découverte un matin à la rédaction, en lisant la une du *Parisien*, que ma meilleure amie venait d'être assassinée de douze coups de couteau. Je me suis précipité dans un ascenseur que j'ai bloqué entre deux étages pour chialer pendant une demi-heure. Tout ce que je vous raconte là est plus important, pour moi, que ce que j'y ai vécu par la suite avec *C'est encore mieux l'après-midi* ou *Coucou c'est nous !* La Maison de la radio, c'est un morceau de ma vie. »

Christophe Dechavanne est animateur et producteur. Entretien accordé à l'auteur.

Décor

Avant la scène finale de *Peur sur la ville*, film d'Henri Verneuil sorti au printemps 1975, la Maison de la radio apparaît plein cadre sur les écrans devant lesquels près de quatre millions de Français se précipitèrent pour admirer Jean-Paul Belmondo dans ses œuvres de cascadeur. Tout commence par un gros plan sur un hélicoptère de la gendarmerie, en vol au-dessus de Paris, on devine La Défense dans le lointain. Bébel, blouson de cuir, harnaché à un câble métallique, descend depuis l'appareil, suspendu dans le vide. En dézoomant, la caméra laisse apparaître, d'abord la tour centrale, puis la silhouette entière du bâtiment rond. On comprend que l'hélico stationne au-dessus du pont de Grenelle, face à la radio, du côté des tours du Front de Seine. Depuis son câble, le commissaire Letellier (Belmondo) se jette soudain à travers les vitres d'un appartement pour maîtriser le tueur en série qu'il poursuit.

À son corps défendant, l'immeuble de métal et de verre devint ainsi décor de cinéma.

Pour reproduire une telle prise de vue, il faudrait désormais non seulement demander l'autorisation au propriétaire des lieux, Radio France, mais aussi verser des droits à l'image *via* la Société des auteurs dans les arts graphiques et plastique, l'Adagp, puisque le bâtiment est classé, en particulier pour sa silhouette, son hall, certains studios ainsi que les œuvres d'art signées de leur créateur (Mathieu, Soulages, Bazaine, Singier, etc.). À cette fin, il existe, au sein de la Maison de la radio, un service dépendant de la Direction de la diversification.

Au moment où j'écris ces lignes, Pierre Jolivet enregistre certaines scènes de son film *Les Algues vertes*. Pour lui, la galerie Seine du bâtiment (la partie haute de l'entrée principale le long de l'avenue Kennedy) a été aménagée afin de reproduire des espaces de la Commission européenne. Le jour où j'assiste à une partie du tournage, tout un pan du couloir du septième étage de la grande couronne est envahi par du matériel et des équipes de la production. Les acteurs sont filmés à l'intérieur d'un studio, le réalisateur et ses assistants donnent leurs consignes depuis la régie, de l'autre côté de la vitre. Des figurants patientent non loin, sur le palier des ascenseurs.

« Accueillir autant de monde, offrir les meilleures conditions possibles pour toutes ces personnes extérieures et permettre aux salariés habituels du site de travailler sans gêne majeure nécessite une grosse organisation, souffle Marie Bricout, en charge de cette partie relationnelle. On nous sollicite surtout pour des studios, mais aussi des couloirs, ou pour les accès à la Maison de la radio quand elle surgit dans le récit. » Ainsi, pour *Les Passagers de la nuit* de Mikhaël Hers, le grand hall Seine a retrouvé sa patine des années 1980 : il a fallu masquer les écrans numériques, retirer les portiques de sécurité, faire venir des voitures d'époque devant les portes vitrées.

La maison ronde est au générique de longs-métrages aussi variés que *La Tourneuse de pages*, avec la remarquable Catherine Frot, *Revoir Paris* d'Alice Winocour, ou *Nouveau départ* de Philippe Lefèbvre dans lequel la cafétéria d'entreprise a pris des couleurs d'un petit morceau de Japon. Le Studio 106 apparaît dans *La Famille Bélier* d'Éric Lartigau, ainsi que dans *Cloclo* avec Jérémie Renier quand des jeunes filles déchaînées quittent les fauteuils bleus de la salle pour se ruer vers le chanteur sur la scène. Dans *Tout le monde il est beau tout le monde il est gentil*, une scène amène Jean Yanne, écarté d'une radio privée, à rendre visite à un son copain Gérard Sire à l'ORTF. On se souvient même de Roger Pierre « nommé directeur de l'information à la Radiodiffusion en 1975 » (ainsi qu'il est présenté en voix off au début du film) dans *Mon oncle d'Amérique* d'Alain Resnais, où on le voit se faire virer de son bureau aux fenêtres si caractéristiques du lieu.

Les séries sont friandes, également, d'un décor naturel aussi chic ! *Astrid et Raphaëlle* a situé son épisode « Point d'orgue » dans le majestueux Auditorium. Une jeune femme y interprète la célèbre *Toccata et fugue en ré mineur* de Bach lorsqu'une note coince, dans les aigus. L'organiste quitte le pupitre, se dirige vers les jeux de l'instrument à l'intérieur desquels elle grimpe par un minuscule escalier, et y découvre le corps d'un jeune homme. « On a vraiment tourné à la Maison de la radio, révèle le producteur Jean-Sébastien Bouilloux dans *Télé-Loisirs*. On s'était mis en contact avec eux très tôt, dès que l'on a commencé à développer cet épisode et ils ont accepté tout de suite. On a pu tourner une grosse journée, notamment dans la salle de l'orgue. On voulait que ce soit le plus spectaculaire possible, parce que c'est un endroit incroyable. » Pour entamer leur enquête, Raphaëlle et Astrid mettent à contribution un technicien de la radio qui parvient à isoler des voix sur certaines pistes de l'enregistrement effectué ce matin-là du meurtre.

Autres séries culte. *Le Bureau des légendes* a exploité la salle panoramique du 22e étage de la tour centrale pour en faire le bureau d'un des patrons des services secrets. *Validé* a recréé le mélange d'un orchestre symphonique avec la musique hip-hop. On pourrait ajouter *Désordres*, où Florence Foresti a ressuscité une ambiance new-yorkaise au bar Le Belair ou encore *Family Business* et sa scène de l'appli « tunnel » tournée dans la salle panoramique avec la tour Eiffel et le Front de Seine comme arrière-plan de luxe. Gims a exploité le même décor pour un de ses clips et les magasins Decathlon ont choisi le Studio 104 pour un spot publicitaire.

La mythique bâtisse de la radio attire donc les bons plans (larges ou cadrés), quel que soit le domaine ou le support de diffusion.

Elle fut aussi décor sonore, en 1997, du feuilleton *Le Perroquet des Batignolles* diffusé sur France Inter et signé Jacques Tardi et Michel Boujut (repris en deux albums BD en 2011 et 2014 sous le pinceau du dessinateur Stanislas Barthélémy) et, en 2009, de la création radiophonique *Un immense fil du temps*, imaginée par des réalisatrices et bruiteuses de Radio France.

Elle devint enfin, en 2013, personnage à part entière devant la caméra de Nicolas Philibert qui intitula son documentaire tout simplement *La Maison de la radio*.

Voir : Fenêtres ; Le Belair ; Orgue ; Studio 114.

Dessay, Natalie

La Maison de la radio et de la musique vue par...

« Depuis que je suis à Paris, je me dis : “Mais quelle verrue horrible, là !” Pour être honnête, je déteste ce bâtiment : moche, pas pratique, mal conçu, labyrinthique, bureaux trop petits, salles pas géniales pour pratiquer la musique. Non, je n'aime pas.

« Pourtant, j'ai adoré travailler un an à France Inter. Mais cela tenait à l'émission et aux gens que j'y ai rencontrés, rien à voir avec l'édifice.

« J'ai horreur de l'architecture et de l'esthétique des années 1960, tout ce béton, une géométrie trop froide. Moi, j'aime les vieilles pierres, les bâtisses qui affirment un caractère, qui sont un peu plus authentiques.

« À part le nouvel Auditorium, rien ne me plaît dans cette Maison de la radio. Je prône de tout raser et tout refaire... »

Natalie Dessay est cantatrice, elle a animé *Classic avec Dessay* sur France Inter.

Entretien accordé à l'auteur.

Dhordain, Roland

Comment quitter un univers aussi enthousiasmant et captivant que celui d'un média audiovisuel ? Il avait largement débordé l'âge de la retraite que Roland Dhordain continuait d'enregistrer ses *Carnets d'Europe*. Il le fit presque au-delà du raisonnable. Un prétexte pour venir, chaque semaine, retrouver les couloirs de la Maison de la radio et l'ambiance qui avait été celle de toute sa vie. Je croisais cette silhouette, un peu tassée, livrant sa chronique que je diffusais dans mes tranches d'information.

À la fin, sa voix se faisait moins assurée, mais personne n'osait lui demander de marquer une pause, de prendre enfin le temps de profiter de lui. Chacun respectait trop ce grand monsieur de la radio, qui fit tant pour les antennes publiques et aussi pour le bâtiment.

Prononcez le nom de Roland Dhordain auprès de ceux qui l'ont connu, ils vous diront tous l'immense respect qu'ils gardent pour celui qu'on désigne comme le père de la radio moderne, et un meneur d'hommes à nul autre pareil.

Esprit éblouissant, il dénicha les talents que furent José Artur, Pierre Bouteiller, Claude Villers, Gérard Klein, Jean-Louis Foulquier et tant d'autres. Il révolutionna surtout une ORTF léthargique face à la concurrence des privées, pour en faire un groupe conquérant. Ce sauveur providentiel des ondes nationales était un fils de cheminot qui écoutait Radio Londres en cachette et qui, par passion, avait imaginé un programme dédié aux jeunes, *L'Appel scout*, diffusé après la guerre sur Paris-Inter. Remarqué, il devint reporter dans les locaux de l'époque, au 118 Champs-Élysées, et gravit tous les échelons jusqu'à celui de rédacteur en chef, puis de responsable des relations extérieures de la RTF.

Très attaché au service public, Roland Dhordain suggéra à son voisin de Seine-et-Marne où il résidait – le jeune secrétaire d'État à l'Information Alain Peyrefitte – une réforme de la Radiodiffusion nationale, installée désormais dans le nouvel immeuble du quai de Passy. Il reçut carte blanche et recruta, parfois de manière peu académique, des jeunes dont il pressentait le talent. Ainsi Gérard Klein, frère de la petite amie de son médecin de famille, qui ne trouvait pas goût aux études. Ou Jean-Louis Foulquier, venu postuler pour un petit job en attendant de faire carrière dans le cinéma, son rêve, et que Dhordain envoya au standard d'*Inter-service route* avant de lui confier le bulletin météo puis un créneau sur le thème de la chanson.

« Alain Peyrefitte ne s'est pas trompé, commentent Anne-Marie Gustave et Valérie Péronnet dans *La Saga France Inter*. Roland Dhordain est l'homme de la situation : patron, recruteur, ordonnateur, inventeur, catalyseur, instigateur de ce qui deviendra vite, du moins il l'espère, une nouvelle radio dépoussiérée et pleine de vivacité, capable de tenir tête aux radios périphériques. »

En 1963, il profita de l'aménagement dans la nouvelle Maison de la radio pour lancer le concours *Baptême RTF 64* auprès des auditeurs. En invitant ces derniers à trouver un nouveau nom pour les stations, il voulait les convaincre de la réalité du changement amorcé. Son adjoint de l'époque, Pierre Wiehn – qui serait plus tard, lui aussi, directeur de France Inter – a raconté à Danielle Moreau, dans *Les Enfants de la radio*, comment les résultats de ce vote furent bafoués : « Une fois le courrier des auditeurs dépouillé, nous nous retrouvons avec France Bleu, France Blanche et France Rouge. Ces noms ne nous plaisaient pas beaucoup, et Roland Dhordain, avec notre approbation, a décidé de prendre quelque liberté avec ces résultats et c'est ainsi que France Inter, France Culture et France Musique sont nées. »

France Inter bouleversa totalement sa grille et offrit une programmation capable de défier la jeune et dynamique Europe 1.

Roland – il confie un jour devant la caméra de son ami Claude Lelouch comment, dans ses nouvelles fonctions, on l'appelle autant Roland que monsieur le directeur – développa les *Inter-services* (consacrés aux routes, aux jeunes, aux ruraux, à l'emploi, à la Bourse, à la mer, etc.) et les « radios vacances », durant l'été en ondes moyennes, pour accompagner les auditeurs sur leurs lieux de villégiature. Il voulut aussi que le nouveau siège de la RTF appartînt vraiment à ceux qui écoutaient la radio. « Je trouve cette maison absolument sinistre », lâcha-t-il à Jean Garretto et Pierre Codou, ses deux producteurs fétiches, qui le relatent à Félicie Dubois dans *La Cathédrale des ondes* : « J'aimerais bien que vous me fassiez une émission, le dimanche matin, qui aurait pour but de faire venir les gens à la Maison de la radio. » *Entrée libre à l'ORTF* connut un succès populaire tel qu'il fallut l'interrompre : la préfecture de police craignit des débordements, dès lors que plus de 10 000 personnes venaient déambuler pour ce qui était une grande kermesse le long des couloirs et dans l'ensemble des studios.

Roland Dhordain reste à jamais l'homme de France Inter, dont il a par ailleurs inventé la petite sœur France Inter Paris (FIP). Il lui a donné l'ADN de la radio de service public qu'elle est restée, et a su faire naître des émissions aussi géniales que *Radioscopie* ou *Le Pop Club*.

Voir : Artur, José ; Bozon, Louis ; Entrez libre ; FIP.

Diversité

Je venais à peine de clore l'entrée *Cloison* de ce livre, que je tombe, au gré de mes lectures de recherche, sur un article de la revue *Annales*, fondée en 1929 par les historiens Lucien Febvre et Marc Bloch qui ambitionnaient d'abattre les « cloisons » entre géographes, historiens, économistes ou sociologues – cette revue est aujourd'hui éditée par l'École des hautes études en sciences sociales. Dans son numéro de juillet-septembre 1946, je lis ceci : « Moi non plus je ne sais pas bien : histoire ou bien économie, sociologie, géographie, démographie et le reste ? Je réponds simplement : étudier la France, c'est nécessairement mettre en œuvre, tout à la fois, les moyens d'action de ces disciplines. C'est puiser à toutes ces sources de compréhension. Craignons l'homme d'une seule source. Le problème est-il le même en Mecklembourg, en Silésie, en Podolie, en Ukraine ? Je ne sais. Mais, en France, je suis assuré qu'il est avant tout de diversité, de complexité, de nuances. »

L'article, signé Lucien Febvre, s'intitulait « Que la France se nomme diversité » – slogan dont Fernand Braudel tira, quarante ans plus tard, le titre du premier chapitre de son dernier livre *L'Identité de la France*. Lancé comme une injonction à laquelle il ne manquerait que le point d'exclamation, cette vision s'avère d'une modernité totale. Le mot même de « diversité » est devenu l'emblème d'une part importante de notre société, d'un état d'esprit pour ceux qui s'y reconnaissent et d'une politique pour les défendre.

La Maison de la radio et de la musique souscrit à toutes les diversités. Le programme *Égalité 360°* lancé par Radio France porte une ambition sur la parité à l'antenne, sur une égalité salariale, sur l'inclusion des personnes en situation de handicap ou sur des actions dans les quartiers populaires. En Seine-Saint-Denis, existe une unité de production multimédia pour les jeunes de moins de 30 ans, avec France Bleu Paris et Mouv'. Le projet *Vu des quartiers* donne à entendre sur les antennes du groupe des expert(e)s issu(e)s des quartiers prioritaires selon la politique de la ville. À Bondy, la Maîtrise a élargi son travail du collège vers le lycée. Pour les concerts donnés avenue du Président-Kennedy, des places sont mises à disposition des publics les plus éloignés de la musique. Les exemples ne manquent pas.

Il est vrai aussi qu'en matière de diversité, cette bâtisse en connaît un rayon : diversité des entités, des métiers, des couleurs d'antenne, des activités.

Un journaliste peut mettre les mains dans le cambouis du *hard news*, l'actualité la plus à chaud, ou se consacrer à des enquêtes plus « magazine ». Un ingénieur du son est à même d'accompagner un orchestre en tournée pour des captations de concert, ou d'appartenir à la « brigade » en alerte permanente, prête à partir sur tout événement d'ampleur. Les musiciens du Philharmonique multiplient les répertoires, depuis le plus classique jusqu'à des soirées en formule *Hip Hop Symphonique* pour accompagner des artistes de rap. Désireux de changer d'univers, des producteurs de France Culture ont joué un mercato vers France Inter, des journalistes de franceinfo sont partis sur France Culture, d'autres de France Inter sont devenus correspondants à l'étranger…

Bon, j'admets : il s'agit ici davantage de *diversification*, mais qui n'est permise que par autant de *diversité* en un même lieu : sept radios nationales, deux orchestres, un chœur, une maîtrise, deux salles de concerts, un restaurant d'entreprise, un restaurant privé, des espaces de réception et d'événementiel, des dizaines de métiers, des laboratoires de recherches et j'en oublie sans doute !

Une situation unique en France.

Voir : Cloison.

Dominique A

La Maison de la radio et de la musique vue par…

« J'y entre chaque fois avec déférence, un peu comme dans une cathédrale car, pour moi, ce n'est pas un bâtiment anodin : sans lui je n'existerais pas en tant qu'artiste. Une histoire forte nous lie, grâce à Bernard Lenoir et Didier Varrod qui m'ont souvent reçu à mes débuts.

« Par ailleurs, je ne suis pas un mec de télé, j'ai toujours été attiré par la radio, les mystères du son, cette magie de la voix qui devient une émanation du corps sans le corps lui-même (contrairement à la scène).

« La Maison de la radio marque aussi une sorte de boussole temporelle : j'y entame le parcours de promotion de chacun de mes disques et à la dernière émission là-bas je sais qu'une page se tourne, que quelque chose se passe dans ma vie artistique.

« Et puis bien sûr, il y a les concerts. J'ai joué au 104, au 105, à l'Auditorium.

« Oui, vraiment, le lieu s'inscrit dans mon parcours. »

Dominique A est auteur, compositeur, interprète.
Entretien accordé à l'auteur.

Dramatiques

Voir : Carrefour des putes ; Studio 114.

E

Écrivains

« Là où la forme domine, le sentiment disparaît. » Je lis un jour cette phrase sur le mur de l'une des pièces de la maison de Balzac. Bien que l'auteur de *La Comédie humaine* évoquât la monstruosité de son personnage Minoret-Levrault – un maître des postes qu'il compare, dans *Ursule Mirouët*, au Caliban de Shakespeare –, je trouvai la maxime fort appropriée à la Maison de la radio, à quelques rues de là. Ce grand cercle de métal et de verre, dans sa forme brutale malgré sa rondeur, a tout pour inspirer froideur et manque d'âme. À mon sens, il n'en est rien, le présent ouvrage en est témoin. Un instant, imaginons-les contemporains : nul ne saura jamais ce que le créateur du roman moderne aurait pu dire de cet encombrant voisin dont il aurait aperçu la tour depuis son bureau de travail (où sont conservées la table d'écriture et la bibliothèque aux livres reliés de cuir rouge). J'aurais rêvé d'une entrée :

De Balzac, Honoré

La Maison de la radio et de la musique vue par...

Comment, en revanche, ne pas consacrer quelques lignes aux femmes et aux hommes de plume ayant vécu dans ce quartier fécond.

Les écrivains m'accompagnent depuis mon adolescence. Au reste, j'étais davantage Zola que Balzac. Je regrette parfois de n'avoir pas suivi d'études de lettres, pour posséder une connaissance plus académique et globale du monde littéraire et de l'histoire des littératures. Mes parents voulaient que j'obtinsse un bac scientifique – C à mon époque –, au prétexte que celui-ci ouvrait toutes les portes. Hélas, les chiffres ne m'aimèrent guère. Le précieux diplôme m'échut avec un brillant 5/20 en maths et un non moins glorieux 6/20 en physique. Vu le coefficient de ces deux matières, il me fallut de très bonnes notes ailleurs (langues étrangères, français, philosophie, éducation physique, etc.) pour atteindre le Graal de justesse.

J'ai toujours aimé lire, surtout des histoires romanesques (ah, les mousquetaires de mon enfance) et si ma culture livresque n'est pas exceptionnelle (ma mémoire de moineau n'y aide pas beaucoup), j'ai réussi à plonger autant dans de grands classiques que dans des romans actuels en particulier grâce au prix Méditerranée – lancé à Perpignan il y a une quarantaine d'années – dont je suis un juré assidu depuis les années 2010.

La Maison de la radio est un centre de gravité pour la culture. La musique y tient, certes, une place à part en raison de son histoire et des salles de spectacle intégrées à l'édifice. Mais la littérature y vit aussi au quotidien. Par la présence en son sein de collaborateurs publiant toutes sortes d'ouvrages et d'une maison d'édition[1]. Et puis combien d'émissions consacrées aux livres sur les différentes antennes ? Combien de textes « mis en ondes » pour les fictions réalisées et diffusées depuis ces murs ? Combien d'autrices et d'auteurs reçus au fil d'une journée, qui pour une interview dans une tranche d'actualité,

1. Éditions Radio France.

qui pour défendre son dernier opus dans un entretien plus en longueur, qui pour des émissions entières d'une heure voire davantage, qui pour parler littérature ou raconter un autre écrivain.

J'ai moi-même été invité à plusieurs reprises pour mes ouvrages : à l'heure des informations avec Nicolas Poincaré sur franceinfo, dans la matinale du week-end de France Inter en compagnie de Patricia Martin, sur France Bleu, à la mi-journée invité par Denis Faroux, ou en matinée chez Corentine Feltz, de façon très intimiste et en longueur, durant les nuits de France Culture, auprès d'Alain Veinstein, etc.

En trente années derrière un micro, j'ai également reçu un bon paquet d'écrivains. Parmi ceux qui m'ont marqué, Carlos Ruiz Zafón dont j'avais dévoré *L'Ombre du vent*, le roi du thriller Harlan Coben, Tatiana de Rosnay ma camarade de promotion au *Who's Who*, Lyonel Trouillot ou Édouard Glissant, les défenseurs du dialogue culturel avec les îles, le grand penseur Edgar Morin, l'épatant Jean d'Ormesson, Maylis de Kerangal au style si particulier qui m'avait scotché par son *Réparer les vivants*, l'homme du *Da Vinci Code* Dan Brown et tant d'autres.

La Maison de la radio est donc un épicentre naturel de bien des foisonnements littéraires, présents ou passés.

Revenons à Balzac. En 1840, criblé de dettes, il vint se mettre à l'abri dans une maison du village de Passy, 19, rue Basse à l'époque (aujourd'hui rue Raynouard), sous le pseudonyme de Monsieur de Breugnol. L'intérêt de cette demeure bourgeoise était d'être invisible de la rue, et de disposer d'une porte pour sortir à la dérobée, le cas échéant, par la rue en contrebas. Là, durant sept années, Balzac travailla à son chef-d'œuvre *La Comédie humaine*. La bâtisse fut sauvée des promoteurs et, devenue un musée, se visite aujourd'hui comme une parenthèse enchantée.

Toutefois le plus illustre des auteurs de ce coin de Paris reste Molière. Il loua une maison à Auteuil, dans la Grand' Rue. Une plaque le signale au 2, rue d'Auteuil. *La Gazette du 16e arrondissement* nous apprend qu'il rejoignait le village à bord de la galiote de Saint-Cloud, « un navire à voile de transport sur la Seine » ancêtre du bateau-bus, qui assurait la liaison depuis le Palais-Royal. Il recevait de nombreux amis, dont Racine et Boileau qui, séduits par le charme de ce hameau à l'écart du tumulte de la capitale, s'installèrent à leur tour à Auteuil. Boileau le premier, dans une maison entourée de vignes où il passa une quinzaine d'années, puis son ami Racine qui lui confia ses enfants à promener au bois de Boulogne tout proche. La Fontaine, La Bruyère et d'autres se joignaient souvent à eux, pour des soirées bien arrosées à l'auberge du Mouton Blanc (qui existe encore).

Autre figure tutélaire de la littérature française, qui aurait sûrement aimé la richesse de culture et d'idées qui prévaut à la Maison de la radio (de la poésie à la politique, du roman à la science, du théâtre à la chanson) : Victor Hugo. Celui-là pouvait se targuer d'habiter de son vivant dans une rue portant son illustre patronyme, situation rare lui permettant de faire ainsi adresser son courrier : *Victor Hugo, en son avenue.* L'auteur des *Misérables* s'installa en 1878 dans un hôtel particulier entouré de végétation avenue d'Eylau (rebaptisée à son nom, donc, quelques années plus tard).

Marcel Proust, lui, est né au 96, rue La-Fontaine, dans la maison de son grand-père où ses parents s'étaient réfugiés afin d'échapper aux troubles de la Commune de Paris. Fasciné par le proche bois de Boulogne, il le glissa à plusieurs reprises dans ses écrits. Il descendait souvent à la fromagerie La Fontaine, l'une des plus anciennes de Paris, où il achetait du « cœur à la crème », un fromage appelé de nos jours le neufchâtel. S'il rédigea l'essentiel d'*À la recherche du temps perdu* dans sa chambre du boulevard Haussmann, il mourut près du Trocadéro, rue Hamelin, en répétant à sa gouvernante, ainsi que le souligne *La Gazette du 16e arrondissement* : « Le temps me presse, Céleste... »

Proust obtint le prix Goncourt en 1919 pour *À l'ombre des jeunes filles en fleurs*. Or les Goncourt furent aussi du voisinage. Désireux de disposer de place pour leurs collections du XVIIIe siècle, les deux frères emménagèrent dans une grande maison boulevard de Montmorency. Dans leur « grenier », ils recevaient la crème de la littérature de l'époque, Maupassant, Gautier, Mirbeau, Barrès, Zola, Daudet, et c'est là qu'Edmond, après la mort de Jules, créa l'Académie Goncourt destinée à soutenir, chaque année, une œuvre en prose « novatrice » et « hardie ». L'immeuble abrite désormais la Maison des écrivains et de la littérature.

On sait moins que Jules Verne a composé une grande partie de ses *Voyages extraordinaires* dans un vaste appartement d'Auteuil, au 39, rue La-Fontaine, alors que Guillaume Apollinaire, lui, a marqué le quartier de son sceau poétique.

Sous le pont Mirabeau coule la Seine
Et nos amours
Faut-il qu'il m'en souvienne
La joie venait toujours après la peine
Vienne la nuit sonne l'heure
Les jours s'en vont je demeure

Le texte fut écrit après la douloureuse séparation de son auteur d'avec la peintre Marie Laurencin. Les deux amants s'étaient rencontrés quelques années auparavant lors d'un rendez-vous chez un marchand d'art en compagnie de Picasso. Leur liaison fut tourmentée et passionnée. Apollinaire était venu s'installer rue Gros, à Auteuil, pour se rapprocher de celle qui vivait chez sa mère rue La-Fontaine.

Le Sétois Paul Valéry traversa les dernières années de sa vie une passion amoureuse fulgurante auprès d'une jeune femme de trente ans sa cadette, Jeanne Loviton. Cette éditrice et romancière logeait au 11, rue de l'Assomption, où l'homme de lettres lui envoyait des missives et des poèmes par centaines. Lui-même était installé à l'autre bout de l'arrondissement, au 40, rue de Villejust devenue, depuis, la rue Paul-Valéry.

En 1900, Julien Green, célèbre pour son *Journal*, naissait à Paris. C'est rue Cortambert, à Passy – « Cette rue tranquille avait alors le charme d'une rue de province » (*Jeunes Années*) –, où ses parents déménagèrent seize ans plus tard, qu'il se convertit au catholicisme. Autre auteur homosexuel ayant rompu avec le protestantisme, André Gide fit bâtir, Villa Montmorency, une maison qu'il trouvait laide mais où il vécut plus de vingt ans. François Mauriac, enfin, passa une grande partie de sa vie, partagé entre ses terres girondines et le 16ᵉ arrondissement, d'abord rue de la Pompe puis avenue Théophile-Gautier.

Je ne saurais citer tous les auteurs de talent qui ont fréquenté le quartier de la Maison de la radio. Ils sont nombreux : Raynouard[1], Colette, Fargue ou Perec, et j'en oublie. La bouillonnante Valérie Solvit – connue comme l'ambassadrice des produits et producteurs d'excellence – m'a guidé vers des pistes plus contemporaines. Un jour que nous sommes attablés au Trocadéro, devant des œufs brouillés, elle cite en vrac Raymond Aron, Artur Conte, Jean-Noël Jeanneney, Pierre Wiaz, Michel Houellebecq et Claude Lévi-Strauss (l'anthropologue a vécu plus d'un demi-siècle au 2, rue des Marronniers, à deux pas de la maison ronde). Valérie, qui aime la bonne viande, aime aussi les écrivains. Plus de trente d'entre eux ont défendu les bouchers dans une revue monumentale qu'elle a publiée à la gloire de la boucherie de qualité : *Louchebem*. Voilà un ovni littéraire que n'aurait pas renié Vian, dont la mélodie « Les Joyeux bouchers » résonne à mes oreilles.

Faut qu'ça saigne
Faut qu'les gens aient à bouffer
Faut qu'les gros puissent se goinfrer

Voir : Éditions ; Quartier.

1. François Raynouard, écrivain, dramaturge et poète, fut nommé secrétaire perpétuel de l'Académie française en 1817.

Éditions

Vous l'avez peut-être aperçu sur la couverture de ce livre : le logo Radio France. Le *Dictionnaire amoureux de la Maison de la radio et de la musique* est une coédition avec Plon, parce que ladite Maison de la radio et de la musique dispose de sa propre « vraie » maison d'édition. Enfin, presque...

Les « Éditions Radio France » ne signent pas d'auteurs, ne fabriquent pas de livres ni ne les distribuent. En revanche, elles s'associent aux éditeurs traditionnels – tous ceux de la place de Paris – pour différentes formes de collaborations : partenariats sous forme de messages promotionnels sur les ondes, labellisations sur certains coups de cœur, ou véritables coéditions lorsque les frais et les recettes de l'ouvrage sont partagés. « L'ambition est de porter et d'accompagner l'envie d'écriture de certains collaborateurs talentueux de la maison, tout en s'inscrivant dans la stratégie des antennes », explique Anne-Julie Bémont qui dirige ces éditions.

Ainsi ai-je déjà publié trois ouvrages en partenariat avec les Éditions Radio France, tous portaient le logo franceinfo. Leur contenu provenait de mon travail sur les ondes, dont ces livres étaient le prolongement et valorisaient en retour la chaîne. Dans le premier, *L'Histoire à la Carte* (2015, La Martinière/franceinfo), je racontais l'histoire de trente grands plats de la gastronomie française et Thierry Marx y glissait des recettes. Dans le deuxième, *Chefs à la carte* (2018, Seuil/franceinfo), je brossais le portrait de trente grands chefs disparus, de la Révolution au XXIe siècle, toujours avec des recettes de Thierry. Dans le dernier paru, *L'Arrière-Cuisine* (2022, Herscher/franceinfo), je traçais le parcours hors du commun de vingt-cinq chefs actuels, illustré d'une recette offerte par chacun d'eux. J'ai eu envie d'écrire ces livres-là parce que, durant les quelques minutes d'antenne hebdomadaires sur ces thématiques, je visualisais tout le potentiel littéraire d'histoires qui passionnent autour de la cuisine et de la gastronomie. Je dois aussi à Anne-Julie le formidable conseil qui m'a dirigé vers une très belle maison d'édition, Le Seuil, pour mon premier roman *Ma petite Française* en 2011.

En radio, les paroles sont reines sur les ondes mais s'envolent aussi vite qu'elles sont lâchées, ce qui renforce le constat du romancier américain James Salter dans son livre d'entretien : *Tout ce qui n'est pas écrit disparaît* (éditions de l'Olivier). Cette antienne guide Anne-Julie Bémont dans son travail de repérage puis de compagnonnage parmi les journalistes, producteurs, animateurs ou autres personnels qu'elle croise dans la maison ronde. « Je cherche à pérenniser les contenus radiophoniques sous une forme neuve et éditorialisée, par un échange, d'abord, avec les auteurs et, ensuite, en trouvant la bonne maison d'édition capable de valoriser le travail audio et de le transformer en un document écrit qui résistera au temps. »

Certaines émissions sont devenues de véritables collections : *Un été avec* (Équateurs/France Inter), *Une histoire et... Oli* (Michel Lafon/France Inter), *Les Nouveaux Chemins de la connaissance* (Fayard/France Culture), *Le Sens de l'info* (Le Pommier/franceinfo), *La Discothèque idéale de FIP* (Wagram Musique/FIP), *On va déguster* (Marabout/France Inter), etc.

Les éditeurs ont un double intérêt à cette association : gagner des contenus de qualité et bénéficier d'une promotion sur les antennes. Entre une radio généraliste, une chaîne culturelle, une station d'info, un réseau régional, il est possible d'établir un « plan média » total afin de cibler tous les publics. D'autant que la loi a évolué, elle permet désormais aux éditeurs d'être également des annonceurs. Un seul exemple : les livres (à prix raisonnable) de la série *Un été avec* se sont vendus à 800 000 exemplaires et ont bénéficié de 75 traductions dans le monde entier !

Les Éditions Radio France publient une quarantaine de titres par an. Le catalogue s'est considérablement étoffé – récits, livres illustrés, BD, essais, boîtes de jeu, livres jeunesse, CD, etc. – dans des domaines qui vont de l'histoire à la littérature, de la cuisine à l'humour ou de la musique à l'actualité. Je ne peux qu'inviter à visiter le très riche et très efficace site internet des éditions. « Attention, me lance Anne-Julie comme un rappel à l'évidence, nous gardons une vigilance absolue sur le contenu, sur le traitement éditorial et sur le respect de la station qui appose son logo en couverture. Parce que, pour le coup, les écrits restent ! Et notre image de service public est engagée. »

Pour refermer cette entrée sur l'édition, petit clin d'œil à l'ami Jean-Pierre Guéno, avec qui j'ai parfois cheminé dans des rendez-vous réguliers au fil de mes tranches d'information sur franceinfo, et qui m'a accompagné durant la plus longue édition spéciale que j'ai animée en extérieur : quatorze heures ininterrompues de direct depuis Caen pour les 70 ans du Débarquement, en 2014. Historien, journaliste, écrivain, homme de radio et éditeur, il fut le pionnier de cette activité au sein de la maison ronde. Il avait lancé les livres « Paroles de » (*Paroles de poilus, Paroles d'étoiles, Paroles du jour J* et autres) en faisant appel aux auditeurs dont il sollicitait les témoignages. Ce fut une stratégie gagnante pour impliquer les stations et pour créer une synergie qui perdure aujourd'hui avec des auteurs issus de ces mêmes stations.

Eiffel, tour

Ce sont deux vieilles dames qui se contemplent de loin, chacune un peu hautaine, comme ces bourgeoises d'une même paroisse qui se croisent sur les trottoirs opposés de la rue principale du village en se jetant de vifs coups d'œil, entre dédain et envie. La Seine les sépare. Rive gauche pour l'élégante, raide comme un « i », fière de pouvoir toiser son monde de sa taille inhabituelle pour une Parisienne. Rive droite pour la boulotte, hors de tout complexe sur ses rondeurs, assise sur son séant et tendant le cou vers le ciel afin de mieux observer sa rivale. Toutes deux ont traversé les décennies sans prendre une ride. Toutes deux affichent le moral d'acier que leur confère leur solide ossature. Toutes deux avancent, déterminées et enthousiastes, vers des lendemains heureux.

Face à la Maison de la radio et de la musique, la tour Eiffel fascine le monde entier. Quel gosse ne rêve pas de grimper à son sommet ? Quel couple enamouré n'aimerait pas s'offrir un dîner exceptionnel, là-haut, près de la vitre, jusqu'à attraper une indigestion de vues plongeantes sur la Ville Lumière ? Quel touriste lambda repartirait de Paris sans avoir seulement aperçu sa silhouette mythique, même d'un peu loin, à défaut d'accepter les longues files d'attente pour accéder à ses étages ? J'ai eu le privilège de souvent monter à la tour Eiffel. Par simple plaisir, un billet acheté et hop je m'avalais les escaliers jusqu'au premier, le temps d'un café et d'une bouffée d'oxygène. J'y ai animé la retransmission en direct d'un époustouflant spectacle de Lune cuivrée, un de ces rares soirs où le soleil répond à l'appel de Trenet et donne rendez-vous à notre satellite pour une éclipse totale (l'astre plongé dans l'ombre de la Terre s'habille alors d'un roux assez tendre que déposent des rayons solaires ayant subi la réfraction atmosphérique). J'y ai mené une série d'entretiens avec des personnalités invitées par Thierry Marx, dans son restaurant Madame Brasserie. Il se trouve aussi que j'avais sympathisé avec Alain Reix, le chef étoilé resté aux manettes du Jules Verne durant une quinzaine d'années, et qui en fut licencié d'une bien peu courtoise manière dans la bataille entre les géants de la restauration (et les chefs toqués) pour le contrôle de cette adresse gastronomique à nulle autre pareille. Il faut admettre que l'expérience restait inoubliable : après un accueil personnalisé au pilier sud, un ascenseur privé conduisait jusqu'au deuxième niveau, une coupe de champagne y était servie au bar à droite de l'entrée, puis vous étiez dirigé vers votre place (collée au vitrage de préférence) où vous dégustiez un repas d'exception, préparé dans des conditions uniques (tout était embarqué à l'avance vers une cuisine à peine plus grande que celle d'un appartement). Reix était doué pour une signature d'auteur, dont les fleurons portaient les jolis noms de « petit pain soufflé au tourteau » ou « calamars à la plancha farcis au foie gras ». Dès que des amis berlinois me rendaient visite, je passais un coup de fil au maître d'hôtel qui débrouillait un coin de table pour la semaine suivante ; c'était une autre époque, avant les épaisses pantoufles de verre qui enlaidissent désormais les jambes de la grande dame.

Nul doute que Frédéric Anton soit à son tour un capitaine d'excellence dans ce voyage gastronomique en altitude. Et cette vue imprenable, à 125 mètres du sol, d'un côté vers le Trocadéro et en arrière-plan La Défense, d'un autre vers l'enfilade de la Seine avec le Grand Palais, la Concorde, l'Opéra, le Sacré-Cœur au fond, d'un autre encore le Champ-de-Mars et la tour Montparnasse, les poils se hérissent du début à la fin. Enfin le quatrième côté, vers l'observatoire de Meudon à l'horizon, les immeubles du Front de Seine et, presque à portée de main – il suffit de tendre le bras pour espérer la saisir –, la Maison de la radio et de la musique.

Au-delà de cette attache visuelle intense, un autre point commun relie les deux édifices. La tour dut jadis sa survie aux ondes.

En effet, elle était promise aux ferrailleurs à l'issue des vingt ans de bail accordés pour le terrain à Eiffel. Celui-ci, pour la sauver, avait donc adossé son projet à la science dès les premières études. Dans la convention tripartite signée avec l'État et la municipalité, fut gravée l'obligation de réserver à chaque étage de la construction une salle vouée aux expériences scientifiques et militaires. Passionné par les évolutions technologiques de son temps, l'ingénieur fit d'ailleurs inscrire sur le pourtour de son oiseau de métal le nom de 72 hommes de science pour leur rendre hommage (ils y sont toujours).

Il avait également beaucoup travaillé sur la chaleur et le vent afin de garantir la stabilité de son monument face à la dilatation du fer et aux bourrasques les plus violentes. En toute logique il demanda donc à son ami Éleuthère

Mascart, premier directeur du tout nouveau Bureau central météorologique de France, d'installer, dès l'ouverture au public en 1889, une station d'observation et de relevés au troisième étage.

Les ondes arrivèrent une décennie plus tard. Eugène Ducretet communiqua, depuis le sommet, avec le Panthéon, à quatre kilomètres de là. Puis la tour, plus haut bâtiment du monde en cette fin de XIXe siècle, fut mise à la disposition des militaires, notamment du capitaine du génie Gustave Ferrié, fervent défenseur de la Télégraphie Sans Fil, qui établit alors des liaisons avec les forts de l'Est et avec la base navale de Bizerte à près de deux mille kilomètres. Le succès fut total, Ferrié couvert de gloire, et le bail renouvelé pour soixante-dix ans : la tour était sauvée ! Au reste, ses installations donnèrent un sacré coup de main à l'armée durant la Grande Guerre en interceptant des messages allemands, ce qui participa à l'issue victorieuse du conflit.

La paix revenue, l'émetteur bascula de façon très naturelle vers une utilisation civile des ondes, dès novembre 1921. On y diffusait chaque soir sur 2 650 mètres grandes ondes un bulletin météo, parfois un cours de Bourse, un morceau de violon et des bribes d'information. Le tout durait moins d'une demi-heure, présenté par un sapeur du génie. En parallèle, la station privée Compagnie Générale de la TSF balbutiait ses propres gammes, avec un concert émis depuis les pylônes de Sainte-Assise au cours duquel mademoiselle Yvonne Brothier, cantatrice en vogue, interpréta *La Marseillaise*. Seuls quelques Parisiens équipés de postes à galène profitaient de cette technologie naissante. Le 22 décembre de la même année, ils entendirent la première grande émission retransmise en direct depuis la tour Eiffel et diffusée jusqu'au théâtre de Lille, avec la soprano Jeanne Hatto et le ténor Maurice Dutreix dans un récital historique. Quelques semaines après, la station Radio Tour Eiffel était inaugurée, qui allait accueillir tous les artistes vedettes de l'époque comme Sacha Guitry, Yvonne Printemps, ou Damia.

Un siècle plus tard, l'histoire d'amour perdure entre la tour et les ondes, plus intense que jamais : près de cinquante panneaux d'antennes installés à 324 mètres de hauteur forment le principal moyen de diffusion de la radio et de la télévision numériques en Île-de-France, dans un rayon d'une centaine de kilomètres.

L'équipe de Ferrié avait d'abord posé son barda dans un baraquement près du pilier sud. Très vite, afin de ne pas nuire au voisinage, un studio permanent fut enterré sous le pilier nord. Cette petite pièce prit, au fil des mois, le surnom de « ring », sans doute parce que l'épreuve du microphone – outil inconnu jusque-là – se transformait pour les novices en un véritable combat : il convenait d'obéir aux consignes du technicien, de maîtriser sa voix, de rester ancré dans un cercle tracé au sol, de repousser le trac, d'apprivoiser le néant d'un public invisible.

Dans *Le Charme du microphone*, la professeure de chant Thelma Bocquet rapporte l'effroi de l'artiste de music-hall Max Trebor : « Je suis encore paralysé d'avoir parlé devant le micro » ou l'inquiétude de l'acteur Urban : « On ne voit rien, on ne sait rien. Aucune réaction. Est-ce bien ? Est-ce mal ? Me comprend-on ? »

J'ai passé plus de la moitié de ma vie assis face à un micro, je me suis rarement posé de telles questions. Non par prétention – j'ai eu aussi mes grandes heures de trac dans des émissions spéciales depuis Pékin pour les Jeux, New York pour le 11 Septembre, le Stade de France pour le Mondial, ou juste avant d'interviewer l'abbé Pierre, Simone Veil, le président Chirac, ou encore Bill Clinton – mais sans doute parce que les métiers radiophoniques étaient passés depuis belle lurette de l'inconnu à l'évidence.

Pire, dois-je l'avouer ? La moindre pensée ne m'a jamais effleuré pour tous ces pionniers qui nous ont précédés, nous, les « gens de radio ». Des pionniers que je connaissais à peine avant d'écrire ces pages. Il est temps pour moi de leur rendre hommage.

Par exemple à celui qui a inauguré le métier de toute mon existence : Maurice Privat (bien qu'il virât sur la fin de sa vie vers l'astrologie et des prédictions plutôt douteuses) puisqu'il fut le tout premier présentateur du *Journal parlé*, en 1925.

Et avant lui à ces militaires, les sapeurs du génie, qui se relayèrent dès l'automne 1921 pour informer et divertir durant quelques minutes un maigre auditoire dont ils ignoraient tout.

De même que Privat, ils œuvraient depuis le fameux ring, sous le pilier nord de la tour.

Pas besoin, pour eux, de centaines de kilomètres de câbles comme aujourd'hui dans les couloirs du bâtiment rond, de l'autre côté de la Seine (un fleuve par-dessus lequel les deux vieilles dames s'adressent parfois, j'en suis sûr, des clins d'œil malicieux).

Leur studio sommaire était installé en ligne verticale directe avec l'émetteur, juste au-dessus.

Ainsi la tour Eiffel fut-elle, en quelque sorte, la toute première Maison de la radio.

Entrez libre

À l'orée de 2022, comme pour jeter un sort à la crise sanitaire dont les vagues n'en finissaient pas de s'échouer sur une France épuisée, déchirée et inquiète, Radio France lançait une invite – *Entrez libre* – comme un appel à se délivrer des entraves du quotidien en pénétrant les univers de la Maison de la radio et de la musique.

La campagne publicitaire se déclinait autour de thématiques fortes – culture, sports, information, musiques, programmes, enfants – et renvoyait vers les applis, le site internet, le direct ou les podcasts. Ainsi, pour pénétrer chaque univers, on pouvait écouter sur les ondes, préférer le numérique, ou pousser la porte de l'édifice. Sous-entendu, on nous offrait une liberté totale pour nous divertir, nous cultiver ou nous informer sur le service public, de la manière qui convenait le mieux à chacun.

Cette liberté – la même qui ouvre notre devise nationale et qu'Eluard avait chérie en des temps autrement plus douloureux –, était aussi celle de l'auditeur, incité à venir avec son propre regard, selon ses choix, son jugement et ses critiques, sans taire sa subjectivité ni perdre sa singularité. L'interactivité, suggérée au même moment par un autre slogan maison – celui de France Inter, *Inter-Venez* – confirmait une volonté de garantir le libre arbitre à ceux qui choisissaient d'écouter, en leur offrant en prime la capacité de donner leur avis. Choix stratégique à l'heure où certains citoyens s'estimaient oubliés, dégradés, incompris, méprisés.

Au reste, les slogans des antennes se sont toujours inscrits dans l'air de leur temps. Avec *Écoutez la différence*, dans les années 1970, France Inter cherchait à se démarquer des concurrents périphériques portés par les événements de Mai 68. Quand franceinfo a voulu faire savoir qu'une radio d'actualités en continu débarquait dans le pays, après 1987, elle prétendit que *C'est toujours l'heure des infos*, et depuis que les *fake news* envahissent le paysage elle martèle *L'Info juste, pas juste l'info*. France Culture, de son côté, a voulu accompagner la complexité d'un monde multipolaire en pleine mutation dans les années 2000, en affirmant *Et tout s'éclaire*, tandis qu'aujourd'hui face au repli sur soi et aux croyances les plus sombres elle prône *L'esprit d'ouverture*.

La campagne évoquée plus haut renvoie bien sûr à l'expression « entrée libre » qui, au demeurant, semble être contemporaine de la Maison de la radio et puiser son origine dans le secteur du commerce.

En effet, avant les années 1960, la plupart des boutiques disposaient de plusieurs vendeurs placés chacun derrière un comptoir. Ils écoutaient l'acheteur et le conseillaient avant d'aller chercher dans une réserve le produit idoine. L'arrivée des supermarchés puis des hypermarchés a bouleversé à la fois le fonctionnement et le marketing de la vente. Suivant l'exemple de la grande distribution naissante, les magasins aménagèrent leur surface pour créer des rayons, réduire le personnel et autoriser les clients à simplement regarder les articles mis à leur disposition. Pour le faire savoir et attirer le chaland, ils apposèrent sur leur devanture des panneaux « entrée libre » ; liberté d'entrer sans obligation d'achat, une petite révolution.

Le premier hyper français a ouvert le 15 juin 1963 à Sainte-Geneviève-des-Bois, sous l'enseigne Carrefour, – suivi de Leclerc à Landerneau, Auchan dans le Nord ou Mammouth *écrasant les prix* à Montceau-les-Mines (que Coluche a si bien ridiculisé par sa mamie écrasant les prouts).

L'inauguration de l'édifice radio-télé de l'avenue Kennedy (qui s'appelait encore le quai de Passy) eut lieu six mois plus tard.

À l'époque, l'imposante construction impressionnait avec son demi-kilomètre de circonférence. Son ossature de verre et d'acier renvoyait une image de froideur. Son statut de siège des vedettes du poste (télévisé ou audio) la nimbait d'une aura qui intimidait le commun des mortels. Aussi en 1965, pour inciter le public à venir découvrir cette maison censée être la sienne, le directeur de France Inter Roland Dhordain inventa, avec Jean Garretto et Pierre Codou aux manettes, un rendez-vous entre fête foraine, foire aux échanges, jeux populaires et spectacle vivant, baptisé *Entrée libre à l'ORTF*, et qui détournait le slogan commercial le plus en vogue du moment.

Chaque dimanche matin de 9 h 30 à midi, des autobus à impériale spéciaux, affrétés par la RATP, déposaient devant les baies vitrées de la radio une foule cueillie aux portes de Paris, et la Maison de l'ORTF s'ouvrait à ces familles qui déambulaient entre différents stands dans les halls et les studios les plus vastes. On proposait sa combinaison perso pour le tiercé de l'après-midi (histoire de promouvoir l'émission *Inter-Tiercé*), on tournait autour du bâtiment dans une automobile de collection (afin de valoriser *Inter-Service-Routes*), on dégommait à la carabine les disques qu'on détestait le plus, on assistait à un marathon de la chanson (pour la première, un sosie d'Henri Salvador se perdit dans les couloirs), on jouait du rock, du jazz ou de l'accordéon avec les meilleurs artistes du moment, on échangeait des porte-clés dans une bourse unique en son genre. Au micro, Jean Bardin faisait vivre ce joyeux tohu-bohu par des points en direct sur les 1 829 mètres grandes ondes de France Inter.

Ovni radiophonique, *Entrée Libre à l'ORTF* fut supprimée deux ans plus tard sur ordre de la préfecture de police de Paris, pour raison de sécurité : des dizaines de milliers de personnes avaient fini par se masser là, chaque semaine. Les yeux écarquillés, fouillant du regard le moindre recoin, elles venaient surtout voir à quoi ressemblait le plus grand bâtiment de France, payé par leurs impôts, plutôt que participer à des animations prétexte.

Ce succès, au-delà des espérances de ses créateurs, prouve en tout cas qu'accueillir chez soi est un geste en général très apprécié.

Entrée libre.

Entrez libre.

Il suffit de savoir, ou d'oser inviter l'autre à « finir d'entrer ».

Comme on dit en patois de mon Limousin natal (qui en fait presque sa devise) : *chabatz d'entrar.*

Voir : Poêle à frire.

Escaliers

Qui a visité Chambord garde en mémoire la pièce unique qui en constitue le nœud central et l'emblème : l'escalier à double révolution. Deux volées de marches enroulées l'une autour de l'autre sans jamais se rejoindre. Depuis le XVIe siècle, cette prouesse architecturale fascine toujours autant. Dans ses mémoires, mademoiselle de Montpensier s'en émerveillait déjà : « Une des plus curieuses et des plus remarquables choses de la maison est le degré, fait d'une manière qu'une personne peut monter et une autre descendre sans qu'elles se rencontrent, bien qu'elles se voient. » La Grande Mademoiselle y aurait joué à cache-cache avec son père le duc d'Orléans.

Le nom de l'architecte de Chambord n'est pas arrivé jusqu'à nous, mais la magnifique bâtisse doit l'essentiel de sa structure à l'imagination fertile de Léonard de Vinci. Une esquisse du maître pour un escalier à quatre volées parallèles confirme son empreinte sur ce château, quelque peu délirant pour l'époque, commandité par François Ier, le mécène du génie italien. Peut-être Vinci s'est-il inspiré de certains escaliers que les Romains croisaient pour éviter toute bousculade dans la relève des garnisons. À moins qu'il ne soit remonté jusqu'à la vis d'Archimède dont il aurait eu l'idée de dupliquer l'hélice.

La Maison de la radio et de la musique possède cinq escaliers à double-révolution, dits « Chambord », protégés à ce titre aux Monuments historiques. Je les emprunte le plus souvent possible, de préférence aux ascenseurs. Pour garder une certaine forme, comme dans mon immeuble ; je m'inquiéterai le jour où je m'essoufflerai au bout de trois étages. Parce que, aussi, j'aime à penser qu'une autre personne – un confrère de la rédaction ou une inconnue de passage – puisse descendre ou monter en parallèle et en même temps sans qu'aucun de nous deux le sache (à la différence de la spirale ajourée de Léonard, les rampes à la radio mènent leur chemin en aveugle) ; peut-être nous croiserons-nous au prochain palier ? ou pas.

Cette habitude de grimper et de dévaler à pied m'est aussi venue à l'époque où l'entrée principale du bâtiment, face à la Seine, fut dotée d'un ascenseur soi-disant intelligent. On sélectionnait sa destination avant de pénétrer dans l'habitacle, qui ne disposait d'aucun bouton intérieur, et l'appareil vous propulsait directement au bon étage. Formidable ! Magnifique prouesse de la technologie… qui avait oublié un aléa fondamental : le facteur humain. Impossible, en effet, de changer d'avis en cours de route. Pour un dossier à récupérer à un autre niveau avant de regagner son bureau. À l'instant où on se rappelait qu'il fallait passer voir une collaboratrice à l'étage au-dessus. Ou quand survenait le désir irrépressible d'un café à la machine du quatrième alors qu'on montait au sixième. Bref, tout cela n'était pas très pratique. L'ascenseur « intelligent » fit long feu et disparut au bout de quelques mois. L'habitude de monter et descendre à pied m'est restée.

Pourtant l'austérité de ces cages d'escalier, cubiques et tristes, a de quoi refroidir les plus enthousiastes des piétons ou les plus valeureux des sportifs. Vingt marches, assez sérieuses, en ligne droite, à enfiler d'un trait sur un sol peu encourageant qui résonne d'un claquement sordide à chaque pas. Le matériau est un granito, constitué à partir de pierres naturelles agglomérées et polies ; il est pérenne et caractéristique de l'architecture des années 1950 avec des origines très anciennes. La couleur de l'ensemble des cages appartient à la palette de la bâtisse : le vert des marches pour rappeler – comme les mosaïques extérieures – les eaux de la Seine ; le gris des murs (un enduit en mignonnette, composé de marbre de

Carrare et de mica légèrement scintillant) pour évoquer – de même que l'aluminium des façades – le ciel de Paris.

La montée est raide. La descente est abrupte. Sur dix paliers on s'avale deux cents échelons.

Rares sont les courageux à tenter l'aventure.

Sauf événement exceptionnel.

Dimanche 13 septembre 2015. Tee-shirt franceinfo sur les épaules. Dossard 266 accroché à la poitrine. Je me mêle à la foule qui piétine au rez-de-chaussée de la maison ronde. Y règne une ambiance que j'ai davantage l'habitude de rencontrer dans les sas de départ des marathons. Chacun des participants s'apprête à vivre un moment unique. Radio France, associée à l'ONG PL4Y International, accueille *Vertigo*, course verticale et solidaire : arrivée prévue au sommet de la tour centrale. Fabien Barthez, avec qui je discute quelques minutes en compagnie de Jacques Vendroux, est le parrain de cette opération humanitaire où chaque participant fait appel à son entourage pour collecter des dons destinés à soutenir, par le sport, des enfants en difficulté en France et dans le monde. Mise obligatoire : 22 euros, le nombre d'étages de la tour centrale à gravir en courant[1]. Somme médiane : 70 euros, la hauteur du dénivelé. Objectif idéal (mais pas limité) : 365 euros, le total des marches pour atteindre le pinacle. Je me souviens avoir fait vivre ma montée en direct sur les réseaux sociaux *via* une mini-caméra fixée sur mon front. Je ne terminai pas parmi les premiers mais j'affichai un résultat plus qu'honorable.

J'avoue aussi une affection particulière pour les escaliers de la Maison de la radio et de la musique depuis le jour où j'ai visité à Berlin – ville chère à mon

1. L'escalier de la tour centrale a été ajouté *a posteriori*, durant les travaux de réhabilitation. Il est à double révolution, lui aussi, mais sans être classé au titre des Monuments historiques : ses matériaux sont actuels et ne présentent aucun caractère remarquable.

cœur – l'aéroport de Tempelhof, fermé au trafic depuis de nombreuses années. Née de la folie des grandeurs de Hitler, l'aérogare colossale et révolutionnaire pour son époque fut érigée en demi-cercle sur 1 200 mètres de longueur pour être censée représenter, à terme, l'emblème de l'Allemagne : un aigle en plein vol. Sur un plateau à mi-hauteur, un restaurant ambitionnait de servir deux mille couverts par jour à une clientèle qu'il fallait pouvoir évacuer assez vite en cas d'urgence. D'immenses escaliers furent donc érigés. Ils se croisent comme à la radio mais, *a contrario* de Paris, les deux branches de leur *X* demeurent ouvertes avec même l'option de passer de l'une à l'autre par un mini-palier à la moitié de chaque étage. La guerre empêcha l'ouvrage d'aller au bout. Ces étranges et gigantesques échafaudages de pierre non aboutis demeurent, on peut y accéder lors de visites guidées.

Un tel souci d'efficacité a-t-il aussi prévalu au musée du Vatican – qui attire de nombreux visiteurs – avec son très bel escalier en double colimaçon construit au diapason de Tempelhof, dans les années 1930, par l'architecte Giuseppe Momo ? Il convient de remarquer qu'à Chambord, durant les grandes fêtes royales, l'escalier à double révolution avait également pour rôle d'acheminer en peu de temps des centaines de convives aux différents niveaux de l'édifice.

Quant au très élégant escalier du restaurant de Michel Bras, La Halle aux Grains, à la nouvelle Fondation Pinault, à Paris, il permettait jadis aux paysans – lorsque le bâtiment était réellement une halle aux blés – de monter leurs sacs de farine vers les greniers sans rencontrer les acheteurs qui en redescendaient. Dans *Voyages en France*, l'agronome britannique Arthur Young s'émerveillait, à la veille de la Révolution française, de ces « escaliers doubles tournant l'un sur l'autre dans des appartements spacieux pour mettre du seigle, de l'orge, de l'avoine, le tout si bien projeté et si bien exécuté que je ne connais aucun bâtiment public en France ou en Angleterre qui le surpasse ».

On peut citer encore, parmi des réalisations plus contemporaines, l'escalier hélicoïdal de la tour Franck Gehry à la Fondation Luma, à Arles, ou celui enlaçant un ascenseur-tube en verre, aux chais Monnet transformés en hôtel de luxe, à Cognac.

À l'occasion de la crise sanitaire, la direction du château de Chambord a choisi d'utiliser la dualité de l'hélice pour affecter un côté à la montée, l'autre côté à la descente. Peut-être Radio France pourrait-elle s'inspirer de cette mesure pertinente et exiger de ses collaborateurs, en cas de nouvelle alerte pandémique, qu'ils glissent d'un étage à l'autre, pedibus, un sens vers le haut, un sens vers le bas, en empruntant d'office les escaliers ?

Voir : Berlin ; Tour.

Espace

En 2005, franceinfo envoya toute une équipe en Chine, pour une semaine de directs, chaque matin dans une ville différente. J'y animai ces rendez-vous, illustrés par des reportages, et j'y interrogeai des invités francophones. À la fin de notre périple professionnel, je prolongeai mon séjour par deux semaines de congés dans l'Empire du milieu, que je découvrais pour la première fois. Je voulais m'éblouir les yeux devant l'armée des soldats de terre cuite, à Xi-An, et surtout marcher sur la légendaire Grande Muraille (qui rendait le Mur de Berlin de mes jeunes années assez dérisoire). Son tracé complet de plus de 20 000 kilomètres – vingt mille, en toutes lettres, pour bien réaliser ! –, sa valeur architecturale, sa symbolique d'un génie militaire pour préserver une culture et défendre un territoire ainsi que sa portée universelle ont conduit l'Unesco à classer ce serpent de pierres, en toute logique, au patrimoine mondial de l'Humanité.

« La Grande Muraille des Ming est un chef-d'œuvre absolu », estime l'Unesco, qui prétend sur son site que c'est le « seul ouvrage construit par l'homme sur cette planète que l'on puisse voir depuis la Lune ». L'affirmation est aussi péremptoire que fausse, à en croire Thomas Pesquet qui, lors de sa deuxième mission à bord de la Station spatiale internationale au printemps 2021, a épié le monument à l'œil nu. En vain. Car la muraille, bien qu'interminable en longueur, est d'une maigreur absolue en largeur (quelques mètres à peine) pour pouvoir être discernée d'aussi loin.

Son appareil photo toujours à portée de main, le scientifique français réalise alors une série de clichés du nord de la Chine, lors d'un survol le 6 mai 2021 : « On ne voit rien dans le viseur de l'appareil, raconte-t-il sur Twitter, mais en observant bien les détails géographiques des environs, on peut se repérer, pointer son appareil vers ce que l'on pense être la bonne direction et photographier à l'aveugle. » C'est en zoomant sur une des photos, publiée par le magazine *Ciel et espace*, que l'on devine un mince fil blanc sur les crêtes : la Grande Muraille…

Durant ses deux voyages de plusieurs mois en orbite au-dessus de nos têtes, Thomas Pesquet fut *L'envoyé spatial* de franceinfo. Chaque samedi nous diffusions un compte rendu enregistré quelques heures auparavant. Souvent, le spationaute répondait avec simplicité et bienveillance à des questions d'enfants posées depuis leur école.

Le 22 septembre 2021, La Maison de la radio et de la musique a presque pris des allures de centre de contrôle, sans comparaison avec Houston, mais quand même… Le Studio 104 devint ce jour-là un point de connexion direct avec l'ISS. Après de longs mois de négociations, Alain Faucher, délégué au pôle événements et opérations exceptionnelles de la Direction de la communication, à Radio France – un vieux copain saxophoniste avec qui je débutai en radio, à Limoges, moi devant le micro et lui derrière la console, aussi gentil que compétent – Alain, donc, avait obtenu un *slot* de vingt-cinq minutes auprès de la Nasa pour que Thomas Pesquet pût apparaître sur un écran géant érigé sur la scène du 104, plein à craquer. Se trouvaient là des familles entières, enfants et parents, et Fabienne Sintès jouait les intermédiaires, le tout étant retransmis en direct sur France Inter dans *Le téléphone sonne*. Quel invité de luxe ! Depuis l'espace. Un moment d'exception comme la radio de service public sait en offrir.

Côté technique, il fallut avancer tout en finesse car les vingt-cinq minutes en question correspondaient, durant une révolution complète autour de la Terre, au temps exact de passage de la station dans le champ du ciel accessible depuis Paris. « Tout passait par Houston, se souvient Alain, et ce qui devait arriver arriva : nous avions l'image de Thomas plein cadre devant nous, Fabienne lui parlait, il l'entendait mais sa voix ne nous parvenait pas. Fabienne s'est donc amusée un instant à rejouer la scène de Tom Hanks dans le film *Apollo 13*, le fameux *Houston, we have a problem*[1] ! »

Voir : Berlin.

Events

Une musique contemporaine, un éclairage adapté, la Ville Lumière à travers les baies vitrées donnant sur la Seine et sur les tours de la rive opposée, des jeunes gens marchant d'un pas alerte devant le public tout le long de la galerie haute de la Maison de la radio (cette partie supérieure du grand hall d'entrée, marquée du sceau des années 1960) : le défilé Hermès pour la collection homme automne-hiver 2015-2016 fit grand bruit, à tous les sens du terme : pour la première fois, une marque de luxe utilisait l'enceinte du service public radiophonique pour sa présentation (on en parle encore dans les couloirs de la maison ronde), et les enceintes sonores pour cette prestation firent vibrer les murs jusqu'à franceinfo, deux étages au-dessus...

Un événement inattendu, ou comment mettre du beurre dans les épinards.

---

1. Réplique inspirée par une conversation réelle entre l'astronaute Jack Swigert et le centre de contrôle de la Nasa, le 13 avril 1970, durant la mission Apollo 13.

À l'heure des restrictions budgétaires (dont on entend parler depuis le premier choc pétrolier), de la crise énergétique et du tournant environnemental (qui impliquent d'éviter le gaspillage et de multiplier les économies), toute manne financière complémentaire est bonne à prendre. À Radio France comme ailleurs.

Pendant longtemps, les antennes furent privées de publicité – synonyme de revenus – hormis les annonces institutionnelles (pour des associations, des mutuelles, des groupements, etc.). Pour être clair, il n'y avait pas de messages de marques. Ce n'est plus le cas aujourd'hui, il est souvent arrivé ces dernières années que mes tranches d'information sur franceinfo soient entrecoupées de spots pour des marques allemandes de véhicules haut de gamme, pour un célèbre fabricant de meubles suédois ou pour des fournisseurs de téléphonie mobile. Certes, la publicité représente une part infime du budget de la maison, mais son élargissement n'est pas anodin, surtout après la suppression de la redevance audiovisuelle.

Autre moyen de grappiller quelques sous, çà et là : louer. Chez les particuliers, on appelle cela de l'économie participative (on loue son logement sur une plateforme, sa voiture en partage, ses bras pour aider à bricoler ou jardiner) ; pour les entreprises, c'est un business professionnel (on loue ses bureaux vides en coworking, ses parkings pour les résidents du quartier, ses salons à des fins de séminaires ou d'événementiel).

Depuis la réouverture en 2014 d'une partie de ses locaux réhabilités, la Maison de la radio s'est lancée dans cet exercice de l'*event*. « Des espaces sont disponibles à certains moments de la journée, explique Romain Beignon le directeur de la Diversification, il s'agit de les mettre à disposition des entreprises extérieures et d'institutions, c'est-à-dire en location pour obtenir des ressources complémentaires. »

Hermès fut le premier client.

Opération gagnant-gagnant. L'entreprise extérieure profite d'un cadre original au sein d'un lieu de prestige ; la radio touche quelques subsides et aussi un public nouveau qui n'aurait peut-être jamais songé à en franchir les portes par lui-même.

Combien sont-ils – celles et ceux venus participer à un colloque, assister à un défilé ou suivre une conférence de presse – à s'étonner de la modernité de l'édifice, de la présence de salles de spectacles, du foisonnement d'activités qu'ils y découvrent, du caractère vivant et animé de ce lieu désormais grand ouvert ? *C'est donc ça, la Maison de la radio ?* Eh oui ! finie l'image de murs vieillots et poussiéreux entre lesquels les tenants d'un certain savoir sur l'information, la culture ou la musique concocteraient de prestigieuses émissions du fond de leurs studios.

Les vastes foyers, agréables et fonctionnels, l'Auditorium flambant neuf, à l'acoustique exceptionnelle, le hall Seine baigné de lumière, le Studio 104 pouvant accueillir shows, débats, congrès ou projections, le 22e étage de la tour centrale et sa vue panoramique à 360° sur Paris…

voilà autant d'espaces qui, lorsqu'ils ne sont pas occupés par les propriétaires du lieu, peuvent être mis à la disposition d'entreprises extérieures. Même le parking a servi, là encore, à un défilé de mode : la maison AMI Alexandre Mattiussi y a présenté sa collection automne-hiver 2015-2016. Décidément, la mode aime le bâtiment : la marque Chloé s'y est installée un temps en résidence et a organisé plusieurs de ses défilés dans les foyers E ou F lorsqu'ils étaient en rénovation.

Des groupes d'assurance viennent pour des séminaires, la Mutuelle générale de l'Éducation nationale a célébré ses 70 ans au Studio 104, Sciences Po y a remis ses diplômes et la RATP présenté ses vœux, la Route du Rhum y a tenu sa conférence de presse, des sociétés profitent du panorama du 22e étage pour impressionner leurs clients ou partenaires lors de cocktails en soirée, l'endroit sert aussi pour des petits déjeuners de presse au soleil levant sur la capitale. Bref, les options ne manquent pas.

Certes, obtenir une ressource complémentaire à la publicité reste le but premier de ces privatisations. Mais cela permet aussi à plus de trente mille personnes – un public professionnel de salariés d'entreprises – de mettre chaque année un pied dans la Maison et, peut-être, d'avoir envie d'y revenir pour un concert ou de devenir auditeur d'une des stations.

« En 2017, les Napoléons[1] nous appellent, raconte Romain Beignon, et nous disent : "Voilà, nous avons un invité de marque et nous aimerions connaître vos conditions de sécurité dans l'Auditorium." Nous les renseignons et, au moment de l'annonce publique de l'événement, on découvre que l'invité en question est Barack Obama ! » Ce rendez-vous de portée internationale, auréolé d'un

1. Réseau *think tank* d'hommes et de femmes d'entreprises animés par le partage et la volonté de promouvoir une innovation vertueuse.

prestige important, fut une réussite totale et une belle promotion pour la Maison de la radio. L'ancien président américain y a marqué son empreinte, puisque le petit foyer à l'arrière de l'Auditorium s'appelle désormais salon Obama.

Ah, dernière chose, si l'envie vous prenait de vouloir louer le 22e étage pour fêter l'anniversaire de votre belle-mère, oubliez. La réservation est ouverte uniquement à des personnes morales : entreprises, associations, institutions ainsi qu'aux productions de cinéma (voir à ce propos l'entrée *Décor* qui raconte comment la Maison de la radio sert de décor pour des films, des séries télévisées ou des clips vidéo).

Voir : Décor ; Ouverture.

F

Fenêtres

Avez-vous constaté, chez Vermeer, comment une fenêtre dans un coin de la toile éclaire la scène dans son entier ? J'ai eu l'opportunité d'admirer *La Laitière* – hélas, désanctuarisée par une série publicitaire – au Rijksmuseum à Amsterdam, ville attachante où j'ai couru un marathon entre jardins fleuris, canaux, moulins et musées. Sur la toile, quelques carreaux en biais laissent passer une lumière vive, qui donne tout son éclat au visage de la jeune femme versant son lait, puis qui se reflète sur le mur blême, derrière elle.

Telle est l'une des fonctions de la fenêtre : apporter la lumière du jour. Dans l'architecture ancienne, les deux autres impératifs de cette pièce maîtresse de toute bâtisse étaient de régénérer l'air à l'intérieur et de proposer une vision vers l'extérieur. La fenêtre, c'est donc la vie que l'on respire par le souffle frais venu du dehors, et c'est l'ouverture au monde, le regard qui porte au loin.

En outre, il convient d'inscrire la fenêtre dans l'esprit global du bâtiment qu'elle sert. Le *Dictionnaire national ou Dictionnaire universel de la langue française* de 1845 (deuxième édition), signé Louis-Nicolas Bescherelle et cité par Laure Teulade dans sa thèse *La Fenêtre : histoire d'une fascination*, le souligne : « Il n'y a pas de bel édifice sans fenestrage bien distribué. » Henry Bernard, l'architecte de la Maison de la radio, dut faire preuve d'une ingéniosité remarquable pour répondre à l'ensemble des critères qui s'imposèrent à lui. D'abord, une bonne distribution donc, une fonction éclairante suffisante mais comprenant un système pour éviter tout aveuglement, un large cadre d'ouverture vers Paris et la possibilité d'aérer à volonté. Avec en plus, la contrainte acoustique liée à la nature des lieux, la rondeur de la façade, et le matériau utilisé : l'aluminium. Voilà qui fait beaucoup pour un seul homme !

Premier constat, ce dernier choisit pour la tour centrale – où furent à l'origine stockées les archives sonores – une pénombre protectrice pour les bandes magnétiques. Ainsi, de simples meurtrières fendaient chaque étage du haut rectangle d'acier, renforçant sa réputation de donjon fortifié. Depuis la réhabilitation, ces meurtrières ont été remplacées par des ajours confortables pour illuminer les bureaux créés là.

Deuxième constat, l'ingénieur voulut prolonger la protection acoustique par une formule en double vitrage. Ainsi chaque fenêtre fut (et reste aujourd'hui) constituée de deux vitres séparées par un vide de dix centimètres. En position fermée, les deux glaces et le vide central rendent la pièce hermétique aux bruits de la rue. Une petite manivelle permet de passer en position ouverte : en la tournant, la vitre extérieure se relève et celle côté intérieur s'abaisse, chacune dans un compartiment aménagé en haut et en bas. Grâce à une molette, la même manivelle bascule des vitres vers un store vénitien à lames bleu-gris dont elle commande la descente et la montée. Le store prend alors place dans le vide entre les deux verres. Le mécanisme nécessite, pour chaque fenêtre, une pièce de cinq kilos en métal d'un seul bloc, à l'intérieur du mur.

Troisième constat, la taille des fenêtres diffère selon leur position : un carré de 1,10 mètre pour celles côté cour, où la vue est moins pertinente, et pour celles vers la ville un rectangle de 1,10 mètre de haut sur 1,50 mètre de large, afin d'avoir une vision davantage panoramique. Une exception existe toutefois au dixième et dernier étage de la grande couronne, où des baies à l'horizontale s'ouvrent par glissement latéral. Comme c'est là que se trouvait à l'origine toute la partie restauration (avec même une terrasse extérieure), certains veulent croire qu'Henry Bernard y conçut un espace de détente, très lumineux, offrant au regard la possibilité de s'enfuir à l'horizon.

Dernier constat : vue de loin, la succession des fenêtres ressemble à une pellicule de cinéma (ou de télévision, dont les premières caméras exploitaient les mêmes films argentiques). Une rumeur prétend qu'Henry Bernard provoqua cet effet visuel, accentué par l'aluminium, pour rappeler que la Maison de la radio était aussi un peu celle de la télévision, rumeur que je n'ai jamais pu vérifier.

Néanmoins, pour la beauté de l'image, prenons-la pour argent comptant. La notion même de fenêtre est par ailleurs abondamment utilisée par les artistes. Ils en font un lieu de désir (souvenons-nous de *Cyrano* ou de *Roméo et Juliette*), de transgression ou d'évasion, ils l'utilisent comme frontière entre l'intimité privée et l'espace public, ils la définissent en marqueur de genre ou en symbole, entre enfermement et liberté. Cela est vrai dans la peinture depuis la Renaissance, au cinéma (Ah... Hitchcock), ou chez les romanciers et les poètes, avec toutes sortes de lectures possibles comme ici, Raymond Queneau, dans *Murs musternés* :

Qu'on ouvre ou ferme la fenêtre
Il y aura toujours le temps.

Festivals

Voir : HyperWeekendFestival ; Présences.

Fierté

Pourquoi revendiquer ici la fierté d'appartenir à une maison comme celle de la radio ?

Les fiertés ne sont pas l'apanage de certaines communautés. Et si le mot peut désigner un individu doté d'une morgue telle qu'il se croit supérieur aux autres, il permet surtout de se draper dans un sentiment d'orgueil, de noblesse et de dignité. C'est précisément ce qu'inspire, pour la majorité de ses « habitants », la Maison de la radio et de la musique. Durant les dizaines d'entretiens menés en préparation à cet ouvrage, combien d'interlocuteurs m'ont dit leur fierté d'appartenir à cette institution.

Il n'est pas rare non plus de croiser à la cantine un reporter, de retour d'une mission, avec un blouson siglé de sa chaîne, ou un salarié de FIP arborant le sweatshirt rose des 50 ans : *FIP since 1971*.

Sans doute faut-il y déceler un attachement au service public et aux missions d'information, de culture ou de découverte qu'il s'est assignées. Toutefois, le bâtiment s'inscrit aussi, pleinement, dans cette appartenance.

À preuve, lors de l'incendie au dixième étage en 2014, de nombreuses réactions de salariés, saisies sur le vif par les reportages de l'époque – qu'ils soient radiophoniques, pour la télévision ou même dans la presse écrite –, insistaient sur la fierté de ces gens de travailler dans l'édifice dont ils venaient d'être évacués. Impuissants et tristes, tous attendaient dehors dans l'angoisse que le feu se propage au reste de la bâtisse.

Autre exemple. Quand la présidence de Radio France a voulu faire disparaître le symbole de la Maison de la radio de ses logos officiels, en 2005, une levée de boucliers en interne l'a contrainte à remettre la fameuse *poêle à frire* dans un coin des nouveaux carrés portant les sigles des antennes.

La nostalgie du lieu pousse aussi de très nombreuses personnes éloignées du site (par un changement de carrière, un déménagement en province, un départ à la retraite, etc.) à revenir passer un moment entre les murs où elles ont vécu une partie de leur vie professionnelle.

Je suis moi-même toujours ému de franchir la porte de la maison ronde dans laquelle c'est un honneur d'œuvrer.

Le poids de l'histoire d'une très grande partie de la radio (et de la télévision de mon enfance). L'ambition d'une entreprise de service public avec les valeurs qu'elle porte de rigueur, d'exigence, d'honnêteté, d'équilibre, de qualité. Le plaisir de fréquenter Soulages, Stahly, Paulin, Manessier ou Mathieu plusieurs fois par jour. La satisfaction de disposer de moyens suffisants pour nos différents métiers. La beauté de l'immeuble, tout simplement, que ce soient la structure imaginée par Henry Bernard ou les locaux réhabilités par Architecture Studio.

Donc une fierté non feinte, et assumée.

Voir : Architecture ; Art, œuvres d' ; Incendie ; Poêle à frire.

FIP

Best radio in the world: @fipradio. Always perfectly tuned in.

En déclarant FIP « meilleure radio du monde » le 12 septembre 2017 en moins de 140 signes, le patron fondateur de Twitter, Jack Dorsey, plaçait la radio musicale sur une orbite planétaire. Consécration confirmée deux ans plus tard lorsqu'il vint, au micro, défendre une playlist personnelle diffusée pour l'occasion sur l'antenne.

FIP est née en 1971, un 5 janvier, en s'installant sur la fréquence 514 mètres des ondes moyennes – d'où son nom initial : France Inter Paris 514 m, réduit par la suite à « FIP 514 » puis au simple « FIP ». L'ambition était alors d'offrir aux Parisiens un programme local, comparable aux « radios vacances » implantées jadis par la Radiodiffusion nationale à Biarritz, Royan ou Megève et dans un concept proche de l'ancienne émission *Travaillez en musique* sur Paris-Inter.

Jean Garretto et Pierre Codou – les deux créateurs, d'après une idée de Roland Dhordain – voulaient que « cela sonne nouveau » pour l'auditeur à partir d'ingrédients simples. Un tapis de musique ininterrompue : jazz, rhythm'n'blues, orchestres divers (dont un tiers de classique). Jamais plus de trois chansons à l'heure. Sur ce fond musical, des voix féminines et impersonnelles livraient des informations pratiques : un peu d'info, un brin de météo, des communiqués préfectoraux, quelques annonces d'emploi et, indispensable fil conducteur, les points circulation.

Ah ! la voix suave de la « fipette » qui vous prévient que vous allez nager dans les embouteillages une demi-heure supplémentaire, quel délice... Radio de l'automobiliste,

FIP l'a toujours été. L'un des arguments marketing de FIP 514, à ses débuts, fut d'ailleurs qu'elle était la seule à pouvoir être entendue dans les passages souterrains.

Je n'irai pas plus avant dans l'histoire de ce ruban musical qui a connu ces dernières années des modifications d'implantation ou de contenus, tel n'est pas le propos ici.

Au-delà d'une pensée pour l'une des premières voix de la station, Kriss, trop tôt disparue, et d'un clin d'œil à deux autres timbres emblématiques – Jeanne Villenet qui a tiré récemment sa révérence et Simone Hérault devenue la « voix » de la SNCF –, au-delà aussi des événements réguliers autour de FIP comme les *Concerts FIP 360*, au-delà encore des liaisons assurées avec Thomas Pesquet durant sa mission spatiale en 2021 pour les entretiens *FIP sans gravité*, je voulais simplement vous livrer l'extrait d'un article sur lequel je suis tombé durant mes recherches.

Journal *Le Monde*, décembre 1970, quelques jours avant le lancement officiel de la nouvelle station :

« Pour alimenter ses programmes, *FIP-514* dispose – au sixième étage de la Maison de la radio, pour le moment – d'un microcosme radiophonique : une salle de télex reliés à l'AFP et aux préfectures de la région parisienne, une cabine pour l'enregistrement des communications téléphoniques, une discothèque, qui accueillera cinq mille disques, une salle de rédaction, une salle de montage, un bureau de responsable et, naturellement, un planton. »

Notez le « microcosme radiophonique », comme si FIP était un monde à part dans la grande maison.

Et d'ailleurs ?

Foly, Liane

La Maison de la radio et de la musique vue par...

« Quand je suis montée à la capitale, pour la première fois, à 18 ans, je n'ai pas voulu voir la tour Eiffel mais la Maison de la radio. Cet endroit, où on fabriquait mes émissions préférées, faisait rêver la petite provinciale que j'étais. »

Liane Foly est chanteuse.
Extrait des *Enfants de la radio*, de Danielle Moreau.

Football

S'il est bien un sport dont je ne suis pas un grand fan, c'est le football.

Né à Brive, le rugby m'attendait dans mon couffin : Amédée Domenech venait de porter le CAB au plus haut avec Roger Bastié, Roger Fite et le jeune Pierre Villepreux (le club serait finaliste du challenge Yves du Manoir un an après ma naissance, puis vice-champion de France). Ensuite ce furent, durant les années 1970, les Jean-Luc Joinel, Jean-Pierre Puidebois et Michel Pebeyre (fils du non moins célèbre Élie) et l'échec à deux reprises en finale pour le bouclier de Brennus. Quand survint enfin le titre européen de 1997 – heure de gloire de l'ovalie corrézienne – j'étais déjà parisien depuis quelques années. Néanmoins, toute mon enfance et mon adolescence furent bercées par les aventures et mésaventures vécues au Stadium, à travers la presse locale et dans les cafés du centre-ville.

Pourtant le ballon ovale ne m'attirait pas davantage.

Mon éducation sportive s'est bâtie autour de l'athlétisme (j'excellais au Fosbury-flop et au 110 mètres haies) et surtout du basket. Entouré de frères déjà joueurs à un certain niveau, je les accompagnais sur les parquets dès l'âge de 5 ans, puis j'enchaînais toutes les catégories (baby basketteur, poussin, minime, cadet, junior et senior) au Brive Basket Club pour évoluer jusqu'en nationale 3 à Limoges et devenir arbitre jusqu'en nationale 2 féminine. Trente années de ma vie ont été consacrées à cette discipline qui m'a profondément marqué par sa fraternité, la technicité du jeu, la stratégie à déployer, la force du mental et le physique que nous devions engager pour aller porter le ballon jusqu'au cercle. Cette vie sportive, que j'ai poursuivie par des dizaines de marathons et semi-marathons (j'en ai fait un roman[1]), m'a permis de me structurer, de garder la tête sur les épaules, et de mener une existence assez saine jusqu'à aujourd'hui.

Le football fut pourtant un accélérateur inédit pour ma carrière professionnelle.

Grâce à la Coupe du monde 1998.

Pour la deuxième fois de son histoire, la France était le pays hôte (soixante ans après avoir accueilli la troisième édition remportée par l'Italie). Le directeur de franceinfo, Pascal Delannoy, décida de réaliser, pour chaque match des Bleus, des tranches complètes d'information depuis les enceintes où ces derniers évoluaient. Me voilà donc parti au Stade vélodrome de Marseille, pour le premier opus de la bande à Zizou qui affrontait l'Afrique du Sud. Je n'y connaissais pas grand-chose, mais les reporters sportifs autour de moi étaient des cracks, mon rôle consistait surtout à mettre en forme et à faire vivre ces

---

1. *42 km 195*, Flammarion, 2015, Audible, 2016, Arthaud poche, 2017.

heures de joie collective. Ainsi, jusqu'au 12 juillet et le premier sacre des Bleus, j'allai à Lens pour le huitième de finale face au Paraguay et au Stade de France pour l'épique demie contre la Croatie.

À cette époque, sur notre (jeune) antenne – la station avait onze ans d'existence –, un seul journaliste tenait une demi-heure complète au micro et cédait la place pour la demi-heure suivante à l'un de ses confrères. La rotation se construisait par équipes de trois : une le matin, une en journée et une le soir (les opérateurs du son fonctionnaient sur le même rythme).

La formule de sessions d'information lancée au Mondial 98 – deux ou trois heures accompagnées par un *anchorman* (terme anglo-saxon qu'on pourrait traduire par « présentateur pivot ») – fut testée à la rentrée suivante par mon confrère Gilles Halais, puis installée durablement à partir du 24 mars 1999 lors du déclenchement des bombardements de l'Otan sur les Serbes durant la guerre du Kosovo : une tranche le matin de 6 heures à 9 heures, une à la mi-journée de 12 heures à 15 heures, et une en début de soirée de 17 heures à 20 heures. Ce jour-là, survint aussi le drame du tunnel du Mont-Blanc. L'actualité naviguait donc de l'Europe centrale à la Haute-Savoie (où le bilan s'alourdissait d'heure en heure), ne laissant aucun répit à ceux que l'on appela dès lors, dans la version française d'*anchorman*, des « fils rouges ».

Mon expérience footballistique de l'année précédente me permit d'accéder au 12 heures-15 heures en mars 1999, puis d'être confirmé en septembre au 17 heures-20 heures où j'allais officier dix ans[1].

Merci le football.

Et merci à Radio France qui avait mis le paquet sur cette Coupe du monde 1998.

Une radio éphémère fut montée à la Maison de la radio, 98 Radio France, sous la direction de Gilbert Denoyan, en association avec le Comité français d'organisation de la Coupe du monde, et portée par le grand manitou du sport Jacques Vendroux (alors aux manettes du *Multiplex*, émission phare du ballon rond). Elle émettait seize heures par jour sur les grandes ondes en 1 852 mètres, à la place d'Inter (ce qui avait ému quelques auditeurs belges noyés par le Mondial durant un mois), et mobilisait toutes les rédactions du groupe ainsi qu'un bon paquet d'anciennes stars des pelouses : Dominique Bathenay, Jean Tigana, Maxime Bossis, Alain Giresse, Dominique Rocheteau et d'autres.

Cette radio invitait aussi diverses personnalités à venir raconter leur Mondial. *Libération* s'en moqua parfois gentiment : « Hier, la chanteuse Jill Caplan avouait l'émotion

1. Avec Gilles Halais, mon amie Catherine Pottier – qui avait également œuvré durant le Mondial – fut la troisième journaliste propulsée dans cette aventure des fils rouges en devenant la première femme à assurer une matinale d'information sur une antenne nationale. Certaines de ses consœurs de renom – furent-elles jalouses ? – trouvèrent le pari osé, risqué, voire peu crédible ; c'est dire le chemin parcouru depuis.

que lui procure désormais une victoire des Bleus, alors qu'elle savait tout juste que le foot se jouait à onze il y a quelques semaines. » La grille des programmes, dessinée par le regretté Jean Morzadec – un amoureux des livres et de la chanson française qui s'est lui-même essayé à la scène après sa carrière radio –, prévoyait des fenêtres de détente (avec Laurent Ruquier, Raphaël Mezrahi ou Christine Bravo), des chroniques, des reportages, des archives sonores, des forums d'auditeurs, des émissions de service sur la billetterie ou l'hébergement, des jeux et des séquences pratiques diffusées en plusieurs langues.

Alain Dumain, en charge de l'énorme dispositif déployé à travers tout le pays à l'occasion de la Coupe du monde, m'a raconté comment Radio France a toujours eu une culture des opérations exceptionnelles : « Un an après la naissance de franceinfo, le président Roland Faure voulait une forte présence de sa nouvelle station aux Jeux de Séoul en 1988, pour frapper un grand coup. J'y étais allé en repérage, sur des terrains militaires, pour poser les antennes, et dans les infrastructures sportives où les Coréens avaient installé des équipements pour leurs propres radios. Nous n'avions pas eu le temps d'obtenir les autorisations pour réaliser notre projet, mais l'idée est restée. »

Elle fut concrétisée aux Jeux d'Atlanta, avec un énorme barnum monté au pays de CNN (on n'a peur de rien…) et un programme quotidien de quatre heures sur place, en français, en plus de la couverture pour les différentes antennes à Paris. Deux ans plus tard, le Mondial 98 créait l'opportunité de monter en puissance, avec cette radio éphémère, d'autant que Radio France était hôte officiel de l'événement : elle fournissait le son de chaque rencontre et gérait les moyens techniques mis à la disposition des confrères de tous les pays.

La station avait pris son quartier général dans la galerie Seine de la Maison de la radio, autrement dit sur la plateforme supérieure face au fleuve. Une rédaction complète fut aménagée, un studio « agora » implanté avec une large place laissée au public. Un travail de décoration apportait un peu de chaleur à ce lieu de passage et, en raison des vitres géantes donnant sur l'esplanade de l'avenue du Président-Kennedy, un gros effort sur l'acoustique améliora la qualité du son.

Au demeurant, au-delà de l'agitation due à cette radio éphémère envahissant le grand hall, tout l'édifice se convertit à la religion du football. Des écrans de télévision fleurirent à chaque étage, les enfants des salariés reçurent des ballons, et l'habituel bourdonnement de ruche dans l'immeuble s'arrêtait net dès que les Français entraient sur un terrain : les studios de production se vidaient, la cafétéria explosait et les rédactions s'emballaient. De leur côté, les malheureux collaborateurs hermétiques au ballon rond se retrouvaient au chômage technique : ils ne dénichaient plus personne avec qui travailler. Pour cause, tout le monde restait scotché aux téléviseurs pendant au moins quatre-vingt-dix minutes…

L'épopée du Mondial fut merveilleuse pour le pays entier, qui connut, chacun s'en souvient, une communion nationale inédite derrière « ses » Bleus.

Pas sûr que l'écoute de 98 Radio France fût pour autant la plus large qui soit, malgré les petits postes calés sur la fréquence et distribués dans les stades, ou malgré le concert de Yannick Noah après la finale, dans le Studio 104, pour marquer la fin d'un épisode exceptionnel.

Il faut voir le film de Jean-Jacques Annaud *Notre-Dame brûle* et lire le livre de mon ami Sébastien Spitzer *Dans les flammes de Notre-Dame*. Ce sont des récits qui plongent au cœur du puissant brasier qui a réduit en cendres le toit de la cathédrale la plus visitée au monde. Ce soir-là de Semaine sainte, en 2019, la planète entière découvre, sidérée et impuissante, un panache de fumée s'échappant de l'édifice religieux. Puis des flammes monstrueuses dévorent la couverture. La toiture entière finit par fondre sous la chaleur et la flèche de Viollet-le-Duc s'écroule, emportant avec elle la voûte de la croisée du transept. Un drame quasi universel pour un site mythique du Moyen Âge.

Le récit révèle surtout l'incroyable enchaînement qui a permis ce feu hors norme : répétition de fausses alertes-incendie depuis des mois, système de cloches électrifiées vieillissant, surveillance peu rigoureuse, pompiers prévenus très tard, accès rendu impossible vers l'île de la Cité en raison des embarras de Paris, manque de moyens initiaux en grande échelle, étroitesse des passages et des escaliers dans la cathédrale, colonnes sèches défaillantes, course contre la montre pour sauver les œuvres d'art et les reliques, etc.

La « forêt », surnom donné à la charpente de Notre-Dame (l'une des plus ancienne de la capitale réalisée en son temps par des compagnons avec le bois de plus d'un millier de chênes), s'est consumée en une soirée à peine, comme un simple et fragile fétu de paille.

La Maison de la radio et de la musique possède aussi sa « forêt ». Je ne parle pas de ces grandes tiges de teck dans le hall d'entrée – les *Portiques, Totems et Papillons* du sculpteur François Stahly destinés à apporter une touche de végétal dans un ensemble artificiel – mais de la charpente de l'Auditorium, à laquelle j'ai eu accès grâce aux pompiers du poste de sécurité de Radio France.

Celle-là aurait, à vrai dire, peu de chance de s'embraser illico : elle est constituée de poutres métalliques qui s'enchevêtrent dans une rigueur tout architecturale. Si la Maison de la radio a subi pendant près de vingt ans des travaux de réhabilitation, c'est bien pour éviter une situation similaire à Notre-Dame. Prévoyance à outrance plutôt qu'impéritie coupable.

Conçue et fabriquée avec l'espoir de ne jamais pouvoir être détruite, notre forêt se situe juste sous la coque qui forme le toit arrondi de l'Auditorium. Elle en supporte la structure, sur laquelle sont posés les panneaux d'aluminium servant de chapeau à la salle de spectacle et qui, par grand soleil, m'éblouissent depuis mon bureau (ce dôme n'est pas visible de la rue, il se situe dans la cour intérieure).

Chaque poutrelle est floquée pour résister au feu, et l'empêcher de plier en cas de chaleur intense. Pas un seul câble, aucune gaine ni interrupteur, nulle installation.

Rien.

Un vide sidéral.

On devine juste, à la lueur d'une lampe torche, les silhouettes des pieux d'acier – piliers verticaux, faîtières horizontales, appuis obliques – qui s'embrassent, s'enlacent, se soutiennent, enveloppés de leur poudre protectrice grise du flocage (comme s'ils avaient déjà été carbonisés et ensevelis sous de la cendre), figés en un étrange et immobile ballet, et qui semblent si malheureux dans leur isolement perpétuel.

Un espace lunaire.

En fermant les yeux, j'y imagine le thème de hautbois, à la fois calme et inquiétant, du prélude de la *Symphonie n° 1 en ré mineur* d'Albert Roussel, le bien nommé *Poème de la forêt.*

Voir : Art, œuvres d' ; Auditorium ; Ciel ; Incendie.

Foyers

Les grands foyers sont au nombre de quatre, sur la partie arrière du bâtiment. Immanquables de l'extérieur à travers les immenses baies vitrées qui leur servent de façades, ils ont retrouvé, par cet éclairage naturel et grâce à une remise en valeur exceptionnelle, un éclat trop longtemps perdu.

Quand j'ai débarqué à la Maison de la radio, en 1992, ils étaient enfouis sous du mobilier baroque et servaient à dix mille autres choses qu'à accueillir des artistes, leur vocation initiale.

Petit retour en arrière. En 1963, la conception du bâtiment était telle que les flux de circulation y furent parfaitement balisés. Couloirs séparés, entrées multiples, étages différents... bref. Public, artistes en représentation et professionnels de la radio ne se croisaient guère.

Les spectateurs arrivaient par le grand hall, côté Seine, pour assister à un concert (au Studio 104 sur la gauche en entrant, ou au 105 en prolongeant par un couloir) ou à une émission de variété (au Studio 102 sur la droite, ou au 101 là aussi un peu plus loin dans le même sens).

Les journalistes, techniciens et le personnel administratif gagnaient leur poste de travail par la porte située tout à l'arrière, rue Raynouard. Ils montaient directement dans les étages ou se dirigeaient vers les parties techniques des studios, au centre de l'immeuble.

Les artistes étaient accueillis sur les côtés de la couronne extérieure, rue de Boulainvilliers et rue du Ranelagh. Ils trouvaient alors de part et d'autre les fameux foyers où ils patientaient avant de rejoindre, qui le plateau 102 des émissions de Guy Lux (*Palmarès des chansons*, *Ring Parade* ou *Cadence 3*) pour les chanteurs à la mode, qui les studios d'enregistrement des dramatiques (notamment le 111 ou le 114) pour les acteurs de théâtre, qui la scène du Studio 104 pour des solistes classiques.

Chacun des espaces – dénommés officiellement à l'origine « foyer des artistes des studios de musique », « foyer des artistes des studios de théâtre » et « foyer des artistes des studios de variétés » – était décoré par un artiste de renom : Jean Bazaine, Alfred Menassier, Gustave Singier et Pierre Soulages. Dans le livre *La Maison de l'ORTF*, publié en 1963, les photographies de Norbert Perreau révèlent de confortables fauteuils, signés de grands designers, où l'on bavardait en attendant son tour ou après sa prestation. J'imagine assez des volutes de fumée et des verres plus ou moins remplis pour compléter le tableau.

Au fil du temps et des emménagements dans l'édifice (RFI, ministère de la Jeunesse et des Sports, FIP, Radio Bleue, etc.), ces volumes gigantesques se transformèrent en véritable mine d'or pour devenir de nouveaux locaux de travail. Ici des bureaux, là des rangées de chaises sur des estrades à des hauteurs variées dédiées aux répétitions du Chœur, ailleurs des studios provisoires (on sait combien, trop souvent, le provisoire dure indéfiniment). On cloisonna, on érigea des semi-étages, on masqua en partie les baies vitrées, on déploya force tables et chaises… les foyers perdirent leur usage et tombèrent dans l'oubli.

Il fallut moins de quinze ans, après l'inauguration, pour assister à ces premières transformations. Le journal *Le Monde* rapporte, en avril 1977, plusieurs nouveautés dans la programmation de France Inter : « À 18 h 05, les *Saltimbanques*, de Jean-Louis Foulquier et Jean-Pierre Pineau, chassent *Bananas* pour retransmettre en direct les activités du Studioscope de la Maison de la radio. » Ce Studioscope avait été aménagé par le chef décorateur Pierre Bedrossian, en plein milieu du foyer F. Dans *La Cathédrale des ondes*, Félicie Dubois nous en dit un peu plus : « Yves Mourousi voulait faire une émission en public de fin de matinée, une "mule" (émission qui "tire" les auditeurs jusqu'au journal). Il est parti à la télé avant d'avoir eu le temps de s'en servir. » Jean-Louis Foulquier hérita donc du Studioscope, puis Radio Bleue s'y installa en 1980. Cette antenne à destination des seniors est devenue vingt ans plus tard la tête de pont nationale du réseau France Bleu, lancé par Jean-Marie Cavada sur le maillage territorial des radios locales de Radio France.

Les travaux de réhabilitation ont libéré les lieux. Les foyers resplendissent à nouveau. Pour les collaborateurs – dont la plupart n'avaient jamais mesuré le volume ni la beauté de ces salles –, ce fut une révélation. Chacun profite désormais des œuvres géantes, notamment la mosaïque de Singier à la cafétéria dans le foyer E, celle de Bazaine foyer B ou la tapisserie de Manessier foyer C, lors de séminaires ou d'ateliers internes. Quelques spectateurs privilégiés assistent à des « avant-concerts » dans le foyer F, face à la tapisserie de Soulages, dans un échange privilégié avec l'artiste qu'ils verront juste après sur la scène de l'Auditorium (un avant-concert peut être gratuit ou coûter quelques euros, mais il faut s'inscrire car les places sont rares).

J'aime traverser, lorsqu'elles sont inoccupées, ces pièces monumentales restaurées presque en leur état d'origine. Me saisit alors un sentiment d'honneur et de fierté de pouvoir évoluer dans un endroit unique, chargé d'une longue et lourde histoire, à la fois radiophonique et sociale (le foyer B accueillait par tradition le QG des grandes grèves, le foyer E servait de base arrière aux enregistrements des spots télévisés des campagnes électorales, le foyer F a vu passer toutes les vedettes de la chanson depuis Claude François jusqu'à Johnny Hallyday). M'étreint aussi une émotion particulière, celle de remonter jusqu'aux créateurs choisis par Henry Bernard et par ses équipes et de replonger dans l'atmosphère qui a prévalu à la construction de ce mythique bâtiment.

Vous aussi, vous pourrez, lors d'un passage dans nos murs, vous imprégner de ces mêmes sensations. En effet, en fonction des disponibilités des lieux, les visites organisées de la Maison de la radio et de la musique traversent en général ces espaces singuliers.

Voir : Art, œuvres d' ; Campagnes ; Carrefour des putes ; Hôtesses.

France Bleu

Voir : Réseau.

France Inter

Voir : Dhordain, Roland

franceinfo

Voir : Jaune.

Front de Seine

Voir : Tour.

G

Gaulle, de, Charles

« À tant d'idées, de mots, d'images, de sons, lancés sur des ondes merveilleuses, bref à la radio, fallait-il une Maison ? Oui ! »

Cette phrase scelle le sort de la Maison de la radio au général de Gaulle. Elle ouvrait son discours d'inauguration, le 14 décembre 1963, et lui colle au képi comme le sparadrap du capitaine Haddock. Vous la trouverez *in extenso* à l'entrée *Inauguration*.

Il a beaucoup été dit et écrit que la maison ronde était une émanation de De Gaulle. L'historien et producteur Emmanuel Laurentin, excellent connaisseur de l'histoire de la radio, tempère cette vérité absolue : « Le concours d'architectes a été lancé sous Vincent Auriol, la première pierre posée par René Coty. Ce sont les hommes qui dirigeaient la radio qui ont donné les lignes directrices pour sa construction, ceux-là mêmes qui avaient fait la guerre. Ils sont donc l'héritage de Londres, de la radio qui a sauvé la France. »

Et qui dit Londres...

En réalité, de droite comme de gauche, les chefs politiques du moment défendirent la même volonté d'une radio ouverte à tous, par les ondes, mais en capacité de se refermer comme une huître, de protéger la fabrication de l'information et de diffuser la « voix » du pays. La suite du discours inaugural prononcé par de Gaulle – « l'idée que nous nous faisons de la France et l'idée que s'en font les autres dépendent, maintenant, dans une large mesure, de ce qui est, à partir d'ici, donné à voir, à entendre, à comprendre » – justifie entre les lignes, à la fois les abris antiatomiques, les studios protégés où le chef de l'État pourrait, en cas de besoin, lancer un nouvel appel, et l'aspect forteresse du lieu : une enceinte extérieure, une cour tel un fossé, une deuxième enceinte intérieure, une tour donjon et deux entrées en pente vers la cour centrale comme deux ponts-levis.

La guerre froide sévissait. Dans les anciennes colonies, les coups d'État visaient en premier lieu la radio nationale, instrument indispensable d'une bonne propagande.

On comprend mieux, dès lors, ce désir de protection à outrance.

« Autre aspect important, au-delà de la vision d'une maison qui doit refléter la grandeur de la France, poursuit Emmanuel Laurentin, la prétention de hisser la radio au niveau d'un art, comme le fut le cinéma avant la guerre. Le poète Jean Tardieu, par exemple, en a été un des premiers directeurs. Tout un milieu d'intellectuels et d'artistes partage alors cette ambition radiophonique. On aurait tort de croire que la ligne conductrice de la Maison de la radio fut l'apanage d'un homme seul. »

De Gaulle fit quand même de la RTF, puis surtout de l'ORTF née un an après la mise en service de l'immeuble, son mégaphone personnel non seulement dans le concert des nations mais aussi sur le plan intérieur. La radio d'État devint vite la voix de son maître, ainsi que le note Jean-Noël Jeanneney dans *Les Lieux de l'histoire de France* : « Dans la ligne des dirigeants de la IVe République, le Général s'accommodait de la pleine liberté laissée à la presse écrite, mais il considérait comme naturel que radio et télévision fussent à sa main. »

Ainsi, s'il n'en fut pas totalement à l'origine, de Gaulle s'attacha-t-il très vite les services d'une institution qui lui demeura, *de facto*, extrêmement liée durant ses années de pouvoir.

Un lien difficile à dissoudre aujourd'hui.

Voir : Inauguration ; Mai 68 ; Naissance.

Geluck, Philippe

La Maison de la radio et de la musique vue par...

« Devant sa forme, on reste – ce qui est tout de même un handicap certain à la Maison de la radio – sans voix ! Oui, le lieu m'impressionne... et il prête à sourire. On peut y imaginer des personnages dans toutes les situations : ceux qui tournent en rond, ceux qui se cherchent et ne se croisent jamais, ceux qui loupent les différentes entrées... Un chat n'y retrouverait pas ses petits !

« J'ignore comment le bâtiment évoluera dans le regard et le paysage urbanistiques des prochaines décennies, pour le moment je le trouve très élégant.

« Surtout, il offre à chacun ses propres émotions. J'ai eu le bonheur de rencontrer trois fois dans ma vie le chef Raoni, dont une à la Maison de la radio. L'instant demeure pour moi inoubliable. »

Philippe Geluck est dessinateur et sculpteur.
Entretien accordé à l'auteur.

Le premier générateur porté à ma connaissance fut la dynamo de mon vélo. Avant la mythique *Bleue* de mon adolescence – cyclomoteur Motobécane le plus vendu au monde entre 1960 et 1990 –, je roulais dans Brive à bicyclette. Le soir tombé, j'enclenchais la petite molette qui venait frotter sur ma roue arrière pour alimenter les deux lampes, jaune devant et rouge derrière. Un sifflement en « z » enveloppait alors mes oreilles, et mes mollets devaient appuyer un peu plus fort sur les pédales pour donner de la puissance à l'éclairage. J'avais le sentiment d'être moi-même la source d'énergie de mon modeste phare, plutôt que le petit moteur agrippé à ma jante.

Le principe d'un générateur électrique est de produire du courant à partir d'une autre forme d'énergie.

Dans les sous-sols de la Maison de la radio et de la musique, se trouvent trois énormes groupes électrogènes jaunes de 1 700 kW, prêts à démarrer à la moindre défaillance du réseau d'alimentation externe. Les cuves de fioul peuvent produire chacune quatre-vingt-seize heures d'électricité, soit une autonomie de douze jours.

Michel Polacco se souvient du système précédant la réhabilitation qui disposait, lui, de quatre groupes selon le même principe : « Quand la cheminée de la tour centrale fumait, on savait que les groupes tournaient. » Aujourd'hui encore, des tests sont opérés un mercredi par mois, et des volutes s'échappent des nouveaux conduits implantés au-dessus du parking. Michel me rappelle surtout un point technique inédit, et un élément à jamais disparu : la roue à inertie.

Pour comprendre, il faut savoir qu'un générateur ne stabilise pas sur-le-champ le courant qu'il produit. Il lui faut, comme aurait dit Fernand Raynaud, « un certain temps ».

Ce timing-là est aujourd'hui géré par des cartes électroniques. Mais pendant longtemps, une immense roue de six mètres de diamètre et de plusieurs tonnes tournait en permanence. Elle était alimentée par le réseau électrique et lorsque celui-ci subissait une coupure, la roue tournait encore quelques minutes grâce à son inertie propre. Dès lors, elle fabriquait à son tour le courant nécessaire au fonctionnement idoine pour la production des antennes et pour la sécurité du bâtiment, avant la prise en charge totale du système par les groupes électrogènes.

D'une roue à l'autre...

De quoi générer cette entrée !

Géothermie

La géothermie, et pour cause, est vieille comme le monde. La chaleur (*thermós* en grec) née de la terre (*gē*) appartient *de facto* à la structure de notre planète, à la fois par sa radioactivité naturelle et par le rayonnement solaire. Son exploitation par l'homme est en revanche assez récente à l'échelle du temps : les Japonais semblent en être les précurseurs, suivis par les Étrusques puis les Romains, avant d'autres peuples en Europe du Nord ou en Nouvelle-Zélande. Au début, les sources d'eau chaude furent surtout un bienfait alliant plaisir et santé, un lieu où l'on se rencontrait en toute décontraction pour bavarder. L'une des premières utilisations de la géothermie comme moyen de chauffage, en France, apparaît vers la fin du Moyen Âge : à Chaudes-Aigues dans le Cantal, un réseau de canalisations – attesté dans certaines archives dès 1330 – desservait une quarantaine d'habitations.

La Maison de la radio fut l'un des tout premiers édifices publics à disposer de son propre système de géothermie. Contrairement aux exemples précédents où les fontaines jaillissent de façon spontanée, il fallut creuser (dès 1956) un puisage à 572 mètres de profondeur pour aller chercher une eau à 27°C dans l'Albien, l'une des nappes souterraines du Bassin parisien.

Durant l'hiver, une centrale de pompes à chaleur était alimentée par cette eau, qui cédait 20°C au dispositif énergétique avant d'être rejetée à 7°C dans le réseau des égouts (un système d'appoint ajoutait même l'énergie dégagée par le matériel technique). La chaleur rayonnait par des serpentins dans les plafonds.

En été, l'aéroréfrigérant situé au sommet de la tour permettait de rafraîchir le bâtiment par un processus de rejet de l'excédent de chaleur dans l'atmosphère et d'offrir une bonne aération aux studios aveugles de la couronne intérieure.

Le procédé constitua, pour son époque, une innovation à la fois d'un point de vue technologique car il ne nécessitait presque pas de maintenance, mais aussi écologique comme l'a expliqué par la suite l'architecte : « Cette installation, n'ayant aucune source de combustion, ne dégageait pas de fumée et ne créait aucune pollution. » Véritable pionnier, Henry Bernard défendait l'environnement avec un demi-siècle d'avance.

Dans les années 2000, la centrale fournissait 22 gigawatts par an, l'équivalent de la puissance nécessaire pour chauffer « une ville moyenne » selon Rodolphe Febvrel, alors directeur délégué en charge des bâtiments et de l'intendance à Radio France.

Néanmoins, bien qu'il fût d'une efficacité redoutable, cet équipement avant-gardiste avait fini par arriver en bout de course. D'abord, parce que de nouvelles normes imposaient le rejet du fluide utilisé dans la nappe d'origine, pour ne pas risquer de la tarir. Il aurait fallu creuser un nouveau puits de quelque 600 mètres, assez loin du premier. Ensuite, parce que les menaces de prolifération de bactéries ou de légionnelle dans l'aéro-réfrigérant pesaient de plus en plus. Enfin, parce que la création de froid devenait un enjeu majeur : les activités et les services s'étoffant, on assistait à une croissance exponentielle des ordinateurs.

Aussi, à l'occasion du chantier de réhabilitation de la radio, un centre de gestion technique fut implanté dans de nouveaux espaces. Il pilote à présent l'ensemble du réseau thermique. *Exit* les énormes tuyaux bleus et jaunes (à la fausse allure d'un Beaubourg souterrain) de l'ancien système avec ses manivelles d'ouverture et de fermeture des vannes. Bienvenue à un espace futuriste (et bruyant) de 600 mètres carrés doté de tuyaux métalliques partant dans tous les sens : la nouvelle centrale thermodynamique.

Le principe de la géothermie a été conservé mais en allant chercher dans la craie – la nappe phréatique qui accompagne la Seine – une eau un peu plus tiède (14 °C) grâce à trois forages moins profonds (45 mètres). Filtrée de toutes ses impuretés minérales dès sa sortie des puits, cette eau alimente un système de pompes à chaleur pour produire des calories en hiver et en absorber l'été, avant d'être restituée, sans aucun traitement chimique, à un 1,50 mètre sous le fleuve. Chaque heure, il est ainsi possible de faire transiter le volume de près de 2 000 baignoires, un palier que l'on atteint rarement (parfois en pleine canicule pour produire du froid ou aux fortes gelées pour produire du chaud). Ajoutons que la Compagnie parisienne de chauffage urbain est prête, en solution de secours, à livrer une source complémentaire de chauffage.

Benjamin Roger, responsable maintenance climatisation ventilation chauffage, en complète le fonctionnement : « On envoie, à travers des kilomètres de tuyaux, de l'eau chaude à 44 °C pour chauffer ou de l'eau froide à 5 °C pour climatiser. » Ce sont toujours des serpentins dans les plafonds qui conduisent ces fluides chauds ou froids, comme j'ai pu le constater au moyen de la caméra thermique de Benjamin.

L'autonomie de la Maison de la radio et de la musique évite le rejet de 25 000 tonnes de CO_2 par an dans l'atmosphère. Ce comportement exemplaire a, depuis, été suivi par d'autres bons élèves parisiens, lancés à leur tour dans la géothermie : le collège des Bernardins, le nouveau quartier Clichy-Batignolles, le ministère de la Défense à Balard et bientôt des logements à Saint-Denis et Aubervilliers.

Quant à l'ancien forage en profondeur dans l'Albien, sous la tour centrale de la radio, il a été refermé – selon les normes de la Direction régionale de l'environnement et de l'énergie – avec du sable, un bouchon en argile et une colonne de béton.

Il va sans dire que le pilotage des nouveaux équipements, entrés en service en 2011, est comparable à celui d'un paquebot à l'approche d'un port. La personne aux manettes doit agir tout en douceur et en précision pour assurer, à un degré près, le meilleur confort à chaque étage du bâtiment.

De quoi être dorénavant plus indulgent – j'y inciterai aussi mes camarades parfois grognons – lorsque l'*open space* de la rédaction devient une étuve et le studio d'antenne une glacière.

Ou l'inverse…

Grèves

Deux ans après mon arrivée à Paris, la radio fut le théâtre d'un vaste mouvement social. Les journalistes dénonçaient un écart de salaire trop important avec leurs confrères de la télévision publique soumis pourtant à la même convention collective. Hormis Mai 68, et au-delà de la cinquantaine de coupures d'antenne entre 1953 et 1955, parfois d'une demi-heure seulement, ce fut le premier conflit un peu rude dans l'entreprise. Issu d'une famille communiste, je vivais là ma deuxième grande bataille syndicale après une initiation lycéenne aux défilés et slogans contre la réforme Haby puis l'austérité à la fin des années 1970.

La grève de 1994 dura seize jours, du 12 au 28 octobre. Je garde en mémoire les assemblées générales dans le grand hall d'entrée, où des grappes de salariés s'accrochaient tout au long de l'escalier menant à franceinfo. L'emplacement n'était pas anodin, au sein de la Maison de la radio, car un silence partiel sur les ondes du seul média d'information en continu de l'époque, grand chouchou des décideurs et des dirigeants politiques, s'entendait beaucoup. Nous étions enthousiastes, solidaires, décidés à aller au bout de nos revendications, comme il se doit dans ces cas-là. En haut des marches, Pierre-Louis Castelli jouait les meneurs avec son accent du Sud et son air bienveillant. Président de la Société des journalistes, cet homme de dialogue et de mesure, issu de la rédaction des sports, menait le combat avec adresse entre les syndicats, la base, la direction. Les collègues des locales étaient montés à Paris, des collectes permettaient de tenir le coup. Nous avions imprimé des tee-shirts que l'on vendait pour récolter un peu d'argent. Les journalistes de France Inter avaient affiché leur bulletin de salaire près du studio des informations. Le médiateur Guy Servat naviguait entre Bercy et l'étage de la présidence de Radio France où Jean Maheu mit longtemps à réaliser la situation. Le déblocage vint de François Mitterrand qui réclama en Conseil des ministres que la France retrouvât sa voix.

Les grèves dans l'audiovisuel public agacent parfois. Ces gens-là gagnent bien leur vie et ne se foulent pas trop, affirment ceux qui répètent à l'envi le bon mot de José Artur à qui on demandait :

« Combien de personnes travaillent à la Maison de la radio ?

— Oh, à peine la moitié. »

Les syndicats sont puissants. C'est vrai. Tout comme la CGT du livre dans la presse écrite avant le numérique qui pouvait stopper les rotatives d'un geste, il suffit à quelques techniciens de ne pas ouvrir les micros dans les studios pour imposer le silence radio. Néanmoins, les choses ne sont pas si simples.

Quand un conflit social pointe à l'horizon, un étrange ballet se joue à l'intérieur des murs ronds du quai Kennedy. D'abord, les organisations montrent les muscles en se réunissant dans les plus grandes salles dont elles disposent (à la CGT ou au SNJ) et avec le maximum de délégués pour affirmer leur détermination. Ensuite, commence une partie de poker menteur où l'on se croise dans les couloirs pour se jauger, échanger discrètement sur l'intensité de la menace, parfois on se rencontre de manière plus formelle chez les directeurs ou à la DRH. Dès que la grève est lancée, une intersyndicale planche sur une plateforme commune, placardée dans tous les ascenseurs et sur toutes les portes, texte qu'une assemblée générale valide. En fonction de la mobilisation et du rapport de force, cette AG glisse vers des studios plus grands, voire vers le hall principal face à la Seine (pendant longtemps ce fut dans le foyer B). Enfin, des négociations sont menées dans une pièce sans fenêtre surnommée le « sous-marin » près de la présidence.

Depuis 1994, d'autres grèves sérieuses ont ébranlé la maison.

En 1995, dans la foulée des manifestations nationales et de la mobilisation contre le plan Juppé sur les retraites (déjà), toutes les antennes furent sérieusement touchées à la Maison de la radio. Sauf franceinfo, cette fois-ci. Son directeur de l'époque, Pascal Delannoy, avait convaincu journalistes, techniciens et personnels administratifs – à l'issue d'un patient dialogue, notamment avec une équipe de techniciens très attachés à la station et qui étaient là depuis le début – de ne pas cesser le travail. « Si nous nous étions totalement arrêtés, explique-t-il aujourd'hui, plus aucune voix du service public n'aurait été entendue. C'était laisser un boulevard à la concurrence privée, et c'était priver les auditeurs d'une autre vision de l'information. » Ni amertume ni fierté pour l'ancien patron, dans une situation cornélienne. Sa décision a en tout cas indirectement servi la jeune station qui a boosté son audience cet automne-là.

Plusieurs présidents ont fait les frais de grèves. Jean-Marie Cavada s'est même retrouvé piégé dans son bureau par des salariés très en colère qui menaçaient de le retenir en otage au début des années 2000.

En 2005, face au spectre d'une privatisation, les ouvriers et les employés administratifs cessèrent le travail, rejoints par les techniciens et les producteurs. Les orchestres et le chœur offrirent des concerts de soutien.

Vingt-huit jours de conflit en 2015. Plus du double entre 2019 et 2020, à la veille de la crise sanitaire, après l'annonce d'un plan de départs. Les musiciens jouèrent *L'Hymne à la joie* de Beethoven dans le grand hall de la radio pour dénoncer la menace de suppression d'un tiers des choristes, et le Chœur entama le « Va pensiero » de Verdi pour interrompre les vœux de la présidente.

Je n'étais pas de ces dernières salves, suivant peut-être l'adage de Shaw pour qui ne pas être anarchiste à 16 ans c'est manquer de cœur, tandis que l'être encore à 40 c'est manquer de jugement.

Peut-être aussi en raison d'une douloureuse expérience au printemps 2004. Cesser le travail dans un média audiovisuel ne revient pas à tourner un bouton pour stopper une ligne de production. Nous préparons longuement en amont, en sollicitant des personnes qui acceptent de prendre sur leur temps pour réfléchir à une thématique, s'impliquer, se déplacer vers les studios, exprimer leur position. Je me suis ainsi retrouvé en émission spéciale à Ljubljana en Slovénie, au moment de l'entrée de ce pays dans l'Union européenne. Nous avions invité de très nombreuses personnalités locales, des ministres, des enseignants, des responsables d'association, le maire, etc., lorsqu'un préavis fut déposé pour le jour du direct. J'étais déjà sur place, je me déclarai gréviste, mais en refusant d'annuler un rendez-vous si longuement préparé en amont : je maintenais ma volonté d'animer l'émission. La pression téléphonique des syndicats qui tentèrent de me déstabiliser me stupéfia : on me harcelait au bout du fil, on m'intimidait, on m'intimait l'ordre de rentrer sur-le-champ à Paris. C'est finalement le directeur de la station Michel Polacco qui décida de jeter l'éponge, de reporter l'émission et de diffuser un fil musical toute la journée.

À ce propos, avez-vous noté l'excellence de la playlist qui remplace les programmes habituels les jours de grève ? Ce sont souvent des opérateurs du son de Radio France qui choisissent leurs morceaux favoris et établissent les plages, mixant avec habileté et talent un brin de chanson française, des tubes internationaux, quelques extraits de classique ou des bandes originales de films. Le tout bien sûr interrompu au top horaire par le légendaire message : « En raison d'un mouvement social d'une certaine catégorie de personnels, nous ne sommes pas en mesure… »

Voir : Mai 68.

GRM

Voir : Utopie.

Guppy

Sans doute le rêve de chacun, dans les couloirs labyrinthiques de la Maison de la radio et de la musique : y nager comme un poisson dans l'eau.

Se faufiler, à la manière d'une anguille, entre les studios, ou traînasser à la cafétéria, telle une sole sur ses fonds marins. Communiquer à distance, pareil à des harengs, ou se tapir en solitaire au creux d'un bureau, façon murène.

Comme un poisson dans son bocal, devrais-je plutôt écrire, vu l'embonpoint de la bâtisse ! Tourner en rond, donc, mais en connaissant les moindres recoins de la maison.

Boby Lapointe aime la maman des poissons « avec du citron ». Moi aussi.

J'ai tenté la pêche à la ligne à l'âge de 10 ans, sur le Maumont, petit ruisseau au nord de Brive, dont l'une des branches affluentes prend sa source près des collines de Saulières (où se joua le drame de La Besse, un massacre de maquisards dont je me suis inspiré pour le roman[1]). Je passai un dimanche entier, un seul, le premier et le dernier de ma vie, sur les rives de ce cours d'eau qui me donna du fil (de pêche) à retordre. Je n'arrivais jamais à jeter ma ligne, que j'emmêlais dans les branchages. Je me piquais les doigts aux hameçons, sans parvenir à fixer mon ver de terre. Je tirais nerveusement sur le bouchon, au lieu de le ramener par palier. Je finis même par briser ma canne dans un geste de désespoir. Bref, je pataugeais dans ma technique défaillante autant que dans la gadoue. Ce jour-là, je n'ai pas ramené de poisson.

C'était en 1972.

---

1. *Un été sans alcool*, Seuil, 2014.

La même année, naissait le club aquariophile de Radio France.

Quelques passionnés décidaient de prodiguer leurs conseils à des collègues intéressés. Très vite, des aquariums furent achetés que peuplèrent de petits poissons multicolores.

L'une des races les plus courantes en la matière est, aujourd'hui, le guppy. Robuste, il se reproduit facilement et dispose d'une variété de couleurs et de nageoires qui ornent les espaces vitrés derrière lesquels on les expose. Originaire d'Amérique centrale, où les eaux sont dures et légèrement alcalines, il s'adapte bien à celles des robinets français. C'est un peu le poisson du débutant (en aquariophilie, pas en pêche...).

Y avait-il des guppys dans le grand aquarium de l'agora de la Maison de la radio, où l'on venait boire le petit café du matin et celui de l'après-cantine ? Le meuble avait jadis orné l'ancien restaurant des directeurs, au dixième étage de la grande couronne. Il ajoutait à l'ambiance surannée de cette salle, où des serveurs en livrée emplissaient d'un auguste geste des rasades de vin rouge qui assoupissaient les débuts d'après-midi. Il a disparu après l'installation de la cafétéria dans un des grands foyers extérieurs. Les poissons aussi. Dommage, j'aimais bien les observer. Pour en revoir, il convient de descendre au sous-sol, dans un espace où sont stockés un peu de matériel et divers bassins. Des permanences y sont assurées par les passionnés qui continuent, bénévolement, de consacrer du temps pour guider les amateurs.

Au moment d'écrire ces lignes, le club d'aquariophilie fêtait son demi-siècle d'existence.

Ah ! Oui… à propos de poisson, je ne résiste pas au plaisir de vous livrer un extrait du bulletin interne *Texto*, adressé par mail à tous les salariés au printemps dernier :

« Ne dites plus *Maison ronde*, trop réducteur ! Dès aujourd'hui, la Maison de la radio et de la musique est rebaptisée Maison de la radio, de la musique, de la culture, de l'information, du sport et du podcast. Ce nouveau nom reflète de façon plus fidèle l'étendue de l'engagement de Radio France. Retenez MRMCISP, acronyme simple et mnémotechnique, qui vous permettra en toute occasion de vous remémorer le nouveau nom. Des travaux seront prochainement entrepris pour l'installation d'une nouvelle enseigne : afin d'accrocher les 70 lettres géantes du nouveau nom, certaines fenêtres du 6e étage et, en cas de retour à la ligne, du 5e étage également devront être obstruées. Nous présentons nos excuses aux collègues impactés. »

Nous étions le samedi 1er avril.

Voir : Agora ; Restauration.

Gymnase

Quand je préparais mes marathons à travers le monde, je courais plusieurs fois par semaine au bois de Boulogne. Je m'élançais directement de la radio et remontais tout le 16e arrondissement pour rejoindre les allées forestières de la porte de la Muette, à l'arrière de l'ambassade de Russie. Pour enfiler short et baskets, je descendais au sous-sol de la porte F, où se trouvait un vestiaire. J'y croisais souvent le même petit groupe de coureurs qui allait tailler ses 10 ou 15 bornes entre midi et deux.

Le lieu était sommaire : trois malheureuses douches en mosaïque blanche datant des origines de la Maison de la radio, et un peu plus loin une salle de sport à l'ancienne, lino au sol et quelques appareils de musculation. Pas ces engins de torture que l'on voit désormais dans les clubs où il est de bon ton de se montrer en train de suer. Non, de simples barres, des poids, des planches à abdos. Dans mon souvenir, il y avait aussi des tapis pour des exercices au sol. Je ne sais pas si on pouvait appeler cela un gymnase, mais le lieu en faisait fonction.

Aujourd'hui, un autre espace sert de salle de sport, au deuxième étage de la tour centrale. Tout aussi sommaire, avec ses bancs de musculation un peu plus actuels.

Je garde également en mémoire les cours de claquettes que j'avais pris, peu de temps après mon arrivée dans les années 1990, au centre d'une pièce mal adaptée pour la discipline mais suffisamment insonorisée pour taper du pied à son aise.

La Maison de la radio et de la musique continue ainsi d'accueillir diverses activités sportives en lien, comme dans chaque grande société, avec son comité d'entreprise.

H

Hermé, Pierre

La Maison de la radio et de la musique vue par…

« Lorsque je suis arrivé à Paris à 14 ans, nous étions voisins. J'habitais une chambre de bonne au huitième étage sans escalier rue Félicien-David, à 300 mètres. J'étais fasciné par cette bâtisse en arc de cercle, unique, qui m'impressionnait beaucoup.

« Pour le gamin que j'étais, me dire que les grandes émissions de la télévision française étaient réalisées là donnait un côté très mystérieux au lieu.

« Je sais qu'on le surnomme la poêle à frire, mais ça n'a rien d'une poêle ! Plutôt un gros gâteau… qui pourrait, avec la tour, donner une sensation de pièce montée inversée.

« C'est un incontournable du paysage parisien. »

Pierre Hermé est un chef pâtissier-chocolatier.

Entretien accordé à l'auteur.

Hollande, François

La Maison de la radio et de la musique vue par…

« Le lieu est emblématique pour moi, qui avait 9 ans quand le général de Gaulle l'a inauguré. C'est un bâtiment symbolique de notre histoire : sans doute le contrôle des ondes par Peyrefitte au début, mais aussi la modernité et la création.

« J'ai commencé à le fréquenter comme jeune responsable politique, dans des studios mythiques. On naviguait dans ces interminables couloirs et je m'y suis perdu à plusieurs reprises. Parfois je pensais arriver au bon endroit et on me disait : “Ah non ! Ici vous êtes à France Culture, pas à France Inter.” Par la suite, en tant que personnalité importante, on est accompagné, c'est plus facile.

« Cet édifice gigantesque appartient à notre construction politique et à notre construction tout court. C'est pourquoi j'ai suivi avec attention les travaux de rénovation, qui n'en finissaient pas, et j'ai été heureux d'en célébrer le cinquantième anniversaire en tant que président de la République. »

François Hollande est un ancien président de la République.

Entretien accordé à l'auteur.

Horloge

Dans la préface d'un de mes recueils de nouvelles[1], Étienne Klein soulevait l'interrogation suivante : « Le seul temps qui nous importe vraiment n'est-il pas celui que nous parvenons à faire vivre, à enrober d'une enveloppe charnelle, en racontant des histoires ? » Le physicien suggérait ainsi la possibilité de ce qu'il appelle un « tiers-temps », un temps raconté et mis en scène, qui existerait entre le *temps objectif* – celui qui, imperturbable et impassible, déroule sa pelote – et le *temps vécu* – celui que nous éprouvons, indécis, tantôt long, tantôt court.

Étienne cite par ailleurs souvent Jean Giono : « Le temps est ce qui passe quand rien ne se passe. » Voilà une pensée plutôt paradoxale pour l'homme d'une radio d'information en continu que je suis depuis plus de trente ans, une radio où l'on passe son temps à, justement, raconter ce qui se passe, à le raconter par des histoires de vies. Journalistes et romanciers ont cela en commun : ils puisent leur matière première dans le quotidien qui les entoure, dans cette enveloppe charnelle qui donne au temps *objectif* toute l'épaisseur du temps *vécu*. Or, si l'on bâtit son existence et ses souvenirs sur le second, de manière subjective et ressentie, c'est pourtant bien le premier, imperturbable et régulier, qui reste le maître. Il égrène sur nos journées les secondes, minutes et heures de son implacable tempo.

Combien de fois, assis en studio derrière mon micro, ai-je maudit cette horloge qui étouffait de captivantes, tragiques, émouvantes ou joyeuses histoires ? Combien de fois m'a-t-il fallu couper un invité passionnant ou renoncer à diffuser un reportage ? Combien de fois ai-je

1. *Le Fil du temps*, MM2M, 2019.

dû interrompre un débat remarquable et rendre l'antenne sur-le-champ ? Une permanente course contre la montre…

Sur France Inter, le quatrième top est plus célèbre que les animateurs vedettes.

L'obsession du temps poursuit la radio.

Un des pères fondateurs de la radiodiffusion moderne, dont il fut le directeur des services artistiques de 1946 jusqu'à sa mort près de vingt ans plus tard, Paul Gilson, le martelait déjà à ses troupes : « Un homme de radio est d'abord une horloge. Respectez les horaires, c'est la moindre des politesses pour les auditeurs ! »

Je ne connais pas le nombre d'horloges au sein de la Maison de la radio et de la musique, mais je ne serais pas étonné qu'elles se comptent par centaines. Dans les studios, sur les murs des bureaux, parfois en incrustation sur les écrans d'ordinateur, face aux régies techniques, en mode portatif pour les directs ou les enregistrements extérieurs. Elles sont partout !

J'ai moi-même chargé l'application du mythique cadran, si fidèle, qui a accompagné mes années professionnelles en studio : ce fond noir sur lequel des points rouges s'allument seconde après seconde, formant un cercle qui s'éteint au passage à la minute. Seuls repères, des points fixes toutes les cinq secondes. L'heure exacte est écrite en chiffres, au centre du cercle (21 : 41 au moment précis où j'achève cette phrase, mon smartphone allumé devant moi). *Atomic Clock* pour les amateurs…

Ma passion double pour le temps et pour Berlin m'a incité à télécharger aussi l'appli *Berlin Clock*. Il s'agit de la première horloge (inventée par Dieter Binninger en 1975) à donner l'heure selon la théorie des ensembles. Un rond, tout en haut, clignote à chaque seconde. À la soixantième, un rectangle horizontal s'éclaire pour marquer une minute, ils sont quatre. À la cinquième minute, les quatre rectangles horizontaux s'éteignent et un rectangle vertical s'allume. Un principe similaire prévaut pour les heures. Je l'avoue, lire l'heure avec cet outil réclame patience et pratique. Il ne siérait pas vraiment en studio.

Au sommet de la tour de la Maison de la radio a longtemps régné une horloge.

Quatre chiffres de 2 mètres de haut, visibles à la cantonade, qui donnaient l'heure à tout le quartier.

Quatre chiffres que la réhabilitation a gommés.

Complainte de riverains, d'automobilistes et de passants soudains orphelins, habitués à jeter un œil machinal sur leur compagnon temporel du quotidien.

Quatre chiffres que l'on espère voir réapparaître un jour au frontispice de l'immeuble.

Quatre chiffres pour rappeler combien la radio vit avec son temps.

Voir : Berlin ; Tour.

Hors les murs

À l'instar de nombreuses institutions comme la Comédie-Française, la Fiac, l'Opéra de Paris, le festival du Livre, le Collège de France ou le musée du Luxembourg, Radio France a institué une programmation « hors les murs ». On le comprend, il s'agit en général de proposer des activités en dehors de son site propre, soit pour des raisons de travaux ou d'aménagement, soit pour élargir le champ de ses propositions.

Cela touche le plus souvent un domaine culturel et permet de se déporter vers un endroit dédié, disponible ou plus vaste, ou vers un lieu extérieur qui offre de « gagner en inattendu ou en espace et dans un environnement moins replié sur lui-même », ainsi que le notait le professeur de français Yvan Amar, producteur sur France Culture et RFI, dans une très intéressante chronique consacrée à l'expression « hors les murs ».

Si l'on se réfère d'ailleurs au latin *extra-muros*, il faut comprendre le sens du mot en opposition à *intra-muros* et replonger à l'époque des cités romaines entourées de murailles où, par sécurité, les grands rendez-vous culturels et festifs se déroulaient à l'intérieur des enceintes fortifiées.

À l'occasion de la réhabilitation de la Maison de la radio, et au fur et à mesure de la fermeture des studios de création pour les rénover, les émissions qui s'y déroulaient, souvent en public, ont été déplacées vers différents sites parisiens. Il a fallu trouver des salles, les adapter pour accueillir équipes et matériel radiophoniques, engager des partenariats avec leurs propriétaires, négocier les prix, préparer des conventions, communiquer autour de ces changements.

Voilà pourquoi une direction Hors les murs a été créée au sein de Radio France, qui s'est d'abord occupée des émissions phares transférées à partir de 2018, puis des créations radiophoniques depuis 2021. Cette direction – sous la houlette de David Sadoun, qui arpente la Maison depuis plus de quarante ans – perdurera au moins jusqu'en 2025, date de réouverture des studios de création remis à neuf.

Ainsi *Génération France Musique, le live* animé par Clément Rochefort le samedi en direct est-il réalisé depuis le théâtre de l'Alliance française, qui héberge aussi *Le Masque et la Plume* autour de Rebecca Manzoni (qui succède à Jérôme Garcin) et de ses acolytes pour France Inter. D'autres rendez-vous de France Musique sont enregistrés au Carreau du Temple, à Paris : *42e rue* qui met avec

Laurent Valière la comédie musicale dans tous ses états, *À l'improviste* où Anna Montaron ouvre le micro à des musiciens improvisateurs, *Ocora couleurs du monde* présenté par Françoise Degeorges. Pendant un temps, *Foule sentimentale* sur France Inter – quand Didier Varrod invitait les meilleurs artistes de la chanson –, se déroulait au Ground Control, cet ancien hangar industriel de la SNCF ayant servi de tri postal et reconverti en un lieu de culture près de la gare de Lyon.

Hors les murs c'est, en quelque sorte, rester chez soi en allant chez les autres, s'extirper de son corps pour continuer à vivre ailleurs.

Ainsi dans la pièce *Extra-Muros*, Raymond Devos engageait avec Paul Préboist ce savoureux dialogue :

« Pour les demandes de cartes d'identité, c'est ici, monsieur ?

— Oui, monsieur !

— Ah ! J'en voudrais cinq.

— Combien ?

— Cinq.

— C'est pour vous ?

— Non, monsieur, moi je n'existe plus. Je ne suis qu'une apparence.

— Vous n'êtes pas mort, tout de même !

— Non. Je suis porté disparu.

— Disparu ?

— Oui.

— Et vous n'avez aucune idée de l'endroit où vous pourriez être ?

— Non.

— Vous êtes bien quelque part ?

— Je dois être *extra-muros*... »

Ce succès théâtral fut coproduit en 1967 par... l'Office national de Radiodiffusion-télévision française. Étonnant, non ?

Sinon, on peut aussi aller voir, sur les planches, *Intra-Muros*, d'Alexis Michalik pour « réussir le prodige de faire voyager très loin, entre quatre murs », *dixit* le magazine *Elle*.

Hôtesses

À peine inaugurée, la maison de l'ORTF devint dans la capitale, sinon un site touristique, en tout cas un lieu de curiosité. Des « tours organisés » furent rapidement établis pour permettre au public de découvrir cette forteresse toute ronde, de verre et d'acier, défendant la voix de la France à travers celle du général de Gaulle. L'architecture originale et d'une grande modernité donnait à l'édifice un statut de nouveau symbole du Paris de demain.

« On ne leur montre pas tout, se désolait en 1967 le magazine *La Semaine radio télé*. Il y faudrait trop de temps et il serait fastidieux de parcourir des dizaines de studios et des centaines de bureaux. Mais on leur fait voir l'essentiel et, lorsqu'il se retrouve sur le terre-plein du quai Kennedy, le visiteur, s'il ignore encore comment on se repère dans les dizaines de kilomètres de couloirs de la "maison" – il faut des semaines pour être sûr de s'y retrouver – sait comment on y travaille et comment naît une émission de radio ou de télévision. »

Pour conduire le badaud dans l'immense labyrinthe circulaire, des hôtesses furent embauchées. Habillées par le couturier Pierre Balmain, très en vogue en ces années de liberté collective naissante, elles suivaient un parcours parfaitement défini. Ce circuit empruntait un large couloir intérieur de plus de 300 mètres de long sur l'oméga de la bâtisse. Surnommé « couloir jaune » par les premiers occupants de la maison, il permettait de bénéficier, grâce à des vitres-hublot, d'une vue plongeante sur les studios de la couronne intérieure où se jouaient les grandes émissions publiques, des créations radiophoniques avec des acteurs et des bruiteurs, ou de la musique.

Très vite, au long de ce chemin des ondes, un musée fut aménagé, à l'initiative de l'Association des anciens de la TSF, qui se mobilisa dès 1964 pour constituer un fonds. À divers objets donnés ou prêtés par le musée national des Techniques à Paris, s'ajoutèrent ceux offerts par des institutions européennes : musée des Sciences et Techniques de Milan ou musée de la Radio de Berlin. Comme le butin était encore maigre, Armand Jammot et Pierre Sabbagh lancèrent, le 22 octobre 1965, un appel à la télévision pour un « vide-greniers » national. Aussitôt, des postes anciens, du matériel et des documents affluèrent de partout, même de l'étranger, et les familles d'Édouard Branly et d'Eugène Ducretet léguèrent de précieux souvenirs.

Le 17 octobre 1966, le musée de la Maison de la radio ouvrait officiellement ses portes.

Dès mon intégration à la rédaction parisienne de franceinfo, il y a plus de trente ans, j'effectuai ladite visite, incognito, parmi des visiteurs lambda. Défilèrent sous nos yeux des appareils de la fin du XIXe siècle auxquels je ne comprenais pas grand-chose mais qui m'éblouirent par leur esthétique vieillotte et les nobles matériaux employés : une bobine considérée comme le premier émetteur d'ondes électromagnétiques, un émetteur-récepteur de Marconi formé de deux demi-sphères en bois, l'un des tout premiers récepteurs radiotéléphoniques de Ducretet ou encore une machine dite de Wimshurst utilisée par Branly pour ses expériences de génération d'étincelles :

on aurait dit une petite roue de la fortune prête à tourner à toute vitesse. Je passe sur la ribambelle de postes de radio, depuis les précurseurs – à lampes, voire à pavillon externe identique à ceux des phonographes – jusqu'aux mini-transistors en bakélite de la fin des années 1950 et je passe aussi sur des dizaines de micros d'anthologie, dont le mythique Neumann auquel j'ai (trop) rarement confié ma voix : il restitue une profondeur sonore incroyable et inégalée.

Comme la Maison de la radio était aussi un peu celle de la télévision, s'est vite imposée dans ce long couloir l'histoire du petit écran (ce n'est pas un euphémisme que d'écrire « petit écran », les premiers mesuraient à peine vingt centimètres). À partir de 1972, le visiteur put même traverser la reconstitution de l'ancêtre des studios télé, celui de la rue de Grenelle datant de 1935. De la même façon, d'autres lieux majeurs de la naissance de l'audiovisuel furent mis en scène : le laboratoire d'Édouard Branly, une tranchée de la guerre de 1914, le studio Radiola de 1922, la tanière d'un radio-amateur, ou le studio de la BBC d'où le général de Gaulle lança l'appel historique du 18 juin 1940.

« En plus de tout cela, il y avait dans cette galerie un trombinoscope, ajoute Laurence Jacquet qui fut pendant plus de quarante ans hôtesse-conférencière à la Maison de la radio. Internet n'existait pas et les auditeurs s'imaginaient, par rapport à la voix, la tête des animateurs qu'ils entendaient dans le poste. Cela ne correspondait, bien sûr, jamais ! » Les groupes, jusqu'à quarante personnes, démarraient devant la maquette des lieux pour en visualiser l'architecture, puis s'élançaient tous les quarts d'heure depuis l'entrée du musée dont ils ressortaient à l'autre bout du couloir après une heure trente environ d'explications et de découvertes : on pouvait manipuler régie et caméras dans un décor conçu pour cela et, en fin de séance, un montage audiovisuel rappelait le panorama des principaux programmes diffusés sur les ondes.

La dizaine de jeunes femmes de l'équipe d'accueil ne se contentait pas de ces parcours guidés ouverts au public, sur réservation. Certaines, embauchées pour leur talent à maîtriser plusieurs langues, accompagnaient aussi des personnalités étrangères : « Radio France Internationale demeurait encore dans les murs, raconte Laurence, on nous demandait de dévoiler les méandres du site à des invités de prestige. Ils venaient pour la section polonaise de RFI, pour la rédaction hispanophone ou pour le secteur anglais. C'étaient souvent des directeurs et des journalistes de radio étrangères. »

Aujourd'hui, quelques visites de prestige ont encore lieu avec les deux seules hôtesses-conférencières restant. RFI a déménagé à Issy-les-Moulineaux et la réhabilitation de l'édifice a tué le musée : le long couloir circulaire est maintenant envahi par des gaines, des tuyaux, des câbles électriques et autres postes de sécurité (à la Maison de la radio, l'espace libre est devenu denrée rare pour répondre à toutes les normes en vigueur).

Je me suis amusé, l'autre jour, à m'inscrire à nouveau, incognito, à une visite de groupe, souvent menée par des guides extérieurs. On pénètre moins au cœur de l'usine à idées mais on peut tout de même s'en faire une, d'idée, de ce qui se trame derrière la foultitude de portes. En fonction de leur disponibilité, le Studio 104 et l'Auditorium restent accessibles, on peut aussi passer au 221 (studio télévisé de franceinfo et France Inter), certains foyers sont traversés, un peu au pas de charge, afin d'admirer les œuvres d'art que sont la tapisserie de Soulage ou la mosaïque de Singier. Quant à la maquette, elle offre toujours une vision de l'immeuble permettant d'en comprendre la complexité, les raisons de sa forme et son emplacement. Il en coûte 10 euros pour un peu plus d'une heure (un avant-goût est à écouter sur l'application *Listeners*)...

Voir : Architecture ; Art, œuvres d' ; Auditorium ; *Informés (Les)* ; Locataires ; Micro ; Niermans, frères.

HyperWeekendFestival

Tout a commencé à 17 h 45 le vendredi 21 janvier 2022, pour le premier HyperWeekendFestival, par *Une petite musique de nuit* signée Joseph Schiano di Lombo, au sommet de la tour centrale, dans la salle panoramique qui offre une vue à 360° sur tout Paris. C'était parti pour trois jours de festival...

Non… pardon… tout a commencé par HyperNuit, un an plus tôt, le 23 janvier 2021 : six heures de musique live, depuis le Studio 104, lancées à l'antenne par Didier Varrod, le directeur de la Musique de Radio France, comme une volonté d'être dans « l'hyperémotion, l'hyperjoie, l'hypersensualité, l'hypersolidarité »…

Heu… en fait… tout a commencé une quinzaine de jours plus tôt, quand Sibyle Veil, la présidente de Radio France, annonçait dans *Le Journal du Dimanche* la nouvelle dénomination de la Maison de la radio « et de la musique » en expliquant : « Nous avons de nouveaux projets musicaux, par exemple un grand festival musical à Radio France quand les conditions sanitaires nous le permettront. »

Ah ! Voilà !…. Tout a commencé en réalité par ce putain de virus qui a anesthésié le monde pendant presque deux ans. Chacun en garde ses propres souvenirs et sensations personnels : peut-être le stress d'être infecté, pour certains une forme de désœuvrement à ne plus aller travailler, parfois la perte d'un proche emporté par la Covid, souvent des difficultés économiques liées à un temps partiel ou à un arrêt de son activité indépendante, etc. Pour tous sans aucun doute, un rapport à la culture bouleversé : fini les théâtres et les Zéniths, les cinémas affichaient un écran noir, les librairies étaient fermées, la consommation en ligne explosait. Bref, l'ensemble du secteur culturel fut fragilisé.

C'est dans ce contexte de tension et d'inquiétude que la radio de service public a, de son mieux, soutenu l'ensemble des professionnels du monde du spectacle. Davantage de musique a été programmée pour garantir des droits d'auteur, les contrats avec les intermittents ont été maintenus même sans activité et une volonté a été affichée d'ancrer la musique dans la maison, en la rebaptisant donc, et en promettant un grand festival à venir dès que possible.

Une première mouture eut lieu fin janvier 2021, comme les prémices de ce que serait ce futur rendez-vous entre artistes et public. Diffusée simultanément sur cinq antennes du groupe (France Inter, France Bleu, France Musique, FIP et Mouv'), HyperNuit tenait encore compte de conditions sanitaires particulières : absence de spectateurs et un seul *backing band* orchestré par Bastien Dorémus pour accompagner l'ensemble des artistes. Mais le collectif *#etonremetleson* tenait à faire battre à nouveau le cœur et le rythme de la musique, à tuer la peur et à retrouver le désir. En ouverture de cette soirée particulière, Juliette Armanet et Malik Djoudi, à l'origine du collectif, interprétèrent *Les Paradis perdus* de Christophe, à la fois pour rendre hommage au chanteur emporté par la maladie et parce que ses paroles résonnaient du moment présent :

Te souviens-tu quand je chantais

Un an plus tard, l'HyperWeekendFestival, le vrai, naissait, à grand renfort de promotion sur les antennes et les sites des radios : « Durant trois soirées, la maison ronde sera l'écrin pour vous offrir une vingtaine de concerts dont huit créations exceptionnelles, deux *masterclasses* et une exposition immersive. Une grande fête populaire qui fera la part belle à l'innovation, aux curiosités et aux expériences sensorielles. »

Jean-Michel Jarre donnant son *Oxymore* dans une situation inédite de son immersif, à l'agora ; une exposition auditive dans les home-studios de BoomBass, le long de la nef ; Joseph Schiano di Lombo dans une sérénade improvisée et encerclée par les lumières de la ville, au 22e étage de la tour ; Clara Luciani le samedi et Alex Beaupain le dimanche, accompagnés par l'Orchestre philharmonique de Radio France ; et des concerts à n'en plus finir sur la scène du Studio 104.

La deuxième édition, en 2023, a confirmé l'ambition, ce dont s'est félicitée la présidente de Radio France, Sibyle Veil, dans un message adressé aux personnels : « L'HyperWeekendFestival est le symbole de notre engagement auprès des artistes et du secteur musical français tout au long de l'année. Nous y mettons nos antennes, nos musiciens, nos innovations techniques et sonores, nous y mettons notre amour de la musique et nos valeurs de service public pour soutenir les jeunes talents, nous créons des moments uniques à contre-courant de la culture standardisée et des rencontres entre les styles et les publics. »

En 2023, 12 000 festivaliers (plus des dizaines de milliers d'autres derrière leur poste durant les retransmissions) sont venus écouter une soixantaine d'artistes au cours de près de 50 concerts, dont un tiers étaient des créations, avec la ferme volonté que la Maison de la radio et de la musique s'inscrive pour de bon comme un lieu d'ouverture et de culture accessible à tous.

Voir : Agora ; Musique ; Ouverture ; Son immersif.

I

Île-aux-Cygnes

Pour les dix ans de franceinfo, le directeur Pascal Delannoy décida de réunir toute l'équipe à l'extérieur des murs pour une photo souvenir. Rendez-vous avait été fixé sur le pont de Beaugrenelle, qui enjambe la Seine face à la radio. Nous fûmes une bonne centaine à nous retrouver là, tous les copains de l'antenne, les technos, les services administratifs, la direction, dans un esprit joyeux et festif. Il nous avait été recommandé de porter des vêtements jaune et noir, aux couleurs de l'antenne. On aurait dit un essaim d'abeilles. Nous étions tout excités de ce moment de convivialité, immortalisé par un cliché pris sur la volée de marches menant à l'Île-aux-Cygnes.

Quel charmant endroit que cet îlot artificiel. Presque 1 kilomètre de long, sur 11 mètres seulement de large. Il m'est déjà arrivé, durant la pause de midi quand le soleil n'écrase pas trop la capitale, d'aller courir d'un bout à l'autre de la promenade en multiples allers-retours. Dans ce cocon abrité du tumulte de la ville, plus de soixante espèces d'arbres font cortège. À leur ombre, des couples marchent main dans la main. On y croise des mamans poussant un landau, des hommes d'affaires agrippés à leur téléphone, ou des cols blancs du Front de Seine, un sandwich entre les dents. Sur un banc, une vieille dame est plongée dans un livre. Des jeunes viennent griller une clope en douce. Un groupe de joggeurs dépasse des sexagénaires en pleine discussion. La nuit, l'allée accueille plutôt des hommes qui traînent le pas. L'écrivain Renaud Camus, descendu s'y dégourdir les jambes en voisin à une heure du matin, regrette dans son *Journal* que ce soit un lieu de drague : « Comment échapper à la "connotation" ? Or c'est là un problème, il me semble, que l'Île-aux-Cygnes n'est pas seule à poser... »

Il n'empêche. L'endroit est magique dans Paris. À fleur de Seine. C'est d'ailleurs pour faciliter la navigation qu'une digue fut d'abord érigée, en 1825, dans le cadre du projet du port fluvial de Grenelle. Consolidée deux ans plus tard, puis végétalisée, l'île put se vanter d'être plus longue de 200 mètres que celle de Saint-Louis.

Son nom provient d'un ancien site au large du quai Branly où se trouve l'église américaine de Paris. Celle-ci fut construite en face d'un cimetière, sur l'île Maquerelle, où plus de 1 000 cadavres avaient été jetés au massacre de la Saint-Barthélemy. Un siècle plus tard, Louis XIV, tombé sous le charme des cygnes, en fit importer quelques dizaines du Danemark, qu'il envoya en pension sur ce ruban de terre baptisé dès lors l'Île-*des*-Cygnes, une île rayée de la carte lorsqu'elle fut rattachée à la berge, sous Napoléon.

Celle qui nous concerne, l'Île-*aux*-Cygnes, connut, elle aussi, bien des aventures.

1889, la tour Eiffel s'accroche au ciel parisien et entre dans la ligne de mire d'une copie en bronze de la statue de la Liberté, posée à la pointe ouest de l'île. Cette réplique, réduite au quart de l'original de Bartholdi à New York, est offerte pour le centenaire de la Révolution par les citoyens français installés aux États-Unis. Un demi-siècle plus tard, la Liberté pivotera sur elle-même pour tourner le dos à Eiffel et diriger son regard vers sa grande sœur, en Amérique.

1900, la folie de la natation gagne la capitale, le tout-Paris vient faire trempette le long de l'allée. L'histoire ne dit pas si l'eau était de meilleure qualité que sous Chirac, et son intenable promesse d'un prochain bain dans le fleuve.

1932, l'architecte André Lurçat suggère de transformer la bande d'un kilomètre en mini-terrain d'aviation. Tarmac sur le dessus, hall passagers et hangar pour les aéronefs au niveau inférieur. L'idée, aussi originale que saugrenue, s'envole vite.

1937, l'Exposition universelle envahit l'Île-aux-Cygnes, qui quadruple sa surface grâce à des constructions sur pilotis le long de ses rives. Le Centre des Colonies s'installe sur cet espace avec un souk marocain, une reconstitution des temples d'Angkor, un coin pittoresque du village indigène de Sidi-Bou-Saïd de Tunisie, l'interprétation d'une casbah de l'Atlas ou des tentes berbères.

1958, inauguration du monument équestre *La France renaissante*, à la pointe est de l'île, en contrebas des arcades du pont de Bir-Hakeim. Censée représenter Jeanne d'Arc, cette guerrière à cheval suscite une polémique avant de devenir le site préféré des jeunes mariés japonais à la recherche de la photo souvenir idéale.

D'une photo à l'autre, je reviens à celle de franceinfo. Je me rendis compte ce jour-là que l'Île-aux-Cygnes offre une vue inédite sur la Maison de la radio.

Le recul est suffisant, la vision embrasse la totalité du bâtiment, la tour centrale rapetisse par effet de contrechamp, la façade s'intègre au paysage derrière les arbres du quai. On croirait presque une soucoupe volante géante qui aurait atterri là, au milieu des immeubles, de l'autre côté du fleuve.

C'est surtout l'unique position depuis laquelle on comprend pourquoi Henry Bernard, génial architecte constructeur, voulait des murs verticaux en pierre serpentine. Même si ce silicate de couleur olive fut, pour des questions de coût, remplacé par une faïence italienne, la teinte verdâtre de cette dernière, prise dans l'alignement Seine-Maison de la radio, se fond avec celle du fleuve.

De manière troublante.

Comme un signe.

Imagination

L'imagination est au pouvoir bien sûr mais, comme mon chat qui réclame de goûter au bonheur de la terrasse où il se roule avec délectation avant de faire le pied de grue à la porte pour rentrer puis minaude pour sortir à nouveau et miaule pour regagner la chaleur de la pièce, elle fait des allers-retours incessants entre l'intérieur et l'extérieur, entre la Maison de la radio et de la musique et le domicile de chaque auditeur de l'une ou l'autre des stations, d'abord servie par le producteur de l'émission qui a dû se creuser les méninges pour trouver un concept original puis des alliés de poids (un directeur pour accepter l'idée, un programmateur pour l'illustrer musicalement, un opérateur du son pour la façonner, un metteur-en-ondes pour la polir comme un diamant) afin de la porter au mieux à l'antenne, ou par le journaliste qui a dû penser la mise en forme de son édition du matin ou de la mi-journée (en cherchant une solide actualité d'attaque et une anecdote plus légère pour refermer son journal) lui aussi accompagné de toute l'équipe qui a préparé et dessiné les contours de la tranche d'information qu'il va animer (rédacteur en chef, assistant de production, technicien à la console), ou par le chef d'orchestre qui a dû réfléchir à la construction d'un programme alléchant pour son concert à venir entraînant avec lui une flopée de musiciens, preneurs de son, administratifs, régisseurs et j'en oublie, avant de basculer, cette imagination, chez l'auditeur où elle agit sur les neurones du cerveau pour reconstruire un monde virtuel à partir des éléments sonores captés – la radio est le seul média qui laisse autant de liberté à son public pour inventer, en fonction de ce qu'il entend, un décor ou un habillage comme il en a envie, on pourrait presque dire comme il en rêve – tant la voix berce, la musique emporte et le sens des mots induit une réflexion intime, puis notre imagination revient auprès de celui qui est au micro car rien ne se passe jamais vraiment comme prévu (une réponse inattendue d'un invité, une liaison de moins bonne qualité, la sensation d'un creux dans l'énergie et qu'il faut relancer la machine) et donc il convient d'avoir ce petit déclic, cette improvisation, qui crée la magie à l'antenne, et voilà l'imagination qui repart de l'autre côté du poste où l'oreille attentive se demande ce qui se passe, se crée une image du studio où se joue la pièce qu'on lui propose, s'interroge sur cette salle qui doit être drôlement faite pour absorber les réverbérations et offrir une dynamique sonore d'une telle qualité, dessine les traits de celui ou celle qui parle, fantasme parfois à partir de la simple vibration de la voix sur un physique à la plastique parfaite, se fait un monde de cette grande maison ronde déjà vue à la télé mais quand même, là-dedans, ça doit être quelque chose d'intense, de beau, d'incroyable, de mystérieux, bref oui, l'imagination est au pouvoir des deux côtés du poste ; alors je sais ce que vous allez me dire, qu'avec l'intrusion des réseaux sociaux et des plateformes internet, tout jaillit désormais au grand jour, qu'un podcast filmé révèle la configuration du studio, la mécanique d'antenne et les coulisses de la moindre émission, pire, il dévoile le visage de celles et ceux qui sont ces ami(e)s inconnu(e)s du quotidien, qui font partie de la famille tant on aime la chaleur de leur voix et leur manière de tourner les phrases (et cette mise en abîme par l'anecdote de l'image me met parfois en colère), il n'empêche, je reste convaincu que la radio demeure le média qui crée le lien le plus solide entre ses deux acteurs (celui qui parle et celui qui écoute) – comme le dit si bien le sociologue Jean Viard : « à la télé les gens se parlent entre eux alors qu'à la radio les gens nous parlent » –, le média qui stimule encore l'imaginaire le plus fort, le rêve et l'évasion (que peut aussi procurer la lecture d'un bon roman ou d'un poème) et si le monde a tant changé que cela et si ce n'est plus vrai, si je me trompe, j'aurais au moins tenté en une seule phrase de vous en convaincre et d'en préserver l'illusion, grâce à ma propre imagination.

Inauguration

« À la radio fallait-il une Maison ? Oui ! » Nous sommes le 14 décembre 1963. Un samedi soir sur la Terre. Enfin le jour J. Celui de la petite phrase du général de Gaulle devenue légendaire à la Maison de la radio.

Dix ans après la désignation d'Henry Bernard comme architecte du futur bâtiment, l'inauguration officielle a lieu en début de soirée par le chef de l'État. Tout le monde, à la Radiodiffusion-télévision française (RTF) est dans ses petits souliers. Aux manettes du journal parlé de 20 heures, Jacqueline Baudrier jubile : « Nous n'avons pas de problème de mise en page, pas d'hésitation pour la une. L'actualité est venue chez nous. L'actualité est entrée chez nous. C'est la naissance officielle de notre maison. C'est l'inauguration de la Maison de la RTF par le président de la République. [...] C'est une maison à l'écoute du monde. » Celle qui sera douze ans plus tard la première présidente de Radio France, évoque alors une « maison d'avant-garde, que l'on appelle déjà la "grande dame" du XXe siècle ».

Il y a de la grandiloquence dans cette soirée historique. L'entrée du général de Gaulle est fastueuse. On l'attend pour 19 heures. Il a quatre minutes de retard. Il a neigé sur Paris. Une double haie de cavaliers à pied de la Garde républicaine, portant le sabre, est disposée le long du hall d'accueil. Pour faire patienter, en direct à la télévision, le commentateur « meuble » en jouant les décorateurs : « Le président de la République va faire son entrée dans ce hall d'accueil qui est très large, dallé de tomettes couleur sable, s'harmonisant avec les boiseries foncées qui décorent les piliers de soutien. »

Finalement de Gaulle arrive, immense dans son complet sombre. Accueilli par le ministre de l'Information,

Alain Peyrefitte, et par le directeur général de la RTF, Robert Bordaz. Il entre d'un pas décidé et se dirige immédiatement à droite, suivi par un jeu de caméras, vers le Studio 102 qui constitue la salle de spectacle la plus moderne de Paris avec ses aménagements scéniques à la pointe. Au passage lui sont présentés différents dirigeants de la radio auxquels il adresse un immuable « Heureux de vous voir ! » avec une poignée de main plus appuyée, tout de même, pour l'architecte du bâtiment, Henry Bernard.

Le Général est invité à monter sur la scène, face à la salle où six cents personnalités l'attendent. Aussitôt un orchestre entame *La Marseillaise*. Puis de Gaulle s'assoie, Peyrefitte l'imite, à sa droite et en retrait, tandis que Bordaz reste debout pour le premier discours de la soirée : « Depuis quarante ans, nous avons assisté à l'essor de la radio en modulation d'amplitude, puis en modulation de fréquence, ensuite à celui de la stéréophonie, et enfin à la naissance de la télévision. Mais à peine certains objectifs sont-ils atteints que l'évolution des besoins et des progrès de la science en proposent de nouveaux. » Le patron de la RFT assure donc attendre beaucoup de « la réunion, ici, d'une grande partie de nos services comprenant toute la radio et l'administration de la télévision ».

Le ministre de l'Information fait ensuite l'éloge de l'édifice : « La Maison de la RTF, c'est déjà, pour beaucoup de Parisiens, le "Quai de Passy", comme l'Académie française est devenue depuis longtemps le "Quai Conti". Tout comme le palais Mazarin, le palais de la RTF n'est pas seulement le siège d'une grande institution. Il est aussi un symbole : le symbole de la civilisation du son et de l'image, aussi différente de la civilisation du livre que la civilisation du livre l'était de celle du manuscrit. » Et de désigner « l'architecture futuriste de ce Colisée du XXe siècle ». Surtout, Peyrefitte suggère que, dans cette maison, « la magie du son et la fascination de l'image » soient utilisées pour élever le public et non pas le séduire, pour lui apprendre à voir et à juger et non pour « lui imposer une façon de voir et pour lui ôter son jugement ». Avec le recul de l'Histoire, ces propos font sourire quand on considère le comportement d'un ministre qui maniait la censure avec un enthousiasme aussi troublant que scandaleux.

La chronique a surtout retenu de l'inauguration de la Maison de la RTF l'allocution du général de Gaulle, modelée jusqu'à la dernière minute, ainsi qu'en témoigne le brouillon de deux pages griffonné de bout en bout. Prononcée d'un trait, sans une hésitation et par cœur comme à son habitude, elle fut souvent résumée par la sibylline phrase : « À la radio, fallait-il une Maison ? Oui ! » Ce jour-là, pourtant, le chef de l'État démontre qu'il est un homme de lettres autant que de pouvoir. Écoutons ensemble son introduction, en imaginant sa voix de stentor : « À tant d'idées, de mots, d'images, de sons, lancés sur des ondes merveilleuses, à toutes ces rafales de suggestions déclenchées vers la foule secrète des esprits, bref à la Radio, fallait-il une maison ? Oui ! Car, pour étendues que soient ses limites, dispersées ses sources et variées ses émissions, la Radio est une œuvre humaine, autrement dit collective. Sans doute se nourrit-elle de la capacité des individus. Mais pour être valable, il lui faut l'effort conjugué des équipes. Et c'est pourquoi ce bâtiment complexe et imposant, mais aussi unitaire et circulaire, est le signe de l'organisation, de la concentration et de la cohésion, qui sont nécessaires à son audience et à son influence. »

Poursuivant avec un certain lyrisme, de Gaulle explique que la radio s'est saisi « du contact direct avec les intelligences », puis il préconise à son tour son autonomie et son rôle citoyen : « Il faut que la radio française, tout en captant sans parti pris et en répandant sans exclusive les courants de l'événement, de l'art, de la science, de la politique, concoure à la liberté, à la solidarité des hommes. » Il ajoute pourtant assez vite, montrant bien combien il a compris l'importance de ce puissant média – dont il s'est servi pour appeler, depuis Londres, à la Libération de la France et qu'il entend continuer à utiliser comme porte-voix de ses propres ambitions et de sa politique : « L'idée que nous nous faisons de la France et l'idée que s'en font les autres dépendent maintenant, dans une large mesure, de ce qui est, à partir d'ici, donné à voir, à entendre, à comprendre. »

Le Général se rassoit, entre Bordaz et Peyrefitte, pour assister sur un triple écran à un spectacle destiné à montrer comment la radio est devenue *La mémoire du siècle* (titre du documentaire projeté). Un descriptif remis à la presse vante la mise en œuvre des « moyens simultanés et conjugués dont disposent la radio sonore, la télévision et la technique son et lumière ». Cela permet de proposer – grâce à un procédé novateur de vidéo projection, des eidophores – un mélange d'images directes, d'images animées artificiellement et de documents, le tout accompagné par un son stéréophonique issu de six sources différentes. *Le Monde* se désole pourtant que la salle compte beaucoup d'officiels et peu de créateurs – « ces écrivains, ces artistes qui font le renom des ondes françaises » – pour suivre un spectacle que le quotidien qualifie de « film assez médiocre, bien qu'il ait été réalisé selon un procédé pompeusement appelé "polyvision" ».

Le concert donné ensuite au Studio 104, de l'autre côté du grand hall, avec le maestro Inghelbrecht à la baguette de l'Orchestre national, ne souffre, lui, d'aucune critique. Le Général passe saluer le chef : « Bonjour, mon cher maître, je suis heureux de me trouver dans cette salle », ce qui ne l'engage à rien, comme raille le journaliste du *Canard enchaîné* présent sur place, puisqu'il n'y reste que deux minutes. Pendant que les musiciens jouent, le président de la République s'éclipse et entame une visite au pas de charge de la nouvelle Maison de la RTF. Il s'arrête devant le tableau de Georges Mathieu face à l'entrée du Studio 105 : « Un hommage à Cocteau, explique Robert Bordaz. — Ah oui ! À quoi le voit-on ?, interroge de Gaulle. — On le devine », enchaîne le directeur de la radio en entraînant rapidement son illustre invité vers le studio où opère Jacqueline Baudrier. Quand de Gaulle la salue à travers la vitre insonorisée qui isole la régie : « Enfin je vous vois ! », Bordaz tente de lui expliquer qu'elle ne peut pas entendre et il le fait monter jusqu'au restaurant du dixième étage pour rencontrer des constructeurs, des techniciens et quelques journalistes. Là, un téléviseur diffuse des images en couleur, une technique encore balbutiante qui incite le Général à titiller son hôte : « Vraiment remarquable, qu'est-ce que vous attendez pour vous lancer ? » La première émission couleur sera inaugurée quatre ans plus tard.

Le journaliste du *Canard* raconte la suite : « La visite est terminée. Le Général reprend l'ascenseur qui lui a été réservé. Par mesure de sécurité, tous les autres ont été bloqués au même instant. Dans l'un d'entre eux cinq visiteurs sont immobilisés. Parmi eux, deux ministres, Joxe et Frey, et le préfet de police Papon. Furieux, celui-ci se précipite dans l'escalier sous le regard étonné des flics en imperméable et chapeau mou, postés derrière les portes, à chacun des dix étages. Quand Papon arrive en bas, essoufflé, la voiture du Général a déjà démarré depuis deux minutes. Pour une belle inauguration, c'était une belle inauguration. »

La cérémonie fut retransmise en direct de 18 h 55 à 19 h 40 sur France Inter, France Culture et l'unique chaîne de télévision. La semaine suivante, un autre concert inaugural fut donné au Studio 104 par le National, dirigé par Charles Munch, avec une pièce de circonstance, l'ouverture de *La Consécration de la maison* de Beethoven, puis la création *Pacem in terris*, une symphonie chorale de Darius Milhaud sur l'encyclique de Jean XXIII, commandée pour l'occasion.

Un peu de poésie pour conclure ce propos.

L'anecdote est citée par Félicie Dubois dans sa *Cathédrale des ondes*. Un officier de police aurait accouru dans le grand hall, une rose à la main. Ses confrères en fonction l'auraient empêché d'avancer tant que le cortège officiel avec de Gaulle n'était pas encore passé. « "L'important c'est la sécurité !" aboyèrent les hommes en uniforme. Il leur répondit en souriant : "L'important c'est la rose !" Le soir même il écrivit une chanson que nous n'oublierons jamais. »

L'homme s'appelle Louis Amade, il est alors préfet, conseiller technique auprès du préfet de police, et en parallèle, écrit des chansons pour Édith Piaf et Gilbert Bécaud.

Fabien Lecœuvre dans *1001 histoires secrètes de chansons*, offre une version quelque peu différente : « L'importante réunion à laquelle Louis Amade est attendu ce jour-là a lieu à la Maison de la radio, à Paris. Les parterres environnant le célèbre bâtiment de la radio publique française sont alors fleuris de magnifiques roses rouges, blanches et jaunes. La voiture précédant celle de Louis Amade, en passant trop près des fleurs, trouve le moyen d'arracher la longue tige d'une rose blanche. Un gardien de la paix quelque peu débordé par l'importance du trafic récupère alors cette rose et s'en sert comme d'un bâton blanc pour faire la circulation. Amusé et touché par cette scène à laquelle il assiste, Louis Amade dit à son ami de la préfecture de Paris qui l'accompagne : "Finalement, l'important c'est la rose !" »

J'ai du mal à croire à l'une comme à l'autre de ces deux anecdotes. Tout comme d'ailleurs mon camarade de radio

Bertrand Dicale – le meilleur spécialiste de la chanson française que je connaisse –, que j'ai interrogé.

Il n'empêche...

Dis à ton tour maintenant
Que la vie n'a d'importance
Que par une fleur qui danse
Sur le temps...
L'important c'est la rose
L'important c'est la rose
L'important c'est la rose
Crois-moi

Réalité ou légende ?

J'aime à penser que ce texte (dont les rosicruciens se revendiquent aussi : « c'est la Rose-Croix, moi »), que cette idée d'une fleur qui danse sur le temps, a un lien supposé avec la Maison de la radio et de la musique.

Voir : Art, œuvres d' ; Gaulle, de, Charles ; Mai 68.

Incendie

31 octobre 2014. Un vendredi. Depuis la rentrée quelques semaines auparavant, j'officie dans ma nouvelle tranche horaire à l'antenne de franceinfo, les après-midi des week-ends. Je suis donc présent à mon bureau ce jour-là pour préparer mes émissions du lendemain, bureau dont les fenêtres donnent vers la cour intérieure. Soudain, vers midi et demi j'aperçois, sur la partie opposée du bâtiment en pleine rénovation, des panaches de fumée noire. J'écarquille les yeux, les frotte, demande à

mes camarades – qui assistent au même spectacle – si nous ne rêvons pas, et je me précipite sur la mini-terrasse face au Studio 421 pour être certain de ne pas me tromper.

La Maison de la radio est en feu !

Par réflexe, je saisis mon téléphone portable et prends un cliché de ce spectacle auquel personne ne croit. Et pourtant, la photo montre bien une épaisse colonne noirâtre monter vers le ciel, sur la gauche, semblant sortir de la face extérieure du bâtiment, alors que tout le haut du toit sur la droite est devenu une masse sombre qui masque l'horizon ensoleillé de cette journée d'automne. Cinq ou six fenêtres, qui ont explosé sous l'effet de la chaleur, laissent également échapper de la fumée sur le côté intérieur, juste en face de moi. Je poste l'image sur Twitter, elle s'y trouve encore. Le tweet est relayé dans de nombreux pays du monde. France 2 me demande par message retour l'autorisation d'utiliser la prise de vue pour le journal de 13 heures à venir vingt minutes plus tard, la BBC m'appelle depuis Londres pour un témoignage, il est vrai que l'événement paraît si énorme qu'il en est improbable.

À 12 h 30, l'incendie s'est déclenché au huitième étage de la grande couronne, tout près de la porte F, dans une partie où sont menés à ce moment-là des travaux de désamiantage. La zone a été « curée », terme technique d'un chantier qui indique que les pièces en question sont vides de tout matériel, sauf des cartons de tenues pour les ouvriers à l'assaut de l'amiante : chaussures en plastique et habits de protection en tissu qui brûlent assez vite en générant d'épaisses fumées. À l'origine de l'accident, un court-circuit sur le moteur d'un engin destiné à la mise en dépression du site confiné pour ce genre d'opération.

À 12 h 31, les pompiers de Radio France sont alertés. Par obligation légale, l'entreprise dispose d'un PC sécurité. Quarante hommes – quatre équipes de dix –, en réalité des « agents de sécurité incendie » qui dépendent de la réglementation SSIAP (Service de sécurité incendie et d'assistance à personnes) imposée à la Maison de la radio et de la musique parce qu'elle est à la fois un Immeuble de grande hauteur (IGH) et un Établissement recevant du public (ERP). Pour assurer une surveillance 24/24, et en comptant les absences légales (congés, RTT, formation et autres), ils sont sept membres de ce Service sécurité incendie à rester en alerte permanente. On les reconnaît dans la maison à leur gilet rouge rayé d'un trait du même bleu que leur pantalon. Tous sont d'anciens pompiers de Paris, y compris leur chef Frédéric Millet. Par des rondes régulières (six de jour et quatre de nuit), ils épient le moindre signe de dysfonctionnement. Leurs cibles privilégiées : les espaces sensibles (la centrale géothermique, les générateurs électriques, les centres informatiques), les ascenseurs, les moindres lieux où des points chauds sont mis en œuvre (soudure, outils électriques, etc.), les croisements de grand passage du personnel et les espaces publics dès qu'ils sont ouverts pour des concerts, des conférences ou des expositions. Dans leur PC, des écrans géants leur permettent à tout instant de surveiller à distance l'ensemble des détecteurs intégrés dans l'immeuble. Prêts à intervenir à la minute, ils disposent de matériel d'assistance à personne en danger, et il m'est parfois arrivé de les voir débouler à la rédaction munis de leur appareil respiratoire à la suite du malaise d'un collègue. Ils sont les premiers, ce 31 octobre 2014, à monter au huitième étage en feu.

À 12 h 34, ils évacuent les salariés les plus proches de la menace. Les flammes ne sont pas gigantesques, toutefois l'appui des pompiers de Paris est immédiatement décidé. Seize véhicules arrivent toutes sirènes hurlantes (fourgons pompe-tonne, grande échelle), plus la police, et des dizaines de soldats du feu, casque rutilant et combinaison de protection de la tête aux pieds, déroulent leurs tuyaux à vive allure. Les visages sont graves, les esprits concentrés, les gestes précis. Sacha Distel n'est pas de mise. Un camion de commandement est installé rue du Ranelagh, le quartier est bouclé. À l'intérieur du bâtiment, chacun s'interroge sur la conduite à tenir. Car étrangement, aucun signal sonore ne perce les tympans : on apprendra par la suite qu'une zone de chantier, souvent, ne dispose pas d'alarmes incendies, et qu'à Radio France celles-ci sont « périmétriques », autrement dit, elles retentissent uniquement dans des périmètres en activité. Or l'étage en question est vide, ponctuellement occupé par les ouvriers chargés du désamiantage.

À 12 h 40 sur France Culture, le journaliste Mathieu Laurent a la bonne idée d'informer les auditeurs de ce qui se passe, avant de devoir quitter son studio. La radio est située au même étage que le sinistre. Au reste, une évacuation générale est ordonnée par les patrons des chaînes, principe de précaution oblige, même si l'immense édifice est parfaitement compartimenté.

À 12 h 52, Laurent Guimier, le directeur de franceinfo, prend le temps d'adresser un bref message aux auditeurs : « Il faut bien sûr informer, c'est notre devoir, mais il faut d'abord protéger les salariés de cette maison. C'est ce que je fais en prononçant l'évacuation de franceinfo. » Puis Raphaëlle Duchemin, la journaliste en charge du rendez-vous de la mi-journée, lâche le micro en espérant le reprendre très vite avant que Florent Marchet n'achève *Benjamin*, sa chanson saisie au vol sur le programme musical de secours. Seule France Bleu continue d'émettre normalement, parce que ses studios sont dans un bâtiment annexe, de l'autre côté du RER, avenue du Général-Mangin. franceinfo s'y précipite d'ailleurs pour délocaliser une régie de fortune et assurer là-bas, jusqu'en milieu d'après-midi (autour de Grégory Philipps, alors chef des infos), son rôle de service public d'information. Une édition spéciale est mise en route à partir de 13 h 15. Cet arrêt simultané des programmes de Radio France, remplacés par un fil musical, demeure historique jusqu'à ce jour.

À 13 heures, nous nous retrouvons tous, amis, collègues, confrères, salariés d'autres services qu'on ne connaît pas, tous personnels confondus, agglutinés autour de notre belle maison. Trois mille visages, stupéfaits et inquiets, le cou tendu vers les fumées compactes qui s'échappent toujours.

À 13 h 20, la ministre de la Communication et de la Culture, Fleur Pellerin, se rend auprès des forces en lutte contre le feu, rejointe par la maire de Paris, Anne Hidalgo. Le président François Hollande (lors d'une conférence de presse à l'Élysée aux côtés de son homologue turc) se dit « très attentif et très mobilisé », évoquant, « en plein Paris, un traumatisme extrêmement grand, d'autant plus pour un édifice symbolique » et il assure de son soutien les équipes de Radio France et les pompiers (une soixantaine au total).

À 14 h 30, le commandant des opérations de secours sur place, Gabriel Plus, annonce que l'incendie est maîtrisé. Aucune victime n'est à déplorer. Dans le courant de l'après-midi, chaque station récupère ses ouailles, tout le monde reprend ses activités, les programmes retrouvent leur cours normal.

Cette situation inédite aura permis à celles et ceux qui travaillent à la Maison de la radio d'exprimer leur attachement à ce bâtiment qu'ils fréquentent au quotidien. La tristesse est le sentiment qui revient le plus. La fierté de travailler sur un tel site. L'inquiétude de pouvoir perdre un lieu aussi magique que celui-là. La peine en imaginant que ce cercle d'acier, de verre, et d'aluminium puisse être un colosse fragile. Oui, nous avons tous eu un pincement au cœur. Nous avons tous prié pour que ce ne soit pas grave. Nous avons tous affirmé combien nous aimons ce lieu unique. Nous lui avons tous, en quelque sorte, déclaré notre flamme…

Voir : Fierté.

Informés (Les)

Voilà une émission d'information qui a trouvé d'emblée un public fidèle et passionné. Je suis toujours frappé par le nombre de personnes qui citent *Les Informés* comme étant leur référence absolue pour franceinfo. Cela me rappelle comment, au début des années 1990, deux noms revenaient sans cesse dès qu'on évoquait la jeune radio d'information : Nicolas Poincaré et Yolaine de la Bigne, deux voix qui marquèrent leur époque. Yolaine, de son timbre haut perché et par son ton rigolo, savait comme nulle autre raconter avec passion et de manière décalée les aventures les plus banales du quotidien. À l'inverse, Nicolas, jeune Tintin à la mèche blonde et au grain chaleureux, avait le talent de faire vivre les événements les plus dramatiques de la planète (il se révéla au grand public à l'occasion de la guerre du Golfe) à hauteur d'homme, sans en rajouter, par des récits entre commentaire et confidence, dans un style d'une incroyable proximité que la plupart des reporters ont tenté d'imiter par la suite.

Les Informés sont nés sur une idée du nouveau patron de la radio nommé au printemps 2014, Laurent Guimier. Chaque jour, un débat de personnalités s'articule autour de sujets d'actualité. Les invités sont éditorialistes, chercheurs, experts, membres de la société civile ou influenceurs. Rien de neuf dans ce genre de *talk* qui accompagne le citoyen et l'aide à forger sa propre opinion ; les télévisions en regorgent. Sauf que pour une antenne très formatée, où le séquençage se joue à la minute près, le pari de proposer un rendez-vous sur une heure entière était osé. Il fut réussi, sans doute au-delà des espérances de Laurent.

Ce dernier me proposa, dès le début, d'animer *Les Informés*. Appréciait-il mon expérience journalistique, une manière chez moi de mener des entretiens conviviaux mais sans rien lâcher, une certaine rondeur de forme au micro ajoutée à une précision quasi maniaque sur le fond, ou la maîtrise d'une grille que je pratiquais déjà depuis plus de vingt-cinq ans ? En dépit de ses meilleurs arguments, je déclinai la proposition. Je ne suis pas fan, en effet, de ces *toutologues* capables de répondre à toute problématique dont ils n'ont parfois aucun savoir précis. Je ne suis pas loin de penser que ces débats prennent parfois une forme de café du commerce. Sans doute ai-je tort, vu le succès de ces émissions très populaires.

C'est en tout cas une victoire de l'ultracrépidarianisme. Derrière ce mot barbare, se cache l'idée de s'exprimer sur des sujets en dehors de sa compétence. La locution est née en Angleterre au XIXe siècle. Son origine remonterait à *Histoire naturelle*, avec le récit de Pline l'Ancien sur la visite d'un cordonnier chez le peintre Apelle. Voyant une erreur sur le dessin d'une sandale, le chausseur la signale à l'artiste qui la corrige aussitôt. Il suggère alors d'autres améliorations, auxquelles le peintre coupe court par la réplique : *Sutor, ne supra crepidam*. « Cordonnier, pas au-dessus de la sandale », autrement dit : Restes-en à ce que tu connais. Le phénomène a été dénoncé par Étienne Klein, qui a remis le terme anglo-saxon *ultracrepidarianism* (devenu le mot de l'année 2021 en Belgique) à la mode française à l'occasion de la crise sanitaire. Le physicien constatait, en pleine inconnue de la pandémie à ses débuts, que chacun en savait davantage que l'autre : des médecins prônaient des mesures politiques, des ministres prodiguaient des avis médicaux, de soi-disant experts se voulaient les mieux placés pour départager tout le monde, etc.

Après mon refus, les clés des *Informés* furent confiées à Jean-Mathieu Pernin, trublion radiophonique issu de France Bleu avec qui j'ai eu le bonheur de compagnonner plusieurs années lorsqu'il narrait ses chroniques culturelles dans les tranches que j'animais. Amoureux de l'*infotainment*, ce mélange à l'américaine d'information et de divertissement, Jean-Mathieu donna à l'émission une impulsion déterminante, par l'acuité de son regard sur la société, par l'ajout d'un sourire dans les discussions, par une pratique régulière du « pas de côté » afin de sortir des sujets trop anxiogènes, et en invitant des artistes, des humoristes ou des créateurs qui amenèrent une profondeur inédite à l'exercice.

Aujourd'hui, *Les Informés* sont diffusés en simultané sur la radio et à la télévision. Jean-Mathieu a cédé la place à Jean-François Achilli qui a recentré, en semaine, le rendez-vous sur la politique. Il est désormais accompagné par Bérengère Bonte. Une déclinaison existe le matin autour de Salhia Brakhlia et Renaud Dély. Victor Matet, enfin, assure les week-ends. Hasard des plannings, il m'est parfois arrivé de jouer leur joker et d'accueillir, sans rancune ni regret, « les informés » du jour au 221, l'un des rares studios télé au sein de la Maison de la radio et de la musique.

Voir : Studios télé.

Inscription

Avant la réhabilitation, il n'était pas rare de tomber, agrippées aux murs les moins fréquentés de la Maison de la radio, sur des inscriptions plus ou moins suggestives voire salaces. Des dessins les accompagnaient parfois, à dessein. On les trouvait dans des toilettes ou le long de quelque couloir des sous-sols. Elles se sont raréfiées depuis que le moindre recoin de l'immeuble a subi sa cure de jouvence.

Il y a aussi, au gré de chaque mouvement de grogne du personnel, des slogans qui s'inscrivent dans les principaux lieux de passage, en particulier les points de ralliement dans la maison. Ainsi l'accès à la cantine, les ascenseurs, les rédactions, ou les foyers se tapissent – à ces occasions de luttes sociales – de papiers, messages et tracts plus ou moins longs et affichés de manière très anarchique.

J'ai déjà évoqué dans ces pages, le graff d'André, réalisé pour la radio Mouv' à ses débuts, quand il s'est agi d'habiller les containers extérieurs où logeaient les premiers studios, dans la cour. La fresque, colorée et vive, composée de lignes calligraphiées, s'expose dans la rue traversante, près de la porte D qui donne accès au parvis arrière de l'édifice. Elle se veut inscription structurée, cadrée, immuable, autrement dit entrée dans le patrimoine de notre maison.

À propos de patrimoine, saviez-vous que la Maison de la radio et de la musique est inscrite, de manière officielle et non sans fierté, au titre des Monuments historiques ? La décision fut publiée le 26 mars 2018 par la Direction régionale des affaires culturelles d'Île-de-France (Drac). Comment nier, au demeurant, que cet immeuble hors norme pour son époque, avec une surface totale de 100 000 mètres carrés, constitue depuis ses débuts l'un des principaux centres de diffusion de la création artistique et s'impose comme l'un des symboles majeurs des techniques de son époque. C'est pourquoi il avait déjà été labellisé « Patrimoine du XXe siècle » en novembre 2016.

L'inscription au titre des Monuments historiques confirme en tout cas son intérêt public, et surtout le protège. Dans le détail, elle comprend (selon les termes même de l'arrêté du préfet de la région Île-de-France Michel Cadot) :

« L'emprise totale au sol de l'édifice, y compris les circulations à ciel ouvert, la bordure extérieure en comblanchien au droit des vitrages du grand hall public situé côté Seine et les terrasses qui encerclent le bâtiment avec leurs murs de soutènement.

La totalité des façades et toitures de l'édifice.

Le hall public situé côté Seine (niveau rez-de-chaussée et galerie supérieure dite Seine), avec ses deux escaliers situés aux extrémités ainsi que les œuvres de François Stahly (*Portiques, Totems et Papillons*).

Le Studio 104 en totalité, avec les bas-reliefs de Louis Leygue.

Le foyer 101 et le foyer 105, y compris l'œuvre de Georges Mathieu.

L'ensemble de la circulation au niveau R+1 de la grande couronne comprenant les quatre foyers et leurs liaisons, y compris les œuvres de Jean Bazaine (foyer B) et Gustave Singier (foyer E), ainsi que les quatre circulations radiales et la petite galerie circulaire des techniciens.

Le bureau de la présidence, avec ses boiseries en palissandre, portes et placards intégrés, y compris la cloison donnant sur le couloir de circulation.

Les cinq escaliers de service dits "Chambord", situés dans la couronne périphérique. »

Voilà qui est précis et complet. J'ajoute que la tapisserie de Pierre Soulages est, de son côté, inscrite au titre des collections du Mobilier national.

Si cette inscription paraît naturelle et légitime, voici, pour la petite histoire, la manière dont elle fut initiée.

Le président de l'époque, Mathieu Gallet, attaqué de toute part après la rénovation de son bureau, compta parmi les plus ardents défenseurs pour faire entrer ledit bureau au Mobilier national : « Une grande partie des décors en palissandre avait été mise à la benne, ainsi que la table du conseil d'administration que l'on a retrouvée plus tard (et trop tard pour se positionner au rachat) en vente publique en Allemagne. On a aussi vu des fauteuils Paulin aux puces de Saint-Ouen. Il y a donc eu une dilapidation – et certaines personnes ont dû se faire un peu d'argent – tout simplement parce qu'on n'avait pas conscience, j'imagine, que tout cela appartenait au patrimoine : les gens se disaient "c'est ringard" et ils bazardaient ! »

Après cette première démarche en faveur du bureau de la présidence, un label distingua donc en 2016 la Maison de la radio comme « site remarquable de son siècle ». Mais cela n'offrait guère de garantie de sauvegarde. Survint alors un projet de la ville, dans le cadre de l'opération *Réinventer la Seine*, qui suscita l'ire de Mathieu Gallet : « La maire de Paris voulait concéder l'espace entre l'avenue Kennedy et le fleuve à des promoteurs privés pour ériger une construction de plusieurs étages qui aurait coupé la radio de la Seine. J'ai donc décidé d'attaquer la mairie devant le tribunal administratif en vertu du plan local d'urbanisme. En parallèle, j'ai souhaité lancer les démarches auprès du préfet de région et de la Drac pour un dossier de classement. »

Ainsi la silhouette, les façades et les principales œuvres se trouvèrent définitivement à l'abri de toute destruction, obstruction ou modification.

L'inscription fut publiée un peu plus de trois semaines après la révocation du jeune P-DG de Radio France, qui avait tout de même twitté la bonne nouvelle, déjà actée, le 8 février 2018 : « Très heureux d'annoncer que ce matin la @maisondelaradio a été inscrite au titre des Monuments historiques. Fierté pour @radiofrance. »

Voir : Art, œuvres d'.

J

Jaune

Il existe un code couleur propre à Radio France : le rouge désigne France Inter, le bleu correspond en toute logique à France Bleu ; le violet appartient à France Culture et le pourpre à France Musique. Mouv' s'est approprié le vert et FIP le fuchsia. Enfin, pour franceinfo, le jaune est en première ligne.

J'utilise le mot « ligne » à dessein car, souvenez-vous, une ligne jaune traçait le mot *info* dans le tout premier logo en 1987.

« La couleur jaune avait été choisie pour trancher, pour être vue, rappelle Pascal Delannoy qui fut directeur de la chaîne pendant treize ans. Cela dénotait dans le paysage à l'époque et ce fil jaune, qu'on utilisait dans nos publicités, marquait les esprits. »

franceinfo est née le lundi 1er juin 1987. On écrivait alors « France Info » en deux mots. Jérôme Bellay, son premier directeur et créateur, saisit le micro à 6 h 59 : « Sept heures moins une, vous êtes sur 105.5 en modulation de fréquence. Dans moins d'une minute maintenant, franceinfo commencera à émettre sur cette fréquence à Paris, Lyon, Clermont-Ferrand, Toulouse, Nantes, Le Mans,

Mulhouse et sur 105.1 sur Marseille. franceinfo, c'est une nouvelle radio de Radio France, qui diffusera désormais, en permanence, de l'information de 7 heures du matin à 0 h 30. C'est à Roland Faure, P-DG de Radio France, de lancer le premier journal de franceinfo. » S'ensuivirent plus de trente secondes de blanc, une éternité radiophonique, le temps d'atteindre les 7 heures pile, et le président lança le journal de Michel Goujon avec Manuel Ferreira à la technique.

Au mitan des années 1980, Jean-Noël Jeanneney rêvait déjà d'une radio *all news*. Il le raconte ainsi dans *Le Rocher de Süsten* : « Jean-Pierre Farkas, à la tête de l'information de France Inter, se pensait capable de persuader ses troupes, en y dépensant beaucoup de salive, qu'il ne s'agissait pas d'une amputation de leurs moyens et de leur audience, mais au contraire d'une accentuation faste du service public. Nous pourrions le faire aux dépens de notre petite Radio 7, dont le rôle de pionnier de naguère pour porter des musiques à un public rajeuni avait perdu de son prix avec l'efflorescence des stations privées. » L'ancien P-DG reconnaît toutefois à son successeur, Roland Faure, « légitimement le mérite » d'avoir concrétisé le projet.

Faure avait été directeur de l'information de Radio France, qu'il avait quittée au moment de l'élection de François Mitterrand, avant d'y revenir comme président en 1986. Entre-temps, il avait dirigé une radio dans les Yvelines[1], où l'information tenait une grande place, et qui mit à l'étrier le pied de futures grandes voix : Nicolas Poincaré, Pascale Clark, Karim Hacène, Sylvie Johnson ou Frédéric Gersal. L'objectif de Roland Faure, à la tête

---

1. CVS : Canal Versailles Stéréo, liée à l'hebdomadaire *Toutes les nouvelles de Versailles* dont Roland Faure était le directeur. CVS devint O'FM en 1990 en déménageant à Suresnes, puis Sport O'FM en 1998 avant de disparaître en 2008.

de la maison ronde, fut donc de lancer très vite sa chaîne tout info, sur le modèle américain de *1010 Wins*, une radio d'actualité et de services en continu, à New York. « Donnez-moi vingt minutes, et je vous donnerai le monde », proclamait-il alors. En toute discrétion, une équipe prépara la future nouvelle chaîne française jusqu'à son lancement.

Je m'attarde davantage sur franceinfo que sur les autres stations du groupe parce que j'y ai passé plus de trente ans de ma vie professionnelle, et aussi pour son implantation physique au sein de la Maison de la radio.

franceinfo:

Bénéficiant d'un réseau de fréquences libéré par l'armée, essentiellement le 105.5 sur la bande FM, la chaîne s'installa à ses débuts dans les locaux de feu Radio 7, autrement dit là où il restait un peu de place dans le bâtiment : à l'arrière de l'escalier gauche dans le hall Seine (où se trouvait naguère le Bar Bleu, disparu depuis belle lurette).

Un studio étroit, deux ou trois bureaux, une mini-salle de rédaction. Le lieu était exigu : la chaîne jaune fut donc déplacée de l'autre côté du grand hall d'entrée, derrière l'escalier droit cette fois-ci, avec davantage de place. C'est là que je débarquai en 1991 pour un premier remplacement, puis définitivement en 1992. Tout était concentré dans un même espace : le bocal, les présentateurs, le studio à l'arrière. La rédaction en chef se positionnait vers l'entrée et les services à l'étage inférieur.

Arrivé à la présidence de Radio France en 1998, Jean-Marie Cavada trouva indigne les conditions de travail de ses équipes dans cette configuration biscornue. Il décida d'implanter franceinfo au huitième étage de la grande couronne, porte B, côté rue de Boulainvilliers, dans des pièces réaménagées à cette intention. Petit souci, il n'y avait pas de studio de diffusion. Edwige Roncière, ingénieure qualité spécialiste des traitements d'antenne, fit partie de l'équipe chargée de construire un studio *ex nihilo* sous la houlette de Michel Cassan, alors responsable du service qualité de Radio France.

« Michel avait conçu le studio sans pouvoir reproduire le modèle d'origine, la fameuse "boîte dans la boîte" garante d'une isolation sonore exceptionnelle, raconte Edwige. Inquiet sur la future qualité du studio, il me demanda d'aller jeter un œil chez NRJ. J'y vais incognito – il faut dire qu'à ce moment-là personne n'imaginait une femme à un niveau de compétence si élevé en matière de technologie radio – et je tombe sur des studios très bas de gamme, sans isolation spécifique, où l'on cachait un peu la misère. Je rentre rassurer Michel, mais en réalité ce n'était pas si rassurant que cela car, même si on faisait un peu mieux, nous n'avions pas eu les moyens de garder le niveau d'exception qu'offrait jusque-là la Maison de la radio. On commençait à faire comme les autres. » Edwige n'est pas tendre pour la réhabilitation du bâtiment, en particulier pour l'agora et la rue traversante qui dénature, selon elle, l'ambition initiale d'Henry Bernard. Il n'empêche, son studio du huitième étage pour franceinfo fut une réussite totale et assura une qualité d'antenne plus que satisfaisante.

J'y ai tenu le micro et reçu des centaines d'invités pendant près de quinze ans, avant que la chaîne prenne ses quartiers définitifs en façade Seine, au quatrième étage, entre France Inter (les deux niveaux supérieurs) et la présidence de Radio France (le palier au-dessous). Là non plus, les deux studios (production et diffusion) n'ont pas été conçus selon le modèle initial de la Maison de la radio. Ils assurent tout de même l'essentiel. Les temps ont changé, les budgets aussi, les mentalités de même.

En tout cas, franceinfo demeure un bijou radiophonique d'une puissance rédactionnelle exceptionnelle, inégalée[1], capable de se mobiliser en quelques secondes en cas d'événement majeur. Je dis bien « secondes » puisqu'il suffit au journaliste à l'antenne d'interrompre son programme, d'engager une longue spéciale avec tous les chefs de service et les spécialistes de la rédaction qui peuvent débouler en studio dans la minute, de joindre par téléphone tous les interlocuteurs extérieurs que nos attaché(e)s de production appellent immédiatement (leurs carnets d'adresses sont à rallonge), d'entraîner derrière lui toute une chaîne depuis les « bocaliers » (qui jouent les aiguilleurs du ciel et trient les nombreux éléments sonores à diffuser et à extraire du direct pour rediffusion) en passant par les reporters (qui se consacrent toutes affaires cessantes à l'événement) jusqu'aux personnels administratifs (pour rapatrier des renforts ou commander des pizzas).

Ces moments-là furent uniques dans ma vie professionnelle. Ils restent gravés au plus profond de mon être. Ils m'ont apporté une capacité d'écoute, de réflexion, d'analyse et de maîtrise de soi à nulle autre pareille.

Patrick Boyer, rédacteur en chef des présentateurs au moment où je suis arrivé, m'avait prévenu : « Tu entres dans le *Top Gun* de l'info en France ! » Il n'avait pas complètement tort.

Merci, franceinfo.

Voir : Agora ; Architecture ; KB ; Réseau ; Restauration.

1. À part sans doute aujourd'hui BFM TV.

Jeanneney, Jean-Noël

La Maison de la radio et de la musique vue par...

« Dès l'origine, certains se plaignirent de la rotondité monotone des couloirs, où se répartissent un millier de bureaux et une soixantaine de studios, où l'on doit beaucoup marcher et où l'on dit que les rumeurs voyagent à plus grande vitesse qu'ailleurs, en vélocité circulaire.

« Il fallut, ainsi qu'il était naturel, que le monde de la radio s'habituât à ce nouveau décor, comme le corps le fait d'un costume.

« Ainsi, conscience fut-elle prise peu à peu des avantages, au quotidien, de cette concentration des énergies et des créations dans un paysage d'abord si surprenant, et du charme original de cet ensemble en forme de cyclone – liberté étant laissée à chacun de se sentir comme travaillant dans son œil, lieu rare de calme supposé. »

Jean-Noël Jeanneney est historien, il fut président de Radio France de 1982 à 1986.

Extrait de son livre *La République a besoin d'Histoire*.

Jeu des 1 000 francs

Oui, je sais, depuis une bonne vingtaine d'années, il faut dire le *Jeu des 1 000 euros*. Seulement voilà, quand j'ai découvert l'émission, la France était encore au franc. Les Trente Glorieuses s'achevaient, le slogan sur le pétrole et les idées n'avait pas jailli d'un brillant cerveau technocrate, le concept de métropole dormait dans ses limbes et les provinces rurales maintenaient l'embonpoint de leurs notables. À Brive, ville bourgeoise au climat social et météorologique apaisé, je grandissais gentiment auprès de mes parents, qui m'avaient eu sur le tard et m'élevaient comme des grands-parents, sans cette intimité affective qui m'a peut-être un peu éloigné de mes congénères. Je n'étais pas un ours – il n'était pas réintroduit sur le territoire à cette époque-là – mais je ressentais une grande timidité, dont je jouais parfois pour éviter trop de contacts avec des enfants autour de moi qui m'ennuyaient assez. Aussi, j'écoutais beaucoup la radio.

Deux stations étaient réglées sur la chaîne hi-fi posée au-dessus du frigo (mon père avait tiré des câbles dans les plafonds pour disposer de haut-parleurs à la fois dans la cuisine, où nous mangions, et dans la salle à manger où – bizarrement – nous regardions surtout la télévision). La première, France Musique, restait le plus souvent allumée. L'autre, France Inter, accompagnait les petits matins et les midis. Les jours où je n'avais pas école, je buvais les ondes publiques qui déversaient leur savoir immense pour le petit garçon que j'étais. Le pétillant Yves Mourousi officiait pour l'information de la mi-journée, et, juste avant – grand-messe de 12 h 45 –, nous écoutions religieusement le jeu animé par Lucien Jeunesse. Dans cette lointaine mouture, les émissions étaient enregistrées sous le chapiteau itinérant Pinder, rituel inchangé depuis la première le 19 avril 1958 avec Henri Kubnick, au Blanc dans l'Indre (elle fut diffusée deux jours plus tard sur Paris-Inter). J'ai le souvenir d'une enveloppe cachée dans la ville à découvrir, d'un candidat tête pensante, d'un renfort appelé à la rescousse, d'un sportif associé qui devait pédaler pour repêcher l'équipe en cas de mauvaise réponse, de questions bleu-blanc-rouge, du banco et du super-banco, et déjà du chronométrage au métallophone achevant son hypnotique course par le mythique final en trois tons. Le jour où le barnum fit étape à Brive, j'étais encore un gosse et n'assistais pas à ce véritable show autour de Jeunesse, ancien chanteur d'opérette, bateleur érudit et élégant, bienveillant dans sa manière d'entraîner les foules nombreuses et passionnées (le cirque était toujours plein à craquer).

De « 100 000 francs par jour » à « 1 000 francs par jour », puis du « Jeu des 1 000 francs » à « Jeu des 1 000 euros », ce programme demeure le plus ancien sur les ondes nationales, toutes stations confondues. Certes, il est physiquement éloigné de la Maison de la radio et de la musique puisqu'il parcourt la France, mais son statut, sa solidité, la fidélité de ses auditeurs, sa fabrication (en amont pour la logistique puis en post-production pour son montage définitif) en font l'un des piliers. C'est peut-être aussi lui, par ma fascination de gamin, par le côté instructif tout en restant ludique, par l'esprit de compétition que j'ai ensuite développé dans ma carrière sportive, par la découverte d'horizons inconnus comme une forme de journalisme ouvert sur le monde (les questions allaient – et vont toujours, sans limites ni tabou – de l'opéra à la politique, de l'histoire aux sciences, de l'art à la géographie, de la médecine à la poésie, du bricolage aux *people*), c'est peut-être lui, donc, qui a structuré une partie de ma propre construction : apprendre, se cultiver, transmettre, se divertir, se dépasser.

Au surplus, le *Jeu des 1 000 euros* emporte la force d'une France qui refuse de considérer Paris comme seul salut, une France qui snobe cette capitale jacobine au pouvoir centralisateur, oublieuse des gens de province, trop fière de ses institutions et de son architecture haussmannienne. Les auditeurs-candidats sont aussi les auteurs des questions posées chaque jour à l'antenne. Louis Bozon – animateur vedette à la suite des Kubnick, Lanzac, Jeunesse et qui a cédé la place à Stoufflet – considère que cette France visitée par le jeu retrouve, par moments, celle des Gilets jaunes. C'est une France enfin considérée, apte à prouver que la connaissance appartient aussi aux villages les plus reculés, ceux où la caravane des 1 000 euros accepte de se déplacer. Une caravane désormais réduite, loin du barnum d'antan : Nicolas Stoufflet au micro, un ou deux techniciens pour la prise de son et Yann Pailleret au maillet du carillon et au volant de la voiture qui avale, chaque année, ses milliers de kilomètres.

Voir : Bozon, Louis.

Jeunesse

Voir : Ateliers.

K

KB

Dans chacune des rédactions de la Maison de la radio et de la musique, se trouve un espace que l'on surnomme le « bocal ». Rien à voir avec un « aquarium où s'agiteraient des journalistes en apnée », dont s'amusa un jour *Télérama* qui précisait que « dans le jargon du métier, c'est le pôle stratégique des grandes radios ».

À franceinfo, il s'agit d'une rangée d'ordinateurs sur lesquels sont réceptionnés tous les éléments sonores envoyés depuis l'extérieur, 24/24 du 1er janvier au 31 décembre.

Un cœur qui ne cesse jamais de battre.

Les correspondants permanents à l'étranger appellent tout le temps le bocal – en passant d'abord par le Centre de distribution des modulations (CDM) – pour qu'on y enregistre leurs papiers à diffuser ensuite à l'antenne. Les « bocaliers » doivent alors « nettoyer » le produit brut mis en boîte : retirer les hésitations, les raclements de gorge, les répétitions, les « trois-deux-un-zéro » de chaque reprise, afin de remonter un son propre et « prêt à diffuser » (PAD comme on dit entre nous). Telles des couturières aux doigts d'or, les bocaliers et bocalières rendent audible ce qui ne l'est pas toujours. À Info, chacun garde en mémoire les interminables séances de nuit (décalage horaire oblige) avec Philippe Reltien, excellentissime correspondant à Washington, mais qui s'y reprenait des dizaines de fois dans ses interventions prévues pour les journaux de la matinale, ce qui nécessitait un ouvrage de dentelle.

Les équipes sur le terrain se connectent aussi au bocal (toujours *via* le CDM) pour envoyer leur moisson du jour : les interviews, les témoignages montés ou les reportages déjà construits et livrés tels quels, en PAD. Les autres stations du groupe peuvent, depuis leur propre bocal, échanger des fichiers issus de leur rédaction. On peut également adresser n'importe quel élément aux bocaliers par mail.

À noter que les intervenants invités en direct à l'antenne ne passent pas par le bocal, mais par la régie du studio. Là, ils sont mis en relation avec le ou la journaliste au micro, pour un échange *live*, soit sur simple appel téléphonique, soit en liaison internet grâce à des applications comme WhatsApp ou Report-It.

Le bocal est donc, en amont, un lieu névralgique par lequel transite l'essentiel de la production sonore qui n'est pas réalisée au sein de la station. Attention ! Il arrive que cet amont, en cas d'intense actualité, soit de l'ordre de la minute avant l'antenne (pour recaler un son trop long ou nettoyer un papier qui doit être diffusé au plus vite). Mieux vaut donc avoir une belle dextérité et une grande maîtrise de soi.

Le bocalier, par ailleurs, sait faire preuve d'empathie. Car celui qui appelle, à l'autre bout du fil, est souvent un reporter sur un long conflit, sur un procès à n'en plus finir ou sur un mégafeu dangereux. Lessivé au bout de plusieurs jours de terrain, parfois psychologiquement touché par ce qu'il voit ou entend, il livre alors autant ses états d'âme intimes et son épuisement physique que ses comptes rendus officiels.

J'évoque franceinfo parce qu'elle fut – à la Maison de la radio en tout cas – « la première station à créer un bocal, en 1987 » selon *Télérama* : « À l'époque, c'est un comptoir où un journaliste et un assistant montent à toute vitesse des bandes sur quatre magnétos. Depuis le passage au numérique, le métier a évolué. »

Le digital facilite en effet grandement les multi-connections. En fonction des évolutions de la technologie, ces dernières ont emprunté de simples lignes téléphoniques ou des LGD quand les reporters allaient retransmettre dans les centraux téléphoniques en demandant une construction de « Ligne grande distance » directement vers le lieu de l'événement à couvrir. Puis ce furent des liaisons « spécialisées » appelées RNIS (Réseau numérique à intégration de services, en réalité des câbles dédiés mis à disposition, de manière assez onéreuse, par l'opérateur historique, les PTT devenus France Télécom puis Orange). Aujourd'hui, les connexions se tissent sur la Toile. Par parenthèse, franceinfo fut surtout la première radio à passer au digital avec le nouveau millénaire. Bien que Bruno Pelletier eût chanté dans *Le Temps des cathédrales* que « la fin de ce monde est prévue pour l'an 2000 », aucun bug n'eut lieu. Toutefois, Pascal Delannoy, le patron de la station à ce moment-là, rappelle que la transition de l'antenne vers le tout numérique avait été décalée de quelques semaines, après janvier, au cas où…

Car pour « bocal », il semble que *Télérama* se trompe et que le nom ait été en réalité inventé à Europe 1, bien avant franceinfo. Michel Polacco, mémoire historique de la Maison de la radio – qui fut un chef réputé pour sa rigueur à toute épreuve, sa curiosité de tout, grand spécialiste des questions aéronautiques (il est lui-même pilote émérite) – se souvient : « À Europe les assistants étaient dans une pièce vitrée, comme un bocal. Les bocaliers y recevaient les modulations et les montaient sous l'autorité du "chef des reportages" avec, à côté, le préposé au "téléphone rouge[1]". Je fus chef du bocal et du service des reportages d'Europe 1 au milieu des années 1970. »

Devenu patron de la rédaction à France Inter, Michel a fait glisser vers le service public le nom de cette pièce séparée où l'on pouvait voir à l'œuvre les techniciens (aujourd'hui ce sont des journalistes) derrière de grandes vitres, comme des poissons tournant en rond dans leur petit réservoir. C'était à l'époque le seul endroit de la rédaction avec des baies transparentes donnant sur le couloir.

Auparavant, on appelait ce dispositif (et cette pièce) le « KB ». Ses fonctions étaient les mêmes : servir de plaque tournante pour tout ce qui, provenant de l'extérieur, était destiné à l'antenne.

1. Le téléphone rouge d'Europe 1, lancé à l'été 1973, était une ligne directe sur laquelle les auditeurs prévenaient d'un événement dont ils étaient témoins. Après vérification par des étudiants journalistes, une équipe de reportage était (ou non) envoyée sur place. La meilleure info de la semaine valait une récompense à son auteur (500 francs de l'époque).

Pourquoi cette terminologie mystérieuse et quelque peu barbare : KB ?

Plusieurs versions cohabitent.

Historiquement, avant la Maison de la radio, la Radiodiffusion-télévision française possédait une quarantaine de sites disséminés dans Paris. L'un de ces immeubles était situé au 5, avenue du Recteur-Poincaré, dans le 16e arrondissement, à deux pas du futur bâtiment rond. Ce centre portait le nom d'un résistant français, Pierre Bourdan, journaliste qui lisait les messages de Radio Londres dans *Les Français parlent aux Français* et qui fut un éphémère ministre de la Jeunesse, des Arts et des Lettres après la guerre. Un autre immeuble, le plus important de tous, se trouvait sur l'avenue des Champs-Élysées et portait, lui, le nom de Maurice Bourdet, résistant également, rédacteur en chef avant-guerre du *Journal parlé* au Poste Parisien (la radio privée appartenant au quotidien *Le Petit Parisien*), et mort en déportation.

Certains camarades, parmi les plus anciens dans la maison, pensent que le « B » renvoie au centre Bourdet qui aurait accueilli, dans les années 1950, le dispositif d'enregistrement des télécommunications extérieures.

D'autres assurent que c'était le centre Bourdan.

Parmi les jeunes générations, il en est qui laissent courir leur fantaisie à imaginer qu'il s'agirait des initiales de *Key Boards*, rappel de la multiplicité des boutons et des touches à manipuler, jadis.

Michel Polacco pencherait pour la simple présence d'une pièce numérotée KB au sein des locaux de Paris-Inter, sur les Champs-Élysées, pièce dans laquelle on collectait les appels entrants.

Pascal Francès, qui œuvre de longue date au CDM, est formel : « Pour la lettre B, il s'agit de B comme Bourdan. Une partie des studios radiophoniques installés au centre Pierre Bourdan servait à enregistrer, entre autres, les papiers des journalistes venant de l'extérieur. Les magnétophones avaient alors trois vitesses de rotation : K (9,5 centimètres de bande par seconde), L (19 cm/s), et M (38 cm/s). En sélectionnant la vitesse K on économisait de la bande magnétique. »

CQDF.

Faisons confiance aux anciens.

Ce qui importe, au fond, c'est que dans la mémoire collective de la radio publique, le terme KB reste associé à cette idée de joindre un correspondant extérieur.

Ainsi, quand j'ai commencé au milieu des années 1980 dans les radios locales du réseau Radio France (réseau qui ne s'appelait pas encore France Bleu) – que ce soit à Melun, Brest, Strasbourg, Limoges, Guéret ou Besançon –, il y avait toujours un petit placard contenant un appareil téléphonique et un magnétophone. Dès que nous avions besoin d'appeler un témoin, ou d'enregistrer un journaliste en reportage, on disait simplement : « Je vais faire un KB ! »

Voir : Sous-marin.

Klein, Étienne

La Maison de la radio et de la musique vue par...

« À mon avis, la Maison de la radio résout le problème du bateau de Thésée[1] !

« Depuis que je la fréquente je la vois en travaux, elle change donc sans cesse. Or, malgré ses chantiers

1. Voir p. 145.

successifs, elle garde en permanence son identité : c'est toujours la Maison de la radio. Il y a là une forme d'invariance un peu comme chez les Rolling Stones : malgré la mort de Brian Jones et de Charlie Watts, ou le départ de Bill Wyman et Mick Taylor, ce sont toujours les Stones.

« Sinon, d'un point de vue architectural, elle représente pour moi, en forme circulaire, la copie conforme de l'école Centrale où j'ai étudié, au centre de Paris, et qui était, elle, un carré parfait.

« Je suis souvent à la Maison de la radio, et je m'y perds souvent... Chacun sait que se repérer dans un cercle sans en voir la totalité de l'extérieur n'est pas tâche aisée, d'autant qu'ici la numérotation – qui a sûrement un sens, mais non connu des visiteurs – paraît assez anarchique.

« Je suis donc passé du carré au cercle, en étant tout aussi impressionné par le premier (maison de l'enseignement) que par la seconde (maison de la culture et du savoir), et avec le sentiment – quand je m'y paume – que l'errance permet toujours de découvrir des lieux et des gens nouveaux… »

Étienne Klein est physicien, philosophe des sciences. Il a produit différentes émissions scientifiques sur France Culture (*Science en questions*, depuis 2012).

Entretien accordé à l'auteur.

L

Labyrinthe

Toutes les personnalités qui ont livré leur vision de la Maison de la radio et de la musique pour ce *Dictionnaire amoureux* ont, à un moment ou à un autre, prononcé le mot labyrinthe ou en ont évoqué l'idée.

Alain Bauer y perçoit une résonance avec le labyrinthe de Chartres (l'une des cathédrales où, tout comme à Saint-Quentin, Amiens, Saint-Omer ou Poitiers, des dessins labyrinthiques décorent le sol). Le poète Jean-Pierre Siméon s'y perd à dessein, afin de s'offrir une balade dans l'inconnu. Barbara Carlotti voit dans ce gigantesque labyrinthe de verre et d'acier un paradoxe face à l'intimité de l'écoute, Patricia Petibon parle d'un coquillage labyrinthique. Jean Maheu, déjà, avait noté une architecture introvertie qui ne facilite pas la communication (là encore, quelle sensation paradoxale dans un temple voué pourtant à cela).

En réalité, comment ne pas se perdre dans l'infini de ces cercles imbriqués les uns dans les autres, sur des niveaux différents, auxquels plusieurs entrées donnent accès, que l'on peut rejoindre par des radiales en diagonale, dont les portes à l'identique empêchent de se situer avec précision ?

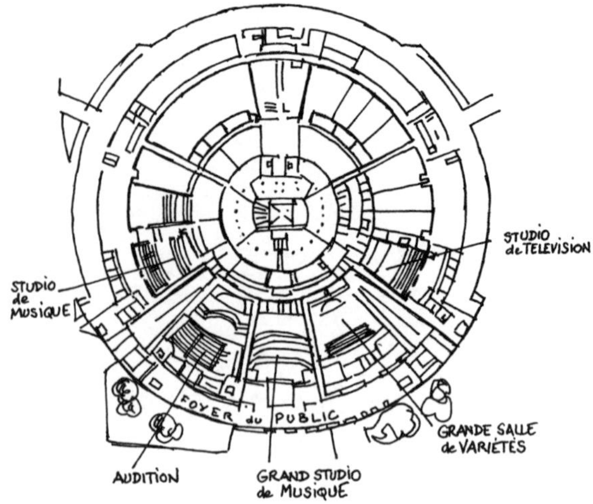

La couronne extérieure, à elle seule, aligne 5 kilomètres de couloirs ! Plusieurs dizaines de studios y sont encastrés parmi le millier de bureaux, mais – pourquoi faire simple quand on peut faire compliqué ? – jamais dans la même configuration : les uns sur un étage et demi, certains vers le centre de l'oméga, d'autres à une extrémité et d'autres encore à l'opposé.

Dans ces couloirs, à l'origine, de lourdes portes battantes barraient le chemin tous les 30 mètres, on se demande bien pourquoi. Des portes de « recoupement », auxquelles on rajouta vite une large barre de fer à mi-hauteur, à force de carreaux brisés. Quand vous marchiez de votre petite allure tranquille, il y avait ceux qui vous obligeaient à accélérer parce qu'ils vous maintenaient le battant ouvert, loin devant vous, et puis ceux qui le laissaient rebondir sans se soucier de qui suivait, au risque de vous briser le nez. Dans un mémorable sketch de la *Caméra invisible*, dans les années 1960, la vitre avait été retirée afin de faire perdre l'équilibre à ceux qui plongeaient le bras dans le vide. La réhabilitation a eu la peau de ces drôles de sas.

Pour accéder aux studios de création qui forment la couronne moyenne, il convient d'accomplir le tour des grands foyers, sachant qu'un deuxième accès par l'arrière exige de rejoindre l'anneau à ciel ouvert, au centre du complexe. L'entrée du restaurant d'entreprise nécessite de traverser la tour centrale et là seulement de rejoindre le troisième palier où se trouvent les cuisines et les tables pour déjeuner. Les journalistes de France Inter ou ceux de franceinfo, amenés à exploiter le studio télévisé (le 221), ont deux ou trois escaliers à emprunter, parfois dans un temps limité, avant de rejoindre le plateau doté des caméras.

Les hommes politiques, souvent pressés, réclament des hôtesses pour les accompagner, surtout lorsqu'ils arrivent à la dernière minute. Combien d'ami(e)s écrivain(e)s m'ont confié, face à leur angoisse de ne pas se repérer, ne jamais se présenter sans leur attaché(e) de presse censé(e) mieux connaître l'immeuble, les rassurer et les connecter au bon interlocuteur.

Même l'architecte Henry Bernard s'est perdu au sein de sa propre « créature »... L'anecdote m'a été rapportée par Laurence Jacquet, hôtesse-conférencière, qui dévoilait un jour les dessous du bâtiment à des étudiants en architecture lorsqu'elle est tombée sur le « maître » errant dans les couloirs. Elle l'a gentiment guidé vers la sortie.

Un labyrinthe.

De nos lointains souvenirs scolaires, émane le mythe du Minotaure, monstre mi-homme mi-taureau, enfermé dans une prison construite par Dédale et comprenant des méandres tels qu'il était impossible d'en sortir. Pour aller terrasser la bête infâme, Thésée déroula derrière lui un fil offert par Ariane, afin de revenir sur ses pas et de regagner l'issue sans encombre.

À la Maison de la radio et de la musique, le labyrinthe n'est pas un mythe. Je mets au défi quiconque ne connaît pas les lieux d'aller d'un point A à un point B sans se perdre. Même après des années de présence sur site, certains collaborateurs font parfois fausse route. Mon grand ami Alain Baraton, qui parle si bien des jardins sur France Inter depuis vingt ans, ne m'en voudra pas de raconter comment il s'est retrouvé, vers la fin de la réhabilitation du bâtiment, dans des bureaux vides qui n'étaient pas encore rendus à leurs occupants et comment, complètement paumé et pris de panique à quelques minutes de l'antenne, il appela en catastrophe sa réalisatrice pour se faire guider et arriver à bon port.

Julien Baldacchino, journaliste sur France Inter, se plonge, lui, avec délice, dans l'exploration tous azimuts des lieux : « Je m'amuse beaucoup à musarder, à voir où mon badge de salarié ouvre, ou non, des portes. Par exemple, pour rejoindre les loges du Studio 104, c'est un véritable jeu de piste à traverser des couloirs de bureaux et à contourner des studios radio. J'ai toujours connu la Maison de la radio en travaux, avec des changements incessants. »

Parmi les collaborateurs, je croise aussi des pianistes amateurs qui, de temps à autre, poussent une porte au hasard en espérant découvrir un Steinway, afin de s'octroyer une heure de bonheur musical en privé.

L'ancienne documentaliste et productrice Janine Marc-Pezet revoit, à l'époque où l'on entrait dans l'immeuble sans les stricts contrôles actuels – j'ose écrire « comme dans un moulin » –, des visiteurs rôdant pour dénicher le bureau où ils avaient rendez-vous : « Ils avançaient dans un sens, revenaient sur leur pas d'une démarche hésitante, repassaient une troisième ou une quatrième fois, scrutaient chaque bureau du regard à travers les portes ouvertes. Ils se satellisaient eux-mêmes ! »

Le directeur de franceinfo, Jean-Philippe Baille, revenu à la Maison de la radio trente ans après ses premiers pas de jeune journaliste, avoue y avoir retrouvé les mêmes dédales. Comme si, malgré une complète remise à neuf, rien n'avait changé. Il réfléchit d'ailleurs à utiliser les interminables couloirs de ce labyrinthe géant pour proposer une forme de narration renouvelée, l'intervieweur marchant aux côtés de son invité pour un échange sous la forme d'une conversation.

Jean Lebrun – voix historique de France Culture et de France Inter – anima jadis une matinale, restée dans les annales, en direct de l'édifice. Muni de son sac à dos émetteur, il donna à voir aux oreilles de ses auditeurs tous les recoins de ce site exceptionnel.

Valérie Zenatti, écrivaine lauréate en 2015 du prix du Livre Inter et du prix Méditerranée pour son très beau *Jacob, Jacob*, m'a suggéré une appli pour smartphone qui aiderait à naviguer sans crainte à travers le labyrinthe de la Maison.

En voilà une belle idée.

Et si Radio France la mettait en... application ?

Le Belair

Une des plus belles Américaines : un coupé à la ligne élancée, pourvu d'un museau plat et, pour certaines versions, d'une carrosserie arrière en forme d'ailes.

La Chevrolet Bel Air fut, durant les années 1950, un modèle haut de gamme de la marque. Il m'a été donné de parcourir La Havane, à Cuba, dans l'une de ces mythiques voitures US maintenues en vie par miracle – celle-là était d'un rose fuchsia extrêmement seyant et peu discret –, véritables antiquités roulantes entrées dans le patrimoine de l'île pourtant la plus farouche ennemie des États-Unis.

Une autre, de couleur blanche, est restée célèbre de mémoire de cinéphile, l'Impala (formule sport de la Bel Air) que Steve prête à Terry dans *American Graffiti*, le film de George Lucas.

General Motors avait donné à ses véhicules haut de gamme le nom d'un quartier huppé de Los Angeles, Bel Air, dont les habitants, sans doute, correspondaient à une certaine image du luxe et de l'élégance (et étaient peut-être aussi une clientèle privilégiée, cible du fabricant automobile).

« J'aimais bien cette référence à Los Angeles, confesse Éric Wapler, le patron du bar Le Belair pour expliquer le choix de son enseigne. Et puis Le Belair, ça évoque la musique, il y a un côté rétro, suranné, presque intemporel. Une fois qu'on y est entré, on pourrait être n'importe où, dans un bar d'hôtel à l'autre bout du monde. »

Improbable endroit, en effet, au sein de la Maison de la radio et de la musique. Après avoir grimpé une volée de marches à droite dans le hall Seine, on tire une porte vitrée pour entrer dans cet espace chaleureux aux tons cuivrés. Des sièges arrondis en cuir couleur caramel – qui pourraient rappeler, sur la forme, ceux de Pierre Paulin dans le foyer E d'origine et, sur la teinte, ceux de Le Corbusier des premiers bureaux de la présidence de l'ORTF – et des petites tables bistrot en marbre offrent une vue directe sur la Seine. Le comptoir, dans leur dos, occupe toute la longueur de cette première partie qui débouche sur un espace *cosy* formé d'alcôves en velours vert, décorées de petites lampes champignon (me faisant penser à celle que posait chaque soir Macha Béranger dans son studio). Enfin, tout au fond, une piste de danse en dalles lumineuses – on s'attend à y voir surgir John Travolta en plein déhanchement –, dotée de ses platines DJ et un petit espace clos réservé aux fumeurs.

Mais ce qui donne à ce bar, dessiné par l'architecte Stéphane Maupin, le ton à la fois « suranné et intemporel » évoqué par son gérant, ce sont des lames à l'aspect cuivré et aux accents seventies qui habillent les murs et le plafond.

Souvent privatisé, Le Belair accueille aussi bien des nuits jetset que des cocktails d'avant-premières de films (projetés juste en face, au cinéma Beaugrenelle) ou encore des anniversaires familiaux. Sinon, il s'inscrit comme un bar sympa et branché du 16e arrondissement parisien où l'on peut boire un verre, en soirée du jeudi au samedi, ainsi que les jours de concert à l'Auditorium ou au Studio 104.

Avouez. Organiser une fête privée à la Maison de la radio ! Ça a de la gueule, non ? Le prestige du lieu, le cadre en apparence un peu austère et gigantesque du bâtiment, ce hall Seine à traverser avec toute l'histoire que racontent ses murs et, d'un seul coup, un espace inattendu, coupé de tout, que l'on s'approprie pour se trémousser et ripailler avec ses potes…

La piste de danse peut se transformer en plateau pour des jeunes (ou moins jeunes) chanteurs et des groupes de taille raisonnable. Pendant près de trois ans, l'actuel directeur musical des antennes de Radio France, Didier Varrod, y a renoué – lorsqu'il animait sa *Foule sentimentale*, chaque vendredi soir sur France Inter – avec la grande tradition de José Artur : des invités de prestige, des artistes passant au débotté, des rencontres donnant lieu à d'inoubliables moments de radio, un public entrant et sortant à sa guise (*Le Pop Club* investissait exactement le même espace où se trouvait alors le Bar Noir).

Éric Wapler regrette d'ailleurs l'ambiance festive de ces vendredis de communion musicale. Didier Varrod, lui, se souvient de « copains chanteurs qui nous écoutaient dans leur bagnole et qui venaient nous voir, alors qu'ils n'étaient pas prévus ». Et combien de talents actuels de la scène française y ont fait leur premier *live* : Clara Luciani, Juliette Armanet, Eddy de Pretto ou Lomepal.

Édouard Baer est également passé par Le Belair pour son émission dominicale (beaucoup plus intimiste) *Lumières dans la nuit*, le temps d'une saison sur Inter, tout comme France Culture y a suscité le débat autour d'Hervé Gardette dans *Du grain à moudre*. En télévision, Marie Drucker y plante les caméras d'*Infrarouge*, et des clips y sont parfois tournés par des chanteurs.

Pour ma part, je conserve une émotion particulière pour cet endroit précis de la Maison de la radio car c'est là, en mars 1991 pour un premier passage, puis définitivement à partir d'août 1992, que j'ai commencé à travailler à franceinfo. La toute jeune radio d'information continue, née quelques années auparavant, entassait ses téléscripteurs papiers (pour les dépêches d'agence) et ses tout premiers ordinateurs Basys (pour écrire nos propres textes) entre les trois étages de ce recoin qui avait été libéré à son intention. Dans l'enthousiasme d'une nouvelle vie, j'ignorais alors que tant d'illustres personnages avaient franchi la même porte que celle par laquelle j'arrivais tous les matins, et je n'avais aucune raison d'imaginer que j'y viendrais, trente ans plus tard, prendre un verre en toute décontraction avec quelques amis. Pourquoi pas d'ailleurs un « Château Bel Air » ? Il y a, dans le Bordelais, plusieurs appellations à ce nom-là : Pomerol, Lussac-Saint-Émilion ou Sainte-Croix-du-Mont !

Voir : Artur, José ; Jaune ; Restauration.

Locataires

À sa naissance officielle en 1963, date de mise en service et d'ouverture au public, la Maison de la radio fut présentée – au-delà de toutes ses spécificités techniques, musicales et professionnelles – comme une véritable ville dans la ville.

Plusieurs milliers de personnes abritées sous le même toit, cela représente en effet un fourmillement quotidien qu'il convient de gérer avec efficacité, souplesse et convivialité. Deux bars permettaient aux visiteurs de se désaltérer, de part et d'autre du grand hall Seine : à gauche le Bar Bleu (fermé après quelques années), à droite le Bar Noir (où José Artur installa son *Pop Club* nocturne). Un restaurant d'une certaine tenue offrait depuis le dixième étage de la couronne extérieure une belle vue sur Paris. On a lu, au fil de ces pages, qu'une coopérative avait vu le jour, où les salariés se procuraient des boissons et des en-cas. Des illustrations d'époque montrent aussi un disquaire, où l'on pouvait acheter les derniers tubes à la mode passant sur les ondes. Bref, plusieurs activités annexes existaient, la plupart gérées directement par l'ORTF (qui est restée maîtresse des lieux durant la première décennie).

Par la suite, de véritables locataires investirent les lieux.

À mon arrivée en 1992, je découvris sous la dalle du hall d'entrée, face aux portes d'accès du Studio 104, une banque déployée en sous-sol. Par praticité, j'y ouvris un compte, que je possède toujours. On descendait quelques marches. Le chargé de clientèle vous accueillait dans ce qui ressemblait à une soute de navire, sans lumière naturelle. La directrice de l'agence se trouvait à droite dans un renfoncement protégé des regards, tandis qu'à gauche une petite salle des coffres s'ouvrait au fond de la pièce.

Après la réhabilitation, cette agence improbable déménagea dans la nouvelle « rue traversante » de l'immeuble, à proximité de l'agora, avant de disparaître définitivement.

Parmi les autres « corners », comme on dirait aux Galeries Lafayette, la SNCF et Air France tenaient leurs propres bureaux, auprès desquels chaque antenne préparait les déplacements de ses équipes. Corine Noël, fidèle et irremplaçable à cette fonction pour franceinfo, en garde un souvenir vivace : « Nous étions en lien permanent avec les agences. On passait notre temps à descendre les voir, dans le hall, pour acheter directement les billets de nos journalistes ou de nos techniciens qui partaient en mission. Le train pour la France, l'avion pour le reste du monde ! » L'arrivée d'Internet a rendu obsolètes ces services personnalisés.

Il y avait aussi une poste, à l'arrière du bâtiment, par laquelle on accédait depuis l'extérieur puisqu'elle était ouverte à tous. Je l'ai vue s'éloigner vers la rue La-Fontaine dans les années 1990.

Avant l'ouverture du bar Le Belair et du restaurant Radioeat (des locataires toujours en concession à l'heure actuelle), un lieu d'accueil pour la presse étrangère fut aménagé à l'entresol près de l'ancien Studio 102, où l'on pouvait venir se désaltérer et commander un snack.

Enfin, un Relais H a longtemps occupé la place centrale du hall d'entrée, près des anciens ascenseurs. On y buvait un café du matin en achetant une revue, avant de monter vers les bureaux. Des tables hautes y servaient parfois de point de rencontre avec des personnes que vous descendiez récupérer là.

Des locataires institutionnels passèrent des périodes plus ou moins longues dans cet ensemble immobilier qui offrait (et offre toujours) des surfaces incroyables.

RFI, issue du Poste colonial de l'avant-guerre, a d'abord été la voix de Radio France vers l'étranger, d'où son nom : Radio France internationale. La chaîne se trouvait donc là, à partir de 1975 après l'éclatement de l'ORTF, au même titre que France Inter ou France Culture. Ce n'est qu'en 1987 que RFI devint une société de programmes indépendante – louant donc, dès lors, ses bureaux à son ancienne structure –, avant de quitter la maison ronde après cinquante ans de présence, en 2013 (à regret pour de nombreux collaborateurs), afin de rejoindre l'audiovisuel extérieur de la France, à Issy-les-Moulineaux.

FR3 a conservé également durant plusieurs années son siège administratif au 116, avenue du Président-Kennedy. La radio et la télévision avaient en toute logique, sous l'ORTF, leur direction respective dans la maison construite pour elles en 1963. Quand l'éclatement de 1974 donna vie à Radio France, TF1, Antenne 2, FR3, etc., TF1 conserva les locaux historiques de la rue Cognacq-Jay. Antenne 2 gagna provisoirement la rue de Montessuy puis l'avenue Montaigne. FR3 prit possession d'une partie d'un étage à la Maison de la radio (le cinquième, juste au-dessus de la présidence de Radio France), avant de partir pour le cours Albert-Ier puis de rejoindre définitivement France Télévisions sur l'esplanade Henri-de-France dans le 15e arrondissement.

Plus iconoclaste, le ministère de la Jeunesse et des Sports installa là ses quartiers, un temps, à la fin des années 1970. Il s'agissait pour la récente société Radio France d'acquérir des revenus complémentaires, afin d'entretenir l'immense bâtisse dont elle venait d'hériter en 1975.

Parmi les locataires inévitables d'un tel édifice, nous voyons parfois passer une souris derrière les câbles.

La légende rapporte aussi que des chats ont cohabité dans les sous-sols ; pour ma part je n'en ai jamais croisé un seul.

Dans *La Cathédrale des ondes*, Félicie Dubois assure que pendant deux ans, en 1991 et 1992, dans la tour, « une peintre d'origine polonaise a bénéficié du plus bel atelier de la capitale : elle s'y était installée avec son chevalet, ses toiles et ses couleurs ». Je n'ai pas réussi à vérifier...

Une certitude en revanche, Jean Montaldo a squatté plusieurs jours, à l'automne 1968, un bureau à la direction des Programmes. Le journaliste, qui travaillait à *Minute* et au *Crapouillot*, entendait démontrer la gabegie effrénée qui s'opérait, selon lui, à la Maison de la radio qu'il surnommait alors le « palais gruyère », autrement dit une véritable passoire. Il se donna le titre d'« inspecteur en mission », prit possession de la pièce n° 43-54 désertée, à ses dires, par un « rédacteur en chef rayé des services et un fonctionnaire délégué à la Préfecture », et tua le temps à téléphoner à ses amis grâce à plusieurs téléphones (dont une ligne directe avec l'étranger).

« La farce durera huit jours », s'indigne Montaldo dans *Dossier ORTF tous coupables*, livre où il dresse un bilan sans pitié : « Ce séjour à la Maison de la radio me permet alors d'évaluer à plusieurs milliers le nombre de cendriers sur pieds qui ont été volés depuis son inauguration. [...] On y dérobe du papier (par tonnes), des disques (par centaines), des bandes magnétiques et des enregistrements (par kilos). Deux pianos à queue (dont un loué dans le privé) n'ont pas été retrouvés. Les postes de télévision couleur disparaissent par dizaines, un haut fonctionnaire en faisant même collection. »

Le journaliste explique également qu'une simple fiche administrative « 122 RD » lui permit d'obtenir des fournitures allant jusqu'à des chaises, des tables et des meubles. Il dénonce l'absence de sécurité puisqu'un truand de passage, entré en armes, n'aurait jamais été retrouvé à l'issue d'une poursuite par la police de quartier assistée de la brigade antigang, en 1972, dans les couloirs. « J'ai même organisé, explique Jean [qui s'amuse encore de ses facéties d'antan], un cocktail dans la salle du conseil d'administration de l'ORTF. Tous mes potes du show-biz et de

Saint-Germain étaient venus : Carlos, Dutronc, Blondin et bien d'autres. » Montaldo me raconte même comment il s'est amusé à se « dorer au soleil », en maillot de bain, sur la terrasse du P-DG Arthur Conte, avec réchaud à gaz et paréo, un épisode dont il a conservé plusieurs clichés.

En entomologie, « locataire » est le nom donné à un insecte parfois envahissant. Étonnant, non ?

Voir : Agora ; Artur, José ; Chats ; Coopérative ; Le Belair ; Restauration.

Logos

Voir : Poêle à frire.

M

Maheu, Jean

La Maison de la radio et de la musique vue par...

« Ce que le Centre Pompidou et la maison de Radio France ont en commun, c'est qu'ils sont tous deux faits de verre et de métal et qu'ils sont gigantesques. La Maison étant encore plus grande que le Centre. Ce sont moins des bâtiments que des machines. L'architecture de la Maison est un labyrinthe qui ne facilite pas la communication. C'est une architecture introvertie. »

Jean Maheu fut président du Centre national d'art et de culture Georges-Pompidou de 1983 à 1989, puis président de Radio France de 1989 à 1995.

Extrait de *La Cathédrale des ondes*, de Félicie Dubois.

Mai 68

Moins de cinq ans après son inauguration, la Maison de la radio fut prise dans la tourmente des événements qui ébranlèrent Nanterre et Paris. Le 17 mai 1968, jour de l'assemblée générale des personnels de l'ORTF aux studios des Buttes-Chaumont, des militaires furent déployés quai Kennedy dans la crainte d'un coup de force mené par les étudiants. Même dispositif rue Cognacq-Jay, où se trouvaient la rédaction et la direction de la télévision. Ce soir-là, à 19 heures, un triplex historique relia les trois sites pour une discussion enflammée sur la pertinence de rejoindre ou non la révolte estudiantine. Dans la soirée, la grève fut votée tandis qu'une plateforme adoptée à l'unanimité portait des revendications comme l'abrogation de l'ORTF, l'autonomie de l'audiovisuel public et l'obtention d'un nouveau statut des personnels.

N'oublions pas que la radio et la télévision d'État étaient sous le contrôle absolu du gouvernement qui, non seulement nommait les cadres des chaînes, mais supervisait et censurait les contenus *via* son Service de liaison interministérielle pour l'information (SLII, surnommé « Service de ligotage de l'information »). Comment concevoir aujourd'hui, à l'heure des réseaux sociaux et de la puissance du direct, qu'un membre du gouvernement livre ses consignes, choisisse les sujets à traiter, visionne les reportages, impose des coupes, trie les personnalités à inviter, prépare les questions à poser ? C'est pourtant ce qui se passait dans cette France gaullienne et paternaliste des années 1960. Michel Drucker a confié à Sonia Devillers, sur France Inter, avoir lui-même tapé, jeune recrue de la télévision, « le conducteur du JT que le général de Gaulle voulait avoir sur son bureau chaque jour à 19 heures ». Dans *Dossier ORTF, tous coupables*, Jean Montaldo décortique la mécanique du SLII, qui se réunissait tous les matins vers 11 heures avec les représentants des informations à la radio et à la télévision : « Les ministres font ainsi savoir aux “journalistes” de l'ORTF ce qu'ils “souhaitent” voir diffuser et ce qui doit être passé sous silence. »

Aussi, dès les premières secousses de Mai 68, le pouvoir avait imposé le silence aux télés et radios publiques sur lesquelles il avait le monopole. Pour suivre le drame des barricades heure par heure ou pour se faire une idée des débats enflammés dans les amphis, il fallait écouter les périphériques. Certes France Inter maintenait ses journaux, mais largement bridés par la direction (un comité de cinq sages tenterait, au fil des événements, de garantir l'objectivité de l'antenne). Quant aux actualités télévisées, elles occultaient purement et simplement le mouvement populaire : les reporters avaient interdiction de couvrir les attaques à deux pas de leur bureau (sauf de rares images sans commentaire).

Le 13 mai, jour de grève générale, des journalistes de l'ORTF avaient pourtant défilé aux côtés des étudiants, enseignants et ouvriers dans un rassemblement monstre entre République et Denfert-Rochereau (100 000 personnes selon la police, un million pour les organisateurs). Des visages connus du petit écran y avaient été soit acclamés par les manifestants désireux de leur ouvrir les bras d'une confraternité révolutionnaire, soit chahutés par ceux qui assimilaient les médias publics à une presse complice du régime.

Chez les Français aussi, les réactions étaient partagées. Un auditeur envoya quai Kennedy une missive tranchante : « Tant que le drapeau noir et le drapeau rouge ne flotteront pas au sommet de la Maison de la radiodiffusion nationale, que ceux qui y émargent sachent bien que les auditeurs et les téléspectateurs qui les paient et les paient bien, quoi qu'on dise, leur “contestent” le droit d'avoir un autre idéal que celui de servir le pouvoir démocratiquement élu. » Un autre, à l'inverse, s'émut du sort des journalistes publics qui « n'ont fait grève que pour obtenir ce que nous réclamons tous, l'objectivité de l'information, ils n'ont pas à être renvoyés ou mutés ».

L'ORTF entra donc dans le tourbillon de la grève le 17 mai. Les journalistes s'installèrent à la Maison de la radio, au Studio 106. Ils y tenaient quotidiennement, à midi, leur propre assemblée générale. Le Studio 112, lui, était le siège de l'intersyndicale où des bureaux accolés formaient une longue table rectangulaire. Dans cette Mecque de l'agitation sociale, les organisations se retrouvaient trois fois par jour pour élaborer leur stratégie et préparer la suite : FSU, CGT, CFDT, FO, Autonomes, le SNJ pour les journalistes, le SERT et le SRT pour les réalisateurs, syndicats d'acteurs, de musiciens, d'auteurs et de producteurs. Parfois plusieurs centaines de personnes s'entassaient. Dans son livre *Libérer l'ORTF*, Claude Frédéric raconte comment, au Studio 126, on travaillait sur une réforme du journal et, dans la cabine de montage 218, s'organisait un véritable service de presse. Lisons-le : « Dans cinquante studios, les commissions refont l'Office de fond en comble, les préposés distribuent affiches, tracts, badges, les organisateurs des galas de la veille au soir dans neuf théâtres parisiens et de banlieue font le bilan et entament la préparation des soirées d'information dans les villes de province. Partout, dans les centaines de cellules du palais-gruyère, des petits groupes discutent. »

Les journalistes de la presse écrite, qui souhaitaient se renseigner sur l'évolution de la situation, pouvaient entrer à tout moment dans cette maison ronde et ultra-moderne devenue l'étonnant symbole flambant neuf d'une radio et d'une télévision d'État bâillonnées.

À France Inter, la situation était assez tendue. On aurait voulu rejoindre la grève, mais priver la chaîne de son information risquait de lui faire perdre les auditeurs acquis de haute lutte face à la concurrence féroce des radios périphériques. On donnait donc l'info. Ainsi les archives sonores permettent par exemple d'entendre, dans un journal du 6 mai présenté par Jean-Pierre Elkabbach, le jeune Jean-Claude Bourret en direct depuis le boulevard Saint-Germain sur fond de guérilla urbaine. Néanmoins, le 3 juin marqua une bascule. Ce jour-là, le nouveau ministre de l'Information, Yves Guéna, était invité à l'antenne. Attendu au tournant sur d'éventuelles avancées du gouvernement, il ne proposa qu'une vague augmentation salariale, insinuant que les médias publics mettaient en péril la démocratie et la campagne électorale à venir. Surtout, il ne cédait rien sur la liberté de l'information ou l'autonomie de l'ORTF. Dès qu'il eut fini de s'exprimer, une voix s'empara des ondes : « Après la déclaration du ministre de l'Information, les journalistes de France Inter décident de se mettre en grève immédiatement. » Puis on entendit de la musique.

L'information de service public entrait ainsi dans le conflit, sur le tard, presque en décalé, après les accords de Grenelle, après la dissolution de l'Assemblée nationale et alors que peu à peu le monde ouvrier reprenait le chemin des ateliers et des usines, que des pans entiers de l'économie négociaient, et que certains secteurs redémarraient peu ou prou.

Dès lors l'ORTF, dernier bastion en lutte ouverte contre le régime, devint l'épicentre d'un mouvement général qui s'étiolait. L'armée occupa tous les émetteurs en vertu d'un plan appelé *Stentor*. Des techniciens militaires prirent le relais pour les opérations de transmission. Des soldats empêchèrent les grévistes d'accéder aux bureaux de la rue Cognacq-Jay et aux studios de l'avenue du Président-Kennedy. En réponse, une opération *Jéricho* fut lancée par les syndicats pour maintenir un lien avec l'opinion. Acte de foi désespéré ? On se souvient que, dans le récit biblique, le peuple d'Israël fait, toutes trompettes dehors, le tour de la ville de Jéricho afin que les murs s'effondrent au septième jour et qu'ils puissent entrer dans la cité. Ici, il fut décidé de faire tourner autour de la Maison de la radio les différents acteurs de Mai 68 par corporation et par catégorie socio-professionnelle.

Ainsi le 6 juin, les gens du spectacle battirent le pavé en cercle dans le sens inverse des aiguilles d'une montre, entre midi et 13 heures. Le lendemain, 2 000 journalistes de la presse écrite, tous solidaires, prirent le relais autour de l'édifice. À l'intérieur, depuis le foyer B du bâtiment qui donne sur la rue de Boulainvilliers, les grévistes de l'ORTF applaudissaient les cortèges à travers les hautes baies vitrées couvertes d'affiches et de slogans. Ce vaste hall servait de centre névralgique aux grévistes. Ils s'y retrouvaient autour d'un café, discutaient de la situation, se reposaient. Le 8 juin, ce furent les métallos qui tournèrent sous leurs yeux, puis le lendemain les étudiants et les lycéens (ils furent peu nombreux, la plupart s'étant trompés en allant encercler Cognacq-Jay). Le lundi, défilèrent les employés des services publics, puis le mardi 11 juin, de nombreux intellectuels et des professions libérales. Vint le septième et ultime jour, dédié aux téléspectateurs et aux auditeurs. Il tourna au fiasco. Ce mercredi-là en effet, le rassemblement fut interdit et empêché par les forces de l'ordre qui assiégèrent la bâtisse.

Contrairement aux murailles de Jéricho, les murs de la maison ronde n'avaient donc pas tremblé. À l'inverse, le mouvement social se fissurait.

Car, malgré encore un mois et demi de combat, d'assemblées houleuses, de galas de soutien, de meetings pour essayer de « libérer l'ORTF », slogan du moment, une purge fut menée début août et 102 journalistes virés du service public dans l'indifférence générale. On assista à une solide reprise en main du pouvoir, jusqu'à l'éclatement de l'Office en 1974 sous Valéry Giscard d'Estaing, puis la libération des ondes et l'apparition des télévisions privées avec François Mitterrand.

Voir : Grèves.

Maison commune

Radio et télévision publiques ont souvent eu, en France, un destin commun. Jamais une maison commune. La seule fut le Pavillon de la radio, à l'Exposition universelle de 1937. Replongeons-nous dans le contexte.

En cette année de tensions internationales, Guernica agonise sous les bombes fascistes, les nazis ouvrent Buchenwald et restructurent l'ensemble des camps (dont certains fonctionnent depuis quatre ans), Staline opère une démonstration de force sans précédent avec sa parade militaire du 1er mai et la France s'englue dans la crise et les grèves. On cherche donc des perspectives plus engageantes et joyeuses que celles offertes par la diplomatie ou l'économie. *Les Arts et les Techniques appliqués à la vie moderne*, thème de l'exposition, suscitent dès lors un engouement inédit et deviennent le prétexte à une nouvelle grand-messe de la modernité, que Paris accueille de mai à novembre entre le Trocadéro, le Champ-de-Mars et les bords de Seine. L'ambition du commissaire général initial, Edmond Labbé, est de démontrer que l'art et la technique, loin de s'opposer, doivent s'unir pour contribuer à rendre le quotidien à la fois beau et utile, et pour promouvoir la paix.

Las, l'Exposition universelle tourne au concours de muscles entre l'Allemagne et l'URSS qui érigent des bâtiments grandioses et massifs en vis-à-vis, sous les yeux d'une tour Eiffel dépitée. La guerre semble plus proche que jamais. Rien n'efface cette atmosphère plombée.

Pourtant, les technologies sont du dernier cri, les œuvres artistiques offrent un regard des plus créatifs, les pavillons se dotent d'une architecture moderne et fonctionnelle.

La Compagnie parisienne de distribution d'électricité commande à Raoul Dufy une fresque, *La Fée électricité*, considérée alors comme le plus grand tableau du monde. Picasso se fait critiquer pour *Guernica*, présentée au pavillon de l'Espagne, qui deviendra une œuvre culte par la suite. Miró, Calder, le couple Delaunay, Gaston Suisse et tant d'autres contribuent à l'expression visuelle et avant-gardiste de cette exposition dont certains édifices sont construits par les architectes les plus en vue de l'époque : Le Corbusier, Mallet-Stevens, le Finlandais Alvar Aalto ou l'Allemand Albert Speer. De cette effervescence survivront le Palais de Tokyo, le Palais de Chaillot, le Palais de la Découverte.

Plus modeste, le Pavillon de la radio est l'un de ceux qui correspondent peut-être le mieux à l'esprit de cette foire dans une « union indissoluble des arts et de la technique que notre exposition se propose de mettre en lumière », ainsi que l'exprimait le commissaire général lors de la pose de la première pierre dudit pavillon en décembre 1936. Edmond Labbé insistait : « Je vous remercie cordialement d'avoir ainsi secondé le grand désir que j'avais de réserver à la Radio une place de premier plan dans la grande manifestation qui va s'ouvrir dans quelques mois. » Il n'avait pas tort. La maison commune de l'audiovisuel deviendra l'attraction phare de l'Exposition universelle.

En réalité, surtout, grâce à la télévision.

Le bâtiment, long d'une centaine de mètres, fut érigé sur la rive droite du fleuve, en amont du pont Alexandre-III.

Les pieds dans l'eau, il était surmonté d'une tour de plus de 40 mètres, en forme symbolique d'antenne, équipée de néons qui perçaient la nuit d'une couleur verte. À l'intérieur, sur trois étages, des présentations de matériel, des cartes pour visualiser les réseaux de transmission, des stands des différentes stations de radio et six studios visibles par des baies vitrées depuis des galeries où le public se massait : un grand studio de 500 mètres carrés pour les concerts, un moyen et trois plus petits pour les speakers et les « causeries » des conférenciers, et un dernier studio réservé à la télévision.

C'est elle qui vola la vedette à tout le reste.

Cette télévision naissante.

Car la radiodiffusion, alors, « n'est plus événement, explique Patrice Carré dans la revue d'histoire *Vingtième Siècle*. En une dizaine d'années, elle est devenue familière. [...] À la veille de la Seconde Guerre mondiale, elle est l'ustensile électrique le plus utilisé dans les foyers français ». De fait, en 1937, une dizaine de stations émettaient, certaines publiques (Radio PTT et ses déclinaisons régionales, Radio Tour Eiffel, Radio Paris), d'autres privées (Radio Cité, Poste Parisien, plus une bonne dizaine en province). Par contre, la vision à distance, bien que promise par quelques pionniers enthousiastes depuis le début du siècle, balbutiait toujours. En France, les essais techniques remontaient à six ans, les premières diffusions à deux ans à peine, et seul un programme quotidien d'une demi-heure était proposé depuis le mois de janvier précédent sous l'égide de Radiovision-PTT. Une centaine de privilégiés possédait à Paris un poste pour recevoir les images.

Le Pavillon de la radio marquait donc un tournant pour la France, qui était cependant largement devancée en la matière par l'Allemagne : le Reich avait diffusé un an auparavant les Jeux de Berlin et, selon son pionnier

Walter Bruch dans ses *Mémoires*, la télévision allemande était « la plus moderne qui soit, avec des transmissions de films et de programmes en direct depuis le haut du pavillon allemand à Paris ». Les visiteurs français découvraient cette manière de pouvoir visualiser sur un petit écran des événements se déroulant à distance. Des directs étaient réalisés depuis divers lieux de l'Exposition. La foule bataillait pour assister à ces prouesses techniques.

Le Pavillon de la radio fut une maison commune à vocation éphémère : un « temple provisoire des ondes » rappelait *Le Petit Journal* du mois de juillet 1937. En effet, dès sa construction, ce Pavillon avait été promis à destruction. Ce fut le cas un an plus tard, bien que des voix se fissent entendre pour le conserver après l'Exposition universelle, afin de le transformer en un site pérenne. Car la France n'avait pas encore sa Maison de la radio et de la télévision alors que la *Broadcasting House* de Londres accueillait la BBC depuis 1932, ou que la *Haus des Rundfunks* avait été conçue et construite à Berlin dès 1929.

L'idée flottait pourtant dans l'air.

Robert Mallet-Stevens – figure majeure de l'architecture de l'entre-deux-guerres (il édifia cinq pavillons de l'Exposition universelle) – avait proposé en 1936, avec son collègue Georges-Henri Pingusson et l'architecte en chef de l'Exposition Jacques Gréber, davantage qu'un simple pavillon : une *Esquisse pour la Maison de la radio*. Il envisageait un bâtiment presque au même endroit que celui d'aujourd'hui. Ce dernier, vu du quai, aurait pu faire penser au siège des Nations unies à New York (inauguré au début des années 1950) avec un corps central assez bas et, à son extrémité, une tour alignée dans la même direction. Mais vue du ciel, l'esquisse dévoilait une série de rectangles qui s'emboîtaient, le principal posé à plat pour abriter un auditorium, trois autres sur leur tranche longue dans le même sens, un quatrième à l'équerre et le dernier à la verticale. Quelle aurait été la fonctionnalité de l'ensemble ? Nul ne le saura jamais. Les dessins sont restés dans les cartons de l'architecte (fort heureusement conservés au Centre d'archives d'architecture du XXe siècle).

Ce n'est qu'après la Libération que la volonté politique de construire une maison pour la Radiodiffusion-télévision française prit corps. Un inventaire des besoins en bureaux et en moyens de production fut même dressé. Pourquoi dès lors ne pas avoir choisi de faire cohabiter tout le monde rue Cognacq-Jay, d'où émettait depuis 1945 la nouvelle chaîne de télévision ? D'abord par manque de place. Ensuite par primauté du son sur l'image. Explications.

Lorsque les Allemands décident de créer un programme télé pour distraire leurs soldats blessés, durant l'Occupation, ils repèrent le dancing de l'ancien parc d'attractions Magic City, rue de l'Université. Proche de la tour Eiffel où se situe l'émetteur, l'emplacement est idéal pour tirer un câble coaxial entre les deux. Attenant, un garage désaffecté peut servir d'atelier pour les décors, car il jouxte un immeuble de huit étages donnant sur la rue Cognacq-Jay, à l'arrière. Se trouve là une pension de famille, aussitôt réquisitionnée par la préfecture et transformée en bureaux administratifs et locaux techniques. Hervé Michel dans *Les Grandes Dates de la télévision française* raconte comment, à partir de septembre 1943, la station entame son programme : « Sous l'impulsion d'un officier allemand, Kurt Hinzmann, elle diffuse, en 445 lignes, des variétés, des pièces de théâtre, des ballets, des actualités. » Le matériel, importé d'Allemagne, est celui ayant servi pour les Jeux olympiques de Berlin.

Dans leur débâcle parisienne en août 1944, les Allemands abandonnent tout rue Cognacq-Jay, alors qu'un deuxième studio y est en cours de construction. Les installations demeurent intactes, performantes, parmi les plus modernes du monde, ce qui permet à l'État français de reprendre la main assez vite. Des expérimentations sont menées puis, dès le conflit refermé, un programme d'une heure quotidienne est lancé.

Certes la technologie allemande est à la pointe, mais les moyens financiers manquent. Surtout, entre-temps, la radio a continué de prospérer, elle s'est professionnalisée, elle a démontré sa force durant la guerre. L'Appel du 18 juin et les messages émis de Londres à destination de la Résistance l'ont fait entrer dans l'Histoire.

Durant le conflit, la radio française avait gagné ses lettres de noblesse pendant que la télévision naissante – et allemande – avait perdu sa crédibilité. Aussi, quand s'amorça dès 1946 une réflexion autour d'un immeuble pour l'audiovisuel, parla-t-on de « Maison de la radio ».

Exit la télévision, coupée dans son élan et réduite à sa chaîne unique.

Exit la rue Cognacq-Jay, où la conception même de l'immeuble – des anciennes petites chambres de pension – ne permettait pas d'envisager un regroupement général. Je me souviens en effet, durant mes premières années à La Chaîne Météo qui y logeait, de l'exiguïté de notre studio et de la configuration pour le moins biscornue de notre étage administratif.

Exit l'idée de maison commune.

En 1963, Henry Bernard construisit un écrin pour la radio, un lieu « ami des sons ennemis des bruits », comme il aimait à le répéter. La télévision resta rue Cognacq-Jay ; seuls deux studios lui furent réservés quai de Passy : le 101 et le 102 (pour accueillir des plateaux de variétés ou des débats de société).

Aujourd'hui, quelques anciens regrettent l'absence d'une maison commune.

On sait qu'un équivalent télé de l'immeuble radio aurait dû voir le jour juste en face, de l'autre côté de la Seine, là où se trouve désormais le centre Beaugrenelle. Arthur Conte, P-DG de l'ORTF avant son démantèlement, confirme dans *Hommes Libres* ce projet lancé en 1972 : « Ainsi, entre autres charges, venons-nous d'arrêter notre choix sur la maquette de la Tour de la Télévision qui doit abriter avant cinq ans sur le Front de Seine, face à la Maison de la radio, de l'autre côté du fleuve, les services de la direction générale et l'ensemble de nos journaux télévisés. » Les architectes choisis, Maurice Novarina et Pierre Laborde, avaient l'ambition de lancer vers le ciel un cylindre de 130 mètres de hauteur sur 40 de diamètre : au centre, les studios et les plateaux des trois chaînes de télévision, autour les régies et les bureaux. Le projet, baptisé Pégase, ne prit jamais son envol puisque radio et télévision furent définitivement déconnectées deux ans plus tard par l'éclatement de l'ORTF.

D'autres citent avec des trémolos dans la voix l'exemple « remarquable » des sociétés audiovisuelles britanniques ou allemandes.

En réalité, cette idée de maison commune à tous les métiers me semble relever d'un fantasme bien-pensant. Je connais celle qu'occupe à Berlin le groupement RBB (*Rundfunk Berlin-Brandenburg,* littéralement, « radio » de Berlin et du Brandebourg) pour l'avoir visitée à plusieurs reprises. Le bâtiment historique n'était destiné qu'à la radio, les studios télé ont été aménagés par la suite dans des locaux attenants, plus modernes et fonctionnels. Certes, on circule aisément entre les deux, les personnels se côtoient, l'image vers l'extérieur est unique. Néanmoins chacun œuvre dans son propre secteur, selon une forme de cloisonnement que l'on retrouve d'ailleurs au sein de Radio France.

Nous vivons dans notre propre univers.

Or nos univers ont évolué. Grâce au digital, ils se sont sacrément élargis.

Son, image et texte forment le cocktail d'une nouvelle génération de médias sur Internet, sur les applications et sur les réseaux sociaux. Arte dispose de sa radio. RTL est filmée en permanence. *Le Monde* diffuse ses podcasts. franceinfo est à la fois une radio, un canal télévisé, une agence de presse, un site web, une appli, une chaîne YouTube, des comptes Twitter, Instagram, TikTok ou Switch ; c'est le concept de « média global ».

Ce nouveau média global ne serait-il pas, au fond, notre virtuelle maison commune ?

Voir : Berlin.

Maîtrise

La Maîtrise de Radio France est un des chœurs d'enfants les plus réputés au monde.

Dans l'imaginaire collectif récent, une chorale d'enfants renvoie au film de Christophe Barratier *Les Choristes*, lui-même inspiré de *La Cage aux rossignols*, autre long-métrage signé Jean Dréville en 1945. Ou comment le chant transforme (en mieux) le quotidien de têtes dures dans un pensionnat. L'histoire n'est pas seulement un scénario de cinéma : dans les années 1940, une chorale fut constituée au centre de rééducation Ker-Goat, près de Dinan en Bretagne (« la prison où les barreaux sont les arbres de la forêt », ainsi que l'écrivit le grand défenseur des jeunes en dérive, Henri Joubrel, dans son best-seller *Ker-Goat, le salut des enfants perdus*). Vertu sociale du chant, les gosses trop turbulents se trouvaient canalisés et découvraient, par leur voix, sinon leur voie en tout cas un moyen d'expression et de reconnaissance. Cette chorale connut un certain succès puisqu'elle sillonna les scènes bretonnes avant de monter à Paris, où elle se produisit salle Pleyel et grava même un disque à l'ORTF, diffusé sur les ondes nationales !

Comparaison n'est pas raison, mais il est indéniable que le chant transforme. Des chercheurs démontrent, grâce aux IRM fonctionnelles, que la pratique musicale façonne le cerveau. Sofi Jeannin, directrice de la Maîtrise de Radio France ajoute dans *Télérama* : « La musique classique renforce la concentration, l'autonomie, l'estime de soi, la responsabilité citoyenne. »

Bref, la Maîtrise fait grandir, en musique, sur le principe du mi-temps pédagogique : enseignement général le matin et formation musicale l'après-midi. Ce fut d'ailleurs, historiquement, l'une des premières expériences du genre en France, voulue par le fondateur de ce chœur d'enfants, Henry Barraud. Bordelais issu d'un milieu bourgeois qui avait étouffé son enfance, il fut lui-même renvoyé du conservatoire de Paris à cause de son refus de suivre des méthodes qu'il trouvait trop orthodoxes. Devenu compositeur, responsable musical de l'Exposition universelle de 1937, il prit les rênes de la musique sur la Radiodiffusion après la guerre. Il y déploya « son action à un niveau de responsabilités où les nouvelles équipes au pouvoir auront le mérite d'installer son talent », souligne Jean-Noël Jeanneney dans la préface du livre d'Henry Barraud, *Un compositeur aux commandes de la radio*. C'est en 1946 que Barraud fonde la Maîtrise, avec la complicité du pédagogue Maurice David, inspecteur général de l'enseignement musical de Paris.

La Maison de la radio et de la musique accueille les enfants uniquement lorsqu'ils se produisent. Le reste du temps, ces derniers sont regroupés, pour des questions évidentes de scolarisation, sur deux sites éducatifs : la cité scolaire La Fontaine dans le 16e arrondissement et, depuis 2007, plusieurs établissements à Bondy, en Saint-Saint-Denis. Ils sont 180 au total, à chanter le plus souvent ensemble afin de favoriser la mixité entre les beaux quartiers du 16e et les zones d'éducation prioritaires des quartiers nord. Tous ne deviennent pas professionnels (un peu moins de la moitié tout de même) mais tous prennent confiance en eux, développent une ouverture d'esprit, acquièrent une méthode de travail et s'épanouissent différemment.

Ce parcours inédit est gratuit. Le recrutement se fait sur audience vocale, la formation va de l'école élémentaire jusqu'au baccalauréat pour un enseignement général et le chant bien sûr, mais aussi l'harmonie, le piano, des techniques musicales et une pratique corporelle et scénique. La Maîtrise se produit régulièrement aux côtés des autres formations de la Maison de la radio et de la musique : l'Orchestre national, l'Orchestre philharmonique et le Chœur. Elle chante tous les répertoires, depuis la musique la plus ancienne jusqu'à la plus contemporaine, à l'image de sa participation au festival Présences.

Si à l'origine c'était un chœur de filles, l'ensemble travaille aujourd'hui sous diverses configurations : un chœur pour les filles les plus jeunes, un autre pour les adolescentes plus âgées, un chœur de chambre mixte et un chœur de garçons (qui n'ont pas encore mué).

Lors du premier concert en 1946, au Théâtre des Champs-Élysées, les enfants de la maîtrise de la radio avaient interprété *Le Chant des oiseaux* de Clément Janequin, une superbe pièce polyphonique où les cordes vocales sont mises à l'épreuve d'une rythmique et d'une diction parfaites. Depuis, les oiseaux se sont envolés. La Maîtrise a performé avec les plus grands orchestres du monde (le Philharmonique de Los Angeles ou le Symphonique de Londres), enregistré de multiples disques, foulé les plus grandes scènes et s'est fait une place parmi les chœurs d'enfants les plus prisés.

Olivier Messiaen appréciait particulièrement qu'elle chante ses *Trois petites liturgies de la Présence divine*. Bel hommage pour des voix d'anges...

Voir : Auditorium ; Chœur ; Orchestres ; Musique.

Makeïeff, Macha

La Maison de la radio et de la musique vue par…

« Cet édifice est une utopie. Une sorte de soucoupe volante hors de Paris, à l'époque de sa construction. Un peu moins radicale, aujourd'hui.

« Pour moi, c'est une roulette russe, comme un jeu. Je rentre là-dedans, je loupe la bonne porte, je me perds, j'ai l'impression de remonter le temps, je passe devant des studios et des studios et des studios, et tout d'un coup je me dis *Tiens ! c'est ce numéro*, j'entre et, en effet, on m'accueille pour des moments délicieux comme je les aime à la radio.

« Je trouve formidable, aussi, qu'on associe désormais la musique à la radio, parce qu'il y a une proximité des deux dans leur forme d'intimité sensuelle. »

Macha Makeïeff est autrice, metteuse en scène de théâtre et plasticienne.

Entretien accordé à l'auteur.

Mangin

Le chantier pharaonique de la réhabilitation de la Maison de la radio et de la musique a été mené en conservant l'activité sur place. Une gageure devenue un exploit. Ce qui a conduit, pendant près de vingt ans, à un incroyable jeu de pousse-pousse, comme ces petits carrés qu'on déplaçait à une vitesse folle, dans notre enfance, pour reconstituer l'image d'un puzzle miniature.

Pendant qu'une partie du bâtiment était en travaux, ses occupants émigraient ailleurs – sans être sûrs au demeurant de retrouver leur position initiale –, puis ladite partie était remise à la disposition de ses tenants définitifs. Quelques exemples. franceinfo est passée du niveau 8 porte B au niveau 4 porte A. Le réfectoire a quitté le dixième étage de la couronne extérieure pour gagner le troisième étage de la couronne intérieure. La présidence est descendue d'un cran et France Inter a délaissé les paliers 3 et 5 sur la rue de Boulainvilliers, pour rejoindre les paliers 5 et 6 de la façade Seine... en passant par Mangin.

Car pour enclencher ce mouvement rotatif général, il a bien fallu trouver un espace vide, vers où « pousser » le service quittant le premier secteur à réhabiliter. Si l'on excepte la tour centrale – qui a subi sa remise à neuf en expédiant les documents d'archives hors de Paris (vers l'Ina) –, c'est France Inter qui a d'abord émigré. Après des recherches dans le quartier, il fut envisagé de louer 7 000 mètres carrés dans le Tripode, un immeuble à deux pas de là, sur le même trottoir, en direction de la tour Eiffel. « Nous avons voulu profiter de ce déménagement, expliquait en 2003 dans *Libération* le directeur général délégué à la gestion de Radio France, Claude Norek, pour procéder à la rénovation des locaux de la chaîne qui en ont bien besoin et à la numérisation de la station. » L'opération était prévue pour durer trois ans.

Alain Dumain, à ce moment-là en charge des opérations extérieures, se souvient des séances de réflexion engagées lors de visites dans ce fameux Tripode, où RFI occupait déjà quelques bureaux. « Un jour en sortant d'une réunion, j'ai pris Jean-Luc[1] à part, raconte Alain avec sa faconde naturelle, et je lui ai dit qu'on ne pourrait

1. Jean-Luc Hees, alors directeur de France Inter.

jamais monter une radio nationale dans ces espaces exigus. C'est là que les responsables du Tripode nous ont signalé des pièces plus vastes à l'arrière du bâtiment, par l'entrée avenue du Général-Mangin. »

De vastes plateaux nus y étaient en effet disponibles. Décision fut prise de s'installer là. Des dalles en béton furent coulées, et des blocs insonorisés bâtis dessus pour accueillir les studios. Dans les bureaux aménagés tout autour, plus étroits et pas très hauts, les presque 450 personnels à reloger vécurent mal cette transition obligatoire, qui a duré pour Inter de longues années. « Les journalistes qui me croisaient mettaient leur main sur le front, avoue Alain Dumain, pour me faire comprendre que c'était bas de plafond. Mais nous pensions que ce serait provisoire. » Il faut toujours se méfier du provisoire qu'on vous promet. À noter l'émission à succès *Panique au Mangin Palace*, de Philippe Collin qui, à la fin des années 2000, faisait référence à cet édifice particulier.

France Bleu prit la relève à Mangin lorsque France Inter réintégra la Maison de la radio. Le service des archives de Radio France y est également resté assez longtemps.

Quant au Tripode, il hébergea de nombreux services administratifs ainsi que la direction de la Musique. Avec ce que l'on a appelé *L'Opération retrouvailles* en 2023, vingt ans après le premier coup de pioche de la réhabilitation (sauf pour les studios de création qui retrouveront leur activité en 2025, si tout va bien), tout le monde est rentré au bercail.

Cette série de déplacements en taquets peut vous paraître folie pure.

À propos de folie, saviez-vous qu'au XIXe siècle le docteur Esprit Blanche fonda une maison de santé sur le terrain même où sont aujourd'hui érigés Tripode et Mangin ? C'était un asile d'un genre tout à fait nouveau, établi sur le modèle d'une pension de famille. Les patients atteint d'aliénation douce venaient ici, à Passy, partager la vie quotidienne du médecin, de sa femme et de ses enfants, dîner à leur table et se promener dans leur parc.

Ce fut l'une des institutions psychiatriques les plus célèbres d'Europe pour ses pratiques novatrices. De nombreuses personnalités en souffrance y séjournèrent, ce que rappelle Laure Murat dans *La Maison du docteur Blanche* : « Refuge de la génération romantique et de Gérard de Nerval en particulier, elle abritera les vertiges de Charles Gounod, la mélancolie de la famille Halévy, les crises d'hystérie de Marie d'Agoult. Théo Van Gogh, le frère de Vincent, en sera l'un des derniers patients avec Guy de Maupassant qui, atteint de syphilis, y finira ses jours après un an et demi de délires. »

Après les musiciens et les écrivains de jadis, journalistes et producteurs modernes.

D'une folie créatrice à l'autre…

Voir : Chantier ; Quartier ; Studios de création ; Taquin.

Marx, Thierry

La Maison de la radio et de la musique vue par…

« Mon grand-père rallumait des chaudières, le dimanche soir, dans les beaux immeubles du 16e arrondissement. Parfois, je l'accompagnais. Comme il se souciait de ne pas dépenser un ticket de métro, nous rentrions à pied jusqu'à Ménilmontant en passant devant la Maison de la radio, flambant neuve. Je me demandais toujours : “Mais qu'est-ce qui peut bien se passer là-dedans ?” On nous racontait même que le général de Gaulle y avait un abri antiatomique.

« Quand j'ai commencé ma carrière professionnelle, j'y ai été invité, à 23 heures, pour parler de mon métier. J'avoue que dans ces immenses couloirs vides, en pleine nuit, j'ai ressenti une intense émotion : j'allais vivre un moment au sein de l'édifice fantasmé de mon enfance. Car le gosse que j'étais trouvait que les gens dont il entendait la voix à la radio étaient extraordinairement intelligents. Ce lieu était – et il le reste aujourd'hui –, un temple du savoir vivant. »

Thierry Marx est chef étoilé et entrepreneur.
Entretien accordé à l'auteur.

Matinales

Voir : Nuit.

Mayette-Holtz, Muriel

La Maison de la radio et de la musique vue par...

« J'adore ce bâtiment qui est comme un escargot.

« À l'époque où j'y enregistrais des dramatiques, quand j'étais à la Comédie-Française, certes les studios étaient plus sinistres les uns que les autres et la moquette très approximative (les cafés aussi), mais il y avait toujours un monsieur avec un Caddie empli de tas d'objets, un grand gaillard – le bruiteur – avec qui on se mettait à inventer le monde !

« De tous les solfèges d'expression, la radio est mon préféré parce que c'est un moyen extraordinaire de partage sur l'imaginaire. Différents grains de micros sur ta voix, et s'ouvre un univers de sons.

« Je garde aussi le souvenir de grandes vitres insonorisées entre le studio et la régie, derrière lesquelles je voyais le producteur gesticuler, s'énerver ou s'enthousiasmer sans comprendre ce qu'il disait : il oubliait d'appuyer sur le bouton d'ordres... c'était une bulle où j'aimais me plonger. »

Muriel Mayette-Holtz est comédienne, metteuse en scène de théâtre. Elle dirige le Théâtre national de Nice.

Entretien accordé à l'auteur.

Métiers

La Maison de la radio et de la musique héberge mille et un métiers.

La diversité des professions liées directement aux antennes n'est pas une révélation en soi. De la technique au journalisme, de l'administratif à la direction, en passant par la production, l'animation, la préparation des émissions en amont, la mise en ligne et les podcasts en aval, ce sont des dizaines de fonctions. Je n'en dresserai pas la liste, on les retrouve dans la plupart des grands groupes radiophoniques.

Le bâtiment abritant aussi quatre formations musicales d'envergure internationales – Orchestre national de France, Orchestre philharmonique, Chœur et Maîtrise –, on peut ajouter des musiciens, des régisseurs, des techniciens et, comme pour les radios, les administratifs et les directions. Je vous fais également grâce de cette liste.

Comment ne pas mentionner les services de restauration, lorsqu'il s'agit de servir quotidiennement 2 000 à 3 000 repas : une nouvelle cohorte de professions s'ajoute donc aux précédentes ; au reste, elle existe dans n'importe quelle société de même dimension. On peut aussi ajouter les personnels juridiques, d'accueil, de ménage, de documentation, de gestion, de maintenance, de sécurité, d'archives, de marketing ou de communication.

Mon intention est surtout d'adresser un clin d'œil à des métiers spécifiques auxquels on ne s'attend pas toujours ici : menuisier, serrurier, plombier, maçon, peintre, pompier, ferronnier, etc. Vous verrez à l'entrée *Présidences* comment Mathieu Gallet découvre cette diversité de savoir-faire.

Notons que les bruiteurs employés à la Maison de la radio et de la musique comptent parmi les derniers d'Europe.

En définitive, si le compte des métiers n'atteint pas les 1 001, celui des personnels le dépasse largement avec, selon les chiffres officiels du groupe (au 31 décembre 2021), 4 881 collaborateurs répartis comme suit :

– 3 330 personnels de production, dont 961 journalistes ;
– 251 personnels dédiés aux technologies ;
– 660 personnels pour la gestion d'entreprise ;
– 312 personnels dans l'immobilier et moyens généraux ;
– 203 personnels dédiés à l'accueil du public et aux relations auditeurs ;
– 125 personnels dans les métiers de communication et marketing.

Voir : Incendie ; Présidences ; Studio 114.

Métro

Trois lignes du métro parisien encerclent la Maison de la radio et de la musique. La 9 descend au mitan du 16e arrondissement, la 10 relie le sud-ouest de la capitale à son centre, et la 6 forme l'anse sud d'une boucle intérieure parisienne.

Ainsi trois stations, sur chacune de ces trois lignes, sont les plus directes pour accéder à Radio France : La Muette sur la ligne 9, Charles-Michels sur la 10, Passy sur la 6.

Directes, mais à distance respectable : 950 mètres pour La Muette, 900 mètres pour Charles-Michels, 850 mètres pour Passy ; plus de dix minutes à pied dans tous les cas.

Pourquoi diable le palais des ondes a-t-il été implanté aussi loin du transport en commun le plus pratique et le plus utilisé de la métropole ?

Au-delà du fait que les terrains proposés par la mairie à la fin des années 1950 étaient rares, tout simplement pour une question d'acoustique : l'absence de ligne de métro souterraine à proximité de l'édifice le préserve de toute vibration du sol pouvant se répercuter dans sa structure et provoquer des perturbations sonores.

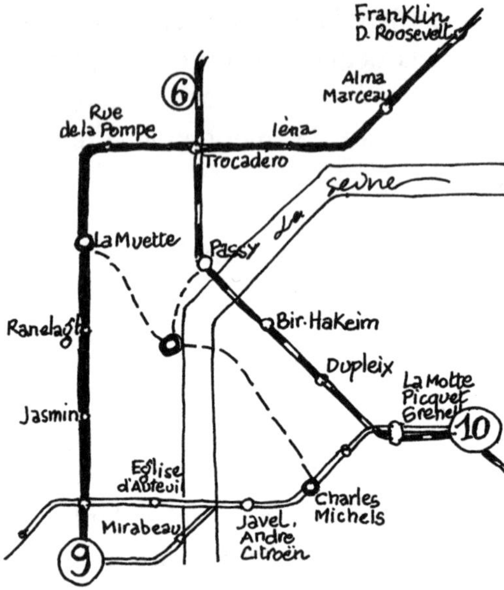

Une maison « amie des sons, ennemies des bruits » selon l'adage de son architecte Henry Bernard. Non seulement il a tenu le bâtiment hors de portée du métro, mais il l'a conçu pour qu'aucune nuisance extérieure n'atteigne les studios de production et de diffusion, tous aménagés dans la partie intérieure des étages et donc protégés de la partie extérieure par les bureaux.

Les seuls moyens d'arriver aux portes de l'édifice sont la marche à pied, le chauffeur privé (les ministres ou les personnalités d'importance se font en général déposer devant l'entrée principale), le taxi bien sûr, un véhicule personnel (parking disponible pour voiture ou motocyclette et emplacement vélos et trottinettes), le bus de la ligne 72 dont l'arrêt est à 50 mètres des portes vitrées, ou le RER C qui a ouvert sur cette portion-là en 1988 : *a contrario* du métro souterrain, il effleure la Maison de la radio tout en douceur d'autant que ses rails auraient été montés sur ressorts à la demande de Radio France...

Sinon, pour les plus aventureux – et accessoirement ceux qui ont quelques moyens –, il reste l'option hélico pour une approche à la manière Bébel dans *Peur sur la ville.*

Voir : Architecture ; Décor ; Parking ; Terrain.

Micro

Pour comprendre le fonctionnement d'un microphone, je suis allé voir la vidéo de Jamy *L'Épicurieux*, sur les plateformes. Démonstration limpide que je vous invite à regarder, et que je résumerais ainsi : les ondes provoquées par la voix font vibrer une membrane qui entraîne une petite bobine autour d'un aimant. Cette bobine induit un courant électrique qui module exactement comme la voix et qui peut, dès lors, être transporté.

Je conserve une vieille photo, qui provoque toujours un léger pincement lorsque je la revois. Elle montre un petit garçon, 8 ou 9 ans, du rêve plein les yeux, qui tient à la main un faux micro réalisé en carton-pâte enrobé d'aluminium pour le côté « paillettes ». Dans un grand sourire, le gosse chante devant un public familial. Ma carrière de ténor léger aura été moins longue que celle de journaliste radio. Le micro est resté.

Pourtant, ma première expérience réelle avec la fameuse membrane fut un fiasco. Moins de dix ans après la photo, j'animais des formations de basket dans mon club à Brive. Le correspondant de Radio France Limoges (où j'entamerai ma carrière radiophonique un peu plus tard) m'interviewa pour un reportage : je tremblai comme une feuille et ne parvins pas à aligner trois mots.

Depuis, je ne m'en cache pas. J'aime le micro.

Sensation de singularité ? Outil de partage ? Sentiment de puissance ? Plaisir du jeu autour de la voix ?

Sans doute un peu tout cela.

Je cause dans le poste depuis quarante ans. Je ne m'en lasse pas (je chante depuis cinquante ans, je ne m'en lasse pas non plus).

Les autres personnels à la radio nous appellent souvent des « bouffeurs de micros ». C'est vrai. J'ai pourtant choisi, désormais, de délaisser l'antenne en direct et de conserver seulement deux chroniques le week-end. Les jeunes générations font de formidables présentateurs, et je suis heureux d'entendre des Jules de Kiss, Nicolas Teillard, Camille Revel, Marie Bernardeau et tant d'autres accompagner avec talent, au quotidien, les auditeurs de franceinfo comme je l'ai fait durant de longues décennies. C'est un métier exigeant qui réclame écoute et humilité.

Ne me demandez pas combien de sortes de micros sont utilisées à la Maison de la radio et de la musique. Je n'en ai aucune idée. Des dizaines et des dizaines, selon les situations : en studio ou en extérieur, pour de la musique ou du documentaire, tenus à la main ou fixés sur des perches, en prise d'ambiance à l'Auditorium ou à bord d'une moto reportage durant le tour de France, afin d'enregistrer une fiction ou lors d'un direct en public, des minuscules comme les micros-cravates jusqu'aux géants comme un des rares AKG C12 d'origine... Une « micro-thèque » est chargée de stocker et gérer ces précieux instruments au jour le jour.

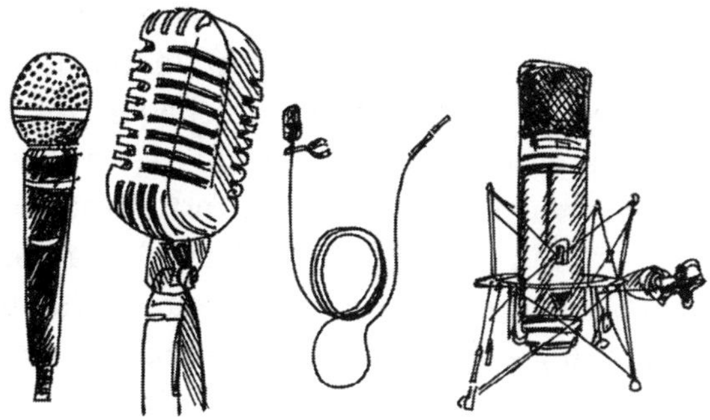

Son responsable, José Sarmento, estime à 5 000 le nombre de microphones dans l'immeuble ! « Il existe différents modèles en fonction des directivités souhaitées, explique-t-il, et il y a autant de modèles que de marques. L'éventail est très large. Depuis une quarantaine d'années, la marque Schoeps donne l'identité sonore de Radio France. Par exemple, le couple ORTF, qui permettait des captations stéréo, a acquis ses lettres de noblesse dans les années 1970. Aujourd'hui, tous les studios de la maison sont équipés des Schoeps CMH 64. »

La plupart du temps, une « bonnette » recouvre la membrane chargée de vibrer pour produire la modulation qui transmet le son. C'est une sorte de chapeau en tissu qui évite les plosives, quand on prononce un mot commençant par « p » (on dit alors que le micro « plope », du célèbre verbe ploper...). Durant la crise sanitaire liée à la Covid-19, les bonnettes ont été retirées car elles pouvaient devenir un nid de bactéries, et les micros subissaient un nettoyage incessant par des lingettes dont ils n'ont pas dû apprécier la friction.

Il m'a été rapporté que cette décision de retirer les bonnettes a donné lieu à une réunion de crise au plus haut niveau de l'état-major, à la Maison de la radio, quelques jours avant le confinement. Le son serait-il aussi bon ? Comment identifier les chaînes sur le terrain puisque les bonnettes portent la marque de chaque antenne ? La manière de parler des journalistes allait-elle changer ?

Ces discussions révèlent l'affect fort autour du micro, outil majeur pour tout professionnel de radio. Faut-il s'en étonner ? Laurent Frisch, directeur du Numérique et de la Production, à Radio France, ne manque jamais une occasion de twitter à propos des bonnettes. Ainsi, après la crise sanitaire, se réjouissait-il de leur retour.

Si j'ai commencé en région avec l'inusable Lem DO21 et son habillage carré en bakélite, j'éprouve un sentiment particulier pour le Neumann, cette Rolls des microphones. Le U87, suspendu à son support circulaire par des élastiques (afin d'éviter toute vibration parasite), dispose d'une bonnette placée à son avant, de forme ronde et tenue par une patte indépendante. Sa manière d'envelopper la voix est inimitable. Des graves aux aigus, il reproduit les fréquences avec une fidélité troublante. Sinatra chantait devant son ancêtre, le U47. Les rares fois qu'il m'a été donné de bénéficier d'un tel micro restent gravées dans ma mémoire comme des moments d'exception.

Voir : Paris-Bordeaux-Le Mans ; Souffle.

Mirguet, Olivier

La Maison de la radio et de la musique vue par...

« L'architecture de la Maison de la radio témoigne d'une époque où l'information était sous contrôle du pouvoir. Construite en pleine guerre d'Algérie et pendant la guerre froide, elle a été conçue comme une forteresse, censée être imprenable en cas d'insurrection.

« J'y suis un jour tombé sur un texte scotché au mur, un extrait du livre de Michel Foucault *Surveiller et Punir*. Ce texte parle du panoptisme, ce qui signifie voir sans être vu. Selon Foucault, le bâtiment idéal pour figurer le panoptisme est une construction en forme d'anneau, avec une tour au centre, dans laquelle prend place un surveillant. Celui-ci observe des prisonniers dans les cellules, ou des écoliers apprenant à lire, ou des fous actualisant leur folie.

« J'ai arraché la feuille du mur et j'ai décidé que Foucault serait mon guide dans la maison de Radio France. »

Olivier Mirguet est cinéaste et dessinateur.

Extrait du *Monde*, en 2005, à propos de son exposition photographique consacrée à la Maison de la radio.

Monument aux morts

Voir : Crypte.

Musée

Voir : Hôtesses.

Musique

À la Maison de la radio, fallait-il ajouter la musique ? Pas sûr que de Gaulle – « À la radio fallait-il une Maison ? Oui ! » –, qui préférait la littérature classique, eût porté un tel engagement, encore qu'on l'entende dire dans le documentaire *De Gaulle : histoire d'un géant* réalisé par Jean-Pierre Cottet pour les cinquante ans de sa mort : « On s'imagine que je n'écoute que de la musique militaire alors que j'aime la musique fluide de Debussy ! »

Sibyle Veil n'eut, elle, aucune hésitation pour annoncer le nouveau nom de l'édifice, le 10 janvier 2021. Ainsi notre habitation commune allait-elle devenir *Maison de la radio et de la musique*. La présidente de Radio France s'en justifiait par le rôle à jouer, dans ce secteur, d'un établissement qui compte cinq radios musicales (France Inter, France Bleu, France Musique, Mouv' et FIP) et quatre formations majeures (Orchestre national de France, Orchestre philharmonique, Chœur et Maîtrise), qui donne chaque année dans ses murs plus de trois cents concerts, qui accueille près de mille artistes et passe commande d'une soixantaine d'œuvres à créer.

« C'est un acte symbolique fort après une année où, plus que jamais, nous avons soutenu le secteur culturel et musical », soulignait ce jour-là dans *Le Journal du Dimanche* Sibyle Veil, qui rappelait ainsi le rôle majeur de la radio de service public durant la crise sanitaire. Souvenons-nous en effet que, durant les confinements, les artistes, privés de scène, rongeaient leur frein chez eux, exprimaient leur talent en solitaire sur les réseaux sociaux, guettaient avec anxiété la date de reprise de leurs activités sur scène et se retrouvaient pour beaucoup au pied d'un mur financier, psychologique, voire créatif. Le monde de la musique était fragilisé, précarisé de manière violente : salles de spectacles fermées, labels indépendants en situation de banqueroute, festivals annulés, intermittents en danger.

Face à cette situation dramatique, les radios de service public se mobilisèrent pour faire rayonner davantage encore les acteurs du monde musical. Le volume global de la musique augmenta d'un quart sur les antennes avec un coup de pouce à la production française dans le but de générer davantage de droits d'auteur, les festivals annulés reçurent un écho sur les ondes afin de continuer à exister de manière virtuelle, un festival HyperNuit fut inventé et diffusé, fin janvier 2021, avec une centaine d'artistes regroupés sur une même scène le même soir, trop heureux de retrouver leur métier et de sortir de leur détresse. Ce furent six heures de *live* autour de Didier Varrod – le nouveau directeur musical des antennes de Radio France, à l'origine de cette initiative –, depuis le Studio 104 de la toute « jeune » Maison de la radio et de la musique, écoutées, à l'autre bout du poste sur les cinq chaînes précédemment citées, par des centaines de milliers d'auditeurs, eux aussi en manque d'événements musicaux.

Depuis, l'idée a été pérennisée à travers l'HyperWeekendFestival, chaque début d'année, avec l'ambition d'offrir trois jours de musique dans tous les recoins du bâtiment, depuis l'entresol jusqu'au 22e étage de la tour. « Pour des raisons de sécurité, nous n'avons pas pu descendre dans le parking, regrette Didier Varrod, mais je veux faire en sorte que, au-delà des salles destinées par nature à la musique, cette maison s'ouvre à des créations qui investissent d'autres lieux. »

Pour la première édition de ce festival maison, Jean-Michel Jarre donna au sein de l'agora – l'espace ouvert en plein cœur de la maison – une nouvelle vie au patrimoine sonore de Pierre Henry (pionnier de la musique électronique) grâce à son opus *Oxymore* joué dans une formule de « son immersif », l'étage panoramique de la tour centrale accueillit le musicien et performeur Joseph Schiano di Lombo pour une *Petite musique de nuit* improvisée, et le Foyer F se transforma en *masterclass* autour de l'innovation sonore ou de la voix des femmes. Plus, bien sûr, tous les artistes en concert durant trois jours au Studio 104, et les deux soirées Clara Luciani et Alex Beaupain à l'Auditorium en compagnie du Philharmonique. De la pop au rap en passant par le rock, la musique classique et le jazz, tous répondirent présent.

« Mon rôle est de faire en sorte que cette maison soit exploitée dans toutes ses extrémités pour faire de la musique, poursuit Didier Varrod. La dénomination "Maison de la radio et de la musique" implique que les deux ne soient jamais totalement très éloignées. Aussi, quand je monte des opérations, j'imagine toujours les étendre à des lieux pas forcément dédiés à la musique. »

Le baptême officiel de l'immeuble sous son nouveau nom, le 16 juin 2021, fut l'occasion d'un concert du groupe Last Train sur le toit – en clin d'œil aux Beatles sur le faîte de leur maison de disques Apple Corps, à Londres, en 1969 – ainsi que d'une grande soirée musicale sur l'esplanade en bord de Seine (où l'espace sera à l'avenir végétalisé, en lien avec la mairie de Paris, et dédié à de futurs rendez-vous musicaux portés par la radio).

Durant les travaux de réhabilitation des studios de création, fermés jusqu'en 2025 et grands pourvoyeurs d'émissions de musique en direct, il faut adapter certains studios radio, comme le 621 où opère Nagui chaque jour à la mi-journée sur France Inter, pour permettre à des artistes de se produire.

Beaucoup de chanteurs ou de musiciens sont fascinés par cette maison ronde, confie Didier Varrod : « Les artistes me racontent tous leur émotion, une façon, presque, d'être saisis dès qu'ils approchent, soit par le pont de Grenelle, soit par le RER, soit par les quais. Pour eux, c'est un bâtiment symbolique d'un accomplissement. De la radio, ils ont souvent un double souvenir initial : leur tout premier passage sur les ondes et leur première vision de l'édifice. »

Au reste, ceux qui viennent s'y produire ne se sentent pas toujours à l'aise face à un bâtiment qui leur en impose et qui ajoute – par sa force, son identité et son histoire – une pression supplémentaire à celle de monter sur scène. Néanmoins, dans leur parcours, les Studios 105 ou 106 leur semblent familiers, à l'instar de La Maroquinerie ou de La Boule Noire pour un premier grand spectacle, et le Studio 104 leur apparaît comme une consécration du même ordre que l'Olympia.

Cette image du Studio 104 parmi le cénacle des salles parisiennes de variété et de pop remonte sans doute au concert de Santana, le 29 janvier 2000 (une des deux seules dates françaises du *Supernatural Tour*). L'antre historique des deux formations classiques cédait pour la première fois sa scène à une star étrangère accrochée à un manche de guitare électrique. « Quand il est arrivé là, se souvient Jean-Luc Hees alors directeur de France Inter, qu'il a vu la salle, la régie et qu'il a discuté avec les techniciens, Carlos s'est rendu compte que ça valait vraiment le coup. Une fois entré ici, c'était un autre mec ! » La prestation d'une heure, négociée en amont avec ses managers, s'est transformée en un méga show de plus de deux heures.

Qui n'a pas fréquenté ce cercle d'acier et de verre n'imagine pas le foisonnement qui se produit à l'intérieur. Peu de gens conçoivent qu'un seul immeuble réunisse à la fois des rédactions à la pointe de l'actualité, les émissions les plus prestigieuses, des orchestres de renommée internationale, les divertissements parmi les plus populaires ou des créateurs de rendez-vous culturels. Telle est la particularité de la Maison de la radio et de la musique qui reste, pour cela, un site unique dans l'univers des médias.

Les talents de demain y ont aussi leur place. Chaque saison radiophonique s'ouvre, en septembre, par un concert qui marque la rentrée musicale des antennes. Sur cette *Nouvelle Scène*, France Inter, France Bleu, France Musique, Mouv' et FIP présentent un(e) jeune artiste issu(e) de la diversité de la scène française. Cette soirée exceptionnelle dédiée aux talents en devenir incarne la force musicale de Radio France, met en valeur la complémentarité de son offre, et se dessine en écho à toute l'histoire de la maison qui soutient depuis toujours les générations d'artistes émergeantes.

Un autre festival, consacré au contemporain et à la création, ancre également la musique dans le bâtiment du quai Kennedy : Présences. Il s'est parfois transporté ailleurs, vers Aix-en-Provence, Berlin ou Shanghai, mais garde depuis plus de trente ans un solide pied dans la maison. Il propose des portraits de compositeurs de la fin du XXe siècle et fait entendre des dizaines de partitions nouvelles, dont un tiers sont des créations mondiales.

La création est d'ailleurs une ambition permanente portée par les acteurs musicaux de la Maison de la radio et de la musique. Son budget a doublé ces dernières années, entre les œuvres pour le festival Présences, les concerts d'esthétique croisée (où il faut arranger et réécrire une chanson de variété pour un orchestre classique), les musiques de films réadaptées ou des accompagnements pour des fictions radiophoniques.

L'un des grands enjeux de la défense de la musique par Radio France est de s'inscrire dans le schéma économique de l'industrie musicale qui se redessine en permanence sous le poids du digital. « L'univers de la musique change très fortement, s'alarme Sibyle Veil. Certains acteurs, éloignés de la France, détiennent pourtant les catalogues et les droits des artistes que nous souhaitons diffuser. Nous devons donc nous imposer pour apporter autre chose dans la création de la chaîne de valeur musicale et nous positionner comme un maillon clé de cette filière. »

Les logiques liées aux plateformes de streaming bouleversent les modes d'écoute et de financement de la création musicale. En démontrant une valeur ajoutée supplémentaire par une production propre et des salles de spectacles adaptées, Radio France entend continuer à pouvoir diffuser les musiques de toutes les diversités. Car la menace est là : ne plus avoir les droits pour retransmettre (et laisser à disposition en podcast) des événements musicaux réalisés entre les murs de la Maison.

Quand on sait par ailleurs que la majorité des clics sur les sites d'écoute en streaming concernent un très faible pourcentage des titres (au bénéfice du genre dominant, le hip-hop), la diversité musicale est en danger. « Nous voulons être un antidote à l'homogénéité, insiste la présidente, apporter de l'oxygène à la scène musicale. » Ainsi France Inter diffuse-t-elle plus de dix mille titres par an, et FIP quatre fois plus (dont les trois quarts n'ont jamais été programmés ailleurs).

Enfin, par l'inscription officielle d'une « Maison de la radio et de la musique », un rééquilibrage s'opère entre les deux branches mères du service public : la radio et la production musicale. Chacune doit apprendre à mieux connaître l'autre, à apprivoiser la cohabitation.

Je suis le premier à plaider coupable, car j'avoue ne pas être un grand fidèle des saisons musicales. Nous, « gens de radio », sommes trop souvent enfermés dans notre bulle professionnelle. Nous n'ouvrons pas assez les yeux sur la vie de la copropriété, nous n'osons pas frapper à la porte du palier d'en face, chez les « gens de musique », comme dans un immeuble où l'on ne sait même pas qui habite à l'étage du dessous.

Dans la vie de la cité, la crise sanitaire a sensiblement modifié les conditions d'anonymat. De même, la Maison de la radio et de la musique s'inscrit dans la dynamique d'un sens retrouvé pour partager son quotidien.

« Nous disposons d'infrastructures exceptionnelles, pointe le directeur de la musique et de la création Michel Orier (dans *Les Échos*), qui vont continuer à être rénovées d'ici 2025 : une douzaine de studios tels les 101, 105, 106, 107 dont certains peuvent accueillir du public. Et nous allons créer un très grand studio de répétition pour les orchestres. Même la BBC ne dispose pas de tels équipements. »

Ce n'est au fond qu'un juste retour des choses. N'oublions pas que, depuis la naissance de la radio, la musique y a été associée.

Dès les années 1920, des orchestres jouaient en live pour divertir, accompagner les chanteurs, rendre le classique ou le jazz accessibles à tous. Le premier rendez-vous du genre remonte au 26 novembre 1921.

Ce soir-là, un dîner de gala réunit au Lutetia des membres de la Société des ingénieurs électriciens qui célèbrent le centenaire des travaux d'Ampère. On leur a réservé la surprise d'entendre, dans des haut-parleurs dissimulés derrière des plantes, la voix d'Yvonne Brothier, de l'Opéra-Comique, interpréter *Le Barbier de Séville* et *La Marseillaise*. La cantatrice se trouve au château de Saint-Assises, près de Melun à plus de cinquante kilomètres de là, dans un laboratoire privé de télégraphie sans fil appartenant à la Compagnie générale de la TSF. C'est le premier radio-concert. Il sera suivi, un mois plus tard, par le récital historique de la soprano Jeanne Hatto et du ténor Maurice Dutreix depuis la tour Eiffel et diffusé jusqu'à Lille.

Radio et musique sont sœurs jumelles, élevées ensemble au fil des décennies. Elles se retrouvent donc plus vivantes que jamais au sein d'une maison mère qui, désormais, les unit à tout jamais.

Voir : Agora ; Eiffel, tour ; HyperWeekendFestival ; Orchestres ; Présences ; Son immersif ; Toit.

N

Naissance

Naissance est joie.

L'universalité de cette parole biblique me frappe, bien que je ne sois ni chrétien ni croyant.

Joie de la femme qui enfante, après des mois de patience, souvent dans la souffrance de la mise au monde. Donner la vie à un être de chair et l'accompagner jusqu'au bout. Comment ici ne pas adresser une pensée à ma mère disparue ? Elle a porté et élevé six enfants dans un amour qui s'exprimait moins chez ces générations-là (mes parents sont nés au lendemain de la Première Guerre mondiale) et pourtant si fort. Je fus le sixième, près de dix ans après les autres, sans doute davantage choyé – le petit *achoué* en patois. À ma naissance, les conditions s'amélioraient enfin pour mes parents après bien des années de vache maigre. Nous nous étions installés à Brive. Maman venait d'entrer dans le monde du travail, à plus de 50 ans, pour vendre des encarts publicitaires dans la presse. Papa finissait sa carrière aux Postes, dans un service de nuit qui l'épuisait mois après mois. Un soir, il lâcha : « Je crois qu'on est tirés d'affaire, cette année on paye des impôts ! » Il approchait de la retraite. Tous deux militaient dans la perspective d'un avenir meilleur, le communisme faisait encore rêver, ma mère luttait avec vaillance au sein de l'Union des femmes françaises.

Joie de l'écrivain qui publie, après des mois de labeur artisan et solitaire. Coucher, page après page, quelques mots dont on espère qu'ils apporteront un peu d'émotion, un moment d'évasion ou un éclairage particulier. L'auteur doute de son écriture, de la forme des phrases qu'il façonne, de l'impact des idées qu'il sème au vent des pages, de l'intérêt même parfois de ce qu'il produit. Mon ami acteur et metteur en scène Laurent Mandeix – à qui j'avais confié ces doutes avant ma toute première publication – m'avait convaincu : « Sûrement tout a déjà été écrit sur tout, mais pas par toi ! » Autrement dit, au prisme de ma propre culture, de mes sentiments, de mon éducation, bref d'une expérience de vie unique.

Joie de l'architecte qui bâtit, après des mois de réflexion intense et de mise en forme du projet. Même s'il s'agit ici d'un enfantement plus collectif. Car l'idée est d'abord lancée par un maître d'ouvrage (un particulier, un promoteur immobilier, une entreprise ou une collectivité) qui définit ses besoins, son budget, et choisit son maître d'œuvre : artisan maçon pour une maison individuelle, bureau d'études ou ingénieur conseil pour une structure plus élaborée, cabinet d'architecture pour un édifice majeur. Chez l'architecte, la gestation est longue : depuis l'analyse du cahier des charges, la forme encore floue qui germe au gré des premières esquisses dans un coin de tête, l'élaboration du dossier complet que l'on soumet au maître d'ouvrage, jusqu'à la construction en elle-même si l'on est, par bonheur, choisi. Ensuite, il faut s'atteler au chantier, surveiller la cohérence des travaux avec les plans établis, réagir à tout imprévu et tenter de respecter la contrainte financière.

Onze ans se sont écoulés, pour la Maison de la radio, entre la parution au *Journal officiel* de l'avis de concours lancé par la RTF le 20 septembre 1952, et l'inauguration du bâtiment par le général de Gaulle le 14 décembre 1963, deux samedis. L'architecte Henry Bernard avoue y avoir passé ses fêtes de fin d'année 1952. On l'imagine assez en train de chercher à comprendre ce que réclamaient ces gens de radio, à ébaucher un trait, à lancer les grandes lignes d'un premier jet, à comparer ses brouillons, à affiner ses sources d'inspiration avec ses équipes, à travailler d'arrache-pied pour dessiner des plans qu'il soumet finalement – sous le nom de code *Cheval* – avant la date de clôture, un couperet fixé au 30 mars 1953.

Vingt-six projets sont en concurrence, « tous très étudiés, la plupart de grande qualité, quelques-uns remarquables », selon le jury présidé par Wladimir Porché, le directeur général de la Radiodiffusion-télévision française. Il y a 16 jurés au total, dont 6 appartiennent aux services de la RTF, plus le directeur de l'École des beaux-arts et quelques éminences de l'architecture de l'après-guerre. Cinq séances leur sont nécessaires pour départager les candidats. Si leur choix se porte sur la construction circulaire d'Henry Bernard, c'est parce que celle-ci répond aux « nécessités pratiques d'un outil de travail tout en exprimant une volonté de modernisation plus sensible que d'autres ».

Sous la houlette de Léon Conturie, l'ingénieur général des télécommunications et chef du Service des bâtiments, certaines exigences avaient été parfaitement établies dans le cahier des charges. Sans doute cet homme, un peu oublié de l'Histoire, tient-il une part importante dans la naissance et la conception de la Maison de la radio. C'est en suivant les contraintes imposées par Conturie que Bernard a donné jour à son oméga géant.

Relisons ensemble les grandes lignes du concours.

« La Maison de la radio de Paris est un édifice qui regroupe, sous l'autorité de la direction générale : d'une part l'ensemble des services d'administration et de gestion générale de la Radiodiffusion-télévision française qui en constitue en bref le "siège social", d'autre part l'ensemble de l'appareil de conception, de réalisation et de diffusion des programmes de radiodiffusion de Paris. »

Vient alors la définition précise de ces deux groupes puis le passage clé qui permet aux candidats d'inventer leur mécano architectural.

« Voici comment les choses se passent : les programmes sont d'abord conçus dans leur ensemble, puis mis au point quant à la nature et à la consistance de leurs éléments (en ce qui concerne les programmes artistiques), ou rédigés (en ce qui concerne les émissions parlées d'information). Pour leur préparation, on a recours au vaste fond que constitue la Bibliothèque littéraire et dramatique, la Bibliothèque musicale et le Centre de conservation des enregistrements, et l'on recueille sur le vif, par le moyen des reportages, l'écho de l'actualité. La réalisation proprement dite est ensuite confiée aux speakers, musiciens et artistes qui, sous la direction éventuelle des producteurs, lisent ou jouent dans les studios. Les studios sont des locaux de dimension convenable pour chaque genre de production, isolés et traités acoustiquement de façon appropriée et équipés du matériel technique nécessaire pour que s'effectue la prise de son microphonique, grâce à laquelle les sons sont traduits en courant électrique basse-fréquence (courants-faibles) dit courants de modulation qui seront par la suite transmis par câbles. »

Et avec ça, messieurs, faites une Maison pour la radio !

L'analyse de ce cahier des charges par Henry Bernard l'amène, dans son projet, aux impératifs suivants (selon ses notes) :

« 1° – Un centre de production artistique spécifiquement radiophonique, constitué par des studios et leurs annexes.

2° – Un groupe de grandes salles ouvertes au public ; une grande salle de concerts, une salle de concerts plus petite, une grande salle pour spectacles de variétés télévisés.

3° – Une usine ultra-moderne d'enregistrement, montage, copie et diffusion, agencée suivant des données minutieuses et où travaillent des techniciens.

4° – De vastes collections de livres, partitions musicales et enregistrements, où les producteurs viennent chercher idées et matière pour la préparation et la réalisation des programmes.

5° – Les services d'un grand journal (le journal parlé) avec ses salles de rédaction et ses moyens de diffusion propres. »

L'architecte ajoute à cela une administration centrale, le service de la taxe radiophonique et un groupe social, et le tour est joué, toutes les pièces du puzzle sont réunies. Il ne lui reste plus qu'à les assembler de la manière la plus judicieuse possible.

C'est là que la fonction fait l'édifice (et non pas l'édifice qui serait né d'un concept abstrait puis adapté à la fonction).

Henry Bernard reprend toutes les exigences de la RTF et aboutit à une mécanique très précise.

Au cœur, les archives que l'on va chercher et où l'on replace les nouveaux éléments fabriqués qui deviennent à leur tour un matériau réutilisable : ce sera la tour centrale, à l'accès proche et immédiat pour tout le monde. Au pied de ce donjon, la fabrication des programmes et le Centre distributeur de modulation où convergent, pour être diffusés depuis les studios « écrans », tous les éléments. Puis les studios de production et leurs annexes, dits à l'époque studios « moyens », construits dans des enveloppes de béton indépendantes pour les isoler les uns des autres sur le plan acoustique. Les artistes y accèdent depuis l'extérieur par les foyers. Tout autour, se trouvent les bureaux administratifs, rédactions et différents services : ce sera la structure en forme d'oméga, sur dix étages, comprenant de nombreux petits studios, notamment un ensemble complet pour les informations du journal parlé. Les bureaux donnent sur la rue et les studios sur la cour, ainsi les premiers protègent-ils les seconds du bruit de la ville. Enfin, les trois grandes salles publiques destinées aux concerts, spectacles de variétés, émissions de télévision et répétitions des orchestres : ce sera la partie un peu plus basse, en façade, qui referme l'oméga.

Ces dernières, en raison de leurs dimensions, de leurs problèmes acoustiques et de leurs équipements spécifiques, sont confiées, par le jury, aux frères Jean et Édouard Niermans. Arrivés troisièmes au concours, ils sont les concepteurs de la salle du TNP au sein du Palais de Chaillot (où vient de s'installer Jean Vilar en 1951). Ils demeurent néanmoins sous la responsabilité globale d'Henry Bernard qui fait du malheureux dauphin, son ami et élève Jacques Lhuillier, son adjoint pour le gigantesque chantier à venir. Coût des travaux : 6 milliards de francs, financés par une augmentation de la taxe sur les récepteurs (celle-là même qui a disparu en 2022).

Cette idée concentrique depuis le centre vers l'extérieur, ajoutée à la forme trapézoïdale des studios moyens (afin que le son ne se renvoie pas d'une paroi l'autre) qui, accolés, forment comme des portions de camembert dans leur boîte, a donné le jour au bâtiment rond que l'on sait.

Un cercle incongru et d'avant-garde pour son époque, sorte de château fort d'aluminium et de verre.

Un cercle devenu l'icône de la France de l'après-guerre.

Un cercle futuriste et fonctionnel signé Henry Bernard, qui ne se lasse pas de le défendre face à ses détracteurs.

Il confessera même, trente ans plus tard, à Félicie Dubois dans le livre *La Cathédrale des ondes* : « C'est mon bébé préféré ! »

La naissance dont, toute sa vie, il est resté le plus fier.

Voir : Aluminium ; Architecture ; Bernard, Henry ; Cheval ; Conturie, Léon ; Maison commune ; Niermans, frères.

Niermans, frères

Les frères Niermans, Jean et Édouard, ne vous disent peut-être rien. Architectes de renom avant la guerre, ils dirigeaient une agence qui damait le pion à des concurrents – Le Corbusier, Lurçat ou Garnier – entrés dans une notoriété qui les laissa, eux, sur le bord du chemin. Est-ce parce qu'ils refusèrent toute rupture franche entre tradition et modernité ? Ils ont pourtant marqué leur époque d'un effort de création remarquable. On leur doit les hôtels de ville d'Alger et de Puteaux, la salle de spectacle du Palais de Chaillot (édifié pour l'Exposition universelle de 1937) ou encore – ce qui nous intéresse ici – les trois salles publiques de la Maison de la radio.

En 1952, Jean et Édouard Niermans s'associèrent à leurs confrères Georges Labro et Léon Azéma pour concourir à la construction de la future radio publique. L'équipe conçut un bâtiment en « L » ouvert à d'éventuelles extensions et comprenant un campanile pour les archives. Elle fut coiffée sur le poteau par Henry Bernard avec son audacieux cercle de verre et d'aluminium et, en deuxième place, par

Jacques Lhuillier qui devint l'adjoint du lauréat. Établi en province, le vainqueur du concours n'avait aucune expérience en matière de grandes salles, contrairement aux deux frères dont le théâtre du Trocadéro avait été, quinze ans plus tôt, une réussite très remarquée. C'est pourquoi le jury leur attribua la réalisation des trois auditoriums en façade, « véritable morceau de bravoure du projet », comme le souligne Jean-François Pinchon dans son livre *Édouard et Jean Niermans, du Trocadéro à la Maison de la radio*, où on peut lire aussi : « Compte tenu de la juxtaposition des salles, une isolation phonique extrêmement poussée doit être étudiée afin qu'il soit possible de travailler simultanément dans les trois auditoriums. »

Le duo d'architectes inventa donc trois volumes de béton sans aucun lien entre eux, ni avec le reste du bâtiment. Chacune de ces salles reposait sur un radier lourd, destiné à contenir toute pression ascendante en cas de crue de la Seine, et entouré de pilotis de béton supportant, comme pour le reste de l'édifice, la structure qui forme toute la partie avant de la Maison de la radio. Entre les radiers et les pieux, un ingénieux système d'étanchéité à base de néoprène fut installé et, en cas d'infiltration toujours possible, des digues amovibles furent positionnées en sous-sol de cette partie ; elles s'y trouvent encore aujourd'hui et je doute qu'elles aient servi un jour.

Chaque auditorium se retrouvait donc comme une immense boîte dans une autre. Le vide les séparant assurait une isolation acoustique totale et offrait à un orchestre la liberté de jouer *fortissimo* sans être entendu depuis la salle voisine.

Ces trois espaces devinrent le Studio 102 dédié aux variétés de la télévision, le Studio 103 pour les répétitions des orchestres (voir les entrées que je leur consacre sous les titres *Coucou* et *Studio 103*) et le Studio 104, rebaptisé durant de longues années salle Olivier Messiaen.

Cette dernière allait devenir, au fil des décennies, un lieu mythique de concerts, d'enregistrements et, depuis une dizaine d'années, d'événements.

Les frères Niermans l'appelaient la « salle de concert », par opposition à la « salle de musique » (le 103) et la « salle de variétés » (le 102). Elle fut commandée par la direction de la RTF avec l'ambition d'être la plus approchante possible du Théâtre des Champs-Élysées, point d'orgue de la culture musicale classique à Paris à ce moment-là, avec la contrainte supplémentaire de pouvoir répondre aux besoins d'enregistrement ou de retransmission pour la radio. Or, « le microphone est beaucoup moins intelligent que notre oreille », remarquait Léon Conturie, l'ingénieur général des télécommunications. Aussi les deux architectes tâtonnèrent-ils longtemps avant de trouver la bonne solution acoustique : des dièdres (sortes de triangles en 3D) aux murs, une série de vagues au plafond pour réfléchir le son et deux immenses paravents de chaque côté. Le tout devait « envelopper » le spectateur, assis aussi bien au parterre que sur le balcon.

D'une surface de 150 mètres carrés chacun, les panneaux latéraux habillaient l'espace. Il convenait donc de « trouver l'artiste qui interprétât nos désirs », ainsi que l'avoua Jean Niermans lors d'un exposé devant l'Institut technique du bâtiment et des travaux publics, en 1965 : « Nous avons demandé à différentes personnalités très connues, mais certaines n'ont pas daigné répondre, d'autres se sont récusées. Je pense que le problème leur semblait trop difficile, ou bien elles pensaient être sur un terrain trop dangereux pour engager leur réputation. Alors nous avons demandé à notre ami et vieux camarade Leygue, qui est un sculpteur de grand talent, s'il ne voulait pas coopérer avec nous et essayer de trouver l'expression que nous avions toujours rêvée de ce paravent. »

Après plusieurs maquettes en plâtre, qui toutes se brisaient, Louis Leygue proposa sa dernière mouture en pastelline, un matériau plus solide, de couleur verte. Ce fut une révélation pour les deux frères bâtisseurs qui pensaient, au départ, réaliser des murs polychromes et qui, finalement, choisirent ce vert ombragé pour doter la salle d'une ambiance sombre, côté public, en contraste avec les lumières baignant l'orchestre et la scène. Le sculpteur y ajouta des formes en cuivre martelé, afin de donner l'idée de la légèreté et de l'immatérialité de la musique. « Ce fut le point de départ de toute la décoration, expliqua Jean Niermans devant ses confrères, de toute l'enveloppe, de l'épiderme de la salle et c'est comme cela qu'en accord avec ces murs de bronze, le tapis est prune, et ce tapis prune supporte les fauteuils recouverts de velours moutarde. »

La « salle de concert » procurait, de la sorte, une intimité tout à fait inattendue pour sa taille et ses mille spectateurs.

Ajoutons une technologie à la pointe de son époque, l'ambiophonie – grâce à toute une série de micros et de haut-parleurs disséminés –, qui créait un léger retard d'écoute pour une réverbération réglable. Sans parler des dizaines de spots lumineux, des emplacements pour les caméras, du réseau de fils et de conduites vers les cabines techniques, ce que Jean Niermans qualifiait de « partie vivante du Palais de la radio », son « réseau sanguin », masqué à la vue du public.

Pour l'anecdote, l'orgue placé au fond de la scène, au-dessus d'un buffet décoré par un troisième bas-relief de Louis Leygue (en résonance avec les deux paravents), ne fut pas prêt pour l'inauguration de la Maison de la RTF, le 14 décembre 1963. Seuls les tuyaux de façade avaient été montés, donnant l'illusion de l'instrument. Plusieurs années furent nécessaires à son achèvement. Ironie de l'histoire, en décembre 2013 pour l'inauguration de cette même salle réhabilitée et les 50 ans de l'édifice, tout n'était pas fini non plus. Pour ce concert de l'Orchestre national de France interprétant – sous la direction de Jean-Claude Casadesus, avec le Chœur et la Maîtrise – Dutilleux, Poulenc, Agnès Obel et Eddy Mitchell, un dernier coup de peinture hâtif permit tout de même d'accueillir le président Hollande avec les honneurs.

Dédié aux prestations des deux orchestres maison, le Studio 104 a longtemps porté le répertoire classique et la musique contemporaine. Il s'est d'ailleurs appelé salle Olivier Messiaen à l'initiative de Claude Samuel (alors directeur de la Musique de Radio France) qui suggéra au P-DG Jean Maheu ce baptême, peu après la mort du compositeur, en 1992. Il est vrai que Messiaen vouait une grande affection aux formations musicales de la Maison de la radio.

Le jazz, puis le rock et la pop ont peu à peu, à leur tour, investi les lieux. Après Santana, en 2000, Henri Salvador s'y installa, la même année, pour un concert exceptionnel de renaissance à travers son album tardif *Chambre avec vue*. Tant d'artistes foulèrent ensuite la scène qu'il serait vain de chercher à tous les évoquer. Retenons simplement, en septembre 2010, le concert *Indochine casse le 104*, quand le groupe français a refermé la belle histoire de la salle construite par Jean et Édouard Niermans.

Désossé, désamianté, reconstruit par Architecture-Studio dans le cadre de la réhabilitation de la Maison de la radio, le nouveau Studio 104 s'est déjà inscrit – depuis sa réouverture – dans la longue histoire de la maison. Il en est l'âme pour les grandes communions avec le public. L'esprit des plus grands artistes internationaux plane sur ce lieu, qui a vécu tant de moments inoubliables gravés dans la culture populaire et dans la chair de ceux qui y ont assisté.

Doté de puissants outils sonores, lumineux, vidéos et informatiques du XXIe siècle, il est devenu, à Paris, un nouvel épicentre de la musique dans toutes ses dimensions. Il permet aussi la tenue de rendez-vous événementiels comme des congrès, des festivals, des forums, des débats, des rencontres, et même des défilés de mode. « On arrive à faire changer complètement cette salle d'une production à une autre, commente Farid Melab, régisseur de production attaché au 104. Nous avons la contrainte des fresques de Leygue, classées, qui nous empêchent parfois certaines scénographies. Mais comme elles sont magnifiques, on les habille avec la lumière et cela donne une profondeur de champ dans le plateau. »

La salle a gardé sa forme et ses proportions initiales. Avec le départ de l'orgue, l'ensemble des murs a retrouvé un traitement acoustique. Lors de soirées de musique amplifiée, notamment de guitares ou de basses électriques, des grands rideaux sont tirés le long des parois afin de « matifier » le son et de lui éviter de tourner dans tous les sens.

Le travail d'éclairage scénique a été travaillé à la fois pour le spectacle vivant et pour les captations rediffusées en ligne. « Les couleurs sont beaucoup plus chaudes aujourd'hui, avec un spectre phénoménal, explique Farid. À l'exception de quelques "gamelles" à l'ancienne, tout est pratiquement passé au Led. Nous imaginons sur ordinateur des ambiances lumineuses qui sont ensuite créées sur place. Ici, on a eu longtemps une culture radio. Désormais le visuel est aussi important, donc il faut une jolie lumière. »

Après le grand écart entre l'analogique et le numérique, les métiers de la radio se tournent de plus en plus vers l'image, en complément du son, ce qui amène les équipes à apprendre sans cesse pour être formées sur les dernières évolutions. La grande adaptabilité des personnels est aussi rendue nécessaire par la diversité des activités du Studio 104. Rien à voir en effet entre un festival comme *Demain le sport*, un concert des *Simply Red* ou une soirée électro !

Même dans ses nouveaux habits – technologie en coulisse, scène réaménagée, murs et fauteuils fidèles aux tons prune et moutarde d'origine choisis par les frères Niermans –, le 104 reste la salle mythique de la Maison de la radio. « Mes amis musiciens disent le *One-O-Four*, s'enthousiasme Farid Melab, et ils vantent la qualité sonore du lieu, grâce aussi, ne l'oublions pas, à des techniciens biberonnés au son de la Maison de la radio. »

Voir : Architecture ; Art, œuvres d' ; Conturie, Léon ; Coucou ; Inauguration ; Musique ; Naissance ; Orchestres ; Orgue ; Studio 103.

Nuit

La Nuit.

Pour ses 80 ans, en 2017, l'Orchestre philharmonique de Radio France a joué à l'Auditorium cette pièce de Maurice Ravel en *mi* bémol majeur pour soprane, chœur mixte et orchestre. Composée au printemps 1902 par le musicien français pour sa troisième tentative au concours du Prix de Rome, elle s'ouvre par une mélodie orchestrale qui invite au calme de la nuit, avant que le chant choral s'élève en douceur :

Nuit bienfaisante, ô Nuit ! Mère des molles trêves,
Sur ces fronts épuisés de peine et de labeurs,
Verse avec le sommeil, les brises et les rêves,
Verse l'oubli sacré des terrestres douleurs !

Ces vers, que Ravel entremêle parfois en canon, furent publiés en 1852 dans *Poèmes et Paysages* d'Auguste Lacaussade, le « poète-pays » de la Réunion (où sa mère fut esclave affranchie). Connu pour son combat abolitionniste, l'auteur défend dans ce texte les esclaves bengalis, nombreux sur l'île Bourbon.

La nuit.

Que c'est beau une Maison de la radio, la nuit…

Comme partout, le temps s'y écoule de façon différente. Estompés les bruits du jour, disparu le stress diurne, apaisées les relations humaines, ralenti le tempo des ondes.

Comparaison n'est pas raison, toutefois les mots de Lacaussade pourraient résonner avec la vie nocturne de la Maison de la radio et de la musique.

Cette nuit bienfaisante – pour les auditeurs qui y cherchent du réconfort et de l'accompagnement – reste mère d'une forme de trêve, aux rythmes plus retenus mais jamais interrompus. Elle abrite son propre peuple de travailleurs qui l'occupent de leur labeur et à qui il convient de rendre hommage : les oubliés des services de nettoyage, relégués aux heures les plus noires pour vider les poubelles et briquer les bureaux. Elle accueille, avant un sommeil tardif, les rêves de ceux qui écoutent les ondes et cherchent peut-être l'oubli de quelque douleur du jour.

La Maison de la radio et de la musique ne s'éteint jamais. Il y brille toujours les feux de ceux qui veillent. Si les émissions de nuit en direct n'existent plus, il faut garantir la bonne diffusion de ce qui a été enregistré. Des lampes restent donc allumées pour les techniciens d'astreinte. Mais aussi, çà et là, pour les services de propreté, les plantons aux portes d'accès, les pompiers de garde qui effectuent leurs rondes, les journalistes et producteurs qui préparent les antennes du petit matin, etc. Il règne entre ces rescapés de la nuit, en l'absence des personnels administratifs et de direction, une atmosphère plus conviviale et allégée en stress.

Cependant, c'est vrai, les radios bruissent moins qu'au siècle dernier d'une vie nocturne foisonnante.

L'historienne Marine Beccarelli a publié l'essai *Micros de nuit*, tiré de sa thèse de doctorat prolongeant un premier travail intitulé *Les Nuits du bout des ondes*. On y apprend que, jusqu'au milieu des années 1950, les programmes s'arrêtaient autour de minuit, après l'ultime émission de musique légère *Prélude aux rêves*, suivie d'une *Marseillaise* censée renforcer le sentiment patriotique avant de sombrer dans les bras de Morphée.

C'est Roland Dhordain qui ouvrit l'antenne de Paris-Inter à la nuit, à partir de 1955, en créant *Route de nuit*, la toute première émission nocturne en France. Destinée à accompagner les routiers et les automobilistes, elle toucha bien au-delà : les boulangers, les étudiants, les employés des chèques postaux, les artistes, les contrôleurs du ciel, mais aussi les insomniaques ou les rêveurs. Entièrement musicale à ses débuts, elle fut rapidement animée par Bernard Marçay, et devint un programme assez lourd : chaque soir de la semaine, un reporter partait en voiture, encadré par des motards de la gendarmerie, avec à son bord des vedettes de la chanson pour des haltes spectacles et des jeux tout au long de la route. Car à partir de 1957, *Route de nuit* se prolongea jusqu'au petit matin : le 24/24 sur les ondes était né. Parmi ses fidèles auditeurs, le prix Goncourt Michel Tournier qui, un jour dans un reportage télévisé consacré à cette émission phare de la radio publique, cita Cocteau : « Écrire, c'est faire passer au jour la petite nuit secrète qu'on a en soi. »

Roland Dhordain tenait parfois le micro de ces longues sessions. Interrogé dans le journal de France Inter pour le dixième anniversaire du programme, il avoua avoir été étonné de constater l'enthousiasme des auditeurs de la nuit, souvent très bavards : « Il y a beaucoup d'esseulés qui appellent *Route de nuit* pour simplement avoir une demi-heure ou trois quarts d'heure de conversation au bout du fil entre les disques. C'est une manière de SOS Solitude. »

La nuit libère la parole, crée l'intimité de la confidence, efface les frontières. La confession radiophonique initiée par Ménie Grégoire pour les après-midi de RTL prit une tout autre dimension dans l'abîme de la nuit, à partir de 1975, avec Gonzague Saint-Bris aux manettes de *Ligne ouverte* sur Europe 1. Ce dernier fut copié deux ans plus tard par *Allô Macha* sur France Inter.

Le monde de la nuit s'invitait aussi au micro. *Le Pop Club* de José Artur en reste le symbole le plus fort. Sa longévité prouve l'intérêt suscité tant auprès des artistes – qui appréciaient de venir s'exprimer de manière libre et spontanée – que des auditeurs avides de ces dialogues en direct où l'animateur poussait ses invités dans leurs retranchements.

Dans son travail, Marine Beccarelli dépeint ainsi la radio nocturne : « La nuit semble constituer un moment à part, un entre-deux qui s'extrairait du temps de l'actualité pour être dans le présent de la nuit, une sorte de temps suspendu qui échapperait au temps lui-même, une transition atemporelle entre le jour et le lendemain. » Ce furent donc le plus souvent des programmes de divertissement, de conversation, de création sonore ou de musique qui occupaient les ondes après minuit, des programmes qui pouvaient durer plusieurs heures puisque « la nuit autorise un autre souffle, un rythme beaucoup plus lent et relâché », comme le remarque l'historienne.

Elle constate également une liberté de ton et de sujets traités – comme s'il s'était agi d'un laboratoire d'expérimentation – ainsi qu'une écoute différente de l'auditeur « dans une atmosphère nocturne impliquant des sollicitations moindres : le téléphone ne sonne pas, le monde nocturne alentour est généralement plus calme, si ce n'est endormi ». Ce que José Artur traduisit par cette remarque : « La journée, la radio, on l'entend, alors que la nuit, on l'écoute. »

À partir des années 1990, les directs de nuit laissèrent place à des rediffusions. D'abord, pour des raisons de coût. Ensuite, parce que la télévision en continu devint un autre acteur majeur dans l'espace sonore (et visuel) des noctambules. Enfin, parce que le numérique permit, au tournant du siècle, de développer les podcasts qui vous accompagnent désormais à l'heure de votre choix. « La nuit en général, comme la nuit urbaine en particulier, se trouve donc désinvestie du porte-voix radiophonique dont elle a pu autrefois bénéficier », observe Marine Beccarelli.

Comment ne pas saluer ici Alain Veinstein, l'inventeur des *Nuits magnétiques* en 1978 sur France Culture. Quel titre magnifique, alliant la bande qui transmet le son au phénomène qui aimante l'auditeur. Après un générique devenu culte, un peu futuriste pour l'époque, Alain ouvrait par un sobre et quasi chuchotant « Nuits magnétiques, bonsoir » un parcours autour d'une thématique choisie et déclinée par un narrateur, une ambiance sonore et des entretiens. Les écrivains y tenaient une place fondamentale, c'était un moment de poésie radiophonique, une radio libre avant l'heure.

Poète et écrivain, Alain Veinstein écrit ceci dans son livre *Radio sauvage* : « La radio de nuit est magicienne. Avec la nuit, elle a de l'énergie à revendre. Elle découpe des îles dans des silences et des blocs de parole, qu'elle relie ou éloigne à partir de scénarios qui requièrent toutes ses forces, pour ne pas dire tout son cœur. Le son s'étend à l'infini, enchante les masses sonores, les déroute. »

Alain me fit l'honneur de son micro nocturne, dans une autre de ses émissions, *Du jour au lendemain*, à l'occasion de la sortie d'un de mes romans. J'en garde le souvenir fort et émouvant d'un moment suspendu, hors du temps, dans un rythme propice au lâcher prise et à une confiance intime, presque étrange dans un monde clivant à la recherche de vitesse et de densité.

À franceinfo, les premières nuits furent désertiques. La radio d'information s'est assez longtemps arrêtée entre 20 h 30 et 7 heures pour laisser place à de la musique. Dans une pièce futuriste, des systèmes automatiques diffusaient un fil musical, grâce en particulier à des magnétophones Revox qui laissaient défiler des kilomètres de bande magnétique. Ce système, assurant la continuité de l'antenne, s'appelait Regis. La musique finit par disparaître de franceinfo le 9 novembre 1989, à la chute du Mur de Berlin : l'événement fut l'occasion de lancer une antenne complète, avec tous les moyens pour rendre un service d'information vraiment en continu, 24/24.

Si les nuits radiophoniques en direct ont disparu, les petits matins continuent de se préparer en pleine nuit. J'ai œuvré pour mes premières matinales à Limoges dans les années 1980, j'ai poursuivi dans mon périple régional puis à Paris sur franceinfo, j'ai ensuite assuré près de quinze ans de matinales sur La Chaîne Météo (quand je travaillais les après-midi à la radio). Autant dire que je ne compte plus les jours où je me suis levé à 3 heures du matin.

« Nuit magique », chantait Catherine Lara. Ces instants de fin de nuit, quand le jour s'aventure à travers les baies vitrées de la Maison de la radio, ont toujours été magiques à mes yeux. En matinale, la rédaction devient une petite ruche, de format réduit, avec ses présentateurs de journaux, de revue de presse ou de chroniques, son animateur de tranche, ses rédacteurs en chef, techniciens, bocaliers et assistants. La précision, l'intensité et la fébrilité s'y mêlent.

Les interviews serrées, une concentration maintenue.

Les croissants, l'odeur du café.

Les invités qui arrivent, stressés, puis qui repartent, soulagés.

Une agitation tout en contrôle. Une excitation de l'actualité du matin : informer les gens à leur réveil.

Les matinales sont un bonheur, mais elles usent.

Et pourtant ! L'écriture, qui occupe à présent une grande part de mon quotidien, prolonge ce plaisir des fins de nuit. J'aime toujours me lever tôt, guetter l'aurore naissante, entendre les oiseaux chanter, durant les beaux jours, à travers la fenêtre entrouverte, sentir l'air dans la fraîcheur d'une journée nouvelle.

La plus grande partie de ce *Dictionnaire amoureux* a vu le jour entre 5 heures et 10 heures du matin.

« Écrire, c'est faire passer au jour la petite nuit secrète qu'on a en soi. »

Voir : Artur, José ; Béranger, Macha ; Ciel ; Dhordain, Roland ; Orchestres ; Ruche(s).

O

Orchestres

Je vais vous parler d'un temps que les moins de 20 ans ne peuvent pas connaître, ni même les moins de 60 ou plus comme moi...

La dictature de l'image contraint aujourd'hui notre vie quotidienne. Télévision, smartphone, ordinateur, affiches et bientôt lunettes connectées, le visuel domine, en particulier parmi les jeunes générations.

Il n'en fut pas toujours ainsi. Après l'écrit au XIXe siècle, la radio est longtemps restée le moyen le plus populaire d'information, de divertissement et d'enrichissement culturel. La parole y a toujours occupé une place de choix, mais la musique s'y est invitée assez vite. Avant la technique de l'enregistrement, pour occuper des créneaux d'antenne, il fallait jouer en direct. Des chanteurs, des acteurs, et des musiciens se posaient alors devant un micro. C'est pourquoi, à l'approche de la Seconde Guerre mondiale, plusieurs stations émettrices, privées ou publiques, disposaient de leur propre orchestre, pour accompagner des artistes de variétés, proposer du jazz et même du classique. Ces moments musicaux occupaient les deux tiers des programmes. « Les postes privés, notent Pierre Albert et

André-Jean Tudesq dans le *Que sais-je* consacré à l'histoire de la radio-télévision, avaient une plus grande capacité d'innovation et attiraient davantage les auditeurs. »

Le 18 janvier 1934, le ministre des Postes, télégraphes et téléphones, Jean Mistler, signe le décret portant création de l'Orchestre national de la Radiodiffusion française. L'ensemble est aussitôt placé sous la direction du compositeur à l'initiative de cette formation, Désiré-Émile Inghelbrecht, dont le buste (orné d'un élégant nœud papillon) trône toujours dans le foyer des artistes juste à l'arrière du Studio 104. Ami de Debussy, c'est l'un des principaux acteurs du lyrique et du symphonique en ce début du siècle. Il fonde la tradition musicale de l'orchestre qui fait une large place à la musique française tout en restant ouvert à d'autres horizons. Ainsi, après le concert inaugural, en mars de la même année à la salle du Conservatoire, le National révèle *Boris Godounov*, de Moussorgski. En 1938, pour le gala du 500e concert, il est dirigé par Stravinsky. Au reste, la baguette est souvent saisie par d'illustres invités : Darius Milhaud, Charles Munch, Benjamin Britten puis après la guerre Roger Désormière, Lorin Maazel, Georges Prêtre ou Leonard Bernstein. Le chef américain laisse un mot, de son écriture enlevée, pour dire son admiration et ses remerciements « *to the brilliant ladies et gentlemen of the Orchestre national* » qui ont travaillé si dur, poursuit-il, pour produire une magnifique musique.

En 1937, un deuxième orchestre voit le jour, sous le Front populaire, avec Robert Jardillier comme nouveau ministre des Postes, télégraphes et téléphones. Cet Orchestre radio-symphonique est confié au chef Rhené Baton, pianiste et compositeur, dont l'ambition est de démocratiser l'accès à la « grande » musique par des places à prix modique et par des explications sur les œuvres avant les concerts. Jeux de pouvoirs ? Absence d'une politique commune des radios d'État (il en existait plus d'une dizaine à l'époque) ?

Chaque station semblait libre de créer sa propre formation musicale. En 1941, apparaissent encore l'Orchestre radio-lyrique dirigé par Jules Gressier et le Quatuor à cordes de la Radiodiffusion française. Tous deux rejoindront, après l'éclatement de l'ORTF, l'Orchestre radio-symphonique devenu entre-temps le Philharmonique. Il a été dirigé de 1947 jusqu'à sa mort près de vingt ans plus tard par Eugène Bigot, lui aussi un ponte dans ce milieu puisqu'il fut, dès 1927, chargé de la musique au Poste Parisien (la radio privée du journal *Le Petit Parisien*).

Mon propos n'est pas ici de retracer l'histoire complète et complexe des deux orchestres de Radio France – d'autres que moi s'y sont attelés avec davantage de talent et de compétence – mais de rappeler simplement dans quelles circonstances ils sont nés. Raconter leur double longue aventure nous éloignerait de la Maison de la radio et de la musique qui ne s'inscrit, au surplus, qu'à partir de 1963 dans ce long parcours. Les deux formations ont longtemps joué dans différentes salles parisiennes, beaucoup au Théâtre des Champs-Élysées où le National a fini par prendre ses quartiers alors que le Philharmonique s'est installé à la salle Pleyel.

Il faut dire que le cahier des charges, donné en 1952 par la direction de la Radiodiffusion-télévision française pour le concours d'architecture, faisait la part belle à la confection des programmes, moins à la gestion de deux orchestres d'envergure. Ainsi prévoyait-il, pour la future Maison de la radio, « d'une part l'ensemble des services d'administration et de gestion », c'est-à-dire le siège social, et « d'autre part l'ensemble de l'appareil de conception, de réalisation et de diffusion des programmes » en réclamant simplement des studios « de dimensions convenables pour chaque genre de production ». Les trois grandes salles sur la Seine ont donc peut-être été davantage conçues pour des enregistrements modulables que pour devenir le port d'attache, la demeure intime, d'un grand orchestre.

Ces trois espaces ont été confiés, sous la direction générale d'Henry Bernard, aux frères Jean et Édouard Niermans, arrivés troisièmes au concours (avec les éloges du jury). Ces derniers admettent avoir beaucoup travaillé sur l'acoustique et sur « l'exigence du microphone et de la caméra » imposée par Léon Conturie, l'ingénieur en chef de la RTF. Jean Niermans le confirmait en 1965 devant les membres de l'Institut technique du bâtiment et des travaux publics : « Il est évident que ces salles, par leurs micros, ont une oreille beaucoup plus sensible qu'une salle de spectacle ordinaire. » Et l'architecte de détailler longuement la technique des cubes de béton insérés dans d'autres volumes pour rester indépendant de l'édifice, ne pas en subir les vibrations, et présenter une épaisseur suffisante afin que le son ne passe pas d'une salle à l'autre (risque réel au moment où les musiciens jouent *fortissimo*).

« Un orchestre c'est un son, celui voulu par le chef qui dirige, et un son c'est une salle », explique Stéphane Spada, qui navigue depuis une quarantaine d'années au sein des formations musicales de Radio France, dont il a été garçon d'orchestre, régisseur, administrateur du Chœur puis chargé de la production et de la planification des grandes salles. C'est peut-être pour cela que le National se sentait chez lui au Théâtre des Champs-Élysées et le Philharmonique aussi bien à Pleyel (avec la fierté, tout de même, de représenter la radio nationale et donc un peu la France). Jusqu'à l'inauguration de l'Auditorium actuel, en 2014, ils y donnaient un concert par semaine.

Ils jouaient aussi, bien sûr, tout au long de l'année, dans leur autre maison, celle de la radio. Deux salles leur étaient dédiées.

Le Studio 103, aujourd'hui disparu, servait d'écrin pour réaliser des enregistrements de qualité ultime, tout en intimité puisqu'il n'y avait pas de public. Des lamelles de bois de dix mètres de haut sur les murs, des planches en mosaïque et les tuyaux en bois de l'orgue ajoutaient à la chaleur de cette pièce qui ressemblait à une piste de cirque en raison des cercles dessinés au sol. « Le centre est la place du chef d'orchestre, commentait Jean Niermans. Il est au milieu de la salle, au milieu de ses musiciens, c'est un point symbolique car l'orchestre ne vaut que par son chef. »

Le Studio 104, baptisé par la suite « salle Olivier Messiaen », était pour sa part la grande salle symphonique destinée aux représentations publiques avec son millier de places assises. Ce fut, jusqu'à la rénovation du bâtiment, l'espace de référence des deux orchestres. Pour ce lieu à la fois de concert et d'enregistrement, les architectes avaient voulu « envelopper » les spectateurs et l'acoustique fut longuement travaillée autour de l'idée de paravents sur les côtés : ainsi sont nés les bas-reliefs de Louis Leygue. Un orgue monumental, le troisième de France après Notre-Dame et le Palais de Chaillot, complétait le dispositif musical pour permettre aux formations de jouer tous les répertoires.

Pendant longtemps d'ailleurs, ces répertoires ont servi à différencier les deux orchestres.

Le National est, historiquement, l'ambassadeur de la musique française, le garant de son interprétation. Il assure dans le monde le rayonnement de l'exception culturelle française. Premier orchestre symphonique permanent dans notre pays, il a bénéficié de directeurs musicaux de grand talent, depuis Inghelbrecht jusqu'à l'actuel Cristian Măcelaru en passant par Dutoit, Masur, Gatti ou Krivine.

Le Philharmonique aussi a toujours été dirigé par des grands chefs qui lui ont donné ce fameux « son » évoqué plus haut : Marek Janowski, Myung-whun Chung ou, depuis 2015, Mikko Franck. Un « Philhar » – comme on l'appelle dans la Maison – qui s'affirme de son côté par son éclectisme, par l'importance qu'il accorde à la création (25 œuvres par an au moins), par sa capacité à jouer dans de multiples configurations – musique de chambre, lyrique, baroque ou sacrée – avec un nombre réduit de musiciens ou en disposition symphonique. Il peut mettre à profit cette « géométrie variable » au cours d'une même soirée. Son identité singulière lui offre aussi de prendre part à des « esthétiques croisées » en accompagnant des chanteurs de la scène pop (en partenariat avec France Inter) ou hip-hop (en lien avec Mouv') et en revisitant des bandes originales de film.

Musique française pour l'un, accès au contemporain pour l'autre… Seulement voilà, au fil du temps, les deux orchestres ont empiété sur des territoires de plus en plus proches. L'ancien P-DG Jean-Noël Jeanneney dépeint même, dans *Le Rocher de Süsten*, une guerre larvée : « Pour faire bonne mesure, les deux orchestres étaient en constante rivalité. Il me fallut, par exemple, entre le sang et les larmes arbitrer sans désemparer, peu après mon arrivée, sur la question de savoir lequel nous représenterait aux prochaines Chorégies d'Orange. »

Certains se souviennent aussi d'un *Nouveau Monde* de Dvořák proposé la même année par le National puis par le Philharmonique. Ainsi *Le Monde* décrivait en 2014, un combat à distance : « Le Nouvel Orchestre philharmonique a peaufiné sa métamorphose sous la direction du *Kapellmeister* Marek Janowski. De 1984 à 2000, la jeune phalange décomplexée marche allègrement sur les brisées du "National" – le grand répertoire classique et romantique. La riposte (inachevée) de l'aîné aura lieu à l'aube des années 2000, sous le mandat de Kurt Masur, autre *Kapellmeister* à l'ancienne. »

Comme l'explique Françoise Demaria, directrice adjointe de la Musique et de la Création culturelle, « pour construire une saison, il faut inviter des chefs et des solistes qui ne souhaitent pas toujours se contenter d'un seul axe musical ».

L'épée de Damoclès d'une fusion surgit régulièrement. Par exemple, au lancement des travaux de réhabilitation de la Maison de la radio, certains technocrates et dirigeants politiques ont voulu associer l'idée d'un lieu remis à neuf à celle d'un fonctionnement musical entièrement repensé. Jean-Marie Cavada, président à ce moment-là, affirme avoir lutté contre une véritable « purge » programmée et avoir voulu défendre la musique – c'est lui qui fit venir Myung-whun Chung dès 2000 puis Kurt Masur trois ans plus tard. Un récent rapport de la Cour des comptes a réclamé une nouvelle fois un orchestre unique à la radio.

L'installation des deux formations à l'Auditorium, même si elle pose de complexes problèmes d'organisation – la rénovation achevée du studio de répétition en 2025 résoudra une bonne partie de l'équation – permet à chacun des orchestres de réinvestir son identité propre. La nouvelle direction de la Musique et de la Création culturelle a déjà permis de « marqueter » la salle et les orchestres, de construire une offre alléchante dans un environnement concurrentiel et de mettre en place des politiques tarifaires et d'abonnement.

L'Orchestre national donne en moyenne 70 concerts par an, entre l'Auditorium et ses tournées en France et à l'étranger. Il participe à un Grand Tour pour apporter la musique dans des villes françaises où se produisent rarement les formations symphoniques. Pour cette saison, il célèbre notamment Beethoven, Schubert, et fête son 90e anniversaire dans un feu d'artifice de musique française autour de Ravel, Bizet, Berlioz ou Debussy. Il assure chaque année le concert du 14 juillet sous la tour Eiffel, garde un lien avec le Théâtre des Champs-Élysées et avec la Philharmonie de Paris, et propose des actions pédagogiques envers les jeunes et les musiciens amateurs.

L'Orchestre philharmonique s'intéresse également aux jeunes et aux nouveaux publics par des ateliers et des interventions à l'école, à l'hôpital ou en milieu carcéral ; il est, avec son chef Mikko Franck, ambassadeur de l'Unicef. Par son fonctionnement à géométrie variable, il peut donner près d'une centaine de concerts chaque année, en France et à l'étranger. Il joue donc du hip-hop et de la pop, mais aussi des musiques de film avec pour 2023 celle du compositeur canadien Howard Shore. Côté répertoire, il s'empare cette saison de chefs-d'œuvre du xxe siècle signés Mahler ou Stravinsky, et se lance, en l'espace de trois jours, dans une intégrale des symphonies de Sibelius.

La présence de ces deux phalanges au sein de la Maison de la radio et de la musique tient donc à l'histoire même de la radio. Certes, la sensation pour leurs titulaires n'est pas tout à fait la même que dans une salle purement théâtrale. Ici, pas d'entrée des artistes ni de grand foyer *cosy* et l'impression d'être une simple partie d'un tout protéiforme (information, administration, chaînes et activités annexes). Mais quelle richesse de pouvoir vivre en un même lieu la grande musique de tradition ou les œuvres actuelles parfois déroutantes, de disposer en podcast ou en disques d'un programme aussi varié, d'écouter de chez soi les concerts diffusés en direct à travers le poste.

Les deux formations sont solidement implantées dans le paysage international. Grâce à leur travail, le directeur de la Musique et de la Création culturelle Michel Orier se targue d'avoir rajeuni de cinq ans le public du classique. Un bon signe, pour assurer à l'Auditorium de la Maison de la radio et de la musique un avenir pérenne au Philharmonique et au National.

Voir : Auditorium ; Chœur ; Maîtrise ; Musique ; Niermans, frères.

Oreille

« Pour ceux qui ont quelque chose entre les oreilles. » Le slogan de France Inter dans les années 1980 doit rappeler que si on fait de la radio, c'est en premier lieu pour l'auditeur. Le divertir, l'informer, enrichir sa connaissance culturelle, l'inviter à dialoguer et à partager à son tour.

Quel type d'auditrices et auditeurs écoutent les chaînes de service public basées à la Maison de la radio et de la musique ? Un de mes anciens patrons disait toujours : « Si on le savait, on ferait 100 % aux sondages d'écoute. »

Chacun allume son poste dans des situations différentes, entre l'homme d'affaires soucieux du dernier bulletin d'actualités, la vieille dame qui accompagne sa solitude, le mélomane jamais rassasié de versions inédites parmi ses œuvres favorites, le travailleur en extérieur pour un fond sonore, la dessinatrice qui se laisse bercer pendant qu'elle glisse sa plume sur le papier, le graphiste pour l'aider à se concentrer, l'automobiliste en quête d'un remontant contre la fatigue, la maman dans une routine matinale où les rubriques de la station ponctuent ses propres séquences, etc.

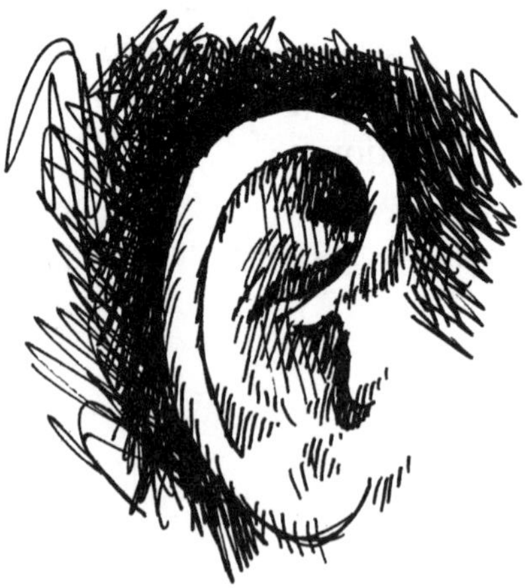

Comment tous ces gens qui nous écoutent imaginent-ils notre travail ? Se posent-ils d'ailleurs la question ? S'intéressent-ils aux conditions dans lesquelles sont fabriqués les programmes qui arrivent jusqu'à leurs oreilles ? À la fois sur le fond (politique) dans la conception, l'ambition, le message de chaque rendez-vous et sur la forme (pratique) concernant les moyens, le lieu, les circonstances de leur réalisation ? Avec l'emprise dominante de l'image et des réseaux sociaux, on pourrait penser que la radio a perdu de son pouvoir imaginaire, de son aura : on visualise sur le Net toutes les émissions, les studios, les visages.

Je suis pourtant frappé, dès que j'évoque la Maison de la radio, par l'attrait mystérieux que suscite l'édifice. Le poids de son histoire, l'héritage de personnalités emblématiques, le souvenir de productions mythiques... Je m'étonne aussi, quand je croise un groupe de visiteurs dans les couloirs, de constater leur émotion à longer les murs, à pénétrer dans les studios de concert ou à assister à un enregistrement public. Incontestablement, l'auditeur maintient son propre lien à la Maison de la radio.

Dans mon lointain souvenir, l'oreille était « en coin ». Aficionado de l'émission culte des dimanches matin[1], je collais la mienne au petit transistor de ma chambre d'adolescent pour sourire en compagnie de Jean Amadou, Françoise Morasso, Maurice Horgues, Patrick Burgel, Jacques Mailhot et toute la bande. Le son particulier d'un vaste espace, les applaudissements du public, les rires qui fusaient, les coulisses imaginées me laissaient inventer ma propre image du studio où les politiques et les vedettes du moment venaient se faire bousculer. J'entrais à mon tour, pour ainsi dire, dans le fameux 105 à l'instant même où résonnaient à la trompette les premières notes de *Big Fat Man*, l'indicatif signé Alain Boublil.

Ainsi chacun fantasme *sa* Maison de la radio.

En préparant ce *Dictionnaire amoureux*, j'ai croisé un auditeur pas comme les autres. Fañch Langoët écoute

1. *L'Oreille en coin* de Jean Garretto et Pierre Codou était une série d'émissions diffusées les week-ends entre 1968 et 1990, d'abord depuis le Studio 125 puis depuis le 105 en direct et en public.

avec attention et passion les différentes chaînes du groupe depuis plusieurs décennies. Il connaît la maison mieux que la plupart de ceux qui y travaillent. Son blog, au titre clin d'œil *Radio Fañch*, est une mine d'informations et d'images de ce qui se passe au 116, avenue du Président-Kennedy.

Fañch, qui vit en province, profite de ses nombreux passages professionnels dans la capitale pour adresser une oreille et un regard d'empathie à celles et ceux qui font la radio. « La fabrique de la radio et ceux qui la font me captivent, avoue ce graphiste de métier. La première fois que je suis venu ici, enfant, pour une visite avec ma grand-mère (à la bourse des porte-clés dans *Entrée libre à l'ORTF*), j'ai été frappé par la démesure du bâtiment et sa belle rotondité. Depuis que je le fréquente, j'ai appris à y circuler et à l'aimer. J'y suis comme le Mistigri du jeu de cartes. Un peu intrus mais tellement bienveillant pour la chose radiophonique. »

Au fil du temps, cet auditeur inédit est devenu ami des producteurs, des réalisateurs, des présentateurs. « Dans le bâtiment on cherche des gens, commente-t-il, et c'est un merveilleux prétexte pour en rencontrer d'autres. » Passé de l'autre côté du poste par une nuit d'été 2011, à l'invitation de Thomas Baumgartner dans l'émission *Mythologie de poche de la radio*, il y avait raconté sa passion à l'aune de « l'humanité de la radio ». Il vient d'en tirer un livre, *60 ans au poste. Journal de bord d'un auditeur*, publié à L'Harmattan.

Sans conteste, notre auditeur aime la Maison de la radio et de la musique. Or qui aime bien châtie bien. Fañch n'a pas sa langue dans sa poche. Dans ses billets, certains d'entre nous se font largement tirer… l'oreille.

Orgue

La première fois que j'ai entendu parler d'orgue, ce mot sonnait à mes oreilles d'enfant dans un exotisme similaire aux noms de Valparaíso, Syracuse ou Acapulco comme un site extraordinaire et lointain vers lesquels me conduisaient des voyages imaginaires pour y vivre de folles aventures. Il se comprenait d'ailleurs dans sa version plurielle – quel délice de voir cet amour d'instrument changer de genre – puisqu'il s'agissait des orgues de Bort, petite localité de Haute-Corrèze. On m'avait expliqué que la montagne avait sculpté là, au-dessus de Bort-les-Orgues, un alignement de tuyaux en phonolite (roche magmatique issue d'anciens volcans) d'une centaine de mètres de hauteur : de leur sommet, la vue sur l'Auvergne et le Limousin est époustouflante. Je m'imaginais chevalier à l'assaut de ces parois vertigineuses pour sauver une princesse détenue dans l'une des tours rondes du château de Val, sur l'autre versant : cette bâtisse médiévale aux allures de conte de fées se retrouve les pieds dans l'eau depuis la construction, après la guerre, d'un barrage hydraulique sur la Dordogne, ce qui ajoutait, dans mon jeune esprit, au romanesque du lieu.

La musique s'est ensuite, pour moi, emparée des orgues qui jouaient avec une puissance inouïe dans les églises où je les fréquentais parfois. Ce son enveloppant, des plus graves au plus aigus, qui pénétrait tout mon corps : je me laissais emporter par le souffle émis avec la sensation de flotter sur la mélodie. Me revient la *Toccata et fugue en ré mineur* de Bach entendue ici ou là, l'une des pièces les plus célèbres pour cet instrument.

L'Auditorium de la Maison de la radio et de la musique possède un orgue magnifique. Un des trois seuls en France implantés dans une salle de concert, avec celui de la Philharmonie parisienne et celui de l'auditorium de Lyon. Arrêtons-nous un instant sur ce dernier, car son histoire n'est pas banale. Construit pour le théâtre du Trocadéro dans le cadre de l'Exposition universelle de 1878, il fut la vitrine du plus fameux facteur de son temps, Aristide Cavaillé-Coll. Les plus grands musiciens se bousculèrent à sa console pour apprécier ce titan (qui avait disparu des orchestres un siècle plus tôt et vivait alors une véritable renaissance). Par la suite, les 6 500 tuyaux (pour 82 jeux) du monumental instrument furent déplacés deux fois : remontés d'abord en 1939 dans le nouveau Palais de Chaillot, puis définitivement installés à Lyon en 1977.

Ses deux confrères parisiens se sont tiré la bourre dès leur naissance, la même année, en 2016. Deux beaux bébés d'une trentaine de tonnes chacun, des mensurations assez proches, entre 5 000 et 6 000 tuyaux et un peu moins de 100 jeux, 4 claviers pour l'un comme pour l'autre, mais un écrin tout en majesté à la radio alors que dans la salle de Jean Nouvel le monstre se cache à l'arrière d'un panneau de bois clair. Il serait cependant absurde de mettre en concurrence ces deux frères géants qui ont ouvert une nouvelle ère musicale en France, comme le soulignait *20 Minutes* à l'époque : « D'un seul coup d'un seul, Paris devient une capitale mondiale pour la musique d'orgue. »

À la Maison de la radio, l'orgue de l'Auditorium n'avait pas été prévu dès le départ. « L'architecte[1] avait dessiné la salle dans son entier, avec du public tout autour de la scène centrale, sans prévoir un tel instrument, se souvient Jean-Michel Mainguy qui fut pour Radio France le coordinateur du projet orgue. On a mis plus d'un an

1. Architecture Studio, le cabinet qui a remporté le concours pour toute la réhabilitation de l'édifice.

pour trouver la bonne solution, en conservant la ligne des balcons tout en fixant l'orgue. » Dans une première version, les boiseries masquaient l'ensemble des tuyaux qui, par bonheur dans la version définitive, ont été rendus visibles y compris quelques centaines à l'arrière, grâce à un éclairage approprié.

Pour la facture, un appel à candidature fut lancé en 2008 et un an plus tard le projet de Gerhard Grenzing, facteur allemand installé à Barcelone, fut choisi et suivi par six organistes de renom réunis en un comité d'experts : Michel Bouvard, Thierry Escaich, François Espinasse, Bernard Foccroulle, Olivier Latry et Jean-Pierre Leguay. « Nous avons bénéficié d'un accompagnement très soutenu et de l'encouragement du comité pendant les six années qu'ont nécessité la gestion du projet, la réalisation et l'achèvement de l'instrument », raconte Grenzing dans la revue *Ars Organi* en ajoutant, sur un plan technique, la possibilité offerte à l'organiste d'inverser l'ordre des claviers : « Ainsi le Grand-Orgue peut se jouer sur le premier clavier et le Positif sur le deuxième, ou inversement. De même, le Récit peut se jouer sur le quatrième clavier et le Solo sur le troisième, ou inversement. » Autant avouer que ce langage me reste étranger et participe de la grande admiration que je voue aux organistes, capables de maîtriser en simultané quatre claviers plus les pédaliers, ce qui mobilise les deux pieds autant que les deux mains, sans oublier les yeux pour la partition, ni les oreilles pour le contrôle, ni le cerveau pour combiner le tout... bref, l'anti-Ouvrard[1] !

Néanmoins, pour les spécialistes que cela intéressera, voici le regard du magazine *Res Musica* : « L'ensemble de

1. Gaston Ouvrard fut l'inoubliable interprète de *Je n'suis pas bien portant*, chanson parodiée un demi-siècle plus tard par Thierry Le Luron.

l'orgue comprend sept plans sonores distincts : grand-orgue, récit expressif, positif expressif, solo expressif, solo haute pression expressif, chamade et pédalier. […] L'esthétique de l'instrument est fondée sur une base de type classique avec un enrichissement de jeux de type symphonique permettant d'aborder le répertoire le plus large. »

L'orgue de la Maison de la radio et de la musique a été imaginé en tenant compte des volumes de l'Auditorium, où l'acoustique est pensée pour que le son circule grâce à des parements de bois sur les balcons, des polycylindres[1] à l'arrière des gradins et une lentille réfléchissante accrochée au plafond. Fin 2011, il était totalement défini, les plans nécessaires à son intégration dessinés, et sa fabrication commença en Espagne.

Les experts du comité d'accompagnement se rendirent à Barcelone pour les premiers essais, en 2013. Ils apprirent à cette occasion la « personnalité » de l'instrument, un terme que Jean-Pierre Leguay expliqua dans un reportage pour Radio France : « Un orgue est un ouvrage

1. Voir note p. 78.

d'art collectif. Cela signifie que 20, 30 ou 40 personnes ont travaillé à sa fabrication, et chacun y met un peu de sa personnalité. Voilà pourquoi un orgue est toujours unique. » Michel Bouvard, lui, y travailla les premières harmonisations sous l'œil bienveillant de Gerhard Grenzing : « C'est comme un orchestre, on sait qu'on y trouve toujours des violons, des altos ou des basses mais selon que vous arrivez à l'orchestre de Vienne où à celui de Paris, vous n'avez pas le même son ; sur l'orgue on sait qu'il y a une trompette, mais de quelle manière sonnera-t-elle ? C'est tout l'art du facteur. »

L'instrument fut installé à l'Auditorium, dans une niche conçue pour lui au centimètre près, à partir de l'été 2014. Un travail d'orfèvre, pièce par pièce, mené en réglant la fréquence de chaque jeu en fonction de la température, de l'espace, et du son des autres jeux. Quelques chiffres à faire frémir : 5 320 tuyaux, 87 registres, 7 plans sonores, 2 consoles (la première se situe en fenêtre, accolée à l'instrument, la seconde est mobile, à commande informatique depuis la scène) avec chacune 4 claviers de 61 touches en os et en ébène et un pédalier de 32 marches en chêne. Ces deux consoles peuvent être jouées ensemble, à deux organistes, et elles disposent de part et d'autre d'une multitude de registres. Chaque musicien est capable, à l'aide d'un écran tactile, de mémoriser ses propres données personnelles. Enfin, le vent envoyé sur les jeux du positif (l'un des plans sonores) est à pression ajustable, y compris depuis le pupitre à distance.

On l'aura compris, ce colosse – composé de chêne, épicéa, étain, plomb, laiton et peau d'agneau – est un bijou d'une finesse absolue, qui nécessita plus d'un an de réglages après son inauguration, avant de sonner de manière idéale.

Il faillit pourtant ne jamais voir le jour. L'affaire fit grand bruit. Elle était autant politique que culturelle.

On a vu que l'architecte, dans les plans de l'Auditorium, n'avait pas prévu un tel instrument. Pourtant, le projet initial de réhabilitation prévoyait bien de conserver un orgue. Mais le ministère de la Culture et de la Communication en demanda le retrait en 2006. Les deux orgues de l'édifice furent, dès lors, cédés pour 1 euro symbolique.

La disparition du Studio 103 – dont l'emplacement, avec celui du 102, allait servir à construire l'Auditorium – entraînait *de facto* la disparition de son orgue. Celui-ci, un instrument du facteur Erwin Müller, fut transféré en l'église Sainte-Jeanne-d'Arc de Versailles, c'était compréhensible.

Par contre, pour le Studio 104 qui allait être transformé en salle de concerts, on aurait pu sans doute conserver l'orgue qui s'y trouvait jusque-là, ou le déplacer vers l'Auditorium. Il fut, en fait, offert à la cathédrale Notre-Dame-de-la-Treille à Lille. Construit pour la Maison de la radio entre 1957 et 1966 par le facteur Danion-Gonzalez, puis relevé par Bernard Dargassies de 1987 à 1989, c'est le quatrième orgue le plus grand de France après ceux de Saint-Eustache, Notre-Dame de Paris et Saint-Sulpice. 41 tonnes, 7 000 tuyaux et plus de 100 registres, onze millions de pièces à transférer vers le nord... Ce monument de la musique donnait un panache inégalé au Studio 104 dans sa version originale de salle classique pour les orchestres de la radio.

Son départ fut un véritable crève-cœur, son non-remplacement souleva un tollé dans les milieux musicaux et une colère légitime chez certains collaborateurs de Radio France. Entre-temps, Nicolas Sarkozy succéda à Jacques Chirac à l'Élysée, et il y eut une nouvelle titulaire rue de Valois : Christine Albanel. L'un de ses conseillers d'alors, Mathieu Gallet, rappelle combien Jean-Paul Cluzel, s'est « battu pour que l'Auditorium ait un orgue, qui coûtait évidemment très cher ; Christine Albanel a fini par arbitrer en sa faveur ».

L'ancien orgue du Studio 104 cédé pour 1 euro symbolique, et voilà qu'il a fallu investir jusqu'à 5 millions d'euros ! Ce volte-face embarrassant fut, évidemment, dénoncé par la Cour des comptes.

Il est vrai qu'un orgue n'est pas un instrument banal. Sa majesté, son volume, son aura, son mariage réussi avec un orchestre symphonique (alors que lui-même peut offrir seul toutes les symphonies du monde), tout cela en fait un enjeu majeur pour une formation ou pour une salle de spectacle.

Jean-Noël Jeanneney raconte dans *La République a besoin d'histoire* comment, déjà, Henry Barraud (ancien directeur de la musique pour la radio, au moment de la construction du bâtiment quai de Passy) narrait dans ses mémoires la « guerre picrocholine que se livrèrent, sous ses yeux, pour le grand Studio 104 et le 103, plus exigu, les tenants de l'orgue classique et ceux de l'orgue romantique ».

L'orgue fascine. Ce fut le cas dès le début de l'histoire de la radio. Sur le site france-orgue.fr, Alain Cartayrade recense les premiers concerts diffusés et commentés par l'organiste Georges Jacob à partir de 1924 sur les stations PTT Paris et Tour Eiffel. Aujourd'hui, France Musique prend le relais par des retransmissions de concerts donnés à l'Auditorium avec l'orgue, soit seul, soit accompagnant le Chœur, soit aux côtés de l'un des deux orchestres.

« C'est le plus bel orgue de France sinon du monde, s'enthousiasme Jean-Michel Mainguy qui lui a consacré dix années de sa vie professionnelle. Je suis allé écouter celui de la Philharmonie de Paris, qui n'est pas très utilisé, il a une grande puissance pour emplir l'espace du lieu, ce qui me séduit moins ! Le nôtre est tout en finesse, dans l'harmonie des lignes de la boiserie. Il ne se contente pas d'accompagner les orchestres ou les chœurs, il permet un répertoire en solo et, quand l'organiste sait l'apprivoiser, il offre un son unique. »

Les mélomanes gardent en mémoire *Glacis*, la création mondiale en février 2018 d'un dialogue – écrit par Aurélien Dumont – entre l'orgue de l'Auditorium joué par Thomas Ospital et l'accordéon microtonal de Fanny Vicens. Il s'agissait d'une commande de Radio France pour faire vivre et évoluer autant le répertoire que l'instrument (à noter que beaucoup de ces commandes, ainsi que des activités autour du patrimoine musical, sont financées par le mécénat : fondations, entreprises, simples particuliers).

Pour ceux qui le peuvent, rien ne vaut d'assister à une représentation vivante de l'orgue, afin de se laisser envahir par la puissance sonore de ce géant (12 mètres sur 12). Si c'est un concert avec orchestre et que, ce soir-là, l'organiste n'est pas sur la scène mais installé au pupitre fixe au pied de l'instrument, notez un peu en hauteur juste à sa droite, un petit rétroviseur qui lui permet de suivre les indications du chef dans son dos, tout en jouant, avec ses deux mains, ses deux pieds, ses deux oreilles, ses deux yeux, son cerveau…

Voir : Auditorium ; Décor ; Niermans, frères.

ORTF

Il n'est pas dans mon propos de retracer l'histoire – courte dans le temps mais longue par ses implications – de l'Office de Radiodiffusion-télévision française. Chacun trouvera la littérature de son choix sur tout ou partie de cette institution qui a marqué l'audiovisuel public. Les exégètes ne manquent pas pour en relater naissance, vie et mort.

Il s'agit simplement de rappeler que la Maison de la radio et de la musique s'est longtemps appelée, durant ses premières années d'existence, Maison de l'ORTF.

Je suis moi-même enfant de l'Office, avec lequel j'ai connu mes premiers émois radiophoniques. Il va sans dire que je n'en avais nulle conscience. C'était ainsi, simplement. Lorsque mes parents acquirent leur premier poste de télévision, le logo atomique de l'ORTF envahissait l'écran et je le trouvais à la fois beau et impressionnant.

La lettre « T » dans le sigle n'aura échappé à personne.

Petit rappel pour les plus jeunes.

Les balbutiements du petit écran datent du milieu des années 1930. La télévision fut même la vedette de l'Exposition universelle de 1937 à Paris. La Seconde Guerre mondiale donna pourtant des ailes à la radio, déjà au point sur le plan technique, très utile aux militaires, écoutée par des millions de personnes avides d'information sur les événements en cours et moins coûteuse que l'exploitation de l'image (l'unique chaîne télévisée prit son envol après le conflit, à partir des installations abandonnées par les Allemands rue Cognacq-Jay, à Paris).

La Radiodiffusion nationale (RN) naquit en 1939 pour regrouper l'ensemble des stations publiques : Radio PTT, Radio Tour Eiffel, Radio Paris et la dizaine de radios régionales. L'autorité de tutelle bascula alors du ministre des PTT (Postes, Télégraphes, Téléphones) directement vers le Premier ministre, qui entendait créer une voix de la France, quand le bruit des bottes résonnait en Europe. Après la Libération, succéda à cette RN la Radiodiffusion française (RDF) qui devint monopole d'État puisque, par décret, les stations privées furent interdites de territoire. Celles qui voulaient émettre positionnèrent de puissants émetteurs en périphérie du pays – Luxembourg (RTL), Sarre (Europe n° 1), Monaco (RMC) ou Andorre (Sud Radio) – devenant ainsi des stations dites « périphériques ». Au sein de cette RDF, les différents postes publics se transformèrent en chaînes différenciées : le Programme national (à vocation culturelle), le Programme parisien (généraliste et populaire), Paris-Inter (d'abord musical puis généraliste), le Club d'essai (pour des programmes expérimentaux diffusés sur les autres chaînes), et Radio Sorbonne (dont le contenu éducatif était géré par l'université).

La montée en puissance de la télévision incita le pouvoir à instaurer en 1949 la Radiodiffusion-télévision française (RTF) à la place de la RDF, sous l'autorité directe du ministère de l'Information, avec une unique chaîne télévisée et, pour la radio, France I à la suite de Paris-Inter (dédiée à l'information et à la vie quotidienne), France II en lieu et place du Programme parisien (avec une vocation régionale), France III pour succéder au Programme national (conservant son aura culturelle), France IV dans une tonalité musicale, et toujours le Club d'essai ainsi qu'à partir de 1958 le Groupe de recherches musicales (GRM).

C'est cette RTF qui emménagea, courant 1963, dans le nouveau bâtiment du quai de Passy, la Maison de la radio, où se retrouvèrent sur un seul site tous les services radiophoniques jusque-là disséminés à travers la capitale, ainsi que trois salles de spectacles dont le Studio 102 dédié aux grandes émissions de variétés télévisées (le Studio 101 était aussi réservé au petit écran). Pour des questions de fonctionnalité, l'essentiel de la télévision restait à Cognacq-Jay et aux Buttes-Chaumont, avec bientôt l'arrivée d'une seconde chaîne.

L'ORTF vit le jour en 1964 afin de moderniser le service public de l'audiovisuel, de satisfaire – selon les termes de la loi instaurant cet office – « les besoins d'information, de culture, d'éducation et de distraction du public » et, bizarrement, de lui donner davantage d'autonomie. En réalité, la mainmise du pouvoir gaulliste fut plus renforcée que jamais, jusqu'à la crise de 1968 qui fit vaciller la nouvelle institution et la mina de l'intérieur. Ce joug gouvernemental[1] et les chutes d'audience conduisirent à sa disparition en 1974, alors qu'elle gérait trois radios nationales (France Inter, France Culture, France Musique), une douzaine de grandes stations régionales, presque autant de FIP musicales dans les agglomérations, des radios d'outre-mer et trois chaînes de télévision.

De l'éclatement de l'ORTF, jaillirent sept sociétés distinctes : TF1 (privatisée en 1987), Antenne 2 et FR3 (aujourd'hui sous la bannière de France Télévisions), TDF (Télé diffusion de France, pour la diffusion des programmes et l'entretien des réseaux), la SFP (Société française de production, disparue en 2010), l'Ina (Institut national de

1. Le monopole d'État sur l'audiovisuel public fut supprimé par François Mitterrand en 1981.

l'audiovisuel, chargé des archives) et Radio France, qui hérita de la maison ronde...

Voir : Coucou ; Eiffel, tour ; Mai 68 ; Maison commune ; Poêle à frire ; Utopie.

Ouverture

Voilà le sésame de la nouvelle Maison de la radio et de la musique : son ouverture au public.

Sibyle Veil, la présidente de Radio France, en a fait son credo : « Avant, cette maison était comme un rond protecteur pour ses salariés, le berceau de leur activité. Désormais nous voulons l'ouvrir sur la ville. C'est aussi pour cela que je l'ai renommée en ajoutant *musique*, afin de la faire connaître comme un lieu accueillant du public pour des concerts. »

La réflexion menée dès Jean-Paul Cluzel, avec Architecture Studio, sur la réhabilitation a donc cherché à ancrer le site dans la vie de la cité par certaines réalisations qui ont modifié la structure initiale : la rue traversante percée de part en part du bâtiment, qui se voulait au départ comme un « passage » parisien avec des boutiques, mais dont les attentats et la crise sanitaire ont (pour l'instant) gêné la fonction, l'agora, qui attend encore de s'affirmer comme le véritable cœur du dialogue avec le monde du dehors, l'Auditorium, dont l'activité a démontré en moins de dix ans sa place majeure sur la scène musicale nationale.

L'ouverture, c'est aussi le retour, dans les murs, d'un bar et d'un restaurant en concession. N'importe qui peut venir prendre un verre en soirée au Belair, ou réserver à midi une table au Radioeat. Ce dernier pose par ailleurs, chaque été, ses cuisines et ses tables en terrasse sur la pelouse, devant la radio face à la Seine, telle une extension éphémère et chaleureuse vers la ville.

Au-delà de la saison musicale et des concerts (qu'ils aient lieu à l'Auditorium ou au Studio 104), l'ouverture se concrétise également par l'organisation, au sein des espaces disponibles, de congrès, séminaires, forums, expositions, rencontres et autres événements au cours desquels des entreprises, des groupes de visiteurs, des universités ou des professionnels d'horizons variés découvrent que la Maison de la radio est davantage que les chaînes que l'on entend sur les ondes.

Les ventes aux enchères régulières de disques en doublon, ou de matériels réformés, marquent enfin l'ouverture du patrimoine ainsi restitué aux amoureux de cette institution.

Il ne faudrait pas penser que cette idée d'ouverture est complètement neuve. L'architecte Henry Bernard avait multiplié les portes d'accès pour le public, les artistes et les techniciens, (six grandes entrées au total). Par la suite, les directions de la radio avaient inventé des émissions très populaires, comme *Entrée libre à l'ORTF* en 1965 – qu'il avait fallu arrêter sur ordre de la Préfecture de police car elle drainait trop de spectateurs présents sur place (plus de 10 000 personnes chaque dimanche). Sans parler, dès le début, des spectacles ouverts au public : concerts classiques au Studio 104 et plateaux de variétés au Studio 102.

Seulement voilà, l'image fantasmée de cet immeuble est devenue au fil du temps celle d'une forteresse. Dans le numéro 16 de *Criticat*, revue semestrielle de critique d'architecture, Simon Hermelin l'explique ainsi : « La nécessité de se protéger des bruits de la ville est vue comme une volonté de se cacher du public. L'inauguration par le général de Gaulle en 1963 ne vient que confirmer cette impression : c'est le siège de l'ORTF, c'est donc le siège d'un média contrôlé par le pouvoir. Et tant pis si le concours date de la IVe République, si les foyers vitrés invitent le public à entrer, si une galerie des visiteurs permet à tous de voir l'intérieur des studios d'enregistrement. Le bâtiment est victime de son image. » L'auteur – assez critique au demeurant sur la réhabilitation, d'un point de vue architectural – en conclut que Radio France a écouté les préjugés de l'opinion : « La Maison de la radio souffre d'un problème d'ouverture. »

Après soixante ans d'existence, et une remise à neuf complète, l'établissement confirme en tout cas cette ambition d'ouverture. Inscrite dans ses gènes, elle l'est aussi dans la réalité puisque ce sont entre 150 000 et 200 000 personnes qui poussent chaque année l'une des portes vitrées pour finir d'entrer...

Voir : Agora ; Architecture ; Attentat(s) ; Auditorium ; Coucou ; Entrez libre ; *Events* ; Hôtesses ; Le Belair ; Mai 68 ; Musique ; Naissance ; Niermans, frères.

P

Parc instrumental

Voir : Xylophone.

Paris-Bordeaux-Le Mans

Durant des décennies, la Maison de la radio a bourdonné de cette expression répétée en boucle.

« Paris-Bordeaux-Le Mans... »

Vous poussiez une porte de studio, vous étiez près d'un bocal recevant une correspondance du bout du monde, vous assistiez à la préparation d'une émission en public, partout ce bizarre triangle géographique du Grand Ouest résonnait en guise de test micro.

La formule appartient au patrimoine radiophonique.

Les jeunes générations ont basculé vers un plus classique « Cinq, quatre, trois, deux, un... zéro ! » qui permet d'indiquer, au moment du montage, l'endroit précis où doit commencer la diffusion. En effet, par la magie du digital (bien que certains regrettent avec lui l'écrêtement des fréquences qui diminue les propriétés du son), il n'est plus besoin de vérifier avec minutie le bon étalonnage de la voix. Les habitudes ont également évolué au sein de la société puisqu'on accepte aujourd'hui d'entendre dans le poste des retransmissions de qualité moindre : téléphone, WhatsApp ou ligne Internet.

Car l'objet de cette phrase « Paris-Bordeaux-Le Mans » était bien de tester la qualité des microphones. Les archives d'Orange, entreprise qui a succédé à l'opérateur historique France Télécom et, bien avant encore, à l'administration postale et téléphonique, livrent une explication tirée du *Bulletin d'information des Postes et Télécommunications* n° 49 de janvier 1960.

À ce moment-là, il fut décidé de vérifier, chez les fabricants, des centaines de milliers de capsules microphoniques. Lisons le bulletin en question : « Les vibrations de l'air bouleversent les particules de graphite contenues dans une capsule et prisonnières du diaphragme perforé (ou micro). Ceci suffit à moduler un courant électrique qui les traverse et porte ainsi la voix qu'il ira reproduire dans le récepteur à membrane placé à l'oreille du destinataire. »

On comprend donc que la qualité de la conversation dépend du bon fonctionnement des fameuses capsules perforées. Pour les mettre à l'épreuve – toutes et non pas quelques-unes choisies de manière aléatoire –, des normes furent définies. « De là l'idée d'une phrase standard, peut-on lire dans ledit *Bulletin*, ou plus exactement d'une série de mots, toujours les mêmes, que l'on fait entendre devant le micro et qu'un second opérateur écoute, au bout d'une courte ligne, à l'aide d'un écouteur standard. »

Chaque pays fit le choix de ses phonèmes. En France, la série la mieux adaptée fut construite grâce à des noms de villes faciles à retenir : Paris-Bordeaux-Le Mans-Saint-Leu-Léon-Loudun.

Assez vite, face à cette fastidieuse opération de contrôle, l'opérateur des postes inventa un robot pour remplacer la voix humaine.

Avec le temps, ou par souci de concision, Saint-Leu, Léon et Loudun furent effacées des mémoires.

Et voilà comment notre « Paris-Bordeaux-Le Mans » est entré dans l'histoire de la radio.

Voir : Micro.

Parking

Pendant dix ans, la tranche d'actualité de la fin d'après-midi sur franceinfo, entre 17 heures et 20 heures, m'a échu. Un long bail pour l'un des trois moments forts de l'écoute radio, avec le principal *prime* de la matinale, et celui de la mi-journée. C'est aujourd'hui Nicolas Teillard qui a repris le flambeau, avec un talent et une placidité à l'antenne qui ne sont pas pour me déplaire, et cette voix de baryton qui doit en faire pâmer plus d'une. J'ai aussi assuré les petits matins, les après-midi du week-end, ainsi que la tranche de midi pour un long bail également, six années avec, à mes côtés, à la rédaction en chef, Régis Picart qui, sous sa bonhomie bienveillante, était d'une rigueur absolue. Tous les jours nous inventions des nouveaux moments de radio entre invités, reportages, experts, témoignages et les auditeurs qui réagissaient par Twitter – à la fin des années 2000 l'oiseau bleu ne gazouillait pas encore à tout-va –, inaugurant une forme de binôme entre un présentateur et son rédacteur en chef tel qu'il en existe désormais à toute heure de la journée sur la chaîne. Régis savait aussi, comme personne, « monter » des opérations spéciales en extérieur. À ses côtés, j'ai voyagé de la Chine à la Russie, parcouru l'Europe, raconté le terminal de Roissy de l'intérieur, rendu compte de drames comme les inondations de Draguignan ou partagé les émotions du 70e anniversaire du Débarquement (quatorze heures d'antenne qu'il avait minutieusement préparées des semaines à l'avance).

À ce moment-là, franceinfo logeait au huitième étage de la grande couronne, entre les portes B et C. La vue portait sur les toits du 16e arrondissement entre les villages de Passy et d'Auteuil. Sous nos fenêtres, dans le cadre de la réhabilitation, nous avons vu un beau matin des pelleteuses débarquer et commencer à creuser. Plus les mois passaient, plus le trou s'agrandissait et les engins s'enfonçaient sous terre. Un nouveau parking naissait sous nos yeux, que nous avons vu s'élever niveau après niveau, au fur et à mesure que les tonnes de béton étaient coulées. Les plans circulant dans la maison promettaient un retour à une surface arborée entrecoupée d'allées pour déambuler. Avec Régis, comme on croquait souvent un sandwich en sortant de l'antenne à 14 heures, on s'était alors promis d'aller y pique-niquer dès que la pelouse serait prête à nous accueillir.

Parking indispensable, tellement il était incongru que la Maison de la radio n'en disposât point. Faisaient office, depuis 1963, deux malheureux espaces circulaires en miroir avec le bâtiment lui-même rond. L'un, côté Seine, entre la façade avant et l'entrée du RER, était réservé aux directeurs qui parvenaient toujours à s'y faufiler. L'autre, au coin des rues Raynouard et de Boulainvilliers, devenait le cadre quotidien d'une foire d'empoigne digne d'un film de Claude Zidi, à qui trouverait une place dans cet enclos ridiculement étroit (éclairé par de magnifiques lampadaires à induction magnétique, genre soucoupe volante, conçus par Philips pour Radio France).

Les arrivants du matin prenaient ce dernier d'assaut. S'ensuivait un jeu étonnant selon une règle non écrite mais respectée par tous : on pouvait poser sa voiture de manière anarchique hors des démarcations au sol, à condition de ne pas serrer le frein à main, de laisser le moteur débrayé et de ne pas verrouiller sa portière. Ainsi, ceux dont les véhicules se retrouvaient bloqués (souvent les matinaliers à leur départ vers 10 heures) pouvaient pousser à la main l'engin gênant et sortir leur propre voiture. Par bonheur, les automatiques étaient encore rares et si un étourdi fermait sa porte à clé, klaxonner pendant une heure ne servait à rien. Les vigiles, alertés, venaient relever le numéro d'immatriculation et tout le monde priait pour que le conducteur indélicat fût bien répertorié au service concerné. Les arrivants les plus tardifs n'avaient guère de solution. Yves Bigot, qui présentait une émission en soirée, se souvient d'une situation « sans espoir » qui le contraignait à se garer chaque jour « à perpette ».

Désormais, le parking de 500 places est accessible jour et nuit tout au long de l'année. Sa construction a permis de résoudre l'épineuse question du stationnement à Radio France, mais elle s'inscrit aussi dans la volonté d'ouverture de l'entreprise. Car l'équipement autorise les spectateurs des concerts donnés à l'Auditorium ou au Studio 104 à venir en voiture sans appréhension. Pour des questions de compétences et de coût, sa gestion est placée sous la concession d'une entreprise privée. Les collaborateurs de Radio France y bénéficient d'un tarif attractif. Les véhicules de services y ont un étage dédié. Les camions régies sont installés au rez-de-chaussée, ainsi que le service des motos de reportage (dans un recoin aux allures de caverne, d'où la malicieuse affichette « moto-grotte » apposée à son entrée). Bernard Cantin, figure historique des motards radio (21 tours de France à son actif pour 70 000 kilomètres derrière les coureurs, au guidon de sa K 1200 BMW), parfois grande gueule mais d'une efficacité redoutable, m'y fit un jour essayer une table à inversion pour soulager un dos misérable. Les chauffeurs des deux roues, soumis à rude épreuve, en sont des adeptes réguliers.

Ce service se trouvait auparavant au « sous-sol », comme on disait alors. Il s'agissait d'un garage réservé aux véhicules estampillés Radio France. On y accédait par la rue du Ranelagh et on en sortait par celle de Boulainvilliers. Entre les deux, dans un demi-cercle sous la partie arrière du bâtiment, voitures, motos et cars-régie étaient sagement alignés, prêts à partir. Les techniciens d'alerte squattaient une salle de permanence dans l'attente de démarrer à la moindre actualité, pour transporter un journaliste à moto ou en voiture HF. Les déplacements anticipés étaient préparés un peu plus en amont.

À chaque départ, le « techno » rassemblait tout son « matos », récupérait son ou ses passagers à la porte C et tout ce beau monde embarquait pour de nouvelles aventures radiophoniques en extérieur. Travailler dans ces véhicules aménagés donne en général l'impression d'être à la fois en camping (modalités spartiates et aléas climatiques) et à la maison (micros, horloge, casque pour dialoguer avec la régie finale de la Maison de la radio). On y ressent une excitation accrue par rapport à un studio, et cela nécessite aussi une attention plus soutenue pour limiter le risque d'erreur naturellement multiplié dans une configuration aussi limitée.

Dans le « sous-sol », tout était pensé pour optimiser les lieux. Un monte-charge donnait un accès direct au magasin technique situé juste au-dessus pour récupérer les équipements selon les nécessités de la production : magnétophones, console, micros, câbles, etc. Des alcôves abritaient des casiers individuels, en quinconce, pour du matériel plus personnel (notamment certains câbles). Un atelier de réparation disposant d'un pont employait quatre mécaniciens pour assurer l'entretien courant des véhicules.

Véhicules qui ont longtemps appartenu à l'entreprise. Aujourd'hui, seuls ceux qui sont transformés pour y intégrer des outils radiophoniques en restent la propriété, les autres (reportages ou direction) font vivre les sociétés de leasing.

Même si l'idée du parking ne fait pas rêver (sauf peut-être Marc Lavoine qui y devine des anges), celui de la Maison de la radio a servi de cadre à un défilé de mode.

Quant à notre sandwich sur la pelouse, il n'est toujours pas digéré. Dès la fin de la construction du parking, des bureaux provisoires ont été montés dans des Algéco en surface, ils ont disparu en 2023. Entre-temps, Régis a quitté la maison ronde pour retourner dans son Nord. Au fond, j'irai manger un welsh chez lui, ce sera plus sympa…

Pavillon de la radio (1937)

Voir : Maison commune.

Percussions

Voilà un mariage, inédit et heureux, entre un lieu et ses utilisateurs.

En 2013, l'Auditorium est en pleine construction. C'est encore une immense boîte de béton brut, dont la structure laisse deviner les futurs gradins du public et l'emplacement de l'orgue. Au centre, des poutrelles d'acier jonchent le sol, tel un mikado géant. D'énormes plaques de ciment sont entassées sur un côté. Des barrières de métal forment une protection, qui paraît pourtant bien fragile, sur le rebord des parties plus élevées.

Dans un peu plus d'un an, la salle, toute de bois vêtue, formera l'un des plus magnifiques écrins pour la musique classique.

Les percussionnistes de l'Orchestre national de Radio France, qui se retrouvent régulièrement entre eux (sous le nom de formation Ad'ONF) pour donner des concerts sans les autres musiciens de l'orchestre, ont l'idée d'un moment musical éphémère dans ces conditions, en pleins travaux de réhabilitation. Cécile Bracq, de la direction des antennes, et le percussionniste Florent Jodelet montent le projet. Les équipes vidéo de David Sadoun sont sollicitées pour graver l'événement dans le son et l'image. Deux clips sont alors produits.

Jouant sur leurs propres instruments (caisses, tambours, xylophones, et autres cymbales descendues à l'aide d'une grue vers cet antre improbable, cette scène imaginaire sur un territoire perdu), utilisant divers matériaux de chantier à leur disposition sur place, s'amusant dans une mise en scène visuelle à chaque recoin accessible, les percussionnistes interprètent deux œuvres : *Hook* du Britannique Graham Fitkin, et *Output*, de Didier Benetti – ancien timbalier soliste de l'ONF devenu chef d'orchestre et compositeur.

Il faut voir ces clips sur les plateformes web.

Ce n'est pas de la musique industrielle. Ce n'est pas un concert au sens propre du terme. Ce n'est pas une démonstration technique.

Plutôt un *happening*, un regard inattendu sur l'Auditorium, un instant musical étrange, en résonance avec un ouvrage architectural en devenir et porté par l'excellence des musiciens du prestigieux orchestre.

Une création percutante.

Chapeau, les artistes.

Voir : Auditorium, Orchestres.

Petibon, Patricia

La Maison de la radio et de la musique vue par...

« C'est un coquillage labyrinthique. On s'y perd comme dans un labyrinthe et, tel un coquillage, la Maison de la radio avance par stratification de tout ce qui a pu exister à différentes époques dans le son, les voix ou la musique.

« Par cette stratification du temps qui passe, l'endroit devient une bibliothèque de la mémoire et, ne l'oublions pas mais les abris antiatomiques nous le rappellent, un point stratégique : lieu de communication et de transmission.

« Quand je pénètre dans le bâtiment, cela me fait le même effet que de porter un coquillage à mon oreille : j'ai l'impression d'entrer dans un monde sonore qui est notre reflet contemporain. La radio est un voyage étrange. J'aime l'imaginaire, sans voir, qu'elle crée. De l'intimité du studio, les ondes transportent vers l'intimité de millions de personnes. Parler à l'oreille de chacun, c'est émouvant. »

Patricia Petibon est une cantatrice soprano.
Entretien accordé à l'auteur.

Pilotis

Venise est un appel permanent. Sa beauté cristalline. Son atmosphère surannée. Ses Riva de luxe. Ses joyaux picturaux. Ses palais mystérieux. Son allure balnéaire. Ses eaux vertes. Chaque escapade à Venise offre en prime un voyage intérieur. La ville fascine pour mille et une raisons. L'une des principales reste, pour moi, cette manière d'être posée tout en délicatesse sur la lagune. Pour parvenir à ce miracle, la cité a été bâtie sur des millions de pieux en bois, plus d'un million en chêne et en mélèze rien que pour la basilique Santa Maria della Salute avec ses deux dômes et ses deux campaniles. Des forêts entières des Alpes et des Balkans supportent ainsi la Sérénissime.

Parmi les autres pilotis célèbres à travers la planète, comment ne pas évoquer les chalets de la plage de Gruissan, dans l'Aude, où la pulpeuse Béatrice Dalle et le torride Jean-Hugues Anglade vécurent l'aube de leurs amours passionnées. Le film de Beineix, *37°2 le matin*, y fut tourné, d'après le roman éponyme de Philippe Djian, un des meilleurs écrivains de sa génération.

Au large de Miami, juste au sud de l'île Key Biscayne, j'ai eu le bonheur de pique-niquer par une fin d'après-midi estivale sur l'une des sept maisons émergeant de la baie. Érigé sur des pitons de bois, ce village incroyable, Stiltsville, est né dans les années 1920 pour accueillir les fêtards et les joueurs désireux de fuir la prohibition. Le soleil qui se brise le soir sur l'eau offre un spectacle irréel en se noyant au milieu des couleurs pastel de ces abris perchés au-dessus de la mer. Il en demeure sept, sur les trente bâtis là, l'ouragan Andrew ayant balayé le reste en 1992.

Il y a aussi les villages flottants du lac Inlé en Birmanie, connu pour ses pêcheurs équilibristes, ceux de Tonlé Sap au Cambodge, drôle de plan d'eau douce en courant alternatif (depuis ou vers la mer) selon les saisons, ou la petite ville de Ganvié avec ses milliers d'habitants, au Bénin.

Je fus étonné d'apprendre que la Maison de la radio et de la musique pouvait être ajoutée à cette liste non exhaustive. En effet, le sol argilo-calcaire où elle fut érigée a conduit l'architecte Henry Bernard à arrimer les fondations à 750 puits coulés dans les tréfonds, tels des pilotis des Temps modernes. Ces puits busés sont remplis de béton, ce qui permet à la couche terrestre autour de résister à l'enfoncement. Au-dessus de ces immenses piliers rigides, de grands radiers étanches et armés constituent le socle de toute la partie centrale de l'édifice. Les trois salles publiques d'origine, face à la Seine, possédaient chacune leur propre plancher de béton. Ces blocs gigantesques existent toujours sous le Studio 104 et l'Auditorium.

Sur cette forêt de pilotis de ciment, repose donc l'ensemble du bâtiment qui pèse son poids : la couronne extérieure est dressée en béton armé, la couronne centrale ainsi que la tour sont brodées de charpentes métalliques, sans parler des vertigineuses baies vitrées et des plaques d'aluminium de la façade.

Voir : Architecture.

Plantons

Voir : Badges.

Plantu

La Maison de la radio et de la musique vue par...

« La première fois que j'ai mis les pieds à la Maison de la radio, c'était un bâtiment tout neuf. Roger Lanzac et Raymond Marcillac m'ont fait monter sur la scène du Studio 102, dans l'émission *Télé dimanche*, où je participais avec mon lycée au *Jeu du bac*. J'avais 15 ans et j'ai gagné, mais comme le jeu n'était pas encore finalisé, on m'a offert une boîte vide[1] ! Mireille Mathieu se produisait ce jour-là, j'étais très ému.

« Sinon, Radio France accompagne mon travail depuis des années. J'ai notamment réalisé un dessin pour le lancement de franceinfo le jour de sa création. C'était une commande de Pascal Delannoy[2]. Et comme auditeur, je loupe rarement les émissions du samedi matin sur France Culture. »

Plantu est dessinateur et caricaturiste de presse.
Entretien accordé à l'auteur.

Poêle à frire

J'ai déjà évoqué dans cet ouvrage quelques slogans portés par les stations implantées à la Maison de la radio et de la musique, au fil de leur histoire. Ces mots choisis

1. Réalisé en partenariat avec Air France, *Le Jeu du bac* mettait aux prises, en direct dans *Télé dimanche*, deux lycées représentés par des élèves sélectionnés. La finale était dotée d'un voyage, mais chaque vainqueur de la semaine remportait un jeu de société dans une boîte aux couleurs de l'émission.

2. Rédacteur en chef de la nouvelle radio, dont il devint le directeur deux ans plus tard.

pour définir au mieux l'esprit de chaque antenne au gré de l'évolution de la société. La formule doit être brève, incisive, une phrase choc pour défendre et représenter chacune des chaînes. Pour franceinfo, j'ai souvenir de « L'info à vif », « Le réflexe info » ou « L'info pas l'intox ». Cela me faisait parfois penser à une sorte de cri de ralliement comme le « Montjoie ! Saint-Denis ! » des rois de France. Au reste, le mot « slogan » porte cette énergie martiale en lui puisque son étymologie provient du gaélique *sluagh,* troupe, et *ghairm,* cri de guerre.

Quant à l'identité visuelle, la bannière flottant au-devant des troupes, elle est restée longtemps assez disparate.

Après-guerre, les trois radios publiques n'arboraient – accolé aux initiales de la Radiodiffusion française (RDF) puis de la Radiodiffusion-télévision française (RTF) – que leur nom : Paris-Inter devenue France I, Le Programme parisien modifié en France II et Le Programme national transformé en France III (les deux fusionnèrent sous le nom de France Promotion). Une quatrième chaîne, France IV Haute-Fidélité, se développa à partir de 1960. Les noms définitifs France Inter, France Culture et France Musique apparurent après 1964, une fois tout ce beau monde regroupé sur le quai de Passy.

Dès lors, une première tentative d'unification des logos eut lieu, par l'emblème d'un poste radio. Toutefois, après Mai 68, chacun reprit un peu de liberté : France Inter affichait un carré stylisé bordé de jaune, France Culture jouait sur le bleu ciel et le mauve pâle, France Musique hésitait entre la forme d'un pavillon de phonographe et (brièvement) l'atome de l'ORTF.

Comment ne pas s'arrêter sur ce fameux logo atomique télé qui a bercé mon enfance, sous la puissance du *Te Deum* de Marc-Antoine Charpentier pour les programmes en Eurovision ? Dès que sonnaient les trompettes, on savait qu'un événement important allait occuper le petit écran. Les seize premières mesures étaient jouées et dès la huitième, à la reprise du thème, le logo Eurovision du pays émetteur, apparaissait ce qui lançait la retransmission synchronisée sur l'ensemble du continent.

Sinon, le vrai générique de l'ORTF en dehors de l'Eurovision, moins grandiose mais tout aussi cuivré, avait été créé en 1964 par Jean-Jacques Grünenwald, organiste de renom qui devint une dizaine d'années plus tard titulaire à la tribune de Saint-Sulpice à Paris. À l'écran, des ellipses tournant sur elles-mêmes pouvaient rappeler des ondes radiophoniques ou des trajectoires de planètes (on avait un peu la folie des grandeurs en ce temps-là).

En 1975, après l'éclatement de l'ORTF en sept sociétés, chacune inventa sa propre identité visuelle. Les trois nouvelles chaînes de télévision (TF1, Antenne 2, FR3) conservèrent par commodité leurs studios dans l'immeuble historique de la rue Cognacq-Jay, l'Ina puis la SFP s'installèrent à Bry-sur-Marne, TDF gagna Montrouge et Radio France hérita de la maison commune, sur la façade de laquelle le logo atome de l'ORTF fut démonté.

S'ouvrit alors la saga de la poêle à frire.

La première présidente de Radio France, Jacqueline Baudrier, souhaitait doter l'établissement d'une image forte. Le service de communication travailla sur un projet mettant en lumière le bâtiment, en cherchant une forme géométrique simple et un logo ouvert. Deux personnes s'attelèrent à la tâche pendant trois semaines, multipliant les essais autour de divers mouvements d'ellipses. À l'arrivée, sous la plume de Richard Humbert, des courbes stylisaient la silhouette externe de la radio, couleur bleu de France. Sur ce bleu, des ellipses blanches évoquaient les ondes. Un point central rouge représentait la couronne interne de l'édifice.

Très vite, ce logo fut affublé par les personnels, de manière un peu triviale mais affectueuse, du surnom de « poêle à frire ». Il est vrai que la tour centrale, rehaussée pour des raisons graphiques, et le rond de l'immeuble, un peu aplati en dessous, faisaient penser à l'instrument de cuisine avec son manche allongé.

Dans la tambouille de la communication, ce petit dessin devint vite l'ingrédient majeur, sinon l'épice indispensable, dont chacun dans la famille voulut disposer à sa sauce : le rond central marqua le point sur le « i » d'Inter, il se transforma en mappemonde pour RFI, la partie gauche de l'immeuble dessina le « c » de Culture, le thème fut optimisé en un « f » et un « m » allégoriques pour France Musique. À partir des années 1980, les radios locales de Radio France embarquèrent à leur tour sur leurs visuels ce symbole qui devint l'emblème officiel de toute l'entreprise.

La mise en valeur, sur son logo, de la Maison de la radio – construction unique en son genre et dont le nom même porte en lui la force et la magie de la diffusion nationale – marquait ainsi la fierté de toutes les équipes.

À tel point que la poêle à frire a longtemps suivi l'image des radios publiques.

Oh, bien sûr, en évoluant.

Dix ans après sa naissance, le bleu a foncé, les ellipses se sont effacées. Puis en 1991, la cheminée a retrouvé une proportion raisonnable, en rapport avec celle de la tour centrale du bâtiment, la police de caractères est passée du *Ronda Light* à un *Futura Bold* plus moderne.

Au tout début des années 2000, le concepteur du logo, Richard Humbert, a traité le dessin à l'aérographe, inscrit les deux mots « Radio France » en surimpression et en italique – « Radio » en gras, « France » en maigre – et grisé la forme géographique en lui donnant une allure un peu spatiale.

2005, petite révolution. Un appel d'offres externe est lancé pour la nouvelle identité de Radio France. Plusieurs agences sont sur les rangs, qui déploient une imagination débridée. À nouveau, la bâtisse est au cœur des créations. Un tel préconise une vue d'en haut, coupée au quart, pour évoquer autant les ondes que les couronnes de l'édifice. Celui-ci inscrit les noms des stations dans des bulles de bande dessinée. Celle-là articule des virgules colorées qui identifient l'immeuble. Un autre encore affiche une simple circonférence épaisse, ouverte sur son quart supérieur droit avec des petits dés en suspension : le tout peut suggérer aussi bien la maison mère et ses stations, qu'une horloge de studio et des secondes qui s'échappent.

Rien ne convient.

On tourne en rond.

Christophe Abramowitz, photographe de Radio France, se souvient de longues discussions avec le président du moment, Jean-Paul Cluzel, qui cherche à sortir de l'impasse. Face à la tyrannie de la courbe, la vertu du carré prend alors le dessus. Moderne, vivant, simple, accrocheur. Ce dernier est même, d'une certaine manière, circulaire dans sa symétrie : faites-le tourner très vite sur son centre, vous verrez apparaître un cercle. Radio France mandate dès lors l'agence Leg pour une série de doubles carrés : un noir en arrière-plan et un coloré à l'avant (avec une teinte différente pour chaque station). Celui du groupe est bleu, le nom surgit en lettres blanches sous une nouvelle typographie, la *Franklin*.

La série créa une formidable synergie d'entreprise.

Mais on comprit alors que la vieille poêle à frire était prête à être jetée au rebut. « Il y a eu une levée de boucliers au sein de la maison, raconte Richard Humbert sur le blog lapoeleafrire.fr[1], les gens trouvaient qu'ils perdaient leur identité. Le logo avait été une marque de fabrique, capitalisé depuis tant d'années, il a été impossible de le faire disparaître. » Pas de disparition donc, mais une réduction à une mini-pastille, glissée en bas à gauche, dans un coin du carré noir commun à toutes les antennes.

En 2017, à l'occasion d'un nouveau toilettage, la représentation graphique s'effaça pour de bon de la signalétique de Radio France, au profit d'une écriture unique, plus épurée, sous typographie *Acumin Pro*, soutenue par un bleu électrique énergique, comme si la marque « radiofrance » se suffisait à elle-même sans la silhouette de sa maison. Crime de lèse-domicile ? En pleine évolution managériale, la société avait-elle perdu son âme ? L'étonnante similitude avec l'identité de la nouvelle chaîne radio-télé-web-podcasts « franceinfo » présageait-elle d'un rapprochement global avec France Télévisions ? Les inquiétudes allaient bon train, même si les antennes sauvaient le fameux symbole dans leur carré coloré. Les deux orchestres, le Chœur, la Maîtrise, l'Auditorium et le Studio 104 s'inscrivirent, eux, dans la réécriture totale, en gagnant au passage un design très affûté encore utilisé aujourd'hui.

Depuis décembre 2021, la poêle à frire a définitivement cédé la place à une nouvelle identité.

Une « écoutille » représente désormais l'entreprise. Une écoutille que l'on peut visualiser, avec un petit effort d'imagination : le dessin est un cercle parfait, comme un cadran de montre, au trait épais :

---

1. Ancien blog personnel entre 2012 et 2016 d'un jeune journaliste maison, Julien Baldacchino (aujourd'hui au service web et multimédia de France Inter) ; j'y ai puisé certaines des informations de cette entrée.

— trait plein de minuit à 3 heures (en haut à droite) et de 6 heures à 9 heures (en bas à gauche) ;

— trait ouvert (c'est-à-dire absence de trait) de 3 heures à 6 heures (en bas à droite) et de 9 heures à 12 heures (en haut à gauche) ;

— une petite cheminée pointe au-dessus de midi.

Comme l'ouverture sur un bateau, cette écoutille-là offre un passage dans les deux sens. Vers l'extérieur, fenêtre que les antennes et les formations de Radio France ouvrent sur un monde en mouvement. Vers l'intérieur, invitation pour le grand public à pénétrer les univers de la radio.

Ici, moussaillon, pas question de fermer les écoutilles ! Il faut, au contraire, grand les ouvrir. Après tout, n'entends-tu pas « écoute » quand on te dit « écoutille » ?

En vrai, le logo ressemble davantage à un trou de serrure. Au fond, ce n'est ni gênant, ni incompatible. Il faut juste oser y jeter un œil curieux et indiscret, pour appréhender ce qui se passe à l'abri de cette haute façade de verre et d'aluminium...

Voir : Entrez libre ; ORTF ; Web.

Poignée(s)

Après la pandémie, le salut entre collègues dans les couloirs de la radio s'est résumé à une simple adresse verbale, un peu lointaine. Le plus souvent, elle était jetée par-dessus le bureau de celui ou celle qui travaille en face de vous. Elle pouvait parfois être collective et s'avérait, dans ce cas, assez impersonnelle. Elle restait discrète chez les grands timides et tonitruante chez les forts en gueule (rien à voir avec la hiérarchie, en général…). Cette adresse remplaçait en tout cas, à de rares exceptions, les anciens modèles de salutations matinales qui animaient, naguère, nos premières rencontres de la journée.

Exit donc la bise que les proches s'offraient en arrivant à la rédaction dans une intensité plus ou moins marquée en fonction du lien noué au fil des années à travailler ensemble – vieille tradition française qui ne lasse pas d'étonner hors de nos frontières. *Exit* aussi l'accolade amicale préférée par certains, à la façon du *hug* nord-américain : une manière de refermer l'espace qui sépare de l'autre, d'aplanir les malentendus et les fâcheries. *Exit* enfin, bien sûr, la franche poignée de mains, souvent échangée machinalement, sans passion ni pression mais qui, parfois, marquait une véritable déférence et une amitié réciproques.

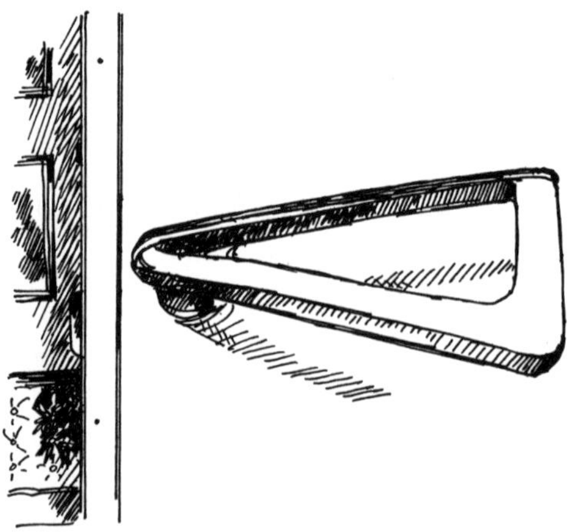

Le sens premier de la poignée est toutefois autre. Les dictionnaires nous le rappellent : « quantité de quelque chose que la main fermée peut contenir », à l'image de cette poignée de blé qu'on imagine jetée à la volée par la semeuse, sur les timbres que je collectionnais dans mon adolescence.

À la Maison de la radio et de la musique, il est d'autres poignées qui avaient de la valeur : celles des grands studios. D'immenses triangles aplatis, fixés à l'horizontale sur les portes par leur partie pointue. Il fallait abaisser ou lever le petit côté du triangle, tout à l'opposé de la pointe, pour manœuvrer le système de verrouillage et de déverrouillage des serrures (ce qui rappelait celui des pièces fortes blindées dans les sous-sols des banques).

En bronze à l'origine, les poignées en question ont été remplacées après 1980, en raison de leur usure, par des similaires en inox, dans le strict respect du dessin initial. En effet, ces objets appartiennent, de façon remarquable, au design des années 1960. Élément patrimonial inhérent à l'édifice, seront-elles toujours conservées en l'état ? Si tel est le cas, ce serait uniquement pour accéder aux studios de création de la petite couronne. Réponse après 2025 (pour l'instant, je ne suis pas sûr que la décision soit prise). Autrement dit, après hier et aujourd'hui, quoi qu'il arrive, pandémie ou non, banqueroute ou pas, garderons-nous les mêmes poignées demain ?

Pompiers

Voir : Incendie.

Première pierre

J'ai toujours été minéral plutôt que végétal. Si j'aime la nature pour sa beauté et sa sauvagerie, elle peut parfois m'intimider, quand je cours dans des bois au milieu de nulle part ou qu'elle se déchaîne un soir de tempête. La pierre me réconforte davantage. L'esthétique d'un manoir en pierres taillées, son aspect chaleureux et rassurant. La nature est une aventure permanente, je crois être un casanier des murailles. Les châteaux me fascinent, leur construction, leurs mystères. Comment oublier les demeures couleur feu de Collonges-la-Rouge, ce village de Corrèze que je ralliais à bicyclette depuis Brive et où repose Maurice Biraud (grande voix de la radio, mais d'une station concurrente du service public : Europe 1). Les pierres blanches de Charente m'apaisent, leur douce rugosité sous les doigts procure une sensation de confort inattendu, elles m'inspirent dans l'écriture. La rigueur des façades à Besançon le long du Doubs, un fier immeuble haussmannien de Paris, la sagesse d'une place bordelaise pavée du sol aux murs, l'austérité attirante d'une longère de granit bretonne, l'extravagance de la Villa Médicis (où j'ai eu le bonheur de séjourner plusieurs semaines).

Je trouve la pierre précieuse dans un monde où l'on vend beaucoup de vent.

Avant le micro, j'ai été un journaliste de plume dont le premier article remonte à 1979. J'avais à peine 17 ans, je remplaçais pour la première fois le localier en Corrèze du journal *L'Écho du Centre* pour lequel ma mère vendait des espaces publicitaires (Jean-Paul Malaval est depuis devenu un écrivain talentueux, lu par des dizaines de milliers de personnes qui apprécient ses histoires de terroir et de relations humaines), et j'ai sillonné le département et ses villages de pierre. Mon premier reportage radio fut, quelques années plus tard, celui du jeune militaire que j'étais au cours d'un voyage de régiment. Chaque soir, je réalisais un journal sonore des expériences vécues dans la journée. C'était en Israël et en Palestine, et j'eus sans doute là-bas la révélation de la pierre. Celle, intimidante, du Mur des Lamentations. Celle, incertaine, de la tour de Jéricho. Celle, imprenable, de Massada. Celle, vagabonde, du désert du Néguev. Celle de la Bible « Tu es Pierre, et sur cette pierre… » Ces années-là marquaient une pause de paix, juste avant l'intifada, quand la pierre devint l'arme des pauvres.

La Maison de la radio et de la musique n'est pas en pierre, mais en fer, en béton, en verre, en aluminium, en bois. C'est bien, aussi. La seule véritable pierre en est la première, l'inaugurale, la symbolique. Pour la voir, il faut jeter un œil à travers la dernière baie vitrée sur la gauche de l'entrée principale, juste après le sas numéro 9. La voici, posée sur le sol, en majesté et en solitude. Un immense cube de granit blanc sur lequel on peut lire : « CETTE PREMIÈRE PIERRE DE LA MAISON DE LA RADIO DE PARIS A ÉTÉ SCELLÉE PAR MONSIEUR RENÉ COTY PRÉSIDENT DE LA RÉPUBLIQUE

FRANÇAISE LE XIV-XI-MCMLIV » « Étonnant, non ? » aurait pu lancer Pierre Desproges, grand habitué des lieux, puisque la présence incongrue de cet objet dans le hall, à même le carrelage et exposé à la vue de tous, prouve, au contraire, que cette première pierre n'a jamais été scellée nulle part.

En fouillant les collections des Archives écrites et du musée de Radio France, on tombe sur cet article de presse du 13 novembre 1954, la veille de la date prévue : « Demain dimanche, M. René Coty devait poser la première pierre de la Maison de la radio, à l'angle du quai de Passy et de la rue du Ranelagh. Le président de la République étant souffrant, la cérémonie a été ajournée. » L'historienne Hélène Beraud, qui a mené l'enquête sur ce dossier fondamental, n'a trouvé aucune trace du moindre report dans l'agenda officiel du chef de l'État et constate que la pierre a été « déposée dans le couloir d'un sous-sol de la Maison de la radio pour une période de grand sommeil dans un lieu symbolique de sa fonction de fondation ». Le chantier de la réhabilitation l'a remontée à la lumière.

Un dernier mot pour ajouter que les tout premiers mots couchés sur le papier pour ce *Dictionnaire amoureux* furent ceux de l'entrée des escaliers dits « Chambord ».

Minéral.

Définitivement.

Mais qui me jetterait pour cela la première pierre ?

Présences

Chaque année, en février, la Maison de la radio et de la musique prend le pouls des créations contemporaines, grâce au festival Présences. Un moment inédit au sein de l'édifice qui résonne parfois de bruits et de sons étranges, voire de couleurs comme en 2022 lors de l'hommage rendu au compositeur Tristan Murail. Une vingtaine de ses pièces étaient à l'affiche, dont deux œuvres audiovisuelles. Pour celle d'ouverture, *Near Death Experience*, le journal *La Croix* admirait « la fusion des timbres et le mouvement des masses sonores qui se déploient dans des temporalités toujours fluctuantes » et qui immergent « dans un monde mouvant et coloré, fruit d'un imaginaire sonore hors norme que viennent prolonger les images sur l'écran ».

Je ne suis, pour ma part, pas très amateur de musiques d'aujourd'hui, par méconnaissance sans doute des clés qui permettraient de mieux les aborder, voire de les comprendre. J'en suis resté à Boulez et Messiaen, avec lesquels j'ai encore un peu de mal, alors qu'il existe un foisonnement de créateurs de tout poil et de grand talent. Présences leur offre une forte visibilité et ils ne peuvent trouver de meilleur écrin ailleurs qu'à la Maison de la radio et de la musique, au Studio 104 et à l'Auditorium où se déroule principalement le festival (certaines rencontres ont lieu dans les foyers).

Le rendez-vous fut créé par Claude Samuel en 1991, lorsqu'il était directeur de la Musique, à la radio. Proche de Pierre Boulez, ce journaliste de formation a toujours lutté en faveur des musiciens de son temps. On lui doit un ambitieux *Panorama de l'art musical contemporain* paru chez Gallimard, qu'on ne dégote plus que chez quelques collectionneurs. Initiateur du festival de Royan, puis de celui de La Rochelle, il donna la pleine mesure de ses ambitions au sein de la maison ronde.

Le Monde raconta alors comment, là, « orchestres et chœurs “maison” à disposition, budget non soumis à l'obligation de recettes », Samuel eut toute latitude pour inventer « un forum de la création contemporaine au format XXL ». Il ne s'agissait pas, pour lui, de simplement respecter le cahier des charges d'un établissement de service public, mais bien de défendre une conviction intime et profonde, de ne pas juste « produire des concerts auxquels n'assisteraient que les amis des auteurs » comme il s'en défend dans un courrier adressé aux participants de la deuxième édition, mais de s'assurer que la diffusion des œuvres en question serait suffisamment large et pérenne.

Présences a dépassé les trente éditions, il appartient au paysage de la création contemporaine, et reste le lieu de passage obligé de tous les auteurs qui veulent s'affirmer sur la scène internationale. Chaque année, un tiers des partitions jouées durant la petite semaine du festival le sont en création mondiale. En trois décennies, le rendez-vous a aussi proposé de nombreux portraits de compositeurs de la fin du XXe siècle, et s'il a souvent amorcé des pas de côté, vers Shanghai, New York, Berlin, Montpellier, Aix-en-Provence ou Dijon, le festival garde un pied solidement ancré au sein de la Maison de la radio et de la musique, son socle fondateur.

Voir : Musique.

Présidences

L'anecdote a fait maintes fois le tour de la maison ronde, et on la raconte encore, sans lassitude. Le vendredi 10 février 1989, le Conseil supérieur de l'audiovisuel nomme un nouveau président pour succéder à Roland Faure à la tête de Radio France. Inconnu du grand public, et surtout du monde des médias dans lequel il n'a encore jamais gravité, Jean Maheu vient de diriger le Centre Pompidou pendant six ans. Ce jour-là, il est donc attendu un peu plus en aval sur la même rive de la Seine, au 116, avenue du Président-Kennedy, pour prendre ses nouvelles fonctions. Un passage au 13 heures de France Inter, présenté par Roger Gicquel, est programmé dès son arrivée.

« Monsieur Jean Maheu, bonjour ! Le Conseil supérieur de l'audiovisuel... » Gicquel entame l'entretien et salue son interlocuteur avec toute la déférence due à son rang. Or ce dernier blêmit, fait des grands gestes, et d'un souffle de voix chuchote : « Erreur... Michel Véran... » S'ensuit un blanc à l'antenne, une confusion dans les propos de Roger Gicquel qui cafouille, cherche du regard autour de lui, tente un « M. Maheu est en ligne ? » pour finalement comprendre qu'il a en face de lui son autre invité prévu dans le journal, fraîchement nommé président de... l'association France-Afghanistan. Le journaliste conclut la séquence par « Nous avons un petit problème avec M. Maheu... », qu'il recevra finalement quelques minutes plus tard.

En réalité, ni le visage de Jean Maheu, ni celui de Michel Véran n'étaient connus. De personne. Aussi lorsque le second se présente à la porte A de la Maison de la radio, descendant d'une voiture officielle, en expliquant être attendu – « Je suis le nouveau président de... » – le comité d'accueil envoyé à la rencontre de Jean Maheu ne laisse pas Michel Véran finir sa phrase, persuadé d'avoir en face de lui le nouveau patron des lieux et l'entraîne vers les studios de France Inter. Quelques instants plus tard, quand le vrai P-DG de la radio arrive, les huissiers ont bien du mal à croire qu'il est celui qu'il prétend être. Conduit à son tour face à Roger Gicquel, Jean Maheu ne sourcille pas : « La radio est un média qui m'intéresse parce qu'il comporte toute la gamme du temps, pas seulement le temps flash, mais le temps, aussi, où l'on prend son temps. » Malgré ce bizutage inédit et en dépit d'une grève dure un an plus tard, ce P-DG-là aura, en effet, su « prendre son temps » en menant à leur terme deux mandats successifs.

C'est presque un fait unique dans l'histoire de la Maison de la radio, où le fauteuil de la présidence, très convoité, se transforme parfois en siège éjectable.

Si l'on part de la construction du bâtiment, le premier à s'y être assis fut Robert Bordaz (directeur général de la RTF) qui, le jour de l'inauguration le 14 décembre 1963, s'adressa au général de Gaulle en ces termes : « Vous pourrez apprécier si ce monument peut prétendre honorer Paris et l'Art moderne, si sa structure est rationnelle et facilite le travail de chacun. » Lui succéda Wladimir d'Ormesson, président du Conseil d'administration de la nouvelle ORTF, créée en 1964, dont les deux directeurs généraux furent Jean-Bernard Dupont, qui ne résista pas à Mai 68, puis Jean-Jacques de Bresson, qui reprit la maison en main.

Arthur Conte fut le premier véritable P-DG, en 1972, à l'instauration de nouveaux statuts pour l'Office, qui passa d'une direction bicéphale (un président du Conseil d'administration et un directeur général) à une seule personne aux manettes. Tout Paris se gaussait alors de qui prendrait les rênes d'une boutique aussi tourmentée depuis les grèves générales, quatre ans plus tôt. Dans *Hommes libres*, Arthur Conte raconte comment le poste fut taillé pour lui, sur mesure, par un accord secret conclu un mois avant le vote de la loi des nouveaux statuts. Il avait fait savoir au président Pompidou que « sous réserve d'être libre et sous réserve d'avoir une confiance totale de sa part pour gérer librement une radio-télévision libre », il acceptait « d'essayer de la libérer des sables mouvants de l'ORTF ». Marceau Long prit la suite quelques mois, jusqu'à l'éclatement de l'Office et la naissance de Radio France en 1975.

Une femme, Jacqueline Baudrier, devint P-DG de ce nouvel établissement qui hérita de la maison ronde. À son actif, retenons la création de stations expérimentales (Melun FM, Radio Mayenne et Fréquence Nord), pionnières des futures radios locales. À sa suite, Michèle Cotta ne resta qu'un an avant de présider l'autorité qui deviendrait plus tard le Conseil supérieur de l'audiovisuel.

Jean-Noël Jeanneney embraya, mais son deuxième mandat fut écourté au changement de majorité politique, sous la cohabitation de 1986. « Il est apparu avec évidence que la situation serait difficile, commente-t-il dans *La République a besoin d'histoire*, dès lors qu'accédait au gouvernement, dans le cabinet de Jacques Chirac, un secrétaire d'État chargé des radios qui s'appelait Philippe de Villiers. Celui-ci avait marqué beaucoup de mauvaise humeur lorsque nous étions arrivés à Nantes avec une radio de service public, Radio France Loire Océan, concurrente naturelle de sa chère Radio Alouette émettant sur une partie du Grand Ouest depuis Les Herbiers, en Vendée. » Redonnant une nouvelle jeunesse (et un bond dans les audiences) à France Inter, sa seule frustration fut de n'avoir pas eu le temps de monter la radio *all news* dont il dit avoir rêvé. Il reconnaît à son successeur le mérite d'y être parvenu.

Exit l'historien Jeanneney et place au journaliste Roland Faure – créateur donc de franceinfo – pour un mandat de trois ans jusqu'à l'arrivée de « l'inconnu » de France Inter, le passionné d'art et de musique Jean Maheu.

Roland Faure fut mon premier P-DG, puisque je suis entré à Radio France en 1987 (à Limoges puis Guéret, Brest, Melun, Besançon, Auxerre et Strasbourg) avant de débarquer quatre ans plus tard à la Maison de la radio, à franceinfo (sous Jean Maheu). J'ai, depuis, connu huit autres présidences. De Michel Boyon, je ne garde que le vague souvenir d'un homme imposant par sa stature et peu amène.

Avec Jean-Marie Cavada, j'ai tissé des liens de cordialité qui perdurent aujourd'hui. « Cette maison est comme une maîtresse ! » m'a-t-il lancé un jour, lui qui l'a fréquentée à différents titres : jeune reporter dans les années 1970 (Jean-Marie s'était fait embaucher par Europe 1 et l'avait fait savoir à Roland Dhordain, qui l'avait aussitôt convoqué pour une intégration dès le lendemain), puis producteur de l'émission *Philo… j'aime* et enfin P-DG, à la demande du président du CSA, Hervé Bourges. « Ce qui m'a décidé très vite à dire oui ce furent, pour partie, les équipes que j'aimais beaucoup, parce que c'est une famille d'artisans, et aussi pour le sentiment d'être chez soi, dans un building isolé qui avait tellement d'activités. J'avais pour cette maison l'ambition d'en conserver l'histoire et d'en moderniser l'intérieur. » Ainsi extirpa-t-il franceinfo de ses locaux exigus sous un escalier et dota-t-il cette station de moyens modernes. Il accompagna pour toutes les chaînes l'arrivée du numérique, reboosta les orchestres, restructura le réseau régional en créant France Bleu. Il lança enfin le chantier de réhabilitation – d'après lui, le maintien sur site fut décidé par Jacques Chirac qui aurait refusé de transformer la maison voulue par de Gaulle en un vulgaire parking...

Démissionnaire en 2004 pour se lancer en politique, Jean-Marie Cavada fut remplacé – après un intérim de quelques semaines de Bernard Chevry – par le patron (depuis une dizaine d'années) de RFI, Jean-Paul Cluzel. Affable, passionné d'art, ancien directeur de l'Opéra de Paris, l'homme fut heureux à son poste mais n'eut aucune passion pour le bâtiment : « Pas beaucoup de charme, il sentait bien son époque, la modernité des années 1950. C'est intéressant pour l'histoire de l'architecture, mais vraiment aucune séduction. » Cluzel dit « avoir vécu avec » et aurait bien aimé profiter de la réhabilitation pour déménager tout le monde ailleurs. Dominique de Villepin à Matignon, dans la foulée de Chirac, lui opposa un refus catégorique d'abandon de ce bâtiment iconique du gaullisme. Dans le cadre de la réhabilitation, on doit tout de même à Jean-Paul Cluzel l'Auditorium, l'agora et la rue traversante. Très courtois, il m'a toujours reçu (et continue de le faire) avec bienveillance.

Je ne connaissais guère davantage, personnellement en tout cas, le journaliste qui lui a succédé, bien qu'il fût du sérail. Jean-Luc Hees avait pas mal bourlingué, j'étais un auditeur admiratif de *Synergie* qu'il animait en fin d'après-midi sur France Inter, puis il fut viré de la radio publique avant d'y revenir par la grande porte comme P-DG, directement nommé par le président de la République. Cette première en matière de nomination (hors CSA) lui colla aux basques un bon moment. « J'ai tout entendu sur le sujet, commente-t-il dans *Ces ondes merveilleuses* : vendu, pourri, asservi, carpette, esclave, domestique. Moi ! » Il rapporte aussi les propos que lui a adressés, « bien droit dans les yeux », Nicolas Sarkozy en lui demandant d'accepter la mission : « Je n'ai pas besoin d'un godillot pour diriger Radio France. »

Jean-Luc ne tarit jamais de louanges sur la Maison de la radio et de la musique : « Il n'y a pas un endroit comme cela dans le monde entier. Je ne sais pas si les Français se rendent compte de ce qu'est vraiment ce "machin" dans le 16e arrondissement avec vue sur la Seine ! C'est un privilège d'entrer là, dans ce bâtiment étrange qui procure un sentiment d'appartenance et de fierté. » Hees, à l'inverse de son prédécesseur, a défendu bec et ongles le maintien de toutes les activités au sein de « cette baraque qui a tout connu, tout vu, tout enregistré ». Pour lui, le building, c'est l'activité, d'autant que la Maison de la radio produit tout ce qu'elle diffuse, une situation quasiment unique dans des univers audiovisuels où l'on fait massivement appel à des sociétés extérieures.

Mathieu Gallet chassa Jean-Luc Hees. On vit arriver ce jeune premier dans son costume parfaitement taillé avec l'image du technocrate qu'il se défend pourtant d'avoir été. Dans *Jeux de pouvoir*, il rappelle son parcours de non-énarque, depuis Bordeaux jusqu'aux ministères puis la présidence de l'Ina et celle de Radio France. Il n'empêche, vu de l'intérieur, peut-être pour se protéger, peut-être par ambition de trop réformer, il fut perçu comme un homme hautain et distant du personnel.

« Je découvris, écrit-il dans son livre, qu'il y avait un service de serrurerie important alors que les bureaux tout juste rénovés s'ouvraient avec des badges magnétiques, que l'entreprise disposait d'un maçon "maison" alors que le chantier à plus de 500 millions d'euros faisait travailler les plus grands groupes de BTP d'Île-de-France, que les menuisiers internes pouvaient fabriquer des meubles sur mesure, que l'atelier de ferronnerie faisait des merveilles au fer à souder. J'en prenais plein les yeux mais je restais sans voix. Je trouvais émouvant ce voyage dans le temps, comme un retour à l'âge d'or des studios des Buttes-Chaumont, qui semblait perdurer au 116, avenue du Président-Kennedy. L'entreprise de transformation qui m'attendait s'annonçait immense. »

Il n'y eut jamais d'histoire d'amour entre Gallet et la Maison de la radio : « On en fera un sublime hôtel *sixties* et une thalasso avec accès direct à la Seine ! » avait-il lancé (par provocation, assure-t-il) en réunion interministérielle à l'époque où il était conseiller au ministère de la Culture. Dès son arrivée en tant que P-DG, il mena des études pour connaître le coût d'un déménagement total et celui de la fin de la réhabilitation en site occupé. La différence n'étant pas flagrante, il décida de rester (pour éviter, aussi, une révolution sociale en interne et une levée de bouclier culturelle en externe).

« Finalement, j'ai appris à aimer le bâtiment, confie-t-il à présent. C'est un témoignage rare, dans Paris, des années 1960, avec son mobilier, une œuvre totale y compris par les artistes qui y ont contribué. » La maison ronde doit à ce président, pourtant controversé, son inscription sur la liste des Monuments historiques.

Une affaire de délit de favoritisme à l'Ina fit tomber Mathieu Gallet, révoqué et remplacé (après un intérim de quelques semaines de Jean-Luc Vergne) par Sibyle Veil.

« Cette maison a toujours été précurseur, innovante et avant-gardiste, admire l'actuelle locataire du bureau de palissandre. Le bâtiment, ancré dans la vie parisienne, nous permet d'être le réceptacle de toute une vie culturelle. Il y a ici un foisonnement de rencontres, d'idées, de créations. » Selon la présidente, la forme même de la Maison de la radio et de la musique incite à la mixité et ses circuits de circulation favorisent la rencontre (non sans humour, elle s'interroge d'ailleurs sur la vitesse de propagation des rumeurs entre ces murs d'une rondeur parfaite).

Sibyle Veil est arrivée, avant d'être nommée présidente, pour remettre, selon ses propres termes, « un peu d'ordre » dans le chantier de réhabilitation, alors que les travaux pesaient sur la production : « Je me souviens d'avoir vu France Culture arrêter ses émissions en raison des nuisances sonores... » Elle a donc tissé un lien particulier avec ce vaisseau de verre et d'aluminium dont elle a suivi durant plusieurs années la remise aux normes, avant d'en prendre la charge totale au plus haut niveau. Elle porte le renouveau d'une ouverture vers la ville et vers le public physique (en plus des audiences radios), et rebaptise l'édifice, y sacralisant la musique.

Tout juste renouvelée pour un second mandat, sera-t-elle la dernière P-DG de Radio France, si une holding venait à chapeauter tout l'audiovisuel public ? L'histoire marque des étapes étranges imposées par les jeux de pouvoir politique. Nul ne sait ce qu'il adviendra des futures présidences.

Je dois simplement rendre grâce à Sibyle Veil d'avoir accepté, en moins de vingt-quatre heures, la proposition que je lui ai adressée en janvier 2021, par simple mail, d'écrire ce *Dictionnaire amoureux*. Dans sa réponse, elle approuvait un « projet qui me va droit au cœur » et m'a laissé tout au long de mon travail une entière liberté dans mes rencontres, dans le choix des entrées, les thèmes que j'avais envie d'aborder ou non, et dans l'écriture de cet ouvrage.

Voir : Bureau(x) ; Chantier ; Inauguration ; Inscription ; Mai 68 ; Musique ; ORTF.

Producteur(-trice)

Depuis que la cuisine, la gastronomie, les fruits et légumes, les métiers de bouche et la nourriture saine sont entrés dans ma vie radiophonique (une petite dizaine d'années dans un compagnonnage de passion et d'humanité avec Thierry Marx au travers d'émissions successives : *L'Histoire à la carte*, *À la carte*, *L'Été des chefs*, *C'est mon assiette*, *Le Mot à la bouche*), je vais à la rencontre des producteurs, ces femmes et ces hommes qui nous permettent d'accéder aux offrandes de la terre nourricière. Dans un travail harassant et peu souvent rémunéré à sa juste valeur, ils jettent toutes leurs forces et leur amour dans ce métier ancestral, pour garnir nos tables et nos panses.

Ce producteur-là est le tout premier au Larousse, suivi par l'autre que nous connaissons tous : l'individu ou la société qui finance et organise le montage et la bonne réalisation d'un film, d'une pièce de théâtre ou d'une tournée de musiciens. Je garde en mémoire le visage blême de Jean-Claude Camus, producteur de Johnny, le soir où il a annulé en 1998 le premier concert d'une série dans un Stade de France noyé sous des trombes d'eau et pourtant plein comme œuf : « C'est la mort dans l'âme... » L'annonce est entrée dans les annales.

La troisième définition du dictionnaire désigne une « personne qui conçoit une émission radiophonique et en dirige la réalisation ». Ces producteurs (et productrices), que l'on croise partout dans les couloirs de la Maison de la radio et de la musique, y jouent un rôle un peu particulier.

Certes ils ont l'idée de départ d'une émission (mais pas toujours : elle peut leur être proposée voire imposée par la direction d'une station). Bien sûr ils en supervisent le bon déroulement (en s'entourant d'une équipe pour préparer l'émission en amont et pour la réaliser le jour J en direct ou en enregistrement). Contrairement à leurs homologues du cinéma et de la télévision, ils n'en supportent pas le coût financier (pris en charge par la chaîne). Surtout, ils en assurent la plupart du temps l'animation à l'antenne.

J'étais un peu déboussolé au début par cette terminologie qui accompagne au quotidien les grandes voix de France Inter ou de France Culture. Les Claude Villers, Patricia Martin, Emmanuel Laurentin, Marie-Pierre Planchon ou Jean Lebrun sont tous des « productrices » et des « producteurs ».

C'est une désignation qui appartient à l'histoire de la radio publique. Dans son livre *France Culture à l'œuvre*, Hervé Glévarec se réfère à « un règlement signé en mars 1960 par la RTF et le Syndicat national des producteurs radio et télévision, qui définit les tâches du producteur : "concevoir une émission spécifique, en étudier la mise en œuvre, la mener à bonne fin avec ou sans concours de collaborateurs à compétence artistique spécialisée". »

L'idée, en réalité, vint de l'homme qui relança les radios de service public, Roland Dhordain. Autant journalistes et techniciens se retrouvèrent, grâce à lui, salariés avec tous les avantages afférents – congés payés et convention collective –, autant les producteurs (et leurs assistants) furent rémunérés en simples intermittents du spectacle. À chaque grille (d'hiver ou d'été), ils signaient un nouveau contrat, sans garantie d'être reconduits, avec en revanche – ils méritaient au moins un bénéfice –, un cachet élevé (complété par des droits d'auteur). Ainsi, dans l'esprit de Dhordain, les titulaires d'émissions devaient se sentir responsables du contenu qu'ils portaient à l'antenne et à la hauteur pour continuer d'année en année, bref, ne pas s'endormir sur leurs lauriers.

Dans cette logique, lorsqu'il était adoubé, un producteur disposait des moyens nécessaires pour mener son projet à terme. C'est toujours le cas de nos jours, même si les budgets subissent la crise générale. « À la belle époque, sourit Louis Bozon, nous avions une grande liberté sur les collaborateurs, les frais, les voyages – en restant tout de même dans le raisonnable. »

Cette profession n'a donc aucun statut spécifique ni formation initiale. À mi-chemin entre auteur et journaliste, le producteur est à la fois artiste et chercheur. Il vend le fruit de son labeur directement à l'antenne. Surtout, il peut être remercié du jour au lendemain : « Ton idée n'est plus dans l'air du temps », « Il faut rajeunir l'auditoire », etc. Certains ont mené des combats juridiques lorsqu'ils furent évincés après de longs et loyaux services, dénonçant parfois des décennies de CDD d'usage.

La question est sensible dans la maison, et mon propos n'est pas ici de porter un regard social ou sociologique sur ces personnalités qui empruntent souvent un parcours atypique, mais je constate que des sociétés de producteurs ont émergé, à plusieurs reprises, pour défendre leurs droits. Simplement, je voulais adresser un clin d'œil à ces camarades d'antenne, qui fraient dans les mêmes eaux de la vie quotidienne et se nourrissent des mêmes sujets que nous autres journalistes, et pour qui le terme de simple

« animateur », sans être vraiment péjoratif – animateur est aussi un vrai métier que j'aurais sans doute du mal moi-même à assurer, car il faut marier connaissances musicales, bagou, empathie, humour et perception de la société qui nous entoure – ne saurait être suffisant.

Comme on ne retrouve ce producteur-là qu'à la Maison de la radio et de la musique, peut-être faudrait-il le doter enfin – de la même manière qu'un producteur agricole obtient parfois une Appellation d'origine protégé pour ce qu'il cultive ou élève sur un territoire donné – d'un label spécifique ?

Disons, tout bêtement, un véritable statut…

Q

Quartier

Par leurs embrassades un peu coincées qui ponctuent la réplique culte *Salut, tu vas bien ?*, les Inconnus ont raillé les quartiers huppés d'Auteuil, Neuilly et Passy dans un rap BCBG devenu numéro un du Top 50 à l'été 1991. Telle est l'image d'une bourgeoisie catho tirée à quatre épingles, petits foulards et fringues de marques, à laquelle est trop souvent réduit le 16e arrondissement de Paris. Immeubles cossus, magasins chics, épiceries de luxe, et peu de vie culturelle ou économique dans des rues sans âme, pour préserver la chère tranquillité à laquelle aspirent leurs résidents.

C'est en partie vrai dans certains micro-secteurs. Néanmoins Auteuil et Passy ont gardé l'esprit de village de leur origine : à la fin du XVIIIe siècle, ces deux faubourgs comptaient parmi la vingtaine de communes limitrophes de Paris, aux portes du mur des Fermiers généraux (qui englobait alors Chaillot). Il y fait bon vivre, et l'animation commerçante n'y est pas moins chaleureuse ni intense qu'ailleurs.

La Maison de la radio s'est retrouvée dans le quartier à la suite de douloureuses tractations entre l'État et la ville, après la guerre. Et ce pour plusieurs raisons : un espace disponible sur le site d'une ancienne usine à gaz, transformé en terrain de sport, la grande proximité avec l'émetteur de la tour Eiffel, à portée de vue, l'éloignement de toute ligne de métro et des vibrations induites.

La bâtisse, posée près de la Seine, barrière naturelle qui la coupe de l'autre versant de la capitale, est donc largement tournée vers son arrondissement, Auteuil au bout de la rue Jean-de-La-Fontaine, et Passy en haut de la rue de Boulainvilliers.

Son emplacement actuel correspond à l'ancien parc du domaine de Passy, où fut érigé le château de Boulainvilliers avec ses jardins à la française et ses vignes. Le fermier général Le Riche de La Popelinière y mena grand train sous le règne de Louis XV, véritable mécène recevant une société d'écrivains ou de musiciens, dont Rameau, qui venait y jouer de l'orgue. Passy était alors un lieu de villégiature où l'on prenait les eaux.

L'attrait de cette proche campagne, d'abord pour les aristocrates, les bourgeois, puis les riches propriétaires parisiens remonte à la présence du château de la Muette où Louis XV séjournait régulièrement. C'est lui qui fit reconstruire cet ancien relais de chasse des rois de France (depuis le Moyen Âge) et qui y installa le cabinet de curiosité de la Couronne. À ce titre, deux hommes décollèrent d'ici en 1783 à bord du tout premier engin volant : l'intrépide Pilâtre de Rozier et son comparse le marquis d'Arlandes, pour un vol en montgolfière d'une vingtaine de minutes jusqu'à La-Butte-aux-Cailles. L'épisode est au cœur d'un des premiers romans que j'ai lus du regretté Michel Peyramaure, *Nous irons décrocher les nuages*.

La Muette, ici, ne doit rien à l'armée, le nom remonte à l'époque des chasses royales, soit par dérivation du mot meute, soit en lien avec la mue des cerfs. Les historiens et les linguistes débattent encore sur ce point.

Un lieu de culture se dessine à proximité, à la fondation Singer-Polignac, dans un très bel hôtel particulier avenue Georges-Mandel. Fille de l'industriel américain Isaac Singer, pape de la machine à coudre, Winnaretta avait épousé en secondes noces le prince de Polignac. Après la mort de son époux, elle fit construire cette demeure pour continuer d'y accueillir des artistes que le couple aimait à recevoir chez lui. La fondation y héberge désormais des musiciens en résidence, y donne des concerts et y organise des colloques.

Ne pas confondre ce Singer avec celui qui a donné son nom à une rue derrière la Maison de la radio, David Singer, riche négociant en coton, qui racheta une partie des dépendances du château de Boulainvilliers et de l'hôtel de Valentinois voisin, là même où Benjamin Franklin, alors ambassadeur des États-Unis, installa le tout premier paratonnerre en France.

Au débouché de la rue Singer, réside désormais un autre ambassadeur, celui de Turquie, dans le très bel hôtel particulier de Lamballe (du nom de la princesse proche de Marie-Antoinette qui venait se réfugier là pour s'éloigner de la Cour). Juste à l'arrière, sur le versant opposé d'une ruelle que l'on croirait tout droit sortie d'un décor de film du Moyen Âge (la rue Berton), la maison de Balzac est un havre de paix inédit, au pied d'immeubles sans attrait (voir l'entrée *Écrivains*).

Curiosité aussi de ce pan de quartier, le théâtre Le Ranelagh. Ce fut à l'origine un salon de musique, érigé dans une première version par La Popelinère en contrebas de son domaine de Boulainvilliers, puis dans une deuxième mouture par le constructeur automobile Louis Mors, lui aussi mécène musical. La salle, sculptée en chêne de style renaissance flamande avec un plafond à caissons, est inscrite aux Monuments historiques. Elle fut transformée en cinéma dans les années 1930. J'y ai assisté à la (longue) projection du chef-d'œuvre de Marcel Carné et Jacques Prévert, *Les Enfants du Paradis* (avec Arletty, Barrault, Brasseur, Renoir, Casarès...), qu'elle a gardé de nombreuses années à sa programmation.

La rue de Passy et ses ruelles alentour sont aujourd'hui vivantes, achalandées, toujours dans un esprit de village, et servent souvent de refuge aux collaborateurs de la radio pour aller manger un morceau, s'arrêter le matin boire un café ou à l'inverse faire quelques courses le soir à rapporter à la maison. J'aime parfois y flâner, il y a là une petite librairie très sympathique, des morceaux d'allées piétonnes, et l'une des boutiques de mon ami Andreas Mavrommátis qui ne désemplit pas. Au-delà de la porte de la Muette, s'ouvre le bois de Boulogne, où j'ai si souvent couru pour préparer mes marathons.

Bien qu'un peu plus loin, à quelques minutes de marche à peine, même ambiance villageoise du côté d'Auteuil, où vécurent Boileau et Molière. En longeant la rue La-Fontaine on passe devant les Apprentis d'Auteuil. Là, en 1866, le généreux abbé Louis Roussel accueillit dans une maison abandonnée six enfants sans abri. Il leur apprit à lire, à écrire, leur apporta un enseignement catholique, et les aida à se former au métier de cordonnier ou de menuisier. Aujourd'hui, la fondation gère 300 établissements qui soutiennent 36 000 jeunes et familles en France, et en accompagne des milliers d'autres dans plus de trente pays.

En poursuivant son chemin, on tombe à gauche sur l'une des plus anciennes fromageries de Paris (où Proust achetait du « cœur à la crème ») et à droite, sur une grille qui ouvre vers l'un des quartiers les plus huppés de la capitale, la villa Montmorency. Dans cette thébaïde chic, aux très belles maisons, vivent des vedettes de la chanson, des stars du cinéma, des hommes d'affaires de premier plan, des capitaines d'industrie ou des hauts responsables politiques. Les plus célèbres sont sans nul doute Carla Bruni et Nicolas Sarkozy, ce qui nous valait régulièrement un ballet de voitures officielles, toutes sirènes hurlantes sous les fenêtres de franceinfo, lorsque l'ancien président quittait ou regagnait son foyer (qu'il préférait aux ors de l'Élysée). De tout temps, cet ensemble immobilier très exclusif a attiré les célébrités : André Gide y fit construire un chalet moderne, Sarah Bernhardt vivait là, Victor Hugo y a séjourné, Apollinaire y fit halte. Les villas y sont pour la plupart inspirées de l'architecture balnéaire de la côte normande ou atlantique. Son dessinateur, Théodore Charpentier, a aussi réalisé le hameau Boileau, une autre enclave privilégiée un peu plus au sud, et le hameau de Boulainvilliers à deux pas de la radio.

Le 16e arrondissement, à l'écart du centre bouillonnant de la capitale – cette position excentrée, aux portes de la banlieue, où personne n'allait venir, fut une critique récurrente après la construction de la Maison de la radio –, a d'ailleurs souvent été un champ d'expérimentation pour les architectes. Sa position a longtemps offert de l'espace où de riches propriétaires se payaient la résidence de leur rêve, d'autant que les chantiers haussmanniens ne s'étaient pas aventurés jusque-là. Ces commanditaires aisés faisaient donc appel à de jeunes ingénieurs désireux de développer leur créativité en matière d'urbanisme, parfois sans limites budgétaires.

Il suffit de se balader le nez en l'air pour admirer des édifices sublimes. Les plus grandes signatures du xxe siècle sont là : Hector Guimard ardent défenseur de l'Art nouveau, Le Corbusier pour le modernisme, plus actuel Jean-Jacques Ory dans une veine de développement durable, Jean Ginsberg le père du logement moderne, Henri Sauvage et son Studio Building mêlant appartements et ateliers d'artistes, Mallet-Stevens dont une rue entière porte le nom et abrite ses réalisations en ciment armé, Auguste Perret qui réalisa à Chaillot le premier immeuble parisien à ossature en béton armé. Je dois en oublier, je ne suis pas un spécialiste des immeubles remarquables. Des tours guidés sont organisés pour appréhender cette richesse dispersée et discrète tout autour de la Maison de la radio qui s'inscrit, d'autant plus, dans ce patrimoine.

Un dernier mot, pour refermer cette promenade dans le quartier, à propos du pont Mirabeau. Au milieu de son tablier, il offre une des plus belles vues vers la tour Eiffel, alors que la tour de Radio France émerge à peine derrière les habitations.

Et comme chacun le sait, dessous, « coule la Seine ». Mais là, c'est une autre escapade qu'il faut engager, du côté des écrivains...

Voir : Écrivains ; Île-aux-Cygnes ; Mangin ; Source ; Terrain.

Queffélec, Yann

La Maison de la radio et de la musique vue par...

« La Maison de la radio m'inspire une injonction contradictoire. À la fois je la déteste, à la fois je l'adore. On ne peut pas dire que ce soit un joli bâtiment ? Comparé à un camembert, ce dernier est mille fois plus beau ! Et en même temps on y est extrêmement attaché comme si son immensité n'était pas un inconvénient. Au contraire, une intimité se tisse avec cet énorme édifice qu'on ne parvient jamais à embrasser d'un seul regard.

« Moi, j'ai de l'affection pour elle et elle ne m'intimide pas.

« Sais-tu que j'y ai travaillé quinze jours ? J'avais 20 ans. J'y avais été embauché comme “photocopieur”, au troisième étage[1]. J'attendais que des journalistes régnants viennent me faire photocopier toutes sortes de documents. Un jour, un monsieur important, Roland Dhordain[2], demande une photocopie de documents sur Venise. Nous discutons le bout de gras, je lui dis que j'aime écrire et il se rend compte qu'être photocopieur n'était pas ma vocation sur Terre. Il me suggère alors de concevoir un petit libellé pour la cause de Venise, “qui est en train de disparaître sous les flots, afin d'alerter l'opinion” insiste-t-il. Et me voilà parti à écrire : “Venise veut survivre, le monde doit l'aider. Venez apporter votre concours à l'effort français !” Ce bout de phrase est devenu très vite, grâce à la radio, le slogan national de la cause vénitienne, diffusé partout. Moi qui avais été payé des clopinettes pour mon petit job à la photocopie – je

1. Dans les années 1970, le troisième étage était celui de la rédaction de France Inter.

2. Directeur de France Inter jusqu'en 1971.

n'avais encore rien publié –, j'aurais dû demander des droits d'auteur pour cette phrase, je me serais fait un peu de pognon... »

Yann Queffélec est écrivain et marin.
Entretien accordé à l'auteur.

R

Ravalec, Vincent

La Maison de la radio et de la musique vue par...

« La maison de Mme Radio (qu'on appelle Maison de LA radio) est un monument parisien. Elle a été construite à peu près en même temps que moi. Nous avons donc le même âge, et de fait elle a toujours fait partie de mon paysage. Plus tard, quand je suis devenu grand, j'ai été invité à parler moi aussi dans ses studios. De l'intérieur la Maison de LA radio ressemble à un labyrinthe circulaire. Beaucoup de gens s'y perdent. Lorsque cela arrive, la Maison les pousse dans une pièce, et les enregistre. Cela sert pour des émissions, ou des jeux. Quand on y travaille on finit par se familiariser avec sa géographie, mais jamais complètement. Personne n'a jamais visité TOUTE la Maison de LA radio. Ce n'est pas possible. »

Vincent Ravalec est écrivain, scénariste et réalisateur.
Extrait du site internet de Radio France.

Réseau

On m'a rapporté qu'une des plus prestigieuses *business schools* américaine proposait à ses nouveaux inscrits de leur révéler le secret d'une réussite absolue pour leur carrière. Tout au long de leur scolarité, ils apprendraient bien sûr les techniques commerciales, mais déjà, au terme du séminaire de trois jours d'entrée à l'école, ils connaîtraient le sésame magique indispensable pour s'élancer dans la vie active. Et chacun des étudiants de partir en conjectures, de s'interroger, de piaffer jusqu'à l'issue du séminaire. Durant trois jours, les grandes lignes de leur formation à venir étaient décortiquées. Chaque soir, le directeur d'asséner : « Ce que nous avons abordé aujourd'hui est important. Mais ce n'est pas l'essentiel. Tout tient en un mot, que je vous dévoilerai à la fin de nos travaux. » Au bout des trois jours, le patron de cette université saisissait une craie pour tracer en grand sur le tableau de l'amphithéâtre le fameux mot-clé d'un avenir radieux : *connect*.

Se connecter.

Se connecter aux autres, en permanence, dans un seul but : tisser son réseau personnel.

Voilà en français le mot à retenir : réseau.

Je n'ai jamais été un homme de réseau. Mes aventures de jeunesse en politique ou dans le syndicalisme m'ont vite fait déchanter sur mes compétences en la matière et mon intérêt pour ces réseaux-là. J'ai été un moment tenté par les forces obscures de la franc-maçonnerie, que j'ai aussi vite oubliées qu'elles m'avaient aguiché. Mes amitiés sont rares, je suis du genre très solitaire. Depuis une dizaine d'années que je gravite dans le monde de la cuisine, que je brosse des portraits de chefs et que j'écris des livres autour de la gastronomie, je me force à garder cette connexion avec les uns et les autres dans un milieu qui, lui, est assez solidaire et sait jouer de la force du réseau.

Au fond, le seul réseau auquel je suis affilié par statut est celui des journalistes, que je fréquente pourtant peu, même si j'ai un carnet d'adresses rempli.

Étonnamment, la Maison de la radio et de la musique possède son propre réseau, solide et en âge de maturité depuis quarante ans qu'il existe : France Bleu.

Quarante-quatre stations régionales, ancrées sur leur territoire, au plus près de la vie partout en France, dans une forte proximité de service public, un réseau qui « respire et vit au même rythme et au même endroit que ses auditeurs », comme le proclame la chaîne.

J'ai une affection toute particulière pour France Bleu, car c'est là que j'ai commencé ma carrière radiophonique (on disait alors les « radios locales » de Radio France). Nous étions au tout début de l'année 1987. Depuis un an, je réalisais les journaux pour une radio libre de Limoges, franchise de RFM (première mouture, avec la participation du journal *Le Monde* dans un format généraliste et magazine). On est venu me chercher pour du reportage et du commentaire sportif. La station s'appelait Radio France Limoges, j'y suis resté quelques années, avant de réaliser un tour de France du compagnonnage radiophonique : un passage obligatoire au « planning », service qui gérait (et gère encore) les absences et les mobilités dans le réseau. Me voilà donc parti, au gré des maladies ou des vacances de consœurs et de confrères inconnus, pour des séjours de quelques semaines à plusieurs mois à Guéret (Radio France Creuse), Brest (Radio Bretagne Ouest), Melun (Radio France Melun), Besançon (Radio France Besançon), Auxerre (Radio France Auxerre), ou Strasbourgs (Radio France Alsace).

L'ambition n'est pas ici de retracer l'histoire du réseau France Bleu, cela sortirait du cadre de ce *Dictionnaire amoureux*, qui reste centré sur la Maison de la radio et de la musique.

Mais précisément. Comment ne pas évoquer quelques maisons de la radio en régions ?

Officiellement, les trois premières stations locales de Radio France ont vu le jour en 1980 : à Lille pour tester le format sur une métropole régionale, à Laval pour émettre dans un département très rural, et à Melun avec l'idée d'une couverture entre les deux (la Seine-et-Marne est si vaste qu'elle amorce déjà, à son ouest, la banlieue parisienne, tandis qu'elle prend, à son est, des airs de campagne, voire de Champagne).

Historiquement néanmoins, il existait sur le territoire français un maillage de stations remontant à l'entre-deux-guerres : Lyon PTT, Marseille PTT, Radio PTT Nord, Bordeaux Lafayette, Limoges PTT, le Poste Alpes Grenoble, Montpellier-Languedoc, Strasbourg PTT, Nice Côte d'Azur, etc.

Tout comme la capitale voulut, à un moment donné, disposer d'un édifice commun à la radio et à la télévision, certaines grandes villes furent dotées de sites communs à la production audiovisuelle.

La Semaine radio n°13 du 31 mars 1957 fait le point : « La RTF ne possède à l'heure actuelle que trois maisons : celle de Marseille, parfaitement équipée et mise en service à l'automne de 1954, celle de Limoges, modeste mais confortable et utilisée depuis l'été dernier, celle de Rennes, dont le bâtiment principal est terminé mais qu'il reste à équiper techniquement. Si, à Lille, un centre vidéo est en voie de construction, il n'y a rien à Lyon (hormis le terrain), rien à Toulouse, rien à Nancy. En revanche, à Strasbourg, la Maison de la radio est actuellement en cours de réalisation, et à Bordeaux, où les bâtiments sont en place et l'équipement technique en cours d'installation, la maison sera vraisemblablement prête à entrer en service dans les premiers jours de l'été prochain. »

Je ne reviendrai que sur deux de ces immeubles, que je connais pour les avoir fréquentés.

Celui de Strasbourg fut conçu par une équipe d'architectes autour de Paul Tournon. Sa façade avant est imposante, avec un jeu de vitrages de 25 mètres de long sur 6 de haut derrière lesquels se profile, visible depuis l'extérieur place de Bordeaux, une œuvre magistrale de Jean Lurçat réalisée en carreaux de céramiques. Tout comme à Paris, l'art avait pris là une place pérenne et intégrée à la conception même du bâtiment. Ce décor fut classé au titre des Monuments historiques en 1983. Aujourd'hui France Bleu Alsace n'est plus aux côtés de France 3, mais occupe une belle demeure bourgeoise sur les bords de l'Ill.

Celui de Limoges se trouvait en retrait d'une rue accédant à la place Denis-Dussoubs. Lorsque j'y travaillais, la télévision avait fraîchement déménagé au nord de la ville, et nous nous retrouvions bien seuls, une vingtaine de personnes à peine, pour faire fonctionner la radio dans un ensemble immobilier beaucoup trop vaste pour nous. Aussi, régulièrement, des fêtes envahissaient les plateaux télé désertés. Depuis, France Bleu Limousin s'est trouvé des locaux, non loin, de dimension plus raisonnable et adaptée.

Ces lieux-là sont chargés d'histoire, ils appartiennent au patrimoine, même si certains ont désormais des fonctions bien différentes (un hôtel et un night-club, à Limoges, par exemple).

En définitive, les locaux des 44 France Bleu disséminés un peu partout, qu'ils soient flambant neufs ou qu'ils aient connu un glorieux passé, représentent autant de « maisons de la radio » locales.

Cela est vrai, au demeurant, pour toute grande radio. Les périphériques, aussi, ont possédé – avant leur intégration à des mastodontes économiques, par nature plus cliniques – des studios ayant une âme. Jean-Philippe Baille, le directeur actuel de franceinfo, se souvient de ses années RTL, rue Bayard, autre lieu mythique des ondes, tout comme le fut la rue François-Ier pour Europe 1. Il s'agissait d'immeubles parisiens anciens, sans doute plus chaleureux.

« Ici, c'est un bâtiment chaud à l'intérieur, confie Jean-Philippe, mais froid de dehors. Chaud par les rédactions, les programmes, les musiciens, les techniciens, bref la vie. Froid par son aspect – il symbolise presque à mes yeux le poste de radio – avec, en plus, cette dénomination “Maison de la radio” qui clame haut et fort que la radio, c'est ici ! »

Jean-Philippe Baille a commencé sa carrière à Valence, Nîmes et Perpignan, dans des radios locales de Radio France.

Le réseau…

Je garde en mémoire cette scène du film de Chabrol *Que la bête meure* où l'immonde Paul, joué par l'époustouflant Jean Yanne, se montre odieux au possible envers sa femme Jeanne en qualifiant son ragoût, pourtant mitonné pendant quatre heures, de « tout simplement dégueulasse » parce que « la sauce est de la flotte ». Scène délicieuse de cruauté et de faiblesse humaine dans laquelle Yanne profère au passage une vérité absolue : « La cuisine, c'est le seul art qui ne mente pas ; on peut se gourer sur la peinture, sur la musique mais sur la bouffe pas d'histoire : c'est bon ou c'est mauvais ! » Monstrueux, vulgaire, macho et tyrannique sous l'objectif de Chabrol, Yanne aurait pu balancer son porc à la gueule de Jeanne, personne – à l'époque – n'y aurait trouvé à redire.

Aucun entre-deux, donc, pour l'assiette : c'est bon ou c'est mauvais. L'acteur, fin palais et amateur d'adresses réputées, souscrivait sans nul doute à sa propre réplique. Au reste, je partage avec lui cette sensation primaire, quasi bestiale, d'aimer ou non ce que l'on porte à son palais. Avec une certitude : l'infect ne permet aucune alternative, on recrache ou on se force. Et un bémol : le goûteux peut aller du simple correct (le plus répandu) à l'exceptionnel (rarissime). Pour avoir, des années durant, brossé le portrait radiophonique de grand(e)s chef(fe)s, j'ai compris que cet exceptionnel-là intervient au bout d'un processus long et intime : des décennies d'apprentissage et d'expérience, la rencontre avec d'autres cuisiniers, la découverte de cultures d'ailleurs, un voyage intérieur et philosophique, bref une vie entière.

Dans lequel des deux camps se classe la cantine de Radio France ? Le charmant surnom de « Sordido » qui lui est attribué, et qu'on entend parfois dans les couloirs, apporte d'emblée la réponse. À l'évidence, chacun sait qu'il pose ses fesses dans un self-service, il serait vain de s'attendre à de la cuisine étoilée. De là à basculer vers l'immangeable… Pour m'y asseoir depuis plus de trente ans, je m'inscris en faux. L'objectif des cinq fruits et légumes quotidiens y est accessible. On quitte sa table rassasié (à moins d'être réfractaire à tous les produits), le choix *soupe œuf-mayo crudités poisson viande poulet vegan pizza quiche salade yaourt fromage dessert* reste varié, les saveurs sont bien présentes, même si leur mariage n'atteint pas des sommets, et surtout, le partage d'un repas entre collègues s'avère un moment privilégié – Carlos ne s'y était pas trompé, lui qui chantait : « Je préfère manger à la cantine ! » Souvent, autour de cette table collective, se dessine un projet. On procède à des réglages de fonctionnement dans les services, des tensions naissantes s'apaisent, on apprend à mieux connaître ceux avec qui on travaille en bavardant sur la famille, les enfants, les loisirs, les soucis.

Il est de bon ton de critiquer. Des rapports d'experts s'y sont abandonnés, dénonçant des prix trop bas, un personnel en surnombre, ou une gestion défaillante. Il n'empêche, la cantine emplit sa mission et les estomacs.

Il me faut dès lors plonger dans la mémoire des lieux pour tenter de comprendre comment l'imaginaire collectif a pu alimenter cette réputation de sordide.

Depuis le chantier de réhabilitation, le restaurant d'entreprise est situé dans la couronne intérieure, au troisième niveau. De larges baies vitrées filtrent la lumière naturelle, l'espace est aménagé en différents pôles de distribution, le niveau sonore est un peu élevé mais, bon, rien à envier à tant d'autres selfs. Certes, la vue est moins plaisante qu'au dixième étage, où sont restés les services de restauration pendant très longtemps ; le panorama sur les toits de Paris ouvrait l'appétit et le petit café pris face à la tour Eiffel ne manquait pas de charme. Il fallait se faire violence pour écourter la pause. La mauvaise image n'est donc pas venue, non plus, de cette période. Peut-être alors convient-il de remonter jusqu'à la configuration initiale, que j'ai moi-même découverte à mon arrivée ?

À l'origine, la cuisine centrale s'étirait tout en longueur sur ce même espace courbe du dixième étage, mais dans une conception nettement moins optimisée. Les denrées étaient hissées depuis le rez-de-chaussée par un monte-charge direct, épluchées, nettoyées, coupées et préparées dans une première cuisine, puis dirigées vers des guichets où se trouvaient de petites cuisines auxiliaires pour cuire, par exemple, les viandes rouges à la dernière minute. La revue destinée aux salariés de la RTF, *Passy avant-première* (il n'y eut que cinq numéros d'avril à juin 1963), s'enflammait sur « les cuissons dans des impressionnants ensembles rutilants, entièrement en aluminium : huit marmites, quatre sauteuses, deux friteuses, huit fourneaux et deux fours ». Pas sûr que cela fît rêver les foules ! En trente ans (jusqu'à mon arrivée), l'endroit avait mal vieilli : couleurs passées et moches, accès étriqué par un escalier sombre depuis le neuvième étage, queues interminables devant les comptoirs, tables en Formica vert Meuse ou corail peu accueillantes. De là, sans doute, et même si les cuistots assuraient leurs 3 000 repas par jour, le désamour général pour la cantine, et son sobriquet.

Je n'ai jamais connu la vaisselle des tout débuts, en porcelaine blanche et liserés bleus, au sigle RTF vitrifié à même l'émail. J'imagine qu'elle a disparu à la naissance de l'ORTF au milieu des années 1970. En revanche, j'ai pu profiter du restaurant de « qualité gastronomique » – *dixit* la même fameuse revue interne –, le terme étant néanmoins un peu exagéré. Il s'agissait, toujours au dixième niveau, d'une salle indépendante avec un accès réservé et des tables de deux ou quatre couverts, nappées de blanc, où l'on était servis par des garçons en uniforme et liteau porté en limonadier sur l'avant-bras. Les directeurs en avaient fait leur propre cantine. On pouvait y discuter en toute discrétion. Un bar permettait d'offrir un apéritif à ses invités (y compris extérieurs à l'entreprise) et de patienter avant d'être placés. Le Grand Restaurant de M. Septime, incarné par un de Funès hilarant, ne risquait pas la concurrence, mais au moins, de temps à autre, on échappait à Sordido. L'endroit a été sacrifié dans les travaux destinés – paradoxal, non ? – à la restauration du bâtiment.

De même, privilège des chefs, la présidence de Radio France disposa, jusqu'au chantier de réhabilitation, d'une cuisine et d'une salle à manger privées donnant sur un petit espace extérieur face à la tour.

Un mot sur la cafétéria des premiers jours, car elle présentait une particularité que je n'ai jamais connue : on pouvait y prendre bien sûr une tasse de café ou de thé, mais aussi un grand bol… d'air frais, sur une terrasse attenante, qui a dû être fermée pour des raisons de sécurité. En revanche, celle en haut du bâtiment de la rue Cognacq-Jay – à l'époque où les premières chaînes câblées succédèrent, à partir de 1994, aux studios historiques de Zitrone – restait durant mes matinales à La Chaîne Météo un repaire inégalé où il était possible de jouir d'un petit déjeuner au soleil, au-dessus de la Seine et à portée de regard de la tour Eiffel. En compagnie des copains prévisionnistes, j'y grimpais dare-dare pour avaler un café-chocolatine et une bouffée d'oxygène, vers 8 h 30 du matin, avant de redescendre enregistrer les dernières séquences télévisées et de filer à la radio, de l'autre côté de la Seine, pour une deuxième journée de travail sur les ondes.

L'emplacement qu'occupait à ce moment-là dans la Maison la station d'information en continu – sur le palier en haut à droite du grand hall – fut le siège d'un mythe radiophonique : le Bar Noir, où José Artur a animé *Le Pop Club*. Le comptoir était situé à droite de l'entrée principale, en haut de la volée de marches visibles depuis le hall. Les plus grandes stars s'y pressaient pour boire un coup, s'asseoir sur les banquettes noires du fond, saisir un micro, livrer leurs confidences. Ce local avait son pendant à l'exact opposé, frère jumeau vairon, le Bar Bleu, où l'ORTF organisait certains événements, comme en témoigne un article du *Monde* relatant au printemps 1968 une quinzaine centrée sur la confrontation de deux moyens d'expression voisins : théâtre et télévision : « Chaque jour auront lieu des rencontres et débats contradictoires avec le public afin de créer, dans cette maison vouée habituellement aux communications de masse, une atmosphère de théâtre. » Une tapisserie de Mathieu Matégot, *Visiophonie*, apportait au Bar Bleu une touche d'un orange assez violent dans le paisible décor azur et or du lieu. Ces deux bars, pour répondre au standing des principales salles parisiennes, permettaient de prendre un cocktail ou une coupe de champagne à l'entracte des spectacles donnés dans les grands studios publics de la maison ronde.

Depuis 2017, il est à nouveau possible de profiter d'un verre au Belair, à l'emplacement même du Bar Noir. Le restaurant Radioeat a également pris possession d'une partie de la galerie haute de la façade, avec un prolongement inédit l'été, sur les pelouses, en bas de l'immeuble. Ces offres de restauration partenaires ont subi, comme partout, les aléas des confinements. La cantine est restée fermée, elle aussi, de longues semaines. Pour nourrir les seuls personnels autorisés à entrer dans l'édifice au plus aigu de la crise, des services de portage de repas furent sollicités. Ainsi, chaque jour, des mails annonçaient l'arrivée des paniers sur les paliers des stations, chacun allant récupérer le sien.

Sinon, tout au long de l'année, ce sont les pizzas qui sont reines durant les éditions spéciales. Impossible en effet de rester sans manger ni boire quand on est bloqué en studio pendant des heures à faire vivre une élection américaine, un attentat dans Paris, les cérémonies du 14 juillet, le mariage du prince William ou la disparition d'un Paul Bocuse. Des commandes collectives sont alors organisées, qu'annonce toujours un mail général, assez laconique : « Livraison de pizzas vers 19 heures », « Les sandwichs sont à la rédac' chef » ou « C'est prêt, bon courage ». Le mail est parfois accompagné d'une magnifique photo où l'on voit, empilés sur une table, les cartons de margheritas qui attendent les amateurs. Pas de quoi trop se lécher les babines à l'avance : ces pizzas-là ne valent pas celles de Mama Eat, à Rome, dans le Trastevere ! Il est arrivé, par jour de livraison de seuls sandwichs jambon-beurre, qu'un mail amical et malicieux (son auteur admettait qu'on « touche un peu à un trésor national ») rappelle la présence de végétariens ou de personnes ne mangeant pas de porc. Ah oui, aussi, durant les soirées électorales, des buffets alignent pain, jambon, terrines et verrines, fromages ou fruits qui nourrissent davantage les invités politiques et leurs responsables de communication, gloutons à souhait, que les animateurs ou les techniciens en plein labeur.

Enfin, comment ne pas rendre hommage à tous ceux qui apportent leur frichti concocté à la maison, comme je l'ai longtemps fait moi-même, le week-end. Prenant l'antenne à 14 heures, je me retrouvais entre midi et deux en pleine préparation de l'émission : impossible de bénéficier des services de notre amie Sordido. Je savourais donc mes carottes râpées et ma brandade réchauffée au micro-ondes, assis à mon bureau, tout en continuant d'écrire mes textes et d'écouter les éléments sonores prévus pour l'après-midi. Certes, la digestion n'appréciait guère et c'est interdit par la réglementation du travail. Mais personne n'ira me dénoncer, n'est-ce pas ?

Voir : Artur, José ; Le Belair.

Ruche(s)

Combien de fois ai-je entendu cette phrase : « La Maison de la radio est une véritable ruche. »

Et c'est vrai.

Près de quatre mille salariés s'y croisent. Par bonheur, pas tous en même temps. D'abord, parce que les stations diffusent 24/24 et qu'il y faut du personnel depuis l'avant-aube jusqu'à l'après-crépuscule. Ensuite, parce que de nombreux programmes sont désormais enregistrés pour être portés plus tard sur les antennes (parfois après une première programmation en version digitale par podcast). Encore, parce que le cycle des congés individuels, les tournées des orchestres, les reportages en extérieur, les émissions en duplex créent un mouvement imperceptible et permanent, une sorte de rotation naturelle au sein de la maison mère. Enfin parce que la Covid-19 est passée par là, contribuant à de nouveaux fonctionnements d'entreprise, comme partout, avec un essor inattendu du télétravail.

Il n'empêche, ça bourdonne sans cesse dans la bâtisse. Qui seul dans son coin. Qui en travail d'équipe resserrée au sein d'une rédaction ou pour préparer une émission. Qui au cœur des services administratifs ou parmi les archives. Qui en cuisine à la confection des repas. Qui au lavage des couloirs, à la désinfection des bureaux. Qui par échantillon plus large : le chœur ou la maîtrise. Qui dans les garages à charger les camions. Qui à répondre au téléphone ou à gérer les problèmes informatiques. Qui en musicien appliqué ou en spectateur attentif d'un concert dans l'une des salles. Etc.

Plusieurs décennies durant, entre les radios locales, la Maison de la radio, La Chaîne Météo, j'ai aimé l'atmosphère des petits matins, à partir de 3 heures quand la ville dort encore. Traverser Paris désert et arriver dans une rédaction déjà vivante : revue de presse, présentateurs, rédacteurs en chef, techniciens, personnels de nettoyage, chroniqueurs, et au lever du jour les premiers invités.

Oui, à toute heure, Radio France est une ruche, chacun « butinant » à son poste, comme une abeille laborieuse au service de la communauté.

Or, la Maison de la radio et de la musique possède aussi de véritables ruches. Cinq au total. Posées en 2010 à l'initiative de l'Association Apicole de Radio France, elles se trouvent dans un enclos en bois de deux mètres de haut – ce qu'exige la réglementation urbaine en la matière – à l'entrée de la porte D ; il fut exclu de les positionner sur le toit à cause de la silhouette classée du bâtiment et de certaines contraintes de sécurité.

Le retour en force vers les campagnes était moins dynamique qu'aujourd'hui et, à l'inverse, on convoquait beaucoup la nature chez les citadins. La Société Centrale d'Apiculture, forte de son rucher école du jardin du Luxembourg, prêta main-forte, au démarrage.

Le projet est né de l'envie d'un baryton du Chœur, Jean-Christophe Rousseau, toujours président de l'association bien qu'à la retraite. Dans son métier, l'homme aimait les vibrations produites par les voix entremêlées, l'équilibre délicat à trouver sans cesse entre le chant émis et ceux reçus autour : faire « passer » sa voix par assez de présence et de puissance et savoir, dans le même temps, « se fondre » au sein du chœur afin de ne jamais pouvoir être entendu de façon isolée. Faut-il y voir une résonance avec la vie en communauté des abeilles, laborieuses chacune de son côté avant de vibrer à l'unisson et de se mettre, profil bas, au service du groupe ?

Sinon, il est amusant de noter que la planche en bois qui limite les espaces de la ruche s'appelle une partition, et que le miel est très bon pour la voix ! Quant à moi, je reste admiratif de ces pianistes ou violonistes qui dépeignent si bien, en jouant le *Vol du Bourdon* de Nikolaï Rimski-Korsakov, la manière agaçante que ces bestioles ont de virevolter autour de vous.

Pour rendre visite aux abeilles de Radio France, il convient de passer par la miellerie, d'enfiler le camail blanc des professionnels, de projeter de la fumée froide pour masquer la présence humaine, de s'approcher délicatement des ruches et d'en ouvrir une. À l'intérieur, un puissant ronflement confirme que nos amies grouillent par milliers, interprètes à leur tour d'un ballet aérien magique, empreint d'une certaine douceur. Elles emmagasinent des réserves de pollen – pour nourrir la reine et l'essaim – et de nectar – pour produire le miel – en multipliant les terrains de chasse : tilleuls du quai Kennedy, sophoras japonais de l'avenue de Versailles, cerisiers et poiriers d'ornement de l'autre côté du RER, arbustes du square Collet ou du parc de Passy, noisetiers (premiers pollens de l'année en février-mars), saules marsault et autres lierres grimpant (derniers en octobre). Volant à trois kilomètres à la ronde, elles vont butiner jusqu'au bois de Boulogne. Après quoi, elles produisent un miel d'excellence, sans polluant, vendu en priorité aux adhérents de l'association, miel au léger goût mentholé (merci les tilleuls) qui a déjà obtenu une médaille d'or au concours régional des sociétés d'apiculture d'Île-de-France.

Qu'on ne s'y méprenne pas. Ce sont des ruches de démonstration, non de production. La vie des reines n'y est pas régulée par l'homme, c'est la nature qui gère ; aussi arrive-t-il que seules deux ou trois ruches soient en activité. Il s'agit de sensibiliser – en interne pour le personnel de Radio France, ou auprès de certains visiteurs – sur le sort des sentinelles de la biodiversité que sont les abeilles.

La belle idée.

Seulement voilà, partagée par des dizaines d'autres institutions parisiennes, de l'Opéra Garnier à Notre-Dame, des Invalides à l'Élysée, de la Tour d'Argent au Grand-Palais, elle devient soudain un peu moins bonne.

La capitale compte deux mille ruches disséminées sur les toits ou dans les jardins. Les experts en hyménoptères s'alarment. Ils craignent une trop grande pauvreté en plantes pour nourrir toutes ces colonies, dont les membres s'épuisent à aller chercher leur récolte trop loin. Surtout, il existe un risque de raréfaction, voire de disparition, des pollinisateurs sauvages que sont bourdons, papillons et autres petites abeilles sauvages. « Un véritable délire », selon Jean-Christophe, notre apiculteur maison (en 2010, quand il s'est lancé, la folie des ruches n'était pas encouragée par la mairie de Paris). Il constate, lui aussi, un stress de surpopulation chez ses locataires.

Il est vrai que ces collaboratrices particulières de l'entreprise sont nombreuses, bien plus que les salariés : de soixante mille l'hiver jusqu'à plus de trois cent mille en plein été !

Et comment ne pas avoir une pensée émue pour elles, en me remémorant les exercices de diction, à mes débuts au micro, du classique *petit pot de miel, quand te dépetitpodemielleras-tu ? je me dépetitpodemiellerai lorsque tous les...* au plus risqué *le jus de l'abeille coule, le jus de l'abeille coule...*

Voir : Nuit.

Rufin, Jean-Christophe

La Maison de la radio et de la musique vue par...

« Dans mon enfance, c'était le symbole de la modernité. Il y avait le pont de Tancarville, le tunnel sous le Mont-Blanc et la Maison de la radio. Mais prendre le cercle, par nature refermé sur soi, pour s'ouvrir sur la modernité paraissait tout de même assez étrange. C'était donc, en même temps, un peu le symbole de l'absurdité.

« L'architecture de cette époque avait une passion pour le rond – voyez la première aérogare de Roissy –, ce qui produisait des constructions difficilement extensibles et kafkaïennes dans leur fonctionnement.

« D'ailleurs, pour un usager ponctuel comme moi, cette maison est parfois un cauchemar par sa géographie interne. Paradoxalement, sa simplicité la rend complexe : tout se ressemble ! En plus, depuis qu'il n'y a plus qu'une seule entrée, il faut naviguer à travers tout le bâtiment... »

Jean-Christophe Rufin est écrivain, membre de l'Académie française.

Entretien accordé à l'auteur.

Ruquier, Laurent

La Maison de la radio et de la musique vue par...

« La première fois où j'ai débarqué de ma province pour un rendez-vous professionnel à Paris, c'était à la Maison de la radio. J'avais choisi ma date anniversaire, le 24 février, en 1987, pour me porter chance, or j'ai failli rater le rendez-vous ! Je devais voir Jacques Mailhot, à qui j'avais envoyé des textes pour *L'Oreille en coin*, pour un projet d'émission sur France 3 Île-de-France : *Paris Kiosque*. J'ignorais que la direction de la chaîne n'était pas dans les studios télé, mais à la radio ; je me suis trompé d'adresse.

« Quand j'y suis revenu pour de bon, trois ans plus tard, j'ai découvert le fameux dédale de couloirs, et des portes dont on se demandait parfois s'il n'y avait pas des squelettes derrière ! L'ironie du sort, c'est que *Rien à cirer* a remplacé *L'Oreille en coin*... »

Laurent Ruquier est animateur, producteur, auteur de théâtre et humoriste.

Entretien accordé à l'auteur.

S

Sarcophages

Le journaliste que je suis voue un culte (raisonné), sans doute par une sorte de solidarité professionnelle assortie d'un amour de la *ligne claire* en matière de bande dessinée, au reporter à l'imperméable Mackintosh et au pantalon bouffant qui a fait vibrer tant de petits (et grands) amateurs de scoops et de secrets dévoilés. Comme beaucoup de tintinophiles, je possède toutes les aventures du blondinet à la houppette et de son grognon de comparse barbu. Rangeant ma bibliothèque l'autre jour, je suis tombé sur *Les Cigares du pharaon*, un album présentant en couverture des sarcophages.

Or, mon ami Jean-Christophe Ogier, dit « JCO » à la rédaction, connaisseur absolu des bulles, producteur d'un rendez-vous hebdomadaire bande dessinée sur les ondes, créateur du prix franceinfo de la BD d'actualité et de reportage (devenu l'un des plus prisés à Angoulême), m'a raconté qu'il y avait naguère des sarcophages dans la Maison de la radio et de la musique, ponctuant d'un définitif « C'est sérieux ! » son propos saugrenu.

Jouant moi-même les Tintin, je menai aussitôt l'enquête, épluchai des monceaux d'archives sur le bâtiment, interrogeai les meilleurs égyptologues pour savoir si quelque momie inconnue (ramenée par Bonaparte ?) ne serait pas restée planquée plusieurs siècles dans des lieux improbables pour rejoindre les abris anti-atomiques de notre belle (et éternelle) demeure, vérifiai que la mémorable exposition à Paris *Toutânkhamon et son temps* ne correspondait pas à l'année de construction de la radio (des petits arrangements sont toujours possibles…) – manqué : 1967 pour la première, 1963 pour la seconde) –, m'enfonçai dans les entrailles de la bête à la recherche des boîtes mortuaires. En vain.

Je fouillai alors le passé de JCO et découvris que ses premières chroniques BD remontaient aux années 1990 dans une drôle d'émission appelée *Mauvais genres*. Pendant deux heures, François Angelier (fan de fantastique et d'ésotérique), Emmanuel Laurentin (passionné de polars) et Jean-Christophe Ogier (dévoreur de bande dessinée) mettaient en scène sur les ondes de France Culture des genres littéraires que la station n'accueillait pas vraiment à l'époque (ce qui n'est plus le cas, bien au contraire, aujourd'hui). Et nos trois potaches de service s'amusaient à mettre leurs invités dans l'ambiance de ce rendez-vous d'antenne qui « traverse des territoires jubilatoires et parfois transgressifs » (*dixit Télérama*, l'émission existe encore) en leur faisant « traverser » des terres inconnues à l'intérieur même de l'édifice.

Les invités en question, au lieu d'être accueillis porte B comme toutes les personnalités arrivant de l'extérieur à ce moment-là, étaient priés de se rendre dans l'entrée face à la Seine. Là, le trio les attendait, ouvrait une petite porte à proximité du kiosque à journaux, les sommait de descendre un escalier sombre et les amenait dans la crypte, où les contrebassistes des orchestres entreposaient leurs instruments, sagement rangés dans leur caisse, autour du monument aux morts. Avec peu de lumière, ces silhouettes immobiles aux angles prononcés pouvaient ressembler à des sarcophages – ici fermés, contrairement à ceux des aventures de Tintin... Il était alors expliqué aux invités de *Mauvais genres* que reposaient là les individus morts d'épuisement à force d'avoir tourné en rond dans la Maison de la radio sans jamais trouver la sortie. Pour ajouter à l'atmosphère d'angoisse, le cortège empruntait ensuite un chemin « en sous-sol, dans des couloirs étroits, au plafond desquels courait un entrelacs de tuyauteries », ainsi que le raconte encore volontiers JCO.

Comme quoi, même les plus sérieux des journalistes savent garder, de 7 à 77 ans, leur âme d'enfant.

Voir : Crypte.

Savoy, Guy

La Maison de la radio et de la musique vue par...

« Est-ce qu'on peut être amoureux de ce bâtiment ? Chaque fois que j'y vais, j'ai l'impression qu'il n'y a que des couloirs... On tourne en rond là-dedans, ce qui accentue davantage encore la sensation première que j'ai toujours eue, celle d'une construction postsoviétique, une sorte d'ambassade de Russie circulaire ! »

Guy Savoy est cuisinier, trois étoiles Michelin pendant vingt ans, son restaurant à La Monnaie de Paris est numéro 1 au classement mondial *La Liste*.

Entretien accordé à l'auteur.

Secret

Pendant des années, une action secrète fut menée dans la Maison de la radio par un président en exercice, en l'occurrence Jean Maheu. Il le raconte sur plusieurs pages dans *La Saga France Inter*, le livre d'Anne-Marie Gustave et Valérie Péronnet.

P-DG de 1989 à 1995, Jean Maheu découvrit, un an après sa prise de fonctions, que « la Maison de la radio était physiquement installée sur un volcan », à savoir 11 tonnes d'ammoniaque liquide stockées dans les sous-sols. Ce produit hautement toxique servait alors pour la réfrigération et le chauffage de l'édifice.

« J'avais, sous prétexte de terrorisme, organisé des exercices d'évacuation, explique l'ancien P-DG. Nous savions qu'en cas d'explosion de l'ammoniaque, il y aurait des gens qui ne pourraient pas sortir de la Maison. Pas quelques unités, mais beaucoup, dont moi-même d'ailleurs. »

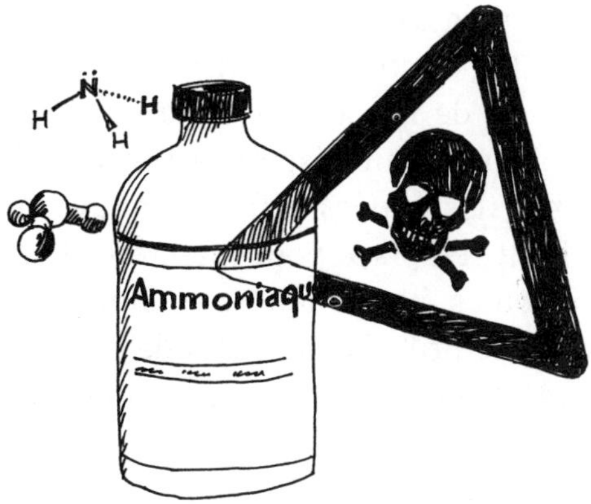

Maheu demanda à la préfecture de police de classer la Maison de la radio en site dangereux. Fin de non-recevoir, par peur, dit-il, d'un scandale public (ce ne fut qu'après le World Trade Center que des travaux de mise aux normes sécuritaires furent ordonnés, en 2003, par les autorités). Il décida donc de la jouer fine : la cuve serait vidangée petit à petit, en toute discrétion. Ainsi, un ballet de camions-citernes dura six ans, à l'insu de tout le monde.

Car le P-DG convoqua les syndicats pour leur demander de garder le silence. Henri Gernez, responsable de la CGT à la radio, à l'époque, confirma (toujours dans *La Saga France Inter*) la version de Maheu : « Nous avons tenu cette information secrète pour ne pas affoler les salariés. La direction s'est engagée à protéger le sous-sol. Elle a fait installer des portes hermétiques et un système d'alarme. » Mais à en croire le syndicaliste, il n'y eut pas que l'évacuation du produit dangereux par camions : « On calfeutrait et, en portant un masque et une combinaison, un ouvrier lâchait petit à petit des doses d'ammoniaque qui ne soient pas mortelles, en espérant qu'il y ait du vent. » Par bonheur nul ne remarqua l'odeur pourtant puissante et personne ne fut empoisonné, ni les collaborateurs ni la population riveraine.

Frédéric Millet, l'actuel responsable du service incendie de la Maison de la radio et de la musique, confirme que l'ammoniaque avait disparu à son arrivée dans les murs, au début des années 2000. De nouveaux procédés techniques l'ont remplacé pour maintenir le fonctionnement des systèmes énergétiques, notamment à partir de tetrafluoroéthane utilisé comme fluide réfrigérant.

Dans cette affaire en tout cas, Jean Maheu a, sans conteste, soufflé le chaud et le froid.

Voir : Chantier.

Seine

« Tellement jolie », on sait qu'elle ensorcelle Vanessa Paradis et Matthieu Chedid, qu'avant eux Montand chantait à tue-tête ses amoureux « qui la regardent dans les yeux », et encore plus loin qu'Apollinaire la faisait rimer avec « peine ».

La Seine, auguste artère naturelle de Paris, sans cesse changeante, rend un hommage permanent à la Maison de la radio et de la musique. C'est près de son flot – sur un bateau-mouche, depuis l'Île-aux-Cygnes ou en traversant le pont de Grenelle – que l'anneau de verre et d'aluminium offre sa plus belle perspective.

En lisant l'entrée *Terrain*, vous verrez que le choix d'implantation de la future institution fut cornélien.

Pourtant, on ne peut se résoudre à croire que le rôle de la Seine n'a pas été considéré. Dans la revue semestrielle de critique d'architecture *Criticat*, Simon Hermelin note qu'on trouve, dans l'arbitrage définitif, trace des palais nationaux de la IIIe République : « Par le site où elle est installée d'abord, en bord de Seine, dans le 16e arrondissement, la Maison de la radio s'ancre dans une tradition d'édifices publics majestueusement implantés le long du fleuve. »

Henry Bernard a d'ailleurs conçu son œuvre en fonction de cette ouverture naturelle, et ce dès le projet qu'il soumit, en 1953, au concours lancé par la Radiodiffusion nationale. Cinq ans plus tard, il décrit dans le *Bulletin d'Académie d'architecture* des volumes qui « décroissent de hauteur, par degrés, à mesure qu'ils se rapprochent de la Seine, sur laquelle ce bâtiment clos ouvrira une large fenêtre ».

La forme ronde, bien qu'elle soit née de la juxtaposition de studios trapézoïdaux et qu'elle soit justifiée par le fonctionnalisme que défendit son concepteur, représente en elle-même une sorte de monumentalisation. « Elle se rattache à une culture architecturale commune, commente Simon Hermelin, une histoire longue des monuments que l'architecte ne peut ignorer. » Au reste, Henry Bernard ne mentionne-t-il pas *Maison de la radio, Colisée du XXe siècle, la fonction rejoint le symbole* sur le plan-masse du dossier de concours ? Ce qui fait dire à l'auteur de l'article dans *Criticat* : « C'est la seule allusion de Bernard à l'imaginaire de son projet. Mais il fait une analogie parlante : la Maison, fonctionnelle, est aussi un monument intemporel de la culture et du savoir-faire français. »

Les courbes du fleuve enlacent donc plusieurs palais, dont celui des sons.

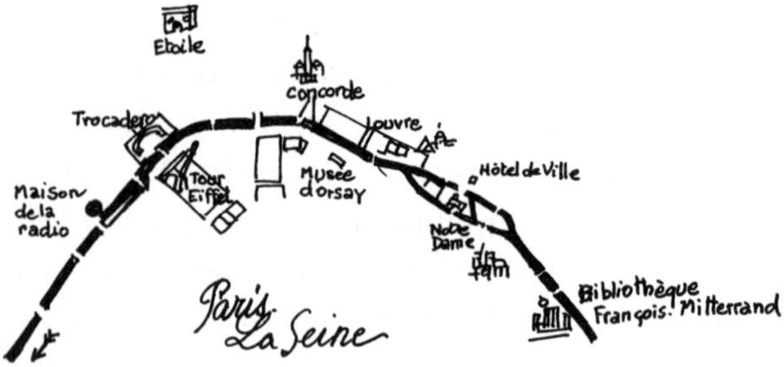

Ajoutons à cela des murs verticaux, en faïence italienne, d’une couleur proche de la serpentine (un silicate vert olive) destinée à se fondre avec les reflets de l’eau lorsque l’on regarde depuis l’autre rivage.

L’influence de la Seine pour une remarquable mise en scène ?

Voir : Architecture ; Bernard, Henry ; Concours ; Terrain.

Siméon, Jean-Pierre

La Maison de la radio et de la musique vue par…

« Plus qu’un endroit qui émet des voix, j’inverse la proposition et j’y vois une grande oreille posée près de la Seine : ce réceptacle saisit toutes les voix du monde, sorte d’oreille interne de l’art, de la création, de la pensée. On dirait une tour de guet destinée non pas au regard mais à l’écoute. On y entend un concert de voix polyphoniques, des voix criées, des voix qui pleurent, des voix chuchotées, des voix qui chantent. Une Babel où tout se mêle.

« J’aime aussi le bâtiment pour son côté irrationnel. Évidemment c’est un labyrinthe, évidemment je m’y perds tout le temps, mais parfois je le fais exprès ! J'ai plaisir à me balader sans but dans ce grand rond dont je n'ai pas encore percé le mystère. D'ailleurs, on le croirait inventé pour qu'on s'y égare, non ? Dans cet enchevêtrement de cercles, pas une seule ligne droite. C'est unique en France.

« La poésie, qui doit être le diapason du monde, est au cœur de la radio, parce que la radio reste le meilleur intermédiaire pour porter la voix comme une confidence. Et quand la radio a aussi pour diapason la poésie, elle devient grande et humaine. »

Jean-Pierre Siméon est poète et dramaturge, lauréat du Grand Prix de poésie de l'Académie française. Il a été producteur à France Culture.

Entretien accordé à l'auteur.

Son immersif

Parmi les qualités d'un bon journaliste, la curiosité reste le moteur initial qui ouvre les horizons : s'intéresser, poser des questions, être à l'écoute des autres, lire, regarder le monde évoluer en essayant d'en comprendre les enjeux. Viennent ensuite la rigueur et l'honnêteté : creuser son sujet, aller chercher un maximum d'informations, remonter aux sources, rester neutre en reportage dans la relation des faits, donner la parole aux différents protagonistes en empathie avec eux. Enfin, j'ai toujours considéré le doute comme un bienfait supplémentaire et indispensable : les bonnes personnes ont-elles été interrogées, les questions étaient-elles justes et justifiées, n'y a-t-il eu aucun oubli ?

Pourtant, quel que soit le propos, des critiques fusent sans cesse. Interview ou enquête dans un camp, aussitôt les supporters d'en face dégainent (et réciproquement) : patron *versus* syndicaliste, Israélien face à Palestinien, la gauche contre la droite, souverainiste opposé à européiste, policiers confrontés à Gilets jaunes, etc. Cela ne loupe jamais. Combien de messages, mails, tweets, SMS, tribunes (de tous bords et de tout poil) adressés aux journalistes pour dénoncer leur impartialité ?

En poussant une porte à l'entresol de la Maison de la radio et de la musique, j'ai découvert un studio où se prépare peut-être une parade.

Imaginez.

Vous écoutez France Inter ou franceinfo après une violente manifestation au cœur de Paris (des voitures ont brûlé, des civils ont été blessés, des casseurs sont impliqués, les forces de l'ordre sont montrées du doigt). Le journaliste à l'antenne relate le contexte général de la journée et lance le reportage réalisé sur place. Votre appareil de diffusion (poste digital, smartphone ou enceinte connectée) vous offre alors différentes options qui s'affichent à l'écran : *À l'abri derrière les policiers* ou *Au milieu des gaz lacrymogènes*. En cliquant sur l'une ou l'autre des propositions, vous vivrez la séquence soit parmi les gendarmes mobiles soit du côté des manifestants. Vous pourrez même, tout au long du reportage, alterner de l'un à l'autre, avec des sons d'ambiance, des témoignages, le récit des reporters. Toutes les opinions seront accessibles.

Voici d'autres exemples.

Sur un grenelle de la santé, la radio vous offrira la faculté de naviguer, à la sortie des tractations, entre les propositions du gouvernement et les réactions des personnels de soins ou de leurs syndicats.

Durant une finale de Coupe du monde de football, vous aurez loisir d'apprécier votre commentateur préféré ou d'entendre ce qui se dit sur le banc de touche de l'une ou l'autre équipe, de jouer avec la puissance de l'ambiance et de la voix, de choisir un commentaire en anglais plutôt qu'en français. Vous êtes malentendant et les bruits de fond perturbent votre compréhension, hop ! on isole la voix du narrateur et on occulte les sources sonores au centre du stade. À l'inverse, vous êtes un supporter acharné du club mais vous n'avez pas pu assister à la rencontre : vous pourrez ne mettre entre vos oreilles que le retour de votre *kop* et chanter, depuis votre salon, avec vos camarades qui, eux, sont autour du terrain.

Allons plus loin.

Une pièce de théâtre tirée d'un roman d'Agatha Christie a été enregistrée en live. Elle est diffusée à l'antenne. Sur certaines scènes majeures, vous aurez le choix de suivre Hercule Poirot dans ses investigations à l'intérieur d'un bâtiment, d'assister à la discussion de certains protagonistes bloqués à l'extérieur, ou d'écouter le principal suspect dialoguer avec son avocat.

Le digital permet déjà tout cela. Par l'enregistrement de pistes différenciées. Des techniciens travaillent à ces multiples procédés d'écoute. Telle est l'une des missions du fameux studio d'innovation audio, où mon ancien camarade opérateur du son à franceinfo Hervé Déjardin me fait surtout vivre une expérience inédite : le son immersif.

Pour comprendre, il faut visualiser ce studio. Dans la pièce de travail, une console géante bardée d'écrans, d'ordinateurs et de tables de mixages. Tout autour et au-dessus, suspendus en cercle, une bonne vingtaine de haut-parleurs diffusent un son clair et puissant qui submerge l'auditeur placé au centre du cercle et, par là même, au cœur de l'émotion. Comme me l'explique

Hervé : « En mono ou en stéréo on demeure spectateur, même si on se projette par une immersion narrative en se plongeant intellectuellement dans le récit. Là, il s'agit d'une immersion purement perceptive. » Car notre oreille est capable de distinguer les sons à 360 degrés, dans la totalité de l'espace, avec une précision diabolique, inférieure à 10 degrés : devant, derrière, à droite, en haut, en bas, à gauche. Faites l'expérience en fermant les yeux dans un centre commercial, au carrefour d'une rue passante ou au milieu d'une forêt, vous serez impressionné par ce que Paul Valéry définissait déjà dans *Tel Quel* : « L'oreille est le sens préféré de l'attention. Elle garde, en quelque sorte, la frontière du côté où la vue ne voit pas. »

Donc, ajouter à l'immersion narrative imaginaire une immersion perceptive naturelle.

Autrement dit, le corps entier reçoit l'histoire qui lui est racontée : les vibrations pénètrent chaque pore de la peau, les tonalités diffusent, la respiration s'accélère, les poils se hérissent, le cœur est touché, l'âme est atteinte. En écoutant cette musique spatiale, je songe au Kraftwerk de mes jeunes années berlinoises ou aux nappes enveloppantes d'*Oxygène* et *Équinoxe* que j'écoutais en boucle, adolescent, pour m'évader. C'est justement Jean-Michel Jarre qui a créé le thème musical pour ce travail du studio d'innovation audio, lui qui signe aussi depuis 2016 l'habillage de franceinfo.

Dans cette nouvelle dynamique, sont associées à chaque piste des métadonnées descriptives qui la caractérisent, autant sur le contenu (une voix, des ambiances, une musique, un instrument spécifique) que d'un point de vue technique (mouvement ou puissance du son). Un master, défini comme une « scène audio objet », peut ensuite accueillir jusqu'à 128 de ces pistes qu'il adresse à votre appareil d'écoute. Ce dernier, en fonction de ses propres spécificités, diffusera automatiquement en mono sur votre vieux transistor, en stéréo ou en binaural lorsque vous porterez un casque, en 5.1 si vous possédez déjà cinq enceintes connectées en réseau, et demain en immersif quand votre salon sera équipé d'un Stonehenge du son : 12 haut-parleurs en rond autour de votre fauteuil.

Le son « immersif » (spatial, binaural ou 3D) que vous trouvez déjà à consommer partout sur la toile et les applications musicales n'est qu'un leurre, une impression « d'y être ». Car deux conditions sont nécessaires pour en bénéficier réellement : le contenu doit être pensé et écrit afin de propulser des éléments sonores dans la totalité de l'espace, et le mode de restitution doit recréer la dimension 360° avec des baffles qui enveloppent vraiment l'auditeur. Tel est le cas, par exemple, des concerts *FIP 360* qui sillonnent depuis plusieurs mois la France. Ils permettent à un millier de personnes, entourées de 12 enceintes géantes, de ressentir dans leurs corps, et plus seulement entre leurs oreilles, l'émotion de cette immersion totale. L'aspect totémique et l'impression de transe d'un petit groupe en cercle ajoute au phénomène. La station espère augmenter la fréquence d'un concert tous les deux mois et développer ces rendez-vous vers le futur qui sont, à cette occasion, déjà du présent.

Son multicanal

Avant le son immersif évoqué plus haut (dont le développement est en cours), la Maison de la radio fut, depuis un demi-siècle, le théâtre d'une autre expérimentation : le son multicanal.

Tout commença dès les années 1970, quand les studios 110 et 111 furent équipés en tétraphonie[1] : quatre pistes audio (deux avant et deux arrière) et quatre enceintes. Daniel Toursière et Madeleine Sola furent les pionniers de ce format dans la Maison. À cette période, on pouvait trouver dans les tout premiers magasins Fnac quelques disques noirs en tétraphonie, dont certains produits par les Pink Floyd – qui inaugurèrent ce procédé dès 1967, au concert *Games for May* à Londres, grâce à une manette que manipulait Richard Wright pour déplacer le son de son clavier dans l'espace vers la droite, la gauche, l'avant ou l'arrière. Edwige Roncière, ingénieure qualité à la Maison de la radio, se souvient que « vers 1985, Madeleine Sola et Myron Meerson firent même, au Studio 103, des essais de production en hexaphonie, à savoir six canaux pour six enceintes équiréparties sur un cercle entourant l'auditeur ». Mieux encore, à l'occasion des 30 ans de la Maison de la radio en 1993, un concert de l'Orchestre philharmonique fut enregistré au Studio 104 par l'intermédiaire de huit micros et retransmis en simultané dans le studio voisin, le 103, à l'aide de huit haut-parleurs. « Les résultats d'écoute de cette démonstration en direct, rapporta *La Nouvelle Revue du son* quelques semaines plus tard, n'ont pas manqué de surprendre les nombreux invités présents qui se sont sentis comme transposés au milieu de la salle de concert. »

En ce début des années 1990, le grand public découvrait au cinéma l'appellation *Dolby digital*. La marque Dolby avait lancé quinze ans plus tôt le *surround*. Ce procédé utilisait la stéréo pour restituer un effet sonore « enveloppant » à partir de seulement deux pistes en audio, par

---

1. Enregistrement et reproduction musicale de quatre informations spatialement réparties visant à recréer pour l'auditeur l'ambiance sonore réelle (source Larousse). On dit aussi quadriphonie.

lesquelles passaient quatre signaux encodés (trois pour les écoutes avant et un pour les écoutes arrière). Il avait été adopté en 1977 par George Lucas dans *La Guerre des étoiles*. L'arrivée du numérique permettait à présent d'aller plus loin pour aboutir à l'exploitation de cinq canaux différents – trois à l'avant (gauche, centre, droit) et deux à l'arrière (gauche, droit) – auxquels s'ajoutaient un sixième, le *subwoofer*, pour renforcer les effets des fréquences graves : c'était le système 5.1 (dit *Home Theater*).

Dans les magasins spécialisés, se multipliaient les chaînes hi-fi équipées d'un décodeur *Dolby prologic* et disposant des cinq haut-parleurs nécessaires : trois que l'on plaçait à l'avant de son salon, deux plus petits à l'arrière pour le *surround*. Le wifi n'existant pas, il y avait pas mal de câbles qui traînaient derrière les meubles...

En 1995, à la vue des publicités pour ce type d'écoute domestique, le producteur Robert Arnaut écrivit pour France Inter *Un cataclysme sonore*, une histoire destinée à exploiter ces nouvelles techniques liées au numérique. Un savant Cosinus, compositeur à ses heures, une sorte de professeur Tournesol mélomane, enregistrait des bruits de toute nature pour les mettre en bocal, les dompter, les découper, les triturer. Dépassé, étouffé sous les décibels, le héros finissait par « passer le mur du son dans un cataclysme cacophonique à faire sauter les haut-parleurs », selon un article paru dans *Le Monde*. Le Professeur Zock fut magistralement interprété par l'acteur Jean-Paul Farré.

« Les ondes sonores sont des phénomènes mécaniques transformés en excitation neuronale, en fonction de leurs différences de longueurs d'onde », explique Guy Senaux, l'un des techniciens qui a travaillé sur cette expérimentation. Comme l'oreille a une sensibilité dont la précision est nettement supérieure à celle de l'œil, le son multicanal exacerbe l'émotion de l'auditeur qui s'immerge dans la scène entendue. « La précision de l'écoute lui permet d'acquérir une forme d'oreille absolue, ajoute Guy. Au centre des cinq enceintes, il devient complètement acteur. »

Un cataclysme sonore fut la première émission radiophonique diffusée en Dolby *surround*, le 22 juin 1996. Ce jour-là, plusieurs personnes appelèrent France Inter pour signaler qu'elles entendaient pour la première fois sur leur chaîne hi-fi des sons différenciés dans leurs enceintes arrière. Pour parvenir à ce résultat, la petite équipe autour de Robert Arnaut et Guy Senaux – il y avait là les techniciens Gilles Pézérat et Yves Baudry, le réalisateur Georges Kiosseff, le bruiteur Patrick Martinache, l'animatrice Sandrine Mercier et plusieurs comédiens pour des voix, chants ou ambiance – la petite équipe, donc, modifia ses habitudes de travail : horaires libres, tournage en intérieur comme en extérieur, et un inédit mélange des fonctions. « Toutes les propositions de chacun d'entre nous en matière de réalisation, mixage ou montage étaient prises en considération, raconte Guy Senaux, afin de laisser la créativité s'exprimer au maximum. » À noter aussi l'emploi de logiciels très sophistiqués mis au point par le Groupe de recherches musicales (un atelier de travail de Radio France) pour transformer les signaux sonores.

Après une série de tests de différents micros au Studio 105, et la vérification de la qualité du son après l'encodage, le Studio 114[1] fut mis à la disposition du groupe pour les enregistrements, et les studios 120 puis 107 pour le montage et le mixage. Par souci d'efficacité et de confort d'écoute, le poste de travail avait été installé au milieu de chaque studio, avec les cinq haut-parleurs posés sur pied : trois à l'avant et deux à l'arrière. Au centre une immense console, sur la droite une série de racks d'effets

1. Studio dédié aux créations radiophoniques.

électroniques, de chambres d'échos, d'équaliseurs, un multipiste, un lecteur CD et un magnétophone, avec, à gauche, les ordinateurs. Le tout était entouré de grands paravents acoustiques en bois afin de purifier l'écoute.

La fabrication de cette réalisation, une première nationale, réclama un mois entier de travail pour 45 minutes d'antenne. Pendant plusieurs semaines, *Un cataclysme sonore* fut diffusé cinq fois par jour au sein d'un studio recevant du public (comme une projection de cinéma sans les images). Ainsi, les personnels de Radio France, tout comme les professionnels du septième art, invités à ces « représentations », vinrent découvrir ces nouveaux horizons sonores. Le directeur en France des Studios Lucasfilm a même réclamé une copie de l'émission pour l'envoyer à ses confrères américains.

Quelques mois plus tard, un reportage audio, proposé par Robert Arnaut et Jacques Charreaux, fut enregistré en son multicanal aux normes 5.1 dans une forêt équatoriale du Gabon. *Le Singe soleil* entraînait l'auditeur à la découverte d'une nouvelle espèce de singe et, grâce à l'enveloppe sonore restituée, lui permettait de devenir à part entière un membre de l'expédition. Le succès déborda les frontières (Suisse, Maroc, Japon, Italie) et plusieurs festivals spécialisés, dont deux de cinéma, mirent en avant ce sujet qui décrocha un prix national.

Par la suite, dans les années 2010, un Studio d'essai fut initié au sein de la Maison de la radio pour de la recherche appliquée sur ces technologies. Edwige Roncière en assura l'ingénierie : « Il s'agissait de travailler sur le système WFS[1] en synthèse de fond d'ondes, autour

1. La technique Wave Field Synthesis (WFS) désigne un procédé de reproduction holophonique qui permet, par analogie avec les hologrammes visuels, de capter ou de synthétiser une scène sonore en préservant les informations spatiales de distance et de direction des sources qui la composent (source Ircam).

de la diffusion du multicanal en FM, avec un changement de paradigme vers le son orienté objet, autrement dit le véritable son immersif. »

Guy Senaux est formel : sans les moyens ni les espaces disponibles à la Maison de la radio, de tels projets n'auraient peut-être pas abouti. « Nous avons obtenu tout ce que nous demandions dans tous les domaines ! »

Ces aventures, autant humaines que technologiques, démontrent l'excellence de la radio de service public, et l'importance de disposer à la fois des hommes et des femmes compétents, du matériel adéquat et des studios les mieux appropriés.

Voir : Anniversaires ; Son immersif ; Studio 114 ; Utopie.

Souffle

Aurais-je pu faire carrière dans la chanson ? J'en doute fort aujourd'hui. Pourtant, jusqu'à ma vingtaine et même au-delà, je l'espérais secrètement. J'ai toujours aimé chanter. Maman avait une voix de rossignol, elle nous gratifiait régulièrement du *Temps des cerises*. Je me lançais, adolescent, dans des spectacles d'imitations qui amusaient mes camarades de sport ou de lycée. Lors de mon passage à Radio France Alsace (aujourd'hui France Bleu Alsace), je poussais la chansonnette de parodie au cabaret de Roger Siffer La Choucrouterie, à Strasbourg, où j'eus le privilège d'être accompagné au piano par Cookie Dingler. Arrivé à Paris, je travaillai avec le compositeur Denis Marquet et le musicien Claude Valdivia pour monter un spectacle de chansons jazz, que je produisis au Théâtre de Dix Heures et dans quelques autres salles. Puis je pris des cours de chant lyrique auprès de Rossitza Graber, cantatrice bulgare installée à Paris. Il existe même un titre sur les plateformes, *Partirai*, que j'ai interprété à l'occasion d'un disque produit par Gérard Addat. Mais ma carrière sur scène s'effaça au fur et à mesure que je m'installais dans mes activités audiovisuelles.

Je n'ai nul regret de ces tentatives car je n'aurais pas eu la volonté suffisante ni, à l'évidence, le talent nécessaire pour percer, même si chanter en amateur me procure toujours autant de plaisir. Avec le recul, je me demande si ce travail – prolongé avec déraison au-delà d'une simple passion de jeunesse – ne fut pas, de manière inconsciente, une façon d'apprendre à apprivoiser mon souffle dans la voie radiophonique que j'étais en train de me tracer. De fait, placer la voix dans les résonateurs, utiliser le diaphragme pour respirer, chauffer les cordes vocales lorsque le timbre est un peu fatigué, « blanc » dans notre jargon, libérer mon trac avant de grandes éditions spéciales par de petits exercices respiratoires, tout ce que j'ai appris me fut utile au cours de mes trente années derrière le micro.

Le souffle à l'antenne s'apprivoise. Bien marquer les césures naturelles du texte qu'on offre à l'auditeur aide ce dernier à assimiler le message transmis. Je suis trop souvent heurté quand j'entends un confrère ou une consœur enchaîner trois phrases en apnée puis respirer violemment, par nécessité vitale, au milieu de la quatrième, hors de toute coupure logique (une virgule ou un point dans l'écriture), ce qui n'a aucun sens oratoire et enlève toute compréhension au propos. J'ai toujours, à l'inverse, cherché à poser ma voix dans les rails de mon écriture, à respecter les ponctuations, à ne pas appuyer le ton, sans donner trop de puissance ni précipiter les mots. Bref, parler à la radio comme je parle dans la vie.

Le souffle est capricieux aussi au regard de la géographie de la Maison de la radio et de la musique, pour certains déplacements dans le labyrinthe du bâtiment. La grande prêtresse du cinéma sur France Inter, Eva Bettan, me l'a ainsi confié : « Même en cas d'extrême urgence, ne surtout pas marcher trop vite pour rejoindre son studio. Le jour de la mort d'Ava Gardner, Jean-Luc Hees – qui présentait le 13 heures – lance dans l'interphone général "Eva, Eva, tu fais l'ouverture !" J'ai donc foncé au studio. Mais sans foncer vraiment. Car j'ai appris à ne pas marcher trop vite à travers le dédale des couloirs et des escaliers. Sinon, tu arrives essoufflée au micro. Je me souviens encore de ce jour-là. En 1990, il n'y avait ni Internet ni les smartphones. Fouillant ma mémoire sur tout ce que je savais concernant cette immense actrice, j'ai construit mon papier dans ma tête en marchant à allure raisonnable. Le souffle, pour moi est une obsession. Il est un stress aussi important que ce que je vais dire à l'antenne. »

Je te rassure, chère Eva, durant ta longue et brillante carrière – nous nous sommes souvent croisés au Palais des festivals, à Cannes, où il y a aussi des escaliers entre les rédactions provisoires (aux étages) et les studios aménagés (en sous-sol) – aucun auditeur ne t'a jamais entendue perdre ton souffle au micro. Bien au contraire, pour écouter tes critiques jusqu'au bout, chacun retenait le sien !

Source

Je vais contredire ici une légende urbaine selon laquelle les fontaines d'eau fraîche que l'on trouve à tous les étages de la Maison de la radio et de la musique sont alimentées par une source naturelle présente sous le bâtiment.

Il n'en est rien.

L'eau potable est distribuée, comme partout dans le quartier, par la régie municipale. La ville possède dans un rayon de 80 à 150 kilomètres des points d'alimentation du précieux liquide pour moitié de ses besoins. Pour l'autre moitié elle puise dans la Seine et la Marne. Ces eaux sont stockées dans différents réservoirs. Ceux de L'Haÿ-les-Roses, Orly et Saint-Cloud – qui traitent les eaux provenant de la Seine, de la Vanne (dans l'Aube) et de l'Avre (dans l'Eure) – desservent le 16e arrondissement.

Ce ne fut pas toujours le cas, à en croire le fascicule interne à la RTF, *Passy avant-première*, distribué aux salariés au moment de l'aménagement quai de Passy en 1963. On y apprend qu'à l'époque l'eau coulait laiteuse au robinet, question de pression et de décompression : « L'air normalement dissous se dégage alors sous la forme de gouttelettes microscopiques, donnant à l'eau cet aspect laiteux qui disparaît au bout de quatre à cinq secondes. » Il semble aussi qu'il s'agissait de « l'eau du puits artésien, captée à 550 mètres de profondeur » et que c'était une « excellente eau potable », que le service commercial de la RTF pourrait peut-être exploiter un jour sous l'étiquette « Sources des ondes ».

La direction de la Réhabilitation m'a bien confirmé qu'à présent – sans doute en raison des nouveaux forages géothermiques moins profonds – l'eau des robinets est celle distribuée par la ville.

Du temps de l'hégémonie chiraquienne sur la capitale, lorsque vous demandiez une carafe pour accompagner votre steak-frites ou votre œuf mayo, le serveur lançait en rigolant : « Et une Château Chirac ! », comme si l'eau potable de la ville pouvait rivaliser avec un bordeaux d'exception – qu'on imaginait assez, par ailleurs, satisfaire le palais gourmand du maire emblématique qui, même s'il préférait la bière, aimait beaucoup le bordeaux. Aujourd'hui, la municipalité se targue de respecter plus de 50 « paramètres de potabilité définis par le code de la santé publique dans le cadre des normes européennes » pour répondre aux exigences de ses administrés...

Sinon, le faubourg de Passy-Auteuil fut jadis réputé pour ses sources. Les noms de rues en attestent : rue de la Source, rue La-Fontaine, rue des Eaux, passages des Eaux, etc. Au reste, c'est entre les rues de la Source et La-Fontaine que se trouvait le plus ancien filet sortant de terre. Il alimentait une fontaine et ruisselait dans les prés alentour. La Société historique d'Auteuil et de Passy précise même que la rue de la fontaine est devenue au fil des temps rue Jean-de-La-Fontaine pour ne pas la confondre avec une autre du 9e arrondissement.

Étonnamment, le fabuliste – qui fut pendant une dizaine d'années, comme son père, maître particulier des Eaux et Forêts à Château-Thierry, sa ville natale dans l'Aisne – n'utilise le mot « fontaine » que trois fois dans ses fables, selon Bernard Weissbrodt qui a analysé le monde aquatique dans son œuvre. Le mot « source » y est également assez rare, alors que d'autres auteurs y consacrent des poèmes entiers.

Théophile Gautier :
Ainsi la jeune source jase
Formant cent projets d'avenir

Victor Hugo :
Un lion habitait près d'une source ; un aigle
Y venait boire aussi

Léon Tolstoï :
Ressemble à cette source

Louise Michel :
De toutes les sources du monde
La seule que rien ne trahit
Qui, par bouillons, s'élance et gronde
C'est le sang coulant jour et nuit.

Plusieurs thermes virent également le jour dans le quartier de Passy. La principale station, au début du XVIIIe siècle, comprenait salles de jeux, bal, théâtre et jardins. Le tout-Paris s'y précipitait. Une autre, plus modeste, un siècle plus tard, rue Boileau, fréquentée par de nombreux artistes et écrivains dont Maupassant, Gounot ou les frères Goncourt. Une troisième encore, vingt ans plus tard, qui donna même son nom à la rue de la Cure puisqu'elle accueillait des curistes à qui l'on vendait de l'eau thermale en bouteille.

Pour mettre un terme à ce propos, comment ne pas évoquer l'abbaye de la Source, à quelques encablures de la Maison de la radio et de la musique ? Cette communauté contemplative de bénédictins accueille des moines de passage à Paris, qui viennent peut-être là pour se ressourcer ?

Quant à moi, ne comptez pas que je vous révèle d'où je tiens toutes ces informations. Un journaliste ne cite jamais ses sources.

Sous-marin

« À mille mètres au fond des mers, ce sera ton cimetière. » Par cet extrait musical du *Chant des sous-mariniers*, mon camarade d'antenne Bertrand Dicale (auteur dans cette même collection d'un remarquable *Dictionnaire amoureux de la chanson française*) entama sa chronique, un samedi après-midi, dans la tranche que j'animais sur franceinfo, pour illustrer l'affaire du contrat dénoncé par l'Australie.

Voilà qui n'était pas très joyeux. Au fond (si j'ose dire), le mythe du sous-marin ne se départit guère de celui du drame qui déposerait à jamais sous les eaux ce navire d'exception et les hommes enfermés à son bord. Sans doute d'ailleurs faut-il un courage particulier pour passer des semaines entières dans un espace aussi contraint, sans espoir de visite, une telle épée de Damoclès au-dessus de la tête.

À la Maison de la radio et de la musique, au moins deux lieux portent le surnom de « sous-marin ».

Le premier est une salle de réunion à proximité des bureaux de la présidence, sans fenêtres, à l'accès unique, où se retrouvent les négociateurs des syndicats et de la direction pour tenter de résoudre les conflits sociaux. Les discussions peuvent y durer une éternité, sans contact avec l'extérieur.

Mais c'est le second que je voudrais vous faire visiter ici. Une pièce occupée 24/24, discrète voire confidentielle, véritable nœud névralgique et stratégique pour l'ensemble des stations : le Centre de distribution des modulations (CDM).

Ses « sous-mariniers » voient rarement du monde. Très peu de salariés connaissent leur tanière (je n'y avais moi-même jamais pénétré avant de préparer cet ouvrage). Or, des dizaines de collaborateurs les sollicitent à longueur de journée.

« CDM, passe-moi le studio Info. »

« Après Inter, CDM, tu m'enverras à Culture. »

« CDM, je te rends Washington sur la deux. »

« CDM pour 421, la Chine sur la une. »

« Dès que tu as fini ton direct, je te bascule au CDM. »

Voilà le type d'injonctions qui fusent en permanence dans les rédactions.

Car toute source sonore qui transite par la Maison de la radio et de la musique passe par le CDM.

En entrée : les correspondants de Radio France à l'étranger, les stations du réseau France Bleu, les reporters sur le terrain, les journalistes ou producteurs qui interviennent à distance, les échanges de programmes avec les radios francophones, les éditions spéciales, entretiens, ou enregistrements musicaux réalisés en extérieur, etc.

En sortie : les flux de diffusion (chaînes en direct ou web radios) pour les émetteurs, les smartphones, l'Internet, les satellites et les boxes, les contributions à destination de radios ou d'institutions à travers le monde entier, les retransmissions de concerts, de conférences ou de festivals se déroulant quai Kennedy.

C'est un poste d'aiguillages digital, placé sous l'expertise de professionnels aguerris.

Par le CDM transitent aussi les programmes des 44 stations régionales de France Bleu. Ils sont réceptionnés grâce à un réseau dédié et sont restitués vers la tour Eiffel et le centre de diffusion de TDF à Romainville (émetteurs en modulation de fréquence et numérique pour le Bassin parisien), mais également vers Nantes et le Luxembourg pour remonter sur les satellites qui alimentent l'ensemble des émetteurs principaux ou secondaires répartis sur le territoire. La France entière est ainsi arrosée et si je parviens à écouter France Bleu Limousin (la station de mes débuts) sur mon ordinateur, mon téléphone portable, ou ma radio DAB+ en voiture, je le dois au CDM.

Depuis ce centre, ô combien indispensable et protégé, sont également déclenchés en cas d'urgence des programmes de secours. Ainsi, lors de l'incendie partiel de la Maison de la radio, en 2014, le CDM a « basculé » pendant quelques heures l'ensemble des antennes nationales sur un fil musical puisque tous les studios avaient été évacués. C'est ce même fil de musique ininterrompue que le CDM « envoie » sur les ondes les jours de grève. Autre cas de figure, lorsque la station France Bleu Grenoble a subi une destruction criminelle par le feu, le CDM a aussitôt fourni aux émetteurs de la région grenobloise le programme national de France Bleu, puis dans un deuxième temps celui de France Bleu Chambéry la station voisine qui, par solidarité, a adapté ses contenus.

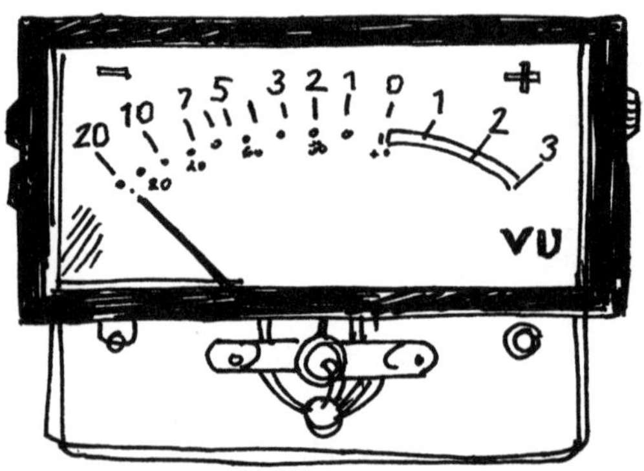

Cela dénote une volonté permanente et intangible de garantir la continuité d'antenne.

« Cette culture d'occuper la fréquence quelles que soient les hypothèses envisagées ou les circonstances réelles, souligne l'actuel patron du CDM, Jean-François Perreau, remonte à la libération de la FM au début des années 1980. En effet, à ce moment-là, dès qu'une fréquence n'était plus occupée, une radio pirate venait s'en emparer. C'est donc une nécessité de toujours garder le lien avec les auditeurs. »

Enfin, pour les grandes retransmissions liées à l'Union européenne de Radio-Télévision (UER), un système de diffusion spécifique est en connexion avec les autres membres du réseau international. Cela permet, par exemple, de recevoir le concert du Nouvel An de Vienne pour une diffusion en France, ou d'adresser à tous les pays qui le souhaitent le concert du 14 juillet sur le Champ-de-Mars.

Le surnom de « sous-marin » a été donné par Jean-François Perreau, en raison de l'isolement de ses équipes, mais on se souvient aussi en interne de sobriquets comme « Cour des miracles » ou « Centre du monde ». Au CDM, la gestion de tous les flux d'entrée et de sortie est entièrement numérisée. Six îlots séparés permettent de répondre à une forte demande en cas d'événement majeur dans l'actualité : un attentat, une soirée électorale, une édition spéciale, une compétition sportive de haut niveau ou un festival international (Cannes, Avignon, Montpellier). Chacun de ces îlots est doté de grands écrans, souvent tactiles, sur lesquels une simple pression du doigt permet de sélectionner la source voulue (un studio, un appel extérieur en Report-IT, un reporter par satellite, une liaison avec une radio locale, etc.) pour la commuter vers son destinataire (l'une des 7 chaînes nationales du groupe ou l'une des 44 radios locales). Pour vous donner une idée, le Tour de France mobilise près d'une vingtaine de lignes numériques différentes, au jour le jour, souvent en simultané.

La transformation des radios en médias globaux (audio, vidéo et numérique) conduit désormais le CDM à assurer des prestations identiques en vidéo.

C'est le cas en sortie, pour alimenter par exemple les réseaux sociaux (Facebook, Dailymotion YouTube, etc.) avec le streaming d'une conférence ou d'un récital se déroulant à la Maison de la radio et de la musique.

C'est le cas en entrée, pour réceptionner les images de déclarations ou de déplacements officiels, ou encore un spectacle télévisuel comme *Les Enfoirés,* que la radio partenaire France Bleu peut alors diffuser en sonore à l'antenne avec des extraits visuels sur son site internet. De même, un journaliste sportif peut avoir sous les yeux l'image et le son d'une rencontre à l'étranger, et commenter depuis la Maison de la radio comme s'il était sur place : seule sa voix et l'ambiance du stade sont alors mixées à l'antenne.

Il n'en fut pas toujours ainsi.

Bien sûr, le premier CDM était entièrement analogique. Guy Marchand, un des plus anciens techniciens affectés au « sous-marin » se remémore comment se déroulait un enregistrement en extérieur, pourquoi pas un concert à l'Opéra de Bordeaux : « Les micros dans la salle étaient reliés à la régie du camion console. En sortie de régie, les fils étaient branchés avec des pinces en cuivre sur le départ des PTT[1]. Le son transitait par le central téléphonique de Bordeaux, traversait la France au gré des poteaux téléphoniques, arrivait à Paris rue des Archives au central national inauguré en 1932 où un étage entier était équipé

1. Postes Télégraphes et Téléphones, ancienne administration d'État avant France Télécom et Orange.

de radio-répéteurs qui alimentaient l'ensemble des entreprises radiophoniques, dont le CDM de la Maison de la radio. »

L'affaire a duré de la sorte jusqu'à la fin des années 1980. Guy garde encore en tête des journées entières à préparer les premiers multiplex football. Chaque stade était relié au central PTT de sa ville, puis la liaison remontait vers *Archives* avant d'être distribuée à France Inter. Les aléas sur les lignes donnaient des qualités souvent médiocres, qui réclamaient beaucoup de temps pour une bien modeste amélioration.

C'était l'époque des jarretières. Pas le ruban de la mariée ! Non, un fil permettant de connecter des câbles entre eux. Pascal Francès, lui aussi technicien au CDM de longue date, évoque la manière dont on « tirait des jarretières » sans cesse : « Les studios changeaient de format, passant par exemple d'un journal de France Inter à une émission sur France Musique. Il fallait modifier les distributions de programmes. On cassait la jarretière qui raccordait jusque-là le studio vers l'antenne d'Inter pour installer une autre jarretière qui reliait alors le même studio à l'antenne de Musique. Il y avait des gars, dans un répartiteur, qui passaient des journées entières à faire du jarretiérage entre les studios. Ils portaient une blouse avec un écusson postal, puisque les lignes étaient du domaine des PTT. C'était d'ailleurs la même chose pour le téléphone : quand quelqu'un déménageait physiquement de bureau mais gardait son numéro de poste, on devait lui tirer une nouvelle jarretière téléphonique ! »

Positionné dans le bâtiment à un étage différent de l'actuel, ce CDM d'origine bénéficiait déjà d'une aura énigmatique et secrète. Il se trouvait dans la petite couronne de l'édifice, au plus près et à égale distance de tous les studios de production, pour un câblage réduit et sécurisé, et juste à côté des studios dits « écrans » d'où partaient les programmes pour diffusion. De grandes cartes de France placardées au mur surmontaient des consoles pourvues de dizaines de boutons, de cadrans téléphoniques à l'ancienne, de VU-mètres et de fiches où venaient s'enfoncer les prises pour établir les liaisons. Les fils s'emmêlaient en traversant la pièce d'un bout à l'autre. D'une pression du pied, les opérateurs se propulsaient vers chaque console sur leur chaise à roulettes. On s'interpellait, on parlait au téléphone sur plusieurs lignes à la fois.

Un spectacle tel, qu'il valut – malgré la nécessité de discrétion – un bref reportage télévisé que la speakerine concluait par une citation de Paul Gilson (écrivain, poète, animateur et directeur à la RFT) : « La radio, c'est la poésie en action. »

Et d'y entendre la voix si merveilleuse du regretté Michel Bouquet déclamant avec une emphase toute mesurée : « CDM ! Le lieu de notre maison le plus mystérieux au profane, le grand carrefour où se croisent et s'entrecroisent les voix qui partent vers tous les points du monde et celles qui arrivent de tous les points du monde. [...] Chaque câble est une route ouverte vers un bout du monde. C'est le point de départ et le point d'arrivée de tout ce qui témoigne que la peine et la joie sont les mêmes en quelque point du globe qu'on les trouve, de tout ce qui témoigne de la condition humaine. »

Voir : Incendie ; Studios écrans ; Vidéo.

Studio 101

Il fut, à l'inauguration de la Maison de la RTF en 1963, le second plateau de télévision après le Studio 102 (la fameuse grande salle de variétés). Pouvant recevoir une centaine de personnes dans le public, il connut lui aussi ses heures de gloire.

Danièle Gilbert y emmêla ses interminables jambes dans les fils traînant au sol, dans l'émission *Midi Première* où elle bavardait avec les stars du moment. Comment oublier *Tournez manège !* et son florilège de répliques cultes lâchées dans une innocence parfois indécente par des candidats à l'amour, avec les chansons à découvrir sous les doigts de Charly Oleg à l'orgue Hammond ? Jean-Marie Cavada y anima *C'est-à-dire*. Jacques Martin y amusa la France entière à travers *Le Petit Rapporteur*, journal télévisé satirique mené par une bande d'impertinents dont Daniel Prévost, Pierre Bonte, Stéphane Collaro, Piem ou Pierre Desproges. Dans un registre plus austère et solennel, une grande table y accueillait les candidats à la présidentielle pour les débats du second tour :

Giscard *versus* Mitterrand (le premier vainqueur en 1974, le second en 1981), Mitterrand face à Chirac en 1988, et Chirac contre Jospin en 1995.

Avec la réhabilitation de l'édifice, et dans un premier temps, le Studio 101 devait être dévolu au Chœur de Radio France (qui va, en fait, hériter du Studio 107). Il s'inscrira finalement dans l'ère de la technologie en répondant à une grande polyvalence de productions multimédias.

Il fut aussi question, un moment, d'y accrocher la fresque de Roger Bezombes, *La Musique*, conservée et toilettée chez un restaurateur durant les années de chantier. Située auparavant dans l'ancien Studio 103, qui n'existe plus, il convient en effet de lui trouver une cimaise à la hauteur de sa taille et de sa force picturale. Il n'est pas sûr que le 101 soit le mieux adapté pour cela. Affaire à suivre après 2025...

Voir : Art, œuvres d' ; Campagnes.

Studio 102

Voir : Coucou.

Studio 103

Si vous avez lu l'entrée consacrée aux frères Jean et Édouard Niermans, vous savez comment les trois grands studios publics, en façade Seine du bâtiment, ont été érigés – en synergie avec Henry Bernard et selon ses plans – par ce duo d'architectes déjà aguerri à un tel challenge, puisqu'ils avaient bâti le théâtre national du Palais de Chaillot pour l'Exposition universelle de 1937.

De ces trois salles, qui faisaient la splendeur de la Maison de la radio dans les années 1960, seuls restent le Studio 104, entièrement remis à neuf et engagé dans une seconde vie depuis 2013 – il est l'âme musicale historique de la Maison de la radio – et l'Auditorium, espace d'exception consacré au classique (même quand il adoube la pop ou le hip-hop).

Un Auditorium élevé sur l'emplacement des anciens Studio 102 (consacré aux variétés télévisées, voir l'entrée *Coucou*) et Studio 103, sur lequel nous allons nous arrêter ici.

Les frères Niermans, à la livraison de l'édifice en 1963, le désignaient comme « salle de musique », en complément de la « salle de concert » (le 104) et la « salle de variétés » (le 102). Coincé entre les deux autres, il manquait un poil de profondeur en raison des escaliers et des ascenseurs conduisant à la présidence, qui empiétaient sur son entrée. J'ai le souvenir précis de ces marches que j'empruntais parfois, non pour monter vers les autorités du quatrième étage, mais pour accéder à la crypte, en sous-sol ; de là, des couloirs et des salles souterraines permettaient de gagner l'arrière de l'immeuble sans avoir à en faire le long tour par la droite ou par la gauche (jusqu'à la réhabilitation, la rue traversante n'existait pas), on remontait à la hauteur des loges d'artistes.

« C'est une salle qui a été faite pour un grand orchestre, expliquait en 1965 Jean Niermans devant ses confrères de l'Institut technique du bâtiment et des travaux publics, mais un grand orchestre où il n'y aurait pas d'auditeurs, ou très peu. C'est uniquement une salle d'enregistrement. »

En réalité, quarante sièges permettaient de recevoir un parterre de personnalités ou d'invités de marque. Leur proximité immédiate avec les musiciens les plaçait en communion étroite avec ces derniers. Une expérience musicale rare. Le plancher circulaire conférait à cette pièce étonnante, dotée malgré tout d'un orgue, un aspect de cirque dont le centre était la position du maestro et de sa baguette. « Il est au milieu de la salle, proférait Jean Niermans, au milieu de ses musiciens. C'est un point symbolique car l'orchestre ne vaut que par son chef. »

Parfois, petite souris, je me glissais par l'une des deux portes d'entrée – qu'encadrait la tapisserie magistrale et joyeuse de Roger Bezombes (*La Musique*, une arlequinade de 150 mètres carrés) – pour assister à la répétition d'un orchestre entier, d'un quatuor, ou d'un violoncelliste seul. Les confortables fauteuils aux larges accoudoirs avaient disparu, remplacés par quelques chaises que l'on déplaçait selon les besoins. Cette salle est aussi, pour moi, empreinte d'une certaine émotion car il arrivait qu'on l'utilise pour des moments festifs entre collaborateurs, et c'est là que mon amie Pilou (Pierrette Arnoul) offrit son pot de départ à la retraite. D'une générosité et d'une honnêteté absolue, aimant la vie et protégeant ses amis comme une mère poule ses petits, elle fut hélas emportée quelques mois plus tard par une maladie foudroyante.

Après la destruction du Studio 103, certains se sont émus que la mosaïque de plancher, un travail magnifique en cercles concentriques, n'ait pas été sauvegardée. Au moins le Bezombes a-t-il été confié à un restaurateur en attendant de connaître sa future destination.

Voir : Agora ; Art, œuvres d' ; Auditorium ; Coucou ; Crypte ; Niermans, frères ; Sarcophages ; Studio 101 ; Studios de création.

Studio 104

Voir : Niermans, frères.

Studio 105

Voir : Y a d'la joie.

Studio 114

Vous écoutez la radio.

Fermez les yeux, ouvrez grand les oreilles.

Quelqu'un marche dans la forêt, au cœur de l'automne. On entend le bruit de ses pas sur un tapis de feuilles mortes, d'abord au loin puis qui se rapprochent. Un arrêt. La personne repart, accélère l'allure. Elle s'éloigne à présent jusqu'à disparaître du champ. Champ réel d'audition mais virtuel de vision. Vous la voyez pourtant parfaitement, dans votre imaginaire qui reconstitue cette forêt où elle avance. C'est le miracle du son.

J'ai vécu l'expérience, sans la radio, les yeux grands ouverts. Devant moi, Sophie Bissantz froissait un paquet d'anciennes bandes magnétiques. Ses mains sculptaient, dans la matière physique de cet entrelacs de rubans plastique, un bruit qui ressemblait à s'y méprendre à celui de pas dans une forêt. Avec délicatesse et précision, elle remuait le film dans un sens, puis dans un autre, marquait une pause, enfonçait ses doigts, accentuait la pression ou la diminuait.

Surtout, elle rigolait devant ma tête incrédule.

Comprenez : ce n'est pas l'objet qui fait, c'est la manière dont on l'utilise.

Sophie est bruiteuse professionnelle. Avec Bertrand Amiel et Élodie Fiat ils sont trois à exercer, au sein de la Maison de la radio et de la musique, ce métier que l'on retrouve en général au cinéma et qui, en radio, n'existe nulle part ailleurs en France (et qui tend à disparaître en Europe). Voilà une profession bien étrange, que l'on apprend par la pratique. Elle tient à la fois de l'artistique, de la technique, de l'improvisation, de l'empathie, du savoir-faire, de l'imagination, de la réactivité et du Géo Trouvetou. Car les étagères où Sophie et ses acolytes stockent leurs ustensiles marient les puces de Montreuil, le vide-greniers du village de campagne et la caverne d'Ali Baba.

Ce serait un poème à la Prévert sans fin que de vouloir égrener tous ces objets du quotidien allant des jouets d'enfant à des tissus de toutes sortes, en passant par des vaisselles variées, des chaussures entre godillots et sandale de Cendrillon, des appareils électroménagers, des tubes, des brosses, des moulins à café, de la visserie, des appeaux et sifflets, du carton, du papier, des bassines (idéales pour recréer la mer), des cordages, des plumeaux (qui servent à dessiner l'envol d'un oiseau), des éponges, des poignées de portes voire des bouts de portes et leur gâche, des bouillottes (frottées sur la table, elles imitent des crissements de pneus), des arrosoirs, revues, crécelles, serpillières, téléphones, roues, bougeoirs, pierres, bijoux, lames, bombes, sacs, boîtes, cassettes, câbles, boutons, ciseaux, couteaux... stop ! Un poème sans fin...

D'ailleurs Sophie trouve que « le bruitage ramène une forme de poésie sur le son du quotidien ». Elle se considère comme interprète à part entière de l'œuvre radiophonique : « Les fictions radio sont jouées par des comédiens qui ont une humeur particulière au moment de l'enregistrement et qui donnent une intention spécifique à leur jeu. Le bruitage doit coller à cette humeur et à cette intention. D'une certaine façon, et sans prétention, nous jouons avec eux. C'est absolument génial. » En clair, les poils de nos bruiteurs se hérissent dès que vous leur parlez de sons numérisés ou autres samplers qui, jamais, ne collent avec l'instantanéité ni la chair d'un spectacle vivant saisi sur le vif.

Cette question de l'intention est essentielle à la compréhension du métier. Bertrand Amiel s'en est expliqué un jour à *Télérama* : « Le bruitage, ce n'est pas apprendre à faire quelque chose avec tel objet mais savoir pourquoi on le fait. Prenons une situation : un personnage part, il ouvre la porte, s'en va et referme la porte. Le personnage est-il nonchalant ? Est-il un amoureux qui vient d'embrasser sa copine ? Un type fâché ? Selon les cas, il n'ouvre pas et ne ferme pas la porte de la même manière. Mon père, déjà, disait cela. » Louis, le papa de Bertrand en effet, était avant lui bruiteur à la Maison de la radio, ce qui ne surprend pas dans un univers où longtemps on s'est passé le flambeau d'une génération à l'autre.

Ici, pas de post-production, comme à l'écran (petit ou grand), tout est réalisé en direct. Cela demande une certaine gymnastique pour se faire oublier : paradoxe du bruit à produire au juste moment, en gardant le silence tout le reste du temps. « Notre présence ne doit jamais être entendue, explique Sophie Bissantz. Nous *bruitons* parfois en apnée. Saisir de la vaisselle avant l'action et la reposer après, pour attraper un autre objet attendu à la scène suivante, réclame de notre part une grande concentration et une chorégraphie, disons, bizarre… mais rigolote. »

La diminution du nombre des dramatiques tournées pour les antennes conduit à moins de bruitages donc moins de bruiteurs que jadis. Ils sont néanmoins toujours utiles pour les fictions qui demeurent (par exemple *Le Feuilleton* sur France Culture), pour les illustrations sonores d'émissions (*Affaires sensibles* ou *Autant en emporte l'histoire* sur France Inter) et pour des concerts-fiction joués en direct et en public sur la scène de l'Auditorium (*Astérix et la Zizanie*, *Les Aventures de Tintin* ou *Les Voyages de Gulliver*) et retransmis sur France Culture.

La tradition des créations radiophoniques à Radio France remonte à loin, dans la lignée du Club d'essai et du Groupe de recherches musicales. Les dramatiques ressemblent à des pièces de théâtre. Pourtant le jeu des acteurs est bien différent. Là où sur les planches ils donnent de la voix, au micro ils se méfient de l'amplification du moindre défaut d'élocution ou de texte. Quant aux ambiances qui illustrent les actions des personnages, elles doivent se positionner parfaitement dans l'espace sonore, que la stéréophonie rend parfois trompeur. Le savoir-faire des bruiteurs est unique en la matière. « Imaginez un comédien, placé centre-droit par rapport au micro stéréo, et qui a une page de journal à tourner, explique Sophie Bissantz. S'il réalisait cette action avec sa main libre à gauche – sachant qu'avec la droite il tient son texte à lire –, le son serait trop décalé et l'auditeur aurait l'impression, à l'oreille, que l'acteur a un bras de trois mètres de long ! On donc *bruiter* le journal dans l'axe. »

Le bruiteur possède un don de créations sonores artistiques, un très bon sens du rythme, une excellente oreille, des talents d'imitations (oiseaux, mouche, chiens, etc.), une dextérité manuelle et, en enregistrement, discret comme un chat, il porte un regard permanent du plateau au preneur de son en cabine, pour savoir si, à travers les micros, l'intensité et la position des bruitages sont crédibles au regard du jeu des comédiens. Bruiteur et preneur de son forment un binôme radiophonique indissociable.

Les actions sont, en principe, notées sur les scénarios au moyen de didascalies, ou bien elles sont induites par les dialogues. Avant chaque enregistrement, le bruiteur « peigne sa brochure » (il épluche le texte), note chaque illustration à créer et prépare le matériel nécessaire. Cela exige une culture générale assez large et parfois des recherches poussées : une automobile des années 1940 ne donne pas le même son qu'une voiture des années 1980 et une roue de bicyclette ne rend pas la même couleur sonore sur une route asphaltée que sur un chemin de terre.

Vient ensuite le moment de l'enregistrement : le bruiteur débarque en poussant un Caddie de supermarché empli d'un incroyable bric-à-brac et entame son bidouillage pour faire « chanter les objets », comme l'a joliment dit dans un reportage sur France Inter la journaliste Béatrice Dugué.

Des studios dédiés à ce type d'exercice existent au sein de la Maison depuis sa construction, en 1963 : le 111 et le 114 sont les plus vastes, mais il y a aussi le 110 ou le 115. Dans les premières décennies d'existence du bâtiment, tous étaient exploités par des productions nombreuses dont les plus célèbres restent dans la mémoire des anciens : *Carte blanche* de Lily Siou, *Les Maîtres du mystère* de Pierre Billard, *La Tribune de l'histoire* par Alain Decaux et André Castelot, ainsi que les feuilletons de France Inter.

Prenons l'exemple du Studio 114, que je vais évoquer au passé puisque tous les studios de création de la couronne intermédiaire du bâtiment sont en cours de réhabilitation jusqu'en 2025, année prévue pour qu'ils soient rendus à leurs activités. Les bruiteurs espèrent d'ailleurs y récupérer les mêmes facilités et toutes les qualités pensées et installées dès le départ par l'architecte Henry Bernard.

Au 114, les murs étaient tapissés de rectangles de couleurs : il s'agissait de résonateurs qui capturaient certaines fréquences pour que le son soit le plus pur possible. Des paravents acoustiques (un côté réfléchissant, l'autre absorbant) permettaient de recréer différentes couleurs sonores d'intérieur pour des scènes jouées dans des pièces d'habitation. Au sol, plusieurs parquets mobiles : un revêtement de dalles Dalami (sorte de lino en vinyle), une moquette, un tapis, du gravier, un dallage extérieur, du sable. Ajoutons deux échantillons d'escaliers : l'un en bois, le second en ciment. Il y avait aussi toute une batterie de portes, fenêtres et grilles pouvant répondre à n'importe quelle situation (maison de famille, appartement urbain, immeuble public, entreprise, prison, etc.).

Deux éléments majeurs, indispensables, complétaient ce dispositif.

D'abord la chambre sourde. « Quand on est dehors, le son se perd autour de soi, précise Sophie Bissantz. Le principe de la chambre sourde est de reconstituer cette capacité à n'avoir aucune réverbération. C'est, du reste, assez fatigant d'y travailler toute une journée car il s'agit d'un espace dépourvu d'ouverture, dont les murs sont tendus de tissus pour avaler le son. » Ainsi, pour une scène en bord de mer par exemple, les acteurs disent leur texte et Sophie fabrique en même temps un léger clapotis destiné à donner de la profondeur. Aucun autre bruit ne perturbe la prise. Il suffit d'ajouter au mixage une mer captée au naturel et cela offre à l'antenne la sensation d'un tournage vraiment réalisé sur une plage.

Ensuite la chambre claire. C'est tout l'inverse. On doit croire à une pièce fermée qui résonne. Là, les murs disposaient de sphères bombées qui renvoyaient plus ou moins le son, en fonction de la position choisie et de rideaux que l'on tirait à volonté. Naissait alors l'ambiance d'une petite chapelle romane, d'une cathédrale gothique, d'une cave, d'un hall d'entrée ou d'un long couloir.

Sous les studios de création, se trouvaient aussi des chambres d'écho naturel. Une seule porte, des murs en forme de vagues réalisées par des demi-cylindres sur toute la hauteur, et le son se répercutaient d'un bord à l'autre. « Il y en avait six, se souvient l'ingénieure qualité Edwige Roncière. Aux extrêmes, deux courtes de 100 mètres cubes, puis deux moyennes de 150 mètres cubes, et au centre près de la porte D deux longues de 200 mètres cubes. Le volume crée la profondeur de l'écho qui est, par exemple, plus puissant dans une cathédrale que dans une chapelle. Les bosses faisaient face à une partie plate, et le plafond n'était pas parallèle au sol. » Ces chambres d'écho furent longtemps utilisées pour ajouter de la réverbération sur les voix ou la musique. Le numérique a sonné le glas de ces six pièces qui ont été transformées en site de stockage pour du matériel technique ou des éléments de sécurité.

Guy Senaux, ancien preneur de son à la Maison de la radio, rend hommage à l'architecte : « Je suis admiratif des études faites, pour la construction d'un studio de fiction, par Henry Bernard et ses équipes dans les années 1960. Tout y a été pensé : le choix et la qualité des matériaux, les emplacements des personnes de différents métiers, les dimensions des vitres, les acoustiques variées, l'isolation, etc. »

Autre manière de saluer la perfection de la Maison de la radio et de la musique : réaliser une fiction ayant pour décor cet édifice à nul autre pareil. Ce fut le cas en 2008 (diffusion début 2009) sous l'impulsion d'un collectif de « dames de la radio depuis plus ou moins longtemps, chargées pêle-mêle de la réalisation, du bruitage, de la prise de son, ou de ces innombrables machinations qui sont la cuisine de la radio », selon le générique de ce feuilleton en cinq épisodes. Ces « dames » étaient Marguerite Gateau, Marie Grout, Agnès Mathon à la réalisation, Sophie Bissantz au bruitage. *Un immense fil d'une heure de temps*, écrit par Pierre Senges et joué dans le rôle principal par Philippe Magnan, est bien plus qu'une enquête policière (sur la disparition de l'analogique et des bandes magnétiques) : une visite rare, magnifique et inédite de la maison ronde...

Voir : Carrefour des putes ; Studios de création ; Utopie.

Studios de création

À sa construction, la Maison de la radio comptabilisait 63 studios. La majorité se trouvait dans les étages, en toute proximité des rédactions et des bureaux où les programmes étaient fabriqués. C'est toujours le cas aujourd'hui pour ces espaces limités aux stricts besoins des chaînes. Il s'agit d'outils du fonctionnement quotidien, qui ne sont pas visibles par le grand public et n'accueillent, outre les professionnels de l'entreprise, que des personnes invitées à s'exprimer au micro selon les émissions. Par exemple, le studio antenne de franceinfo est implanté au cœur du service des présentateurs, qui n'ont que quelques pas à franchir depuis leur bureau pour aller parler aux auditeurs.

Trois grands studios destinés à la scène donnaient sur la... Seine : les salles de variétés (le Studio 102), de musique (le Studio 103) et de concert (le Studio 104) – vous trouverez des entrées distinctes sur chacun d'entre eux. Le 102 et le 103 ont été cassés pour construire à leur place l'Auditorium, le 104 a été entièrement remis à neuf en intégrant les normes techniques et sécuritaires de notre époque.

Restaient 17 studios de taille intermédiaire, qu'on a toujours appelés, en raison de ce dimensionnement, les « studios moyens ». Le terme ayant pris une connotation différente (« moyen » sonne moins que « bien » et pire que « topissime »), l'appellation de « studios de création » leur a été attribuée. Cela correspond assez, au fond, à l'ambition de ces plateformes – dont certaines peuvent accueillir du public – où s'enregistrent des grandes émissions culturelles, des dramatiques radiophoniques, des concerts, des shows ou des rendez-vous didactiques, bref des endroits où l'on crée du contenu. Dans le projet de réhabilitation, ils ont été les derniers à engager leur rénovation (désamiantage, désossage, construction d'une nouvelle structure, habillage définitif) et ne retrouveront leur pleine activité qu'après 2025.

Sur un plan de coupe horizontale de la Maison de la radio et de la musique, apparaît le cercle formant l'édifice, rien d'étonnant à cela. Sur le papier, plus de la moitié de ce plan (l'arrière du bâtiment) prend la forme majuscule de la lettre grecque oméga : **Ω**. La partie basse (la grande façade vitrée qui regarde le fleuve) referme le rond du site et abrite les salles publiques ; il faut dire à présent ERP pour Établissement recevant du public en opposition à IGH pour Immeuble de grande hauteur, que constitue l'autre partie avec la tour centrale. Sur la droite de l'ERP, l'Auditorium. Sur la gauche, le Studio 104. Dans le chiffrage, les numéros augmentent en tournant dans le sens des aiguilles d'une montre. Ainsi, en entamant l'oméga, viennent le Studio 105 Charles Trenet, au niveau de la rue de Boulainvilliers, puis le 106, etc., jusqu'au 120 à droite de l'immeuble, face à la gare du RER. Exception à cette règle basique, le Studio 101 succède au 120 pour boucler l'oméga de l'IGH avant de revenir à l'ERP (vous suivez toujours ?) donc à l'ancien 102 devenu l'Auditorium, en façade Seine.

Élémentaire, mon cher Watson !

Y a d'la joie au Studio 105 : je vous renvoie à cette entrée qui explique comment la salle a pris le nom de Charles Trenet. Rappelons que, face à son entrée, la superbe fresque de Georges Mathieu rend un hommage indirect à Jean Cocteau.

Juste à côté, se trouve le Studio 106, baptisé Sacha Guitry. Avec ses fauteuils en arrondi couleur bleu métallique, il a marqué des générations d'amateurs de musiques en tout genre. Une scène culte du film *Cloclo* y a été tournée. Dans sa nouvelle version, il gardera la présence d'un public qui peut atteindre 132 personnes, pour des concerts de musique classique, de jazz ou de variétés puisqu'il disposera d'une acoustique variable permettant de modifier le temps de réverbération grâce à des panneaux modulables. J'en garde pour ma part un souvenir ému, puisque j'y ai accompli mes tout premiers pas dans la Maison de la radio, en visiteur. Nous étions en 1979. J'avais 17 ans. Au cours d'un séjour dans la capitale avec mes parents, nous assistâmes à l'émission humoristique de la fin de matinée (déjà), animée par l'imitateur et chanteur Thierry Le Luron. Ce jour-là, dans *Le Luron de midi*, Dick Rivers était venu interpréter son dernier titre (peut-être *Pretty Woman,* qui était son tube du moment). J'étais assis le long de l'escalier de gauche et j'ai soudain vu une paire de bottes descendre, marche par marche, juste à côté de moi. J'aurais pu les toucher en tendant le bras. Le chanteur rock était entré par l'arrière de la salle et rejoignait la scène en traversant le public. Je fus très impressionné par ce premier contact réel avec le monde de la radio...

Vient ensuite le Studio 107, renommé Mireille puisque c'est là que la compositrice et inoubliable interprète du *Petit Chemin* faisait passer ses auditions qui révélèrent aussi bien Françoise Hardy que Sophie Darel ou Alain Souchon. Une sorte de *The Voice* avant l'heure, qui avait le même succès d'audience auprès des téléspectateurs (d'accord, il n'y avait qu'une chaîne unique au début des années 1960...). Après la réhabilitation, le 107 sera réservé au Chœur de Radio France, qui n'a jamais disposé réellement de salle de répétition et qui attend avec impatience de pouvoir s'installer là. Le jeu et la matérialité des différents types de parois, du plafond et de l'éclairage conféreront à ce studio une grande luminosité, en accord avec l'acoustique vivante et claire requise pour un exercice de chant.

Deux studios un peu plus étroits prolongent notre tour du bâtiment. Le 108, qui pourra accueillir un public de 35 personnes (sur des gradins en fond) et sera consacré à la production de magazines et de documentaires, ainsi qu'à la prise de son musicale en petite formation. La table *speak*, en position privilégiée entre la cabine de prise de son et le public, pourra accueillir neuf personnes autour de l'animateur. Et le 109, anciennement studio Gilbert Denoyan, du nom d'un rédacteur en chef de France Inter (qui créa *Le téléphone sonne* ainsi que la radio éphémère 98 Radio France). Lui aussi permettra d'enregistrer des magazines ou des documentaires en présence d'une trentaine de personnes (disposées plutôt sur le côté). Des parements muraux de forme plissée et des textiles, moquettes et peintures au ton mat absorbant la lumière, donneront un sentiment d'immersion dans un « espace autre, afin d'oublier le quotidien le temps d'une émission », ainsi que le vante la brochure prospective de Radio France.

Les studios 110 et 111 seront fondus en un seul, sous le numéro 110. Feu le 111 servit naguère d'écrin à des feuilletons radiophoniques comme *Noëlle aux 4 vents*, succès des années 1960 sur France Inter, mis en ondes par un grand monsieur de la radio, Jean Chouquet (ce dernier m'a formé au micro, au tout début de ma carrière parisienne, lors d'ateliers théâtraux à Melun). Le futur 110 offrira aux orchestres un volume adéquat pour leurs répétitions, ce qui desserrera l'étau actuel sur l'Auditorium où les plannings sont terriblement tendus. Il a fallu démolir les structures intérieures des deux anciens studios pour rebâtir une boîte acoustique plus vaste, insérée dans l'espace ainsi dégagé. Le plancher a été abaissé de près de 5 mètres pour atteindre une hauteur sous plafond de 13 mètres. La promesse est de faire émerger là un « ensemble cohérent et humble, dans lequel les musiciens et les techniciens prendront plaisir à passer du temps ». La configuration de la salle lui donnera, en tout cas, un élan vertical très impressionnant, avec murs et plafond dotés de panneaux acoustiques en bois non loin de rappeler l'habillage de l'Auditorium.

En poursuivant notre parcours vers la droite, toujours dans le sens des aiguilles d'une montre, la deuxième partie à l'arrière de l'oméga comprend une nouvelle série de studios.

D'abord quatre de plus petite taille, numérotés de 114 à 117. Ils seront dédiés aux créations radiophoniques, avec en particulier les bruiteurs maison. Le 114 retrouvera son aspect cabinet de curiosité en intégrant parois, fenêtres, portes et verrous nécessaires aux ambiances. Le 115 proposera un univers visuel et sonore autour d'un escalier infini. Le 116 sera un modèle réduit d'appartement avec chambre, escalier, salon, salle de bains ou balcon. Et le 117 laissera l'imagination courir vers des paysages sonores évolutifs, grâce à divers éléments techniques et acoustiques. Dans ce grand chambardement, comédiens, auteurs et réalisateurs espèrent retrouver la qualité et l'excellence des studios d'origine (Ah ! le génial Henry Bernard) pour s'adonner au bonheur de la fiction. Les bruiteurs professionnels piaffent également de revenir avec leur Caddie fourre-tout, empli d'objets hétéroclites.

Ensuite, ce sont trois studios promis à différentes vocations. Le 118 pour des prises de son de musique de chambre. Sur les parois, des lames de bois verticales pivotant autour de leur axe insuffleront au lieu une atmosphère chaleureuse et intimiste propre à ce répertoire. Le 119 sera consacré à des prises de son de musique de variétés. Les artistes seront projetés dans un univers visuel de science-fiction par une décoration de motifs bleus en nid d'abeille. Le 120 fera office de vaste cabine de post-production. Au centre, un poste d'écoute sera entouré de haut-parleurs suspendus en cercle.

Enfin, le dernier studio de la couronne arrière, tout à droite à proximité de l'Auditorium, est le Studio 101. Je vous renvoie à l'entrée qui lui est consacrée.

Voir : Art, œuvres d' ; Auditorium ; Bernard, Henry ; Campagnes ; Chœur ; Coucou ; Décor ; Football ; Niermans, frères ; Studio 101 ; Studio 103 ; Studio 114 ; Studios télé ; Tricotage ; Y a d'la joie.

Studios écrans

Les studios écrans n'existent plus à la Maison de la radio et de la musique. Ils eurent pourtant pendant des décennies un rôle majeur pour la diffusion des antennes.

Aux entrées *Architecture* et *Naissance*, vous avez pu comprendre comment Henry Bernard conçut le bâtiment en cercles concentriques. La grande couronne extérieure de bureaux protégeait la couronne moyenne des studios de production, là où étaient fabriquées et enregistrées les émissions. Au pied de la tour centrale – où les archives restaient en permanence à portée de main –, la petite couronne représentait le véritable centre stratégique de la radio. On y trouvait le Centre de distribution des modulations (CDM) et les studios dits « écrans » qui assuraient la diffusion des programmes vers les émetteurs (grâce au CDM). Ces studios écrans encadraient des cabines où se trouvaient les techniciens.

Les écrans permettaient d'assurer les directs des speakers pour lancer les émissions enregistrées, ou des journalistes pour présenter les informations.

Il faut avoir en mémoire qu'au démarrage, la Maison de la radio n'abritait que trois chaînes : France Inter (la seule à proposer de l'information), France Culture et France Musique, qui se partageaient donc les studios écrans selon leurs besoins. Un chef de cabine surveillait les transitions et les programmes diffusés.

Autre studio stratégique (mais hors les murs) : le studio Ferrié sous le pilier nord de la tour Eiffel. C'est là que la radio connut ses balbutiements, à partir de 1921, et le tout premier journal parlé en 1925. « Quand j'étais directeur de franceinfo[1], se souvient Michel Polacco, je recevais encore régulièrement les coordonnées téléphoniques du studio Ferrié pour qu'on puisse, en urgence ultime, aller faire de la radio là-bas en cas d'émeutes ou de guerre. Il y avait même des essais réguliers pour s'assurer que ce studio fonctionnait. » S'il a survécu jusqu'à l'aube des années 2000, impossible de savoir s'il est toujours entretenu aujourd'hui. Soit il est tombé dans l'oubli, soit il est si stratégique que nul ne veut en parler. Comme si on voulait le protéger par un silence, un flou, une opacité, une fumée (en termes militaires), disons... un écran ?

Voir : Architecture ; Eiffel, tour ; Naissance ; Sous-marin.

1. De 2002 à 2007.

Studios télé

Le Studio 221 a de quoi surprendre au cœur d'un édifice dédié à la radio et à la musique. Un vaste décor lumineux digne des plus beaux plateaux de France Télévisions, des projecteurs suspendus à des tringles pouvant éclairer sous toutes les coutures, dix caméras robotisées dont une sur rail pour des travellings, une loge de maquillage à l'arrière, des murs d'images (y compris les « jupes » derrière lesquelles s'assoient les invités) où peuvent être diffusés des vidéos ou des habillages visuels et, à l'entrée, une double régie (radio-télé) bardée d'écrans de contrôles.

Bienvenue dans le studio *broadcast* de Radio France.

En 2016, lorsque franceinfo s'est doublée d'une petite sœur télé, certains programmes ont été prévus en double diffusion : les titres de l'actualité, *Les Informés*, l'interview politique du matin, etc. Il fallait donc créer, au sein même de la Maison de la radio, un environnement correspondant aux exigences télévisuelles ainsi qu'à la charte graphique du canal 27 de la TNT.

Voilà pourquoi le 221 a vu le jour. Il est situé, pour des raisons d'espace disponible, deux étages au-dessous de la chaîne d'information en continu. Le présentateur de la matinale Jérôme Chapuis se plie donc à une gymnastique quotidienne : lancer le flash de 8 h 30, quitter le studio radio, descendre les deux paliers en une minute à peine, reprendre l'antenne commune radio-télé (et son souffle) pour questionner l'invité politique du matin. Par sécurité, mieux vaut éviter l'ascenseur et se faire les muscles grâce aux fameux escaliers évoqués par ailleurs dans ce dictionnaire.

Voilà aussi pourquoi l'un des deux studios historiques de franceinfo, le 421, est décoré sur le thème de la chaîne télévisée et il est équipé de caméras fixes et d'une régie télé. Au début, il a permis des éditions spéciales communes décidées au pied levé en fonction de l'actualité. Maintenant que la petite sœur télé, devenue grande, est capable de produire elle-même ses *breaking news*, le 421 sert surtout à enregistrer des invités phares dont certaines séquences sont reprises par l'ensemble des médias.

Dans le même esprit, le Studio 410, plus petit et équipé des dernières technologies, est implanté au milieu des *open spaces* de la rédaction. On peut y fabriquer des contenus destinés à la fois à la radio, à la télévision, et à tous les nouveaux supports de diffusion en son ou en image sur le Net et les applications.

Cette présence visuelle dans un monde radiophonique n'a toutefois rien d'incongru. Au-delà de la puissance de l'image dans notre environnement quotidien (toutes les radios sont désormais filmées), une boucle est bouclée.

Rappelons-nous qu'en 1963 la Maison de l'ORTF accueillait déjà des espaces pour la télévision : le Théâtre 102, dit « salle des variétés », où sévirent Guy Lux puis, plus tard, Christophe Dechavanne, le Studio 101 de *Tournez Manège*, du *Petit Rapporteur* et des débats de l'entre-deux tours, le Studio 107 où Mireille prodigua ses conseils aux artistes débutants dans *Le Petit Conservatoire*, studio qui prit son nom par la suite.

Voir : Campagnes ; Coucou ; *Informés (Les)* ; Studio 101 ; Studios de création ; Téléthon.

Studioscope

Voir : Foyers.

T

Taquin

Taquin, permettez-moi de l'être, en prolongeant la vie des studios de la Maison de la radio et de la musique malgré le passage de la lettre S à la lettre T, vous n'y verrez que du feu.

Le taquin est un jeu de damier inventé aux États-Unis dans la seconde moitié du XIXe siècle, sans doute vers 1870, par un admirateur de l'ancestral *Tangram* chinois, Samuel Lyod. Ce « problémiste », qui composait et solutionnait des problèmes d'échecs, fut un créateur de casse-tête et de jeux de logique ou de mathématique parmi les plus prolifiques. Il multiplia les problèmes énumératifs, les puzzles, les questions calculatoires et certaines illusions d'optiques comme cette énigme qui enthousiasma l'Amérique de l'époque, *Get off the earth* : sur un disque représentant la terre, des personnages dessinés à la surface du globe passent de 12 à 13 par une simple rotation du disque sur son axe central, sans que l'on sache lequel apparaît et disparaît par enchantement. L'homme fait encore aujourd'hui référence chez les amateurs de casse-tête et son livre *Cyclopedia of Puzzles* contient plus de 5 000 propositions.

Lyod eut donc l'idée de ce taquin que vous avez peut-être eu entre les mains, enfant. Il s'agit d'un cadre à l'intérieur duquel se trouvent 15 carrés qui glissent à plat sans jamais pouvoir sortir du cadre. Sur trois lignes, sont rangés quatre carrés et seulement trois sur une quatrième ligne, ce qui offre un seizième emplacement vide permettant de déplacer les carrés du bout du doigt. D'où le nom commun de « pousse-pousse » pour ce casse-tête, dont l'objectif est de remettre les éléments selon une figure déterminée : souvent un dessin à reconstituer. À l'origine Lyod avait inscrit un chiffre entre 1 et 15 sur chacune des faces mélangées qu'il convenait de replacer dans l'ordre croissant.

Cette image du pousse-pousse m'est spontanément venue pour vous expliquer la manière dont les chaînes, les services ou les studios – depuis que la Maison de la radio existe – évoluent au gré des aménagements, travaux ou rénovations. À l'entrée *Jaune*, vous avez pu voir par exemple comment franceinfo a remplacé Radio 7 à gauche du grand hall, puis s'est installée côté opposé là où Le Belair occupe désormais l'espace, avant de grimper au huitième étage porte B, pour s'implanter (définitivement ?) en façade au quatrième, à l'endroit même qu'occupaient jadis les bureaux de la présidence de Radio France précédés par ceux de tous les directeurs de l'ORTF ! Vous voyez mieux, maintenant, l'idée du pousse-pousse ?

C'est encore plus vrai depuis la réhabilitation.

Les studios, pour revenir à eux, ont ainsi souventes fois changé d'affectation. Celui-ci attribué un temps à France Inter, est ensuite entré dans le giron de France Culture, puis fut récupéré par France Bleu pour finir par accueillir les programmes de Mouv' ; celui-là servit à FIP, avant d'être affecté à France Culture et de revenir à France Inter, etc.

Ces rotations s'opèrent pour les studios de la grande couronne, ceux du « quotidien » (je laisse de côté les studios de création qui font l'objet d'une entrée à part dans cet ouvrage).

Il existe aussi dans l'édifice huit studios que l'on qualifie de « double hauteur » parce qu'ils sont construits selon le principe de la boîte dans la boîte sur un niveau et demi.

Six se trouvent dans l'oméga de l'immeuble, par blocs de deux l'un au-dessus de l'autre entre le troisième et le cinquième étage. Historiquement, ce furent les 134, 135 et 136 au palier trois et les 154, 155 et 156 au palier cinq. Le chiffre central – et non le premier comme la logique l'aurait voulu – donnait l'étage pour ne pas, paraît-il, livrer des indications trop limpides à d'éventuels agresseurs (nous étions en pleine guerre froide à l'ouverture des lieux). Les 134 et 135 furent réservés durant des décennies à l'information de France Inter (qui fut longtemps la seule chaîne à être dotée d'une rédaction) et les 154 et 155 à ses émissions de programme. RFI, durant sa présence ici, avait hérité des 136 et 156.

Deux autres de ces studios double hauteur furent insérés au sixième étage de la façade, dès la construction du bâtiment, comme l'expliquait le document *Passy avant-première*, interne à l'entreprise : « Le 167 sera le studio supplémentaire des présentateurs de Paris-Inter et assurera notamment *Inter Service Route*. Le 168 sera consacré à l'audition des candidats (en remplacement du 21 de Grenelle). » FIP s'y installa à sa création en 1971, puis ces deux studios furent durant une très longue période le domaine réservé de France Culture. Ils sont à présent exploités par France Inter.

Michel Raichman, de la direction technique et des systèmes d'informations, m'a permis de visiter les aménagements en fin de chantier et de visualiser la cartographie post-réhabilitation de tous les studios de la maison, qui retrouvent au passage une numérotation correspondant à leur étage d'implantation. Ainsi au troisième, le 134 est devenu le 341 (France Culture), les 135 et 136 sont désormais les 342 et 351 (France Musique) ; *idem* pour le cinquième étage avec le 154 transformé en 541 (fonctionnement mutualisé entre plusieurs antennes), le 155 passé en 542 (France Bleu et sa matinale filmée) et le 156 qui est à présent le 551 (Mouv'). Enfin les ancien 167 et 168 du sixième niveau en façade s'appellent les 611 et 621 (France Inter).

Je vous fais grâce de l'attribution exacte de tous les autres studios, mais signalons tout de même le 221, studio télévisé de franceinfo (employé aussi par France Inter) auquel je consacre une entrée, le 181 situé dans l'agora comme vitrine pour France Inter, le 961 où sont enregistrés tous les messages publicitaires diffusés sur les antennes. Il y a aussi des blocs de production (six au total) comportant deux régies de part et d'autre d'un mini-studio, afin d'optimiser différentes formes d'utilisations.

Téléthon

Nous sommes le vendredi 4 décembre 1987. À l'heure de passer à table pour le dîner, les Français branchés sur Antenne 2 – la deuxième chaîne d'une télévision hertzienne qui n'en compte alors que six (le câble et les satellites en sont à leurs balbutiements) – découvrent sur leur écran encore bombé l'image d'un plateau de variétés rutilant. Le sol blanc brille sous les projecteurs, de grands néons mauves verticaux apportent une touche plus moelleuse, et d'autres lumières bleu pâle éclairent un orchestre installé en espalier au fond du plateau. Piano à queue noir sur la droite, demi-queue blanc côté gauche. Une caméra suspendue amorce un travelling avant en plongeant vers les deux instruments au-dessus desquels un compteur géant affiche huit zéros jaunes sagement alignés.

Roulement de timbales philharmoniques. Montée en tension de voix de choristes, flûtes au son perçant, et cuivres plus en rondeur. Puis, d'un coup, violons et trompettes s'élancent dans un hymne endiablé (son auteur Marc Goldfeder, qui dirige ce soir-là une quarantaine de musiciens, avouera par la suite l'avoir composé en moins d'une semaine), hymne qui n'est pas sans rappeler les génériques cultes de *Champs-Élysées*, *Stars*, ou *Ciné-Dimanche*. En même temps, apparaît à l'image : « A2 et AFM présentent Téléthon 87 ».

L'événement se déroule à la Maison de la radio, en direct du Studio 102, plateau mythique des années ORTF. L'immeuble illuminé prend des airs de fourmilière : depuis le parvis l'arrivée des invités et du public, dans les coulisses un ballet permanent au rythme de l'énorme logistique autour du plateau, à l'extérieur un immense car technique pour coordonner l'ensemble, entre Paris et les régions.

C'est la naissance de la version française d'une émission née aux États-Unis vingt ans plus tôt sous l'impulsion de Jerry Lewis ; au reste l'acteur américain est le parrain de cette première session, animée par Claude Sérillon, Gérard Holtz, Michel Drucker et Jacques Chancel sous la houlette du duo Pierre-Henri Arnstam à la production et Jean-Pierre Spiero à la réalisation. Il s'agit de montrer des bénévoles ou des célébrités relever des défis physiques afin d'inciter les téléspectateurs à abonder une cagnotte destinée à financer la recherche sur les myopathies. Les bien-portants prêtent symboliquement leur force à des enfants qui en sont privés.

Le muscle au service du muscle. L'idée a été lâchée un jour de brainstorming, après de longues semaines de réunions préparatoires, par Gérard Holtz. Connu pour être sportif, l'homme se devait dès lors d'être le premier à montrer l'exemple, à faire rêver les enfants par une action spectaculaire. Ainsi le voilà, peu après le générique de l'émission, qui surgit par les airs à bord d'un hélicoptère, glisse le long d'une corde à la verticale de la Maison de la radio, saute sur le toit du bâtiment, descend la façade en rappel, s'élance pour arriver en courant par le parvis et entrer sur le plateau sous les applaudissements nourris. Nul ne sait que Holtz a un vertige maladif : « J'ai dû travailler trois mois avec des gendarmes du GIGN, raconte-t-il, dont mon binôme opérationnel Daniel Cerdan et le patron Philippe Legorjus. Jerry Lewis avait été très bavard dans le propos introductif en compagnie de Claude Sérillon, ce qui a contraint l'Écureuil à se positionner plus de vingt minutes en *stand-by* au-dessus de la Seine face à la radio, porte ouverte par un froid glacial ! » Gérard montre aujourd'hui encore, avec fierté, la combinaison jaune qu'il avait endossée pour l'exploit de ce soir-là.

L'Association française pour la myopathie a sollicité Antenne 2 pour réaliser vingt-neuf heures de direct intégral, partout en France. Des cars-régies sont déployés dans chaque région, des dizaines de caméras mobilisées dans toutes les stations du réseau public, un train est affrété et entièrement équipé comme un studio itinérant, des centaines de professionnels jouent le jeu. Les artistes, champions et athlètes, chercheurs, personnalités de tous horizons défilent dans le hall du quai Kennedy pour participer à cette nouvelle grand-messe de l'audiovisuel.

Radio France est partenaire, non seulement par l'accueil du Téléthon en ses murs, mais à travers une promotion sur les antennes du groupe et grâce à l'interaction avec ses radios locales nées quelques années plus tôt. Le Lions Club tient les standards dont le principal installé dans un studio voisin du 102 – 17 000 centraux téléphoniques sont reliés entre eux pour permettre de répondre au 36 37 –, la poste assure l'acheminement des chèques, l'armée prête une partie de ses moyens, les Télécoms pourvoient aux liaisons techniques, de nombreuses collectivités locales mettent gracieusement des lieux à disposition pour les défis, les mécènes affluent. Bref, la France entière s'émeut pour les gosses filmés dans leur fauteuil et une solidarité inouïe s'engage pour mener le combat contre les maladies génétiques. On sait aujourd'hui le chemin parcouru depuis la promesse de don initiale, plus de 175 millions de francs (presque 30 millions d'euros) – l'AFM espérait à peine le tiers de cette somme, il a fallu peindre le neuvième chiffre du compteur, le 1, à la main sur un panneau de bois, avant la fin de l'émission !

D'ailleurs les tractations furent longues et difficiles pour convaincre la télévision publique de se lancer dans l'aventure. Hésitante face à l'ampleur de cette révolution télévisuelle, Antenne 2 a finalement accepté, sans doute aussi pour affirmer une forme de puissance face à TF1, privatisée la même année.

De ce premier Téléthon, je garde le souvenir du générique qui s'ancrait dans la tête dès qu'on l'entendait. Depuis, il revient chaque année durant le premier week-end de décembre, immuable, inonder nos soirées télévisées. Je revois aussi Jerry Lewis – que j'admirais pour son inventivité à divertir – ouvrir et fermer sa bouche démesurée en suivant l'orchestre dans le play-back musical d'un discours imaginaire. Je me rappelle Jacques Chancel quittant Orléans et roulant de ville en ville dans un train transformé en théâtre ambulant. Et comment oublier, tout au long de ces décennies, le regard émerveillé des gamins et celui embué de leurs parents, les sourires et les éclats de rire, les défis improbables, les victoires sur soi, les chutes pour mieux se relancer, et le compteur, inamovible lui aussi, qui n'a cessé de gonfler.

Devenu une institution du petit écran, le Téléthon a été hébergé cinq fois à la Maison de la radio, pour la première en 1987, puis de 1989 à 1991 et en 1995.

Voir : Coucou.

Depuis la réhabilitation du site, riverains et promeneurs profitent d'un brin de verdure : en façade le long de l'avenue du Président-Kennedy, à l'arrière de part et d'autre du parvis rue Raynouard. Oh ! Rien de comparable à un parc, juste quelques arbres pour satisfaire ici un chien, là un fumeur. Comme beaucoup de salariés, j'emprunte l'allée côté Seine pour rejoindre le RER.

Pourtant, dès le projet initial, l'un des arguments afin d'imposer la construction de ce monstre d'aluminium et de verre fut précisément un tel bout de nature. Au début des années 1950, le secrétaire d'État au budget Henri Ulver promit au Conseil de Paris un « vaste espace vert » où passeraient les grandes vedettes que chacun aurait donc plaisir à croiser. D'espace vert il n'y eut pas et la Maison de la radio faillit ne jamais voir le jour à son emplacement actuel.

Car la ville, en guerre contre le pouvoir central, refusait d'accorder son territoire à des institutions voulues au plus haut sommet, comme l'Unesco, l'Otan ou la radio d'État. Dans son livre *Le Conseil municipal de Paris de 1944 à 1977*, Philippe Nivet rapporte la colère d'un des frondeurs parisiens : « Le gouvernement, par ces constructions, hypothèque gravement l'esthétique de la capitale [...] il aurait été préférable que ces trois projets soient groupés à La Défense. »

Le rêve d'offrir un lieu aux professionnels de l'audiovisuel remonte pourtant avant la guerre. En 1937 pour l'Exposition universelle, un Pavillon de la radio fut construit près du pont Alexandre-III, sur la rive de la Seine. Long d'une centaine de mètres, il comprenait sur trois étages six studios, dont un de 500 mètres carrés pour des concerts et des manifestations radiodiffusées. Bien qu'éphémère par nature, ce bâtiment inspira à certains l'idée de le transformer en palais pérenne car la France, à l'inverse de ses voisins britannique et allemand, ne disposait pas encore de maison dédiée à la radiodiffusion. En vain. Mal adapté, le hangar semi-flottant fut démoli moins d'un an plus tard.

La volonté d'un endroit unique pour rassembler la quarantaine de sites dispersés à travers Paris revint en force à la Libération. Dès 1943, le plan d'une Cité de la radio fut envisagé avec l'aménagement du Rond-Point de La Défense, vite abandonné en raison de son éloignement du centre de la capitale. Un carré fut alors visé, boulevard des Invalides, entre les rues Oudinot et de Babylone. Cependant la superficie constructible s'avéra insuffisante. Il fallut chercher ailleurs. D'autres implantations firent l'objet d'examens approfondis.

En août 1945, après la création de la Radiodiffusion française et la nationalisation des stations privées, une commission interministérielle désigna un terrain quai Édouard-Branly. Idéalement situé au cœur de la capitale, il se trouvait sur une voie au nom prédestiné : celui du précurseur de la radio, grâce à sa découverte du radioconducteur. Mais les terrains valaient de l'or à cette époque, car il fallait construire des nouveaux bureaux pour toutes les instances gouvernementales. *Le Monde* du 13 août 1948 rappelait ainsi : « Les travaux du quai Branly font partie d'un plan d'ensemble envisagé après la Libération et provoqué par l'abus des réquisitions et la crise du logement. » L'endroit fut finalement requis pour le ministère des Affaires économiques d'un côté et de l'autre pour la Météorologie nationale (où j'ai eu le privilège de présenter dans les années 2000 les bulletins de La Chaîne Météo – alors partenaire de Météo-France – dans un studio télé aménagé au coin de l'avenue Rapp et du quai Branly).

Dans *La Cathédrale des ondes*, Félicie Dubois évoque l'étape suivante, une option plus éloignée, sur les ruines du pavillon de Brimborion à Sèvres. Avec 90 studios, cela aurait été la première cité du genre au monde, « devant le *Funkhaus* de Berlin ou le *Brookmans Park* de Londres ». Las ! Pour des raisons budgétaires, en 1947 l'Assemblée nationale réduisit à néant cette aventure : « L'urgence n'est pas grande de construire la Maison de la radio [...] il faut d'abord rebâtir la maison des Français. »

Cinq ans plus tard, enfin, le Conseil municipal de Paris, à nouveau sollicité, céda cette fois-ci à l'État 38 000 mètres carrés de terrain, quai de Passy.

Au-delà du fait que l'emplacement était disponible, il fut choisi pour son éloignement de toute ligne de métro, dont les vibrations auraient pu résonner dans les studios, et pour sa proximité avec l'émetteur de la tour Eiffel.

Il y eut là, naguère, le domaine du château de Passy (ou de Boulainvilliers) ainsi qu'en témoigne une plaque apposée au numéro 2 de la rue des Marronniers. Elle révèle l'identité du châtelain : le sieur Le Riche de La Pouplinière « seigneur de Saint-Vrain, écuyer, secrétaire, mousquetaire du Roy, Fermier Général », né en 1693 et mort en 1762.

Le site perdit son standing royal avec l'implantation d'une usine à gaz, démolie à la fin des années 1920. Jean-Marie Porcher, ancien technicien avec qui j'ai travaillé sur des spéciales en extérieur (notamment en Chine), est à présent conférencier pour les visites de la Maison de la radio. Il a découvert que cette usine à gaz fut créée en 1838, au 42, rue de Passy, par la société Pédartel & Cie : « Elle tirait avantage de sa localisation près de la Seine, explique Jean-Marie, et d'un tramway qui suivait le chemin de l'actuel bus 72. Elle desservait l'éclairage public de Passy, du secteur Champs-Élysées Chaillot, puis de Neuilly-les-Ternes, enfin de Boulogne et Courbevoie.

En 1928, jugée moins rentable que celle, voisine, de Vaugirard, elle fut fermée et désaffectée. »

Après déconstruction, il n'en resta qu'un vaste terrain vague.

À ce moment-là, des palissades encadraient cet espace vide, devenu terrain de jeu pour les enfants du quartier. C'était un stade sommaire, portant le nom d'un héros de la Résistance, Compagnon de la Libération : André Delaunay. Le hall du futur édifice radiophonique serait d'ailleurs baptisé du nom de ce militaire, qui fut élève du proche lycée Janson-de-Sailly. Tout autour, s'élevaient de rares immeubles d'habitation. De grands arbres esseulés flottaient au vent et, vers la Seine, des vilaines baraques de l'ancien port charbonnier obstruaient la vue sur le fleuve.

Le terrain était trouvé, la construction tardait cependant.

Certaines rumeurs couraient sur la présence d'un trésor enterré là, sous l'Ancien Régime – fallait-il tenter de le mettre au jour ? D'autres sur la présence de sources thermales et de bains chauds à l'époque de Louis XIV – devait-on les faire renaître ?

Ce sont surtout les riverains qui se mobilisèrent. Une « association pour la sauvegarde du parc des sports André Rondenay » inonda les murs d'affiches : « La santé de nos enfants en péril ! » Les riverains dénonçaient le sacrifice de nombreux terrains de sport et espaces verts dans Paris au profit de bâtiments administratifs. Le ministère de l'Éducation, qui aurait dû être consulté – mais ne l'avait pas été –, s'opposa de ce fait au projet.

Les recours judiciaires se multiplièrent. La Chambre se jeta aussi dans la bataille : comme le terrain avait été acheté directement par l'État, les députés se sentirent évincés. Un groupe d'entre eux tenta de faire annuler la vente au motif que, n'étant pas contresignée du président de la Chambre, elle serait illégale.

Après moult bras de fer, et grâce à la proximité du bois de Boulogne pour valoriser les activités sportives, l'acte d'acquisition définitif fut enfin signé le 18 mai 1953.

La pose de la première pierre pouvait être programmée. Allait commencer la construction de ce qui deviendrait l'un des plus grands complexes radiophoniques d'Europe.

Une nouvelle « usine à gaz »...

Voir : Maison commune ; Métro ; Première pierre ; Source.

Timbre(s)

En radio, le timbre de voix est un atout considérable. C'est un don de la nature que l'on ne peut jamais modifier (sauf à fumer cigarette sur cigarette). Reconnaissable entre mille, il dessine la personnalité de celui qui parle au micro. J'ai adoré ceux de Gérard Sire, Jacques Chancel, Fabrice, Macha Béranger, José Artur, Jean-Louis Foulquier, Jean-Pierre Foucaud, Daniel Mermet, Jean-Luc Hees, Kris, Ève Rugieri et tant d'autres. Un seul mot prononcé, et la personne apparaît, presque en chair et en os, de l'autre côté du poste. Je possède pour ma part un timbre assez commun, rond et chaleureux, mais on me dit souvent que ma voix est aisément reconnaissable.

Si vous cherchez une définition pour « timbre », vous en trouverez une bonne quinzaine ! Il y a celui qu'on déteste quand il est fiscal ou amende, celui qui nous rappelle nos études de français, au lycée, lorsqu'il sonne chez Feydeau ou Molière pour appeler la servante (« Drelin, drelin, drelin... »). Les bibliothèques apposent le leur en première page des ouvrages qu'elles possèdent, et pour cela elles utilisent un cachet gravé en relief dans du métal ou du caoutchouc que l'on appelle aussi, par extension, un timbre (ou bien est-ce l'inverse, comme pour la poule et l'œuf ?). J'ai appris que celui d'une chaudière détermine la pression maximale qu'elle peut supporter, mais aussi qu'il peut s'agir d'un abreuvoir en pierre ou d'un évier (certaines recettes anciennes réclament un « timbre à glace »). Sur un blason, il devient coiffe placée au-dessus de l'écu, et chez les fous il se retrouve plus ou moins fêlé. En musique, il désigne soit directement une membrane de tambour, soit une corde de boyau tendue pour augmenter la résonance de l'instrument. Je crois qu'initialement le timbre est une cloche immobile frappée par un marteau, comme sur un carillon. On le retrouvait en miniature sur les tables de la bourgeoisie du XIXe siècle. Dumas père : « Il frappa un coup sur le timbre de cuivre », dans *Le Comte de Monte-Cristo*.

Le seul, en réalité, qui concerne la Maison de la radio et de la musique est désormais entré dans des collections dont la valeur, hélas, a sombré avec le numérique : le timbre-poste.

Deux ont été dessinés à son effigie.

Le 15 décembre 1963, au lendemain de l'inauguration par le général de Gaulle, le timbre dit « du premier jour ». Quatre centimètres sur deux et demi, en positionnement horizontal, la Maison de la radio y est imprimée en taille-douce dans les tons bleus pour l'édifice et la Seine, vert pour ses abords et bistre pour la mention RÉPUBLIQUE FRANÇAISE MAISON DE LA RADIO-TÉLÉVISION. D'une valeur de 0,20 franc (vingt centimes de l'époque, c'est-à-dire rien du tout aujourd'hui), il fut tiré à près de dix millions d'exemplaires. Le dessin était signé Jacques Combet, un graveur qui a produit plus de 1 300 timbres, mais aussi des billets de banque ou des œuvres pour des artistes de renom comme Dalí. Le cachet de la poste mentionnait « Premier jour – Maison de la radio-télévision – 15 Déc. 1963

– Paris ». L'amateur pouvait acquérir le timbre seul ou directement apposé, cachet déjà appliqué, sur divers supports. Une carte postale : photo de l'édifice avec deux DS et une Vespa sur l'avenue Kennedy encore pavée. Deux cartes grand format : vue aérienne de la parcelle comprenant quelques baraques de chantier à l'arrière pour la première, et pour la seconde une composition étrange aux côtés du théâtre d'Orange portant le slogan « architecture d'hier et d'aujourd'hui ». Deux enveloppes : chacune s'ornait d'un dessin du bâtiment (l'un assez enfantin et moche, l'autre pastel et plutôt original). Enfin, une enveloppe épreuve de luxe : pas de dessin, très chic. Que les philatélistes impatients calment leur ardeur, ce timbre premier jour est coté à dix centimes d'euro.

Le 15 juin 2015, dans une série consacrée aux années 1960, la Maison de la radio côtoie la mode, l'automobile, les loisirs, *Les Demoiselles de Rochefort* et le paquebot *France*. Même format de quatre centimètres sur deux et demi en lecture horizontale, mais une impression héliogravure en quadrichromie. La série complète est signée de l'illustrateur Stéphane Humbert-Basset, auquel la poste fait souvent appel. Il créa pour l'occasion trois blocs similaires : les années 1950, les années 1960 et les années 1970. Le second, celui qui intéresse la Maison de la radio symbole du nouveau paysage audiovisuel français, marque aussi l'essor industriel de la voiture, le temps de l'insouciance et de la liberté pour la jeunesse, la nouvelle vague et les films musicaux, la fierté technologique nationale avec le *France* et la haute couture française. Là encore, option d'achat soit en vignette seule, soit en vignette apposée sur une carte (photo pas exceptionnelle de l'immeuble en chantier) ou sur deux enveloppes (le timbre en miroir avec, pour la première, une vue depuis la tour Eiffel et, pour la seconde, une vue depuis le Front de Seine). Ce timbre-là est un peu mieux coté, autour d'un euro cinquante.

Bien qu'ayant plongé dans la philatélie durant mon adolescence – Ah ! les pinces à bout rond, la loupe, les charnières, les enveloppes transparentes pour glisser les trésors les plus précieux, le grand album *Timbres de France* aux emplacements déjà dessinés pour chaque timbre émis depuis le premier (type *Cérès* noir de vingt centimes en date du 1er janvier 1849) –, la fortune ne m'a jamais souri et ma collection dort sagement au fond d'un carton à la cave. Dieu sait pourtant que j'y ai consacré du temps (et de l'argent) à un âge où d'autres s'achetaient des albums yé-yés. Ce côté étrangement conservateur, voire passéiste et patriotique, me surprend encore.

L'une ou l'autre des deux émissions philatéliques estampillées « Maison de la radio » sont-elles à l'intérieur de cet album ? Je n'ai pas eu la nostalgie d'aller vérifier.

Peut-être, à l'occasion du soixantième anniversaire de l'œuvre d'Henry Bernard, une nouvelle mise en perspective de la Maison de la radio et de la musique pourrait-elle être suggérée ? Non plus sous la forme de vignettes autocollantes en vente dans les bureaux de poste ou de tabac, mais en impression à domicile, en ligne, par l'intermédiaire du site dédié…

Toit

Angelo, le hussard de Jean Giono, serait bien en peine sur le toit de la Maison de la radio et de la musique. Mis à part une vue exceptionnelle sur Paname, il aurait vite tourné en rond – dans tous les sens du terme. Impossible de s'échapper vers un faîtage voisin – tous sont trop loin –, une platitude digne de Brel et, désormais, un puzzle de gaines techniques et d'éléments liés à la sécurité qui ralentissent toute progression sur ce domaine en prise directe avec le ciel.

Soyons honnête, cet enchevêtrement de tubes d'acier et d'armoires est moche. Aussi, pour rendre agréable la vision depuis le sommet de la tour centrale (et pour les prises de vues aériennes qui ont fait de la Maison de la radio une star internationale), une pergola est érigée par-dessus tout ce fatras afin de le masquer : un habit de métal gris pour la façade supérieure du bâtiment.

Ce toit-là n'a donc rien à voir avec ceux chantés par Gauvain Sers.

Mais très vite, j'ai compris
Que l'plus beau des tableaux
C'est la nuance de gris tout là-haut
Alors chaque jour, j'm'assois
Au bord du paradis
Et j'contemple les toits de Paris

Cette mer de zinc, poétique et infinie, certains voudraient la voir entrer au patrimoine mondial de l'Humanité. Les toits de Paris ont inspiré la peinture, ceux de Caillebotte disparaissent sous la neige et ceux de Van Gogh procurent, depuis Montmartre, l'impression d'un océan mourant à l'horizon. La poésie s'en est emparée, à l'image de Baudelaire admirant, à sa mansarde, « les tuyaux, les clochers, ces mâts de la cité » (*Tableaux parisiens*, 1861). Sans parler de l'argentique, avec certains clichés du plus parisien des photographes, Doisneau : avez-vous déjà vu cette photo de chats posés sur un bout de zinc et ignorant avec superbe la Seine, à leurs pattes, ainsi que la lointaine tour Eiffel baignant dans un flou artistique (*Chats sur un toit*, 1954) ?

Paris peut remercier le baron Haussmann pour ses toits de zinc. Ce matériau, pas cher et facile à découper, était symbole de modernité au milieu du XIXe siècle. En outre, sa légèreté a permis d'économiser la charpente et d'inventer les chambres de bonnes, offrant davantage de place pour vivre.

Mais revenons à celui de la radio.

Pour y accéder, Henry Bernard aménagea des édicules, petites constructions servant à abriter une sortie d'escalier donnant sur la terrasse extérieure. Encore une preuve du génie de l'architecte qui avait pensé la circulation dans le bâtiment jusqu'à son sommet. C'est assez rare, et mérite d'être souligné, car cela représente toujours un surcoût financier important pour un usage très limité.

Comme la Maison de la radio abrite... des stations de radios et des studios de télévision, très tôt certains petits malins ont profité de cette facilité d'accès à la plateforme supérieure pour y produire des éléments... de radio et de télévision !

En 1964, moins d'un an après l'inauguration officielle de l'immeuble, Dionne Warwick grimpe là-haut pour chanter, devant les caméras de l'unique chaîne en noir et blanc, son premier grand tube *Walk On By*. Quelques chaises, des danseurs apprêtés et, en fond, la tour Eiffel ; tel est le décor du clip tourné par la chanteuse américaine de pop et de soul.

Il s'agissait en réalité d'une séquence pour l'émission *Ni figue ni raisin*. Le show avait pour concept de produire des artistes en vogue dans des décors naturels : Joe Dassin, Salvatore Adamo ou Mireille Darc se sont ainsi retrouvés dans des parcs ou sur des voies ferrées et Dionne Warwick, donc, avec l'ORTF à (sous) ses pieds. Au loin, le Front de Seine n'existait pas encore, mais on apercevait la grande cheminée qui s'y trouve toujours.

À revoir ces images vieillies, on découvre surtout un toit de la radio (déjà très plat) sans aucun encombrement. On pouvait y marcher librement d'un bout à l'autre. Seuls émergeaient les fameux édicules. Cette terrasse fut d'ailleurs, durant des décennies, un refuge pour amoureux en quête de tranquillité et une position stratégique pour embrasser du regard le feu d'artifice tiré depuis la tour Eiffel : premières loges, aucun vis-à-vis, spectacle à ciel ouvert. Tout cela n'était pas très réglementaire, pourtant il y avait souvent foule, là-haut, le 14 juillet.

Bon, on peut accéder au toit de la Maison de la radio et de la musique, mais les escaliers sont étroits.

Pour y réaliser des tournages ou des shows, la vraie difficulté consiste à faire monter le matériel nécessaire sur ces hauteurs. Aussi, après celui de Dionne Warwick, les concerts y ont été rares. Citons pour mémoire une *live session* de Ben Harper en 2018 – guitare voix en acoustique, un très beau moment avec FIP – et, à l'occasion du baptême officiel de l'édifice sous son nouveau nom « Maison de la radio et de la musique », le concert du groupe Last Train en juin 2021 pour France Inter, sur le toit de la partie Seine légèrement en contrebas de celui de la grande couronne.

Un dernier mot sur les toits intermédiaires, ceux des studios de création et du 102. Depuis la réhabilitation, ils ont été végétalisés. De ma fenêtre de bureau, c'est plus joli à voir que du béton, et c'est bon pour la planète.

Voir : Musique.

Tour

L'architecte Henry Bernard avait plus d'une tour dans son sac. Au-delà de celle de la Maison de la RTF qu'il était en train de construire dans les années 1950, il prévoyait d'autres phares urbains s'élançant au-dessus de Paris. Son livre *Paris Majuscule*, esquissait un aménagement de la capitale, qualifié de futuriste à l'époque, dont une partie a pourtant été réalisée.

Bernard voyait par exemple une grande avenue triomphale bordée de barres parallèles à La Défense, une voie souterraine du côté du Louvre destinée à assurer une circulation nord-sud, ou encore des bâtiments élevés dans certains quartiers qui allaient nécessiter, selon lui, une rénovation inévitable : gare Montparnasse, place d'Italie, ou Front de Seine.

L'architecte s'en expliqua dans une conférence publique, en avril 1991, organisée par le Pavillon de l'Arsenal : « Il était nécessaire pour Paris de rechercher une grande écriture avec des points hauts, comme une sorte de forêt, pour apporter un peu de géométrie. » Ayant soumis son idée au général de Gaulle, ce dernier la trouva intéressante à condition, lui dit-il, de « surtout ne supprimer aucun logement du cœur de Paris ». Est-ce pour cela qu'Henry Bernard – joignant la pratique à la théorie lorsqu'il fut lui-même l'un des constructeurs du Front de Seine, en 1976 – érigea les 33 étages de la tour *Reflets* pour abriter 250 appartements ?

L'homme avait rêvé, pour sa radio, un donjon deux fois plus élevé, qui aurait pu « dialoguer » avec ses vis-à-vis, de l'autre côté du fleuve : *Reflets* culmine à près de 100 mètres et le projet d'implanter la télévision à Beaugrenelle, jamais abouti, prévoyait un cylindre de 130 mètres de hauteur, quand la Maison de la radio s'arrête à 68 mètres. On a déjà vu, à l'entrée consacrée à Henry Bernard, comment le Conseil général des bâtiments de France exigea de lui faire modifier les fondations de l'édifice, de manière à rendre impossible toute élévation future (sans doute, le coût de telles fondations aurait-il aussi trop alourdi la facture). Les riverains n'étaient guère emballés et la Ville de Paris limitait les ambitions urbanistiques de l'architecte qui s'indigna : « La Maison de la radio donne l'impression d'avoir le cou enfoncé entre les épaules ! »

Il désignait tout de même, non sans affection, *sa* tour comme un « donjon de la culture ». Car, à sa construction, elle comptait quatorze niveaux dédiés au stockage des archives et des collections musicales. Les personnels, eux, l'appelaient « le crayon », parce que, de loin, la radio ressemblait à un pot avec, en son centre, un crayon.

Il n'y avait pas vraiment de fenêtres : des meurtrières maintenaient les données dans une pénombre protectrice.

Janine Marc-Pezet, ancienne documentaliste de France Inter – elle commença sa carrière en 1965 avec Pierre Schaeffer au service de la Recherche de l'ORTF –, raconte comment tout était là, sous la main, pour obtenir un extrait sonore lorsque la rédaction souhaitait un passage tiré d'anciennes émissions : « Nous avions des magasiniers qui montaient chercher les documents. On savait, par exemple, qu'au onzième étage se trouvait tel numéro qui correspondait à telle série. Tout était répertorié et très bien organisé. »

Le soir de la mort de Serge Gainsbourg, en mars 1991, Janine se trouvait de permanence. On lui réclama de nombreux souvenirs sonores pour alimenter les journaux de la matinale du lendemain. « Je me suis retrouvée la nuit toute seule dans les étages, se souvient-elle, à chercher les bandes magnétiques dans cette tour qui grinçait, qui donnait le sentiment de bouger… j'ai eu la peur de ma vie ! » Par bonheur, l'unique ascenseur ne tomba pas en rade durant ces heures angoissantes : le petit escalier métallique en colimaçon, tout en verticalité à l'arrière du beffroi d'acier et d'aluminium, n'aurait guère rassuré notre exploratrice du passé.

L'ensemble était prévu pour emmagasiner 12 millions de disques et de bandes magnétiques, un stock augmenté chaque année de 100 000 pour les premiers et 20 000 pour les secondes. La revue éphémère interne à la société, *Passy avant-première*, détaillait dans son numéro 3, en mai 1963, le fonctionnement des collections : « Pour opérer rapidement et commodément les transferts, quatre monte-charges ont été installés ; en provenance du magasin central du BCE[1] situé dans les étages inférieurs de la tour, ils desserviront les magasins de réserve en traversant au passage les pièces de consignation des *thèques*[2]. »

La tour était aussi le cœur stratégique de l'immeuble.

1. Bureau central d'exploitation.
2. Discothèque, bibliothèque, phonothèque.

Sous sa base, l'usine géothermique assurait le chauffage et la climatisation pour toute l'entreprise. Le forage de 600 mètres partait de là pour aller capter les eaux profondes et chaudes.

Sur sa terrasse, en lien avec ce complexe souterrain, se situait la centrale de refroidissement par aéroréfrigération.

Sur ses flancs, la petite couronne regroupant les studios dits « écrans », d'où partait la diffusion des antennes, et le Centre de distribution des modulations (CDM), immense pièce bardée de téléphones et de tableaux à fiches assurant les liaisons de et vers l'extérieur.

À ses pieds, les studios de production, en cercle dans la couronne moyenne, pour un accès direct à la fois aux archives, aux studios écrans et au CDM.

Depuis la Seine, la tour se voulait l'étendard du palais des ondes : elle vous saisissait depuis le 15ᵉ arrondissement autant que par l'amont du fleuve en venant de la tour Eiffel, ou vers l'aval au pont Mirabeau.

En 2004, la tour centrale de la Maison de la radio fut le point de départ de la réhabilitation. Enserrée par plus de 500 tonnes d'échafaudages, elle se voila pudiquement d'une bâche de 11 000 mètres carrés sur laquelle les Parisiens purent lire : « C'est bien la première fois que nous avons quelque chose à vous cacher. »

La mise à nu de la structure, le désamiantage, la pose de la nouvelle façade et l'habillage intérieur durèrent trois ans, de 2008 à 2011. Des bureaux furent aménagés, des salles de réunion et certains espaces bénéficièrent d'une double hauteur, la salle panoramique du 22ᵉ étage fut ouverte avec une vue saisissante sur la ville. Un escalier à double révolution, à l'image de ceux imaginés par Henry Bernard pour la couronne extérieure, fut incrusté pour favoriser les flux et garantir une sortie sécurisée. J'ai eu l'occasion de le gravir en petite foulée lors d'une opération « Sports pour tous » à la Maison de la radio, comprenant une course Vertigo vers le sommet du bâtiment.

Un mot enfin sur les façades de la tour. Afin de conserver la modénature voulue par Henry Bernard, les équipes d'Architecture Studio ont imaginé une double peau agrafée à l'ossature. En effet, à l'inverse d'une lumière tamisée protégeant les collections de jadis, il fallait un éclairage suffisant pour les collaborateurs qui ont pris possession de ces nouveaux lieux de vie et de travail. Le livre *La Maison de la radio*, publié en 2013 (avec une réédition de la première version de 1963), permet d'en comprendre la mécanique : « L'enveloppe intérieure est composée d'une trame très largement vitrée, tandis que l'enveloppe extérieure est constituée de profils d'apparence identique aux anciens, à ceci près que les bâtis dormants sont dessinés en triangle, augmentant ainsi les vues sur l'extérieur. »

L'illusion est donc totale.

De la rue, on croit deviner les meurtrières d'antan.

En réalité, de larges baies vitrées éclairent les nouveaux espaces.

Du passe-passe.

Un joli tour...

Voir : Architecture ; Bernard, Henry ; Chantier ; Escaliers ; Géothermie ; Maison commune ; Sous-marin.

Tricotage

De mes grands-mères, je n'ai connu que celle du côté maternel, une solide campagnarde du Périgord charentais. Elle vivait à la frontière des deux départements, avec son mari, dans une maison isolée à deux pas de la

Dronne. Passer un week-end là-bas était le miel de ma petite enfance : le voyage en voiture, le chien de Mémé, les gâteaux de mon oncle boulanger au bourg d'à côté, le bassin de pierre empli de poissons rouges, l'accent de mon grand-père qui m'appelait « mon drôle ». Ce dernier s'était usé les reins à extraire le calcaire d'une carrière, le long de la route menant chez eux, où il avait un four à chaux. Je n'ai jamais vraiment su son métier à elle, que j'ai connue toujours petite vieille attachée à sa demeure. Je sais seulement que ma mère et ses deux sœurs avaient été employées de maison chez les bourgeois du coin.

Ma grand-mère est partie dans sa centième année, et jusqu'au bout je l'ai vue tricoter de grandes couvertures de laine beige. Je n'aurais pour rien au monde retiré celle qui couvrait mon lit et me tenait chaud dès les premiers frimas. Elle usait de patience et de minutie pour parvenir à ses fins et livrer ses productions à toute la famille.

Cette image du tricotage m'est revenue instantanément le jour où les coulisses des orchestres m'ont été dévoilées à la Maison de la radio et de la musique. D'inextricables plannings affichés près des loges renvoient chacun à des horaires calculés presque à la minute. Catherine Nicolle, en charge de la planification, a parfois de quoi s'arracher les cheveux face à la complexité de la question suivante : comment loger deux orchestres internationaux, un chœur et une maîtrise dans un seul auditorium ? Sans parler des répétitions en formation réduite ou du travail de musiciens qui ne peuvent pas transporter leurs instruments chez eux…

Réponse au jour le jour, d'autant qu'avec la fermeture des studios de création pour cause de réhabilitation, aucune solution pérenne ne pourra vraiment être trouvée avant 2025. Il faut donc composer, et faire preuve de minutie et de patience pour tricoter des agendas au cordeau.

Pour l'heure, le Chœur se réunit à la Seine musicale, avant de récupérer le Studio 107 qui lui sera entièrement dédié après les travaux. La Maîtrise dispose de deux sites pour l'éducation des enfants, le lycée La Fontaine dans le 16e arrondissement et le lycée de Bondy en Seine-Saint-Denis. Ces deux formations se produisent cependant régulièrement quai Kennedy.

Quant aux deux phalanges instrumentales, le National et le Philharmonique, elles se partagent l'Auditorium dans une alternance quotidienne. Entre les répétitions et les concerts, il faut gérer les changements de plateau – selon la configuration de chaque œuvre ou selon les préférences du chef qui tient la baguette –, déplacer le matériel, implanter les micros, positionner les pupitres, bref un véritable travail de fourmi pour les régisseurs.

Un exemple : quand il intervient, le Chœur prend place dans des balcons destinés au public, à l'arrière de l'orchestre. Or, l'assise d'un choriste n'est pas identique à celle d'un spectateur lambda. Des coussins spéciaux doivent être posés sur les sièges tous différents de forme, et qui reçoivent en conséquence chacun un coussin spécifique. Les coussins, stockés en coulisses, sont numérotés et doivent être positionnés à leur exact emplacement. Un casse-tête supplémentaire.

Sur une semaine type, l'Orchestre national de France (ONF) entame ses répétitions le lundi, puis prolonge le mardi, il enchaîne le mercredi avec la prégénérale, la répétition générale est pour le jeudi matin avec la prestation en public le jeudi soir. Dans un puzzle très précis, l'Orchestre philharmonique (OP) s'intercale avec le début de ses répétitions le mardi, sur un même rythme jusqu'au concert le vendredi soir. Le jeudi est une journée particulièrement chargée : générale de l'ONF le matin, prégénérale de l'OP l'après-midi, et concert de l'ONF le soir !

Entre-temps, la salle accueille le mardi des concerts de musique de chambre ou dans le secteur de la création, et le dimanche des propositions pédagogiques.

Après 2025, le nouveau studio de répétition des orchestres, issu du regroupement des 110 et 111, sera enfin opérationnel et soulagera tout le monde.

Ce « chemin de fer » habituel, parfaitement défini sur le papier, dévie en fonction des tournées, des opérations de décentralisation ou de la disponibilité des chefs. Il se construit aussi dans le respect absolu de l'accord collectif des musiciens qui codifie les services de répétition dans leur durée, leur amplitude, les décomptes individuels (un musicien est un salarié à plein temps qui ne doit pas être programmé plus de mille heures « à la chaise ») avec des plafonds mensuels ou glissant sur trois mois.

Le tout est anticipé au moins un trimestre à l'avance, car il faut en outre promouvoir les spectacles dans la presse, imprimer des brochures, prévoir les régies techniques, la programmation des émissions, etc.

Vraiment, du tricotage de haut vol...

Voir : Auditorium ; Musique ; Orchestres.

U

Utopie

« On n'a jamais progressé que par des utopies. » C'est par cette phrase sèche que René Dumont, le père de l'écologie politique – son geste de boire un verre d'eau durant sa campagne électorale en 1974 est entré dans les annales de la télévision –, avait répondu à François de Closets, un an plus tôt, au cours de l'émission *Actuel 2* animée par Jean-Pierre Elkabbach.

Si Dumont incarne l'utopie écologique, Pierre Schaeffer figure l'utopie radiophonique : iconoclaste et créatif au-delà du possible, il était à la fois musicien, compositeur, chercheur, écrivain, ingénieur, théoricien, directeur, meneur d'équipes...

En 1943, ce touche-à-tout de génie créa le Studio d'essai de la RTF, un laboratoire dédié à l'expérimentation radiophonique. Au départ, il s'agissait surtout de former les comédiens aux techniques du micro pour exploiter au mieux leur art et leur talent dans des fictions enregistrées. Ce studio prit quelques mois plus tard le nom de Club d'essai (qui lança des émissions comme *Le Masque et la Plume* en 1955), avant de se muer en Atelier de création radiophonique.

Ayant passé la main assez vite au poète Jean Tardieu pour diriger le Club d'essai, Pierre Schaeffer retourna à ses amours musicales. Sa grande invention fut à cette époque la musique concrète qu'il définissait ainsi[1] : « La musique concrète prétend composer des œuvres avec des sons de toutes provenances – notamment ceux qu'on appelle bruits – judicieusement choisis, et assemblés ensuite grâce aux techniques électro-acoustiques du montage et du mélange des enregistrements. »

Dans l'idée de mettre ses travaux en adéquation avec sa passion pour les ondes, Schaeffer fonda en 1951, au sein du Club d'essai de la RTF, un Groupe de recherche de musique concrète destiné à mener des actions de recherche, de développement et de création d'œuvres musicales. Après une aventure ultramarine, le voilà revenu en 1958 pour reprendre les rênes de son équipe qu'il baptisa Groupe de recherches musicales (GRM).

On l'a un peu oublié, mais la musique électro-acoustique française est née là, en particulier sous l'impulsion de Pierre Henry et Bernard Parmegiani. « Un des souvenirs de radio les plus timbrés de mon enfance, m'avoue un jour Bertrand Dicale (qui est peut-être le meilleur connaisseur de la culture populaire et de la chanson en France), c'est Parmegiani, du GRM, qui faisait une émission diffusée une seule fois, un travail de dingue, où il s'amusait à mélanger les Beatles, Polnareff, des publicités ou encore des tubes de l'époque. Je me demande même s'il ne travaillait pas en direct, pour ses collages délirants de musiques en tout genre détournées et trafiquées. » Bertrand se souvient aussi comment le compositeur de la musique des *Shadocks* – cette magnifique série produite par le GRM – Robert Cohen-Solal, lui avait expliqué qu'ils travaillaient dans des conditions difficiles, mal installés

1. Citation extraite de l'Inathèque.

au sein d'espaces minuscules, avec des moyens financiers toujours réduits. En somme, du bricolage et des bouts de ficelle.

Dès 1960, Pierre Schaeffer intégra les activités du GRM à un Service de la recherche de la RTF qui menait aussi des expérimentations sur l'image, le son et les techniques audiovisuelles. Installé rue de l'Université, ce service rallia en 1965 le Centre Pierre-Bourdan, avenue du Recteur-Poincaré dans le 16e arrondissement, un lieu cette fois-ci doté des outils techniques les plus en pointe. Huit studios sophistiqués et une salle d'écho permettaient d'enregistrer aussi bien de la musique classique que des émissions magazines, des dramatiques, ou les expérimentations du GRM. Le tout réparti entre un hôtel particulier et quelques pavillons qui en dépendaient. Comme certaines expériences s'avéraient bruyantes, parfois le voisinage rouspétait.

Cette année-là, Janine Marc-Pezet arriva dans cette équipe un peu loufoque, mais génialement créatrice : « Schaeffer est l'être le plus extraordinaire que j'aie rencontré dans ma carrière. J'avais 20 ans et j'ai eu du mal, au début, à comprendre ce qui se tramait là. C'était un patron qui laissait chacun travailler dans la voie qu'il désirait. On cherchait dans tous les sens : les programmes novateurs, la technique, les inventions musicales, le Super 8, etc. C'était vraiment un service d'avant-garde. »

Chaque vendredi, Pierre Schaeffer réunissait ses troupes pour une séance d'autogestion. Tout le monde s'exprimait librement. Il suffisait d'avoir une idée, il disait simplement : « Essayez ! » Cogitaient là des musiciens, des dessinateurs, des cinéastes, des philosophes, des journalistes ou des chercheurs. De fortes personnalités tracèrent leur chemin à partir de ce point de départ : Pierre Henry, Bernard Parmegiani, Jean Yanne, Claude Lévi-Strauss, Claude Piéplu, Pierre Dumayet, Vladimir Jankélévitch, Roger Hanin...

Un brainstorming permanent.

Après l'éclatement de l'ORTF, le Service de recherche (et donc le GRM) fut rattaché à ce qui devint l'Ina, l'Institut national de l'audiovisuel, où le GRM continue aujourd'hui d'opérer en travaillant sur les musiques les plus actuelles.

Voir : Carrefour des putes.

V

Vélo

J'ai eu ma période vélo. À une époque où pédaler ne décernait pas un permis de bonne conduite pour la planète : le Blaireau trustait les podiums, Manufrance agonisait et l'électrique n'était pas encore « branché ». Mon père possédait une bicyclette de course. Une belle bécane, le cadre haut, que je chevauchais parfois aux beaux jours. Je profitais des petits matins printaniers ou des tièdes après-midi d'automne pour rouler mes 50 bornes à travers la Corrèze. Le bonheur de parcourir les vallons verdoyants de mon pays natal, d'entendre tout près le seul frottement du pneu sur le bitume et au loin les bruits de la nature. Ah ! humer l'air pur d'une terre qui m'insufflait une énergie formidable. Plaisir que j'ai prolongé, bien plus tard, par la course à pied.

Autant j'adorais le vélo à la campagne, en dépit de vallons parfois épuisants, autant je n'apprécie guère la platitude d'une bicyclette urbaine. Respirer les gaz toxiques, risquer une collision à chaque carrefour, subir la pression des engins motorisés, je n'y trouve aucun goût. Toutefois, je comprends celles et ceux qui adoptent la mobilité douce, dont mes nombreux collègues qui chevauchent leur engin avec vaillance pour rallier la Maison de la radio et de la musique.

Longtemps, ils ont dû attacher leur vélo un peu n'importe où alentour, faute d'un emplacement dédié. En pleine rue, les selles disparaissaient, les cadenas sautaient, les roues s'envolaient. Désormais, pour eux, un abri sécurisé a été construit sur le parvis arrière du bâtiment, le long de la rue Raynouard. L'accès se fait grâce au badge professionnel. S'il fut long à venir, ce n'était pas pour des questions de budget mais tout bêtement parce que notre édifice est classé aux Monuments historiques. Interdiction de toute annexe à moins de huit mètres, et conditions drastiques pour l'implanter.

Deux autres containers et des racks à l'air libre ont été ajoutés près de la porte E, en contrebas. On trouve aussi là des vélos électriques, siglés Radio France, mis à la disposition du personnel pour de courts déplacements professionnels au sein de la capitale. Pour les visiteurs adeptes de la petite reine, trois sites Vélib' existent à proximité : sortie du RER, devant la pharmacie La Fontaine et face au restaurant du Zebra Hôtel.

Sinon, il reste l'option de la trottinette, plus facile à garer dans les étages (derrière une console technique, sous un piano de répétition ou au fond d'un placard de bureau). À franceinfo, j'ai vu plusieurs techniciens foncer depuis le studio d'antenne vers la coordination générale en poussant du pied leur longue planche sur roulettes pour gagner du temps et aller quérir en urgence les numéros de quelque élément sonore à diffuser !

Autre moyen de locomotion inédit, le gyropode qu'utilisait un de mes amis rédacteur en chef, dans ses multiples et incessants allers-retours entre l'espace des présentateurs, la régie d'antenne, et la direction des infos. Plus périlleux, mais il y excellait.

Certains prétendent enfin que des petits malins auraient roulé à vélo à l'intérieur même des interminables couloirs ronds. Après tout, faire le *tour de Radio France* pour une maison partenaire officielle *radio du Tour de France*...

Vidéo

À la rentrée 2022, j'ai animé sur franceinfo un rendez-vous à Madame Brasserie, au premier étage de la tour Eiffel, dont la concession a été accordée en 2018 à Thierry Marx (épaulé par le chef cuisinier Thierry Martin) en tandem avec Frédéric Anton pour le restaurant gastronomique Le Jules Verne au deuxième étage – le tout sous la houlette de Sodexo Live, la branche premium du géant de l'alimentation collective, qui s'occupe de toute la restauration de la Dame de fer.

Pour réaliser cette séquence, diffusée durant les fêtes en images sur la plateforme web de franceinfo et les réseaux sociaux, une équipe filmait Thierry Marx, son invité et moi-même au cœur du restaurant avec vue panoramique en arrière-plan. Une postproduction montait ensuite les différents produits en fonction de leur destination : TikTok, Twitter, Facebook, YouTube, le site web, l'antenne radio, etc. Nous avions choisi de tourner en « léger » à l'aide de téléphones portables, pour donner une sensation de prise sur le vif.

Mais nous aurions pu solliciter un service vidéo équipé de caméras sur pied et d'un matériel professionnel pour la télévision, service né à Radio France en 2008.

Cette année-là, le président Jean-Paul Cluzel souhaitait retransmettre en ligne (on ne parlait pas encore de streaming) les conférences de rentrée des différentes stations. Une équipe fut chargée de relever ce qui était à l'époque non seulement une première mais un véritable défi. Comme chaque antenne présentait sa grille de rentrée dans un lieu différent, il fallut « tirer » autant de lignes téléphoniques de très haut débit (HDSL) facturées par France Télécom (l'ancêtre d'Orange) à un prix exorbitant, et solliciter une société, là aussi très chère, spécialisée dans l'hébergement des vidéos – avec tout de même la garantie d'au moins 1 000 à 2 000 connexions !

Depuis, on sait le chemin parcouru. Tous les studios de la Maison de la radio et de la musique sont équipés de mini-caméras fixes, prêtes à capter le moindre débat, l'invité de prestige, la séquence d'humour ou le journal le plus récent. Ces podcasts visuels sont accessibles à des millions d'auditeurs devenant, dès lors, aussi des spectateurs.

Le service né en 2008 existe toujours (service vidéo de la direction de la production des antennes) avec une dizaine d'opérateurs pour des productions particulières, plus lourdes : concerts, magazines, conférences de presse ou interviews qui peuvent être ainsi enregistrés avec une qualité d'image optimale.

Pas question pour autant de transformer nos radios en lourdes chaînes de télévision. Cela demeure ponctuel et un seul opérateur peut piloter à distance huit ou dix caméras posées sur pied.

Voir : Percussions.

Virus

J'ai attrapé le virus de l'info assez jeune, autour de mes 15 ou 16 ans.

Je suis fils d'un couple modeste. Mon père fit mille métiers dont charcutier à Clamart et Levallois, défenseur de la Patrie dans les maquis de Corrèze, rédacteur au journal *La Terre* à Paris, bouilleur de cru en Dordogne limousine, chauffeur officiel de fonctionnaires à Limoges, employé du centre de tri postal la nuit en gare de Brive, paisible retraité et jardinier durant quarante ans jusqu'à son centième printemps. Ma mère, elle, fut employée de maison en Dordogne charentaise, syndicaliste à Périgueux où elle s'engagea à sa manière contre les forces occupantes, mère de famille à Athis-Mons et en Périgord vert, courtière en publicité à Brive, et heureuse pensionnaire jusqu'à plus de 90 ans.

Grâce à ces parents actifs, curieux et ouverts d'esprit, j'ai toujours baigné dans l'univers de la connaissance.

Malgré nos maigres moyens, les livres emplirent assez vite les étagères d'une bibliothèque en merisier que nous avions rachetée d'occasion à ma professeure de français, au lycée Cabanis de Brive[1]. Mon père commandait par courrier

1. J'en ai tiré la nouvelle « Retour aux sources » dans le recueil *Je voulais vous donner des nouvelles*, Odile Jacob, 2009.

des collections à crédit, comme *L'Histoire de la France contemporaine* en huit volumes ou l'intégrale d'Alexandre Dumas (reliure rouge et liseré doré), et sur la fin de sa vie il enregistrait sur son magnétoscope VHS des tonnes de reportages sur les cultures et pays du monde. Ma mère se passionnait pour la photographie et possédait son propre appareil. Sa grande spécialité était de ramener de leurs escapades des rouleaux entiers de pellicule qu'elle faisait développer à prix d'or en format diapositives.

Le poste de radio était le plus souvent branché sur France Inter, qui nous délivrait l'info du matin. À la mi-journée, quand je rentrais du lycée, nous regardions le journal télévisé qu'Yves Mourousi (passé de la radio à la télévision) ouvrait par un « Bonjour » tonitruant. Est-ce lui qui m'a instillé un début de vocation ? Pas sûr, tant je sacrifiais mes jeunes années au sport, en particulier le basket auquel j'offrais tous mes temps libres, en tant que joueur, arbitre, entraîneur, manager ou officiel de match.

En réalité, je suis tombé dans le métier un peu par hasard quand, en 1979, le « localier » du journal pour lequel maman vendait des espaces publicitaires, *L'Écho du Centre* (publication née sous l'Occupation et hélas disparue en 2019), ne trouva aucun remplaçant pour ses week-ends. Ainsi, durant le pont de la Pentecôte, l'aventure a commencé pour moi avec un article sur un tournoi de football – texte et photos – en date du 5 juin. J'avais 17 ans.

Très vite je pris goût à cette position d'intermédiaire entre l'événement et le citoyen. Raconter le monde aux autres. Être là où ça se passe. Prêter son regard à distance, géographique ou temporelle. Rencontrer les acteurs du moment. Témoigner de la réalité quotidienne. Un journaliste est d'abord et surtout curieux de tout, attentif à ceux qui l'entourent, tous, pour donner la parole à chacun.

Peu à peu, j'appris sur le tas. Je n'ai jamais suivi d'école professionnelle. La vacation ponctuelle du week-end s'est muée, après une université de lettres, en un premier poste fixe aux côtés du même localier. Jean-Paul Malaval ne manquait pas d'humour et maintenait à distance tout emballement. Il avait très bien compris que l'information doit rester juste et à sa place : on raconte la vie, on ne fabrique pas l'événement. J'ai appris auprès de lui une certaine forme de placidité et une manière de relativiser.

L'écrivain aussi raconte la vie. Derrière sa barbe en pointe et son regard perçant, Jean-Paul a fini par quitter le monde des médias pour devenir un auteur à succès avec ses très beaux romans de territoires. À Brive, je côtoyais aussi un autre grand écrivain, l'ami Michel Peyramaure, longtemps oublié d'une critique trop parisianiste ; récemment disparu, il a tenu la plume au-delà de ses 100 ans, chapeau bas.

Après la presse écrite, je goûtai à la radio libre. RFM[1] venait d'ouvrir une antenne à Limoges, j'en assurais

1. Avant d'être la musicale qu'on connaît aujourd'hui, ce fut brièvement une station généraliste adossée au journal *Le Monde*.

l'information locale : reportages, interviews, présentation des journaux. Un boulot de dingue mais une passion naissante. Puis la radio publique – Radio France Limoges devenue à présent France Bleu Limousin – me proposa de commenter les événements sportifs, avant de m'octroyer davantage de place à l'antenne. La télévision régionale FR3 me sollicita à son tour pour du sport, puis m'envoya en reportage et finit par m'installer à la présentation du 19-20 (une édition très suivie dans les régions, j'en pris vite conscience). Il m'arrivait d'enchaîner dans une même journée la matinale radio, quelque article de presse écrite (j'étais alors correspondant pour l'AFP, *Le Parisien*, et des revues spécialisés tels *Le Nouvel Agriculteur* ou *Taxi Magazine*) et le 19-20 télévisé.

Quand le virus vous tient, il ne vous lâche jamais...

En 2020, c'est un virus bien différent qui a tenu le monde. En quelques semaines, la Covid-19 pétrifia la planète entière.

Durant le premier confinement, la Maison de la radio s'est vidée. La tristesse de ces longs couloirs inanimés. Seuls les personnels essentiels aux antennes accédaient au site. Précautions optimales. Contacts limités. Sourde appréhension. Le vaisseau de verre et d'aluminium demeurait bloqué à quai, immobile face à une Seine impassible. Plus de concerts, *exit* les invités, finie la cafétéria, adieu les réunions, bienvenus les gestes barrière, par ici les masques, merci le télétravail. La maison entière est passée en mode guerrier, pour combattre le virus mais aussi le pessimisme ambiant. Les chaînes continuaient de fonctionner de manière admirable, dans des conditions pourtant réduites au plus strict minimum.

franceinfo déployait une radio d'urgence, France Inter ouvrait un répondeur téléphonique et mettait en place de grandes sessions d'information, France Culture créait le podcast *Radiographies du Coronavirus*, France Bleu relayait des actions solidaires en régions, France Musique proposait des parenthèses ludiques et musicales, Mouv' aidait les jeunes à contourner l'enfermement, le Chœur et les Orchestres donnaient du baume au cœur par des moments partagés sur les réseaux sociaux, FIP inventait des *home studios* pour que des artistes s'expriment depuis chez eux, Radio France organisait une HyperNuit de la chanson – pérennisée depuis par L'HyperWeekendFestival. Bref tout le monde se réinventait face à une menace floue, inquiétante et durable.

Comme dans beaucoup de secteurs, le virus a accéléré des mutations déjà engagées. J'ai découvert les joies du VPN et de la connexion à distance. Aujourd'hui, malgré un retour à une vie plus normalisée, je ne pourrais plus m'en passer pour préparer mes sessions et réaliser certaines de mes chroniques.

Si la Covid-19 s'est propagée comme une traînée de poudre, elle n'est pas née de nulle part. De précédents épisodes de Coronavirus auraient dû mettre la communauté en alerte. Le Sras en 2003, ou le H5N1 en 2005.

Il se trouve que, cette année-là, j'animai une semaine entière de rendez-vous en direct de Chine, dans la perspective des Jeux olympiques à venir trois ans plus tard. Un vrai barnum avec toute l'équipe autour de Régis Picart, grand ordonnateur des spéciales sur franceinfo à l'époque. Chaque matin, nous ajustions l'heure de direct – qui avait lieu à 13 heures locales, en pleine matinale à Paris en raison du décalage horaire – et l'après-midi, après un *debrief*, nous préparions le lendemain avant de saisir un vol du soir pour rallier l'autre bout de la Chine. Les nuits étaient courtes. Marc Fauvelle, Isabelle Labeyrie et Pascal Dervieux avaient sillonné le pays en amont pour stocker des sujets. La semaine fut intense.

Quand je dis « direct », c'est presque vrai. Nous étions l'un des premiers médias étrangers à pouvoir réaliser chaque jour une émission avec des invités et des reportages, sans être censurés. Une certaine Mme Cheng nous accompagnait tout de même, afin de contrôler nos éventuelles diatribes anti-Comité central ! Nous avions aussi l'obligation d'enregistrer l'émission quelques minutes avant de l'envoyer à Paris, au cas où… Il n'y eut aucun coup de ciseau.

Le jour où nous réalisâmes notre (quasi) direct depuis un élevage de volailles du Sichuan, un vent de panique s'empara à la fois de nos anges gardiens chinois et de nos patrons parisiens (alertés par le médecin du travail). Il apparaissait en effet depuis quelques jours que la grippe aviaire liée au H5N1 pouvait se transmettre à l'homme : les premiers morts venaient d'être enregistrés. Or nous avions planté nos micros entre des enclos de canards et de poulets afin de mieux capter l'ambiance sonore et de mieux comprendre le travail des éleveurs qui nous accueillaient.

Par bonheur pour nous, le virus de l'info fut plus fort que celui du Corona…

Voir : HyperWeekendFestival.

Visites

Voir : Hôtesses.

Vitres

Durant mon parcours journalistique, j'ai croisé plusieurs grandes tempêtes.

La plus récente, Xynthia, me laisse en mémoire les terribles images de maisons englouties sous les eaux à La Faute-sur-Mer, en Vendée. J'y suis resté plusieurs jours dans une atmosphère pesante. Une croix sur une habitation marquait une fouille intégrale par les pompiers et donc la certitude qu'il n'y avait plus personne à l'intérieur. Là où la croix était absente... le pire était attendu. 29 personnes sont mortes là, noyées dans leur sommeil, cette nuit de février 2010. Un mémorial leur rend hommage. Plus de 600 maisons ont été rasées par la suite sur une zone classée noire en risque inondation. Les vents avaient soufflé à plus de 160 kilomètres à l'heure sur l'île de Ré, juste en face, associés à de forts coefficients de marée. Les digues s'étaient brisées comme fétu de paille laissant l'océan s'engouffrer vers cette cuvette naturelle.

La plus ancienne remonte à mes 25 ans, en juin 1987 en Limousin. En ce dimanche de Pentecôte, le temps était plutôt chaud et ensoleillé. Chacun profitait des beaux jours pour s'aérer, lorsqu'une petite dépression de surface provoqua une ligne de grains sur le golfe de Gascogne, qui accéléra et fondit soudain sur le littoral aquitain avec des rafales à plus de 120 kilomètres à l'heure, à peine moins à l'intérieur des terres. Rentrant en soirée de reportage sportif, j'empruntais des routes jonchées de troncs d'arbres que, par un gymkhana improvisé, j'évitais d'emboutir. Le lendemain, le journal *La Montagne* (qui m'employait alors) titra : « Tornade sur le Sud-Ouest » en évoquant un « ouragan » sur ma ville, Brive : « La tribune du Stadium envolée, la toiture du centre annexe de secours emportée, le gymnase de Sainte-Féréole décoiffé en présence de personnes abasourdies alors qu'elles fêtaient le cinquantenaire du club de football, des tôles de plusieurs mètres carrés d'envergure volant en plein cœur de la cité gaillarde [...] c'est un miracle si on ne déplore aucune victime. »

La plus marquante fut qualifiée par les professionnels de « tempête du siècle » : le 26 décembre 1999 sur la moitié nord de la France, le lendemain sur le Centre-Ouest. Près de 100 morts, des dizaines de milliards de francs de dégâts, trois millions et demi de foyers privés d'électricité ou de chauffage, 300 millions d'arbres à terre. Mon ami Alain Baraton, jardinier en chef du domaine national de Trianon et du Grand Parc de Versailles, fut abattu, triste, impuissant : « On pensait que le parc ne pourrait pas s'en relever. On n'imaginait pas que des arbres de 300 ans aux troncs gigantesques puissent être ainsi pliés comme des allumettes. » Devant cette bombe atmosphérique, les girouettes s'affolèrent et les anémomètres enregistrèrent par endroits plus de 200 kilomètres à l'heure, celui de la tour Eiffel se bloquant même au-dessus de cette valeur.

Ce jour-là, j'officiais le matin sur La Chaîne Météo avant d'assurer l'après-midi ma vacation habituelle à franceinfo. En arrivant à la télé dès 4 heures du matin, je pris conscience de l'ampleur des dégâts à Paris. Depuis mon domicile jusqu'aux studios de la rue Cognacq-Jay[1], les rues étaient jonchées de détritus, arbres arrachés, panneaux publicitaires à terre, voitures détériorées.

En fin de matinée, un plus grand spectacle de désolation encore m'attendait à la Maison de la radio. Sous les coups de boutoir de violentes bourrasques, les baies vitrées du foyer B avaient cédé, laissant les espaces de

1. La Chaîne Météo s'y était installée dès ses débuts en 1995, avant de migrer vers les anciens locaux de LCI rue Olivier-de-Serres, puis d'effectuer un bref passage au sein de Météo-France avenue Rapp. Elle est désormais basée tout près de Poissy.

travail qui s'y trouvaient – heureusement inoccupés – jonchés de verre et ouverts à tous vents. Nous étions tous sous le choc.

En quelques jours tout fut nettoyé et le trou béant obturé par des panneaux de bois. Par précaution, des filets de protection enveloppèrent les vitres de tous les foyers et une campagne de remplacement fut décidée, en plusieurs phases, au début des années 2000 et jusqu'à 2016 pour les dernières (certains filets sont restés de nombreuses années).

Les vitrages en question méritent qu'on s'y attarde.

En 1963, quand l'immeuble fut livré, il s'enorgueillit de posséder les plus hautes façades en verre d'Europe, peut-être même du monde : plus de 11 mètres de hauteur sur 2 de largeur et une épaisseur de 12 millimètres. La société Sigeac, à Saint-Ouen, avait créé un moule spécifique pour leur fabrication, sur un plan établi par la Miroiterie de Lutèce. Une véritable prouesse qui ajoutait à la fierté de l'architecte et des constructeurs.

Pour bien comprendre leur envergure, il faut se mettre en tête la silhouette de la Maison de la radio : chacun des quatre foyers à l'arrière était éclairé par la lumière naturelle de 9 immenses fenêtres, qui portaient chacune 2 vitres de 6 mètres de haut (72, donc, au total). On trouvait les mêmes en façade Seine, une rangée en bas au rez-de-chaussée, surmontée d'une autre rangée au niveau de la galerie supérieure, 46 ouvertures en tout (moins 9 sas d'entrée), soit un total de 74 vitres de 6 mètres. Mais aux extrémités de la façade Seine, la trémie de l'escalier crée un vide sur l'ensemble des deux étages et c'est là que se trouvaient les vitres de 11 mètres : 6 de chaque côté.

Ces monstres de verre étaient à l'origine des monolithes (une plaque d'un seul tenant) qui, en raison de leur poids, ne pouvaient pas reposer sur cales sous peine de s'incurver. Ils furent donc suspendus par des pinces autoserrantes en laiton, à la manière d'un drap tenu sur une corde par des pinces à linge. Ces immenses mâchoires étaient solidaires d'une poutre métallique fixée au-dessus, selon le procédé de Hahn (du nom de son inventeur, un ingénieur allemand). Leur pose nécessita un matériel spécial et de nombreuses répétitions à blanc.

Le soir de la tempête, le verre se courba par effet de voile, des interstices se créèrent, le vent s'infiltra et les glaces se fendirent au droit des pinces avant de s'effondrer.

Les baies vitrées actuelles sont composées de manière différente. Philippe Jourdan, chef de projet qui fut le maître d'ouvrage pour leur remplacement, m'explique lors d'un tour complet du propriétaire qu'elles sont composées cette fois-ci de deux à trois couches collées par un film transparent très solide, le PVB (polyvinyle butyral), un peu comme un scotch double-face. Il y a toujours deux pans pour chacune des 9 ouvertures par foyer, maintenues en leur centre par un raidisseur, perpendiculaire et traversant, destiné à éviter la moindre torsion du verre. Au regard de l'envergure des parois, le jointement de ces différentes parties a été directement coulé sur place (ce qui a nécessité une « autorisation technique exceptionnelle » délivrée par les autorités *ad hoc*). Il s'agit d'un silicone formulé spécifiquement pour résister à la déformation axiale et au cisaillement, et qui participe à la résistance structurelle de l'ensemble.

En ce qui concerne la façade, on retrouve les 74 vitres de 6 mètres, mais celles de 11 mètres ont été scindées à moitié ; les 6 ouvertures comptent désormais 24 vitres de 5,50 mètres. Vous suivez ? Plus les 74, côté Seine, et les 72 des foyers... je vous laisse faire le total, Saint-Gobain se frotte les mains.

Ces nouveaux vitrages ne sont plus suspendus mais autoportant. Leur poids repose donc sur le sol, ce que permettent les nouvelles générations de verre.

Leur épaisseur offre une très belle qualité acoustique (à l'intérieur, on n'entend rien des bruits de la rue), mais une assez mauvaise qualité thermique (heureusement, merci la géothermie du bâtiment).

Ces vitres monumentales font depuis 2018, en tant que façades, l'objet d'une inscription au titre des Monuments historiques.

Enfin, dans la mémoire collective, une anecdote circule selon laquelle, le jour de l'inauguration le 14 décembre 1963, une des invitées (du show-biz) arrivée en retard, a engagé sa petite voiture décapotable sur la voie d'accès des pompiers et, dans une marche arrière un peu précipitée, a défoncé l'un des vitrages de 11 mètres près de l'entrée principale. À l'inverse, et c'est un triste lot quotidien, des oiseaux (qui ne voient pas le verre) se fracassent régulièrement contre les baies vitrées des foyers.

Viva l'Orchestra

Tout le monde le sait, *Tintin* se lit de 7 à 77 ans !

Pour jouer de la musique à l'Auditorium de la Maison de la radio et de la musique, c'est de 7 à 97 ans...

Il suffit pour cela de s'inscrire à Viva l'Orchestra, un orchestre de grands amateurs encadrés par des musiciens de l'Orchestre national de France. L'initiative remonte à 2011 au Grand Théâtre de Provence, à Aix-en-Provence, sous l'impulsion notamment de Marc-Olivier de Nattes, violoniste au National. Ce dernier, interrogé sur franceinfo, loua la solidarité entre les générations et les métiers née de cette aventure autant humaine que musicale : « C'est une découverte de l'un et de l'autre, et de la musique et de faire de la musique ensemble. »

Pas de barrière d'âge donc pour rejoindre cette formation éphémère, renouvelée d'année en année, il faut simplement répondre d'au moins deux ans de pratique musicale et accepter de participer à toutes les répétitions. Interdiction de revenir d'une année sur l'autre tant les candidatures se comptent par centaines. Cent quinze amateurs ont été retenus pour l'édition 2023. Quelle jouissance pour tous de se retrouver sous les feux de la rampe en condition professionnelle, devant un public de mélomanes dans l'une des plus belles salles de France. Deux concerts sont donnés en juin, dont l'un le 21, jour de la fête de la Musique.

L'écrivaine Valérie Zenatti, violoniste à ses heures, eut la chance de participer à Viva l'Orchestra : « On se retrouve là, venus de tous les horizons de France et issus de toutes les catégories sociales. Le chauffeur de taxi côtoie le cuisinier, les enfants sont au même niveau que les adultes, et on peut lire dans les yeux de tous ces gens ce que représente la Maison de la radio. C'était très émouvant. Quelle joie partagée ! »

Certains participent en famille : on a vu un père violoniste et sa fille violoncelliste, deux frères bassonistes ou deux sœurs jumelles jouant de l'alto pour l'une et du violoncelle pour l'autre. D'autres sont de jeunes amateurs déjà avertis qui aimeraient embrasser une carrière dans la musique. Il y a aussi des musiciens professionnels à la retraite qui s'offrent à nouveau le plaisir de la scène. Tout ce petit monde se retrouve entre janvier et juin, deux à trois fois par mois le samedi ou le dimanche.

La dernière semaine, du mardi au vendredi, l'orchestre travaille tous les jours. Lors de ces ultimes répétitions, les musiciens amateurs sont soutenus par une trentaine de musiciens de l'Orchestre national de France qui leur prodiguent conseils et astuces : comment projeter le son, trouver la bonne respiration, le bon coup d'archet, qui écouter, comment répondre au chef avec l'instrument, etc.

Les œuvres sont tirées du répertoire, surtout celles qui mobilisent le maximum d'instruments, et sont arrangées pour permettre aux moins aguerris de suivre leur partition sans être noyés. Ainsi pour les concerts 2023 (les 11 et 21 juin sous la direction respective de Barbara Dragan, cheffe assistante de l'Orchestre national de France et de son directeur musical Cristian Măcelaru), il y avait au programme Berlioz, Duparc, Chostakovitch ou Bartók.

En général Viva l'Orchestra répète au Studio 104, et se produit pour les deux soirées de prestige à l'Auditorium, en atteignant des objectifs que la plupart de ses membres amateurs n'auraient jamais osé rêver, eux qui se sont lancés dans l'aventure par simple amour de la musique.

Amateur ne viendrait-il pas du latin *amator* : celui qui aime ?

Voir : Auditorium ; Orchestres ; Musique.

Voix

Au moment où de Gaulle retrouva le pouvoir, en 1958, la Maison de la RTF (Radiodiffusion-télévision française) était déjà sur les rails. Le concours avait été lancé en 1952 – dès que le terrain fut cédé par la Ville de Paris –, l'architecte Henry Bernard désigné l'année suivante et les travaux entamés encore un an plus tard. Le Général, auteur de l'Appel du 18 juin qui a changé le visage de la guerre, savait quel puissant outil de communication, de propagande même, était la radio. Il s'employa à faire du futur siège de la RTF l'emblème de la voix de la France.

Le journaliste et écrivain Jean-Pierre Bédéï retrace, dans *L'Info-pouvoir*, la relation entre l'exécutif et l'audiovisuel alors que, depuis la fin de la guerre, la Radiodiffusion française était placée sous l'autorité directe du ministre de l'Information et que son directeur général était nommé par le gouvernement. Il cite Pierre Lefranc, chargé de mission à l'Élysée pour l'Information : « Le Général pensait que la RTF devait être la voix de la France parce qu'elle était une administration de la République, il ne comprenait pas qu'elle critiquât le gouvernement qui travaillait au redressement du pays. »

Le Premier ministre Michel Debré fut l'homme de la mise au pas de la RTF, suivi à partir de 1962 par Alain Peyrefitte, le secrétaire d'État à l'Information du cabinet Pompidou. Bédeï rapporte ainsi un propos de Peyrefitte sur ce que de Gaulle lui intima : « Cet établissement, qui devait être la voix de l'État en France et la voix de la France dans le monde, a été soviétisé. [...] Ce dont je vous charge, c'est de nettoyer les écuries d'Augias. »

Dans les plans initiaux du bâtiment, un appartement était d'ailleurs prévu pour que le ministre fût à demeure, afin de mieux surveiller ses ouailles. Ce dernier refusa finalement cette situation, peut-être un peu trop voyante. À ce sujet, Peyrefitte livre, dans *C'était de Gaulle*, une brève conversation avec le chef de l'État, le soir de l'inauguration du bâtiment, alors que les deux hommes déambulent le long des couloirs :

« Vous logez ici, naturellement ?

— Mais non, mon Général !

— Comment, il n'y a pas d'appartement pour le ministre ?

— Non, il n'y a que des bureaux. »

Mais quels bureaux ! Aménagés en lieu et place du logement de fonction ministériel, c'était une annexe du redoutable Service de liaison interministériel pour l'information (SLII), en clair un bureau de la censure. Des agents y tamponnaient les disques vinyles dont les morceaux étaient jugés trop subversifs ou licencieux pour être diffusés sur les ondes, comme *Le Gorille* de Brassens, ou *Le Déserteur* écrit par Vian pour Mouloudji. De la même manière les contenus des journaux étaient validés directement par le ministère de l'Information.

On connaît la suite, qui a conduit à Mai 68.

La « voix de la France » passait par les voix des journalistes de la radio nationale.

Aujourd'hui, la Maison de la radio et de la musique n'incarne fort heureusement plus la voix de la France mais s'apparente à un média au service du public dans un univers toujours plus concurrentiel.

Il reste les voix des hommes et des femmes qui font la radio.

Jusqu'à l'ère des réseaux sociaux et des podcasts filmés, ces voix attisaient, sur les ondes, une illusion à la convenance de chaque auditeur. Ainsi que je l'écrivais dans mon premier recueil de nouvelles (des fictions en lien avec le journalisme), il y avait une magie de la voix : « La vérité entre dans l'imaginaire. Tout le charme, la jubilation de la radio résident dans ce décor intérieur que chacun recrée à son goût, à ses envies, à ses rêves. On assume soi-même une part de la création. »

Je ne suis pas certain que cette magie perdure avec l'image.

Il n'empêche.

Bien que devenu un homme de plume, je n'oublie jamais avoir été toute ma vie un homme de voix.

C'est sans doute pour cela que l'Association des donneurs de voix m'a demandé d'être son parrain national.

Dans une centaine de bibliothèques sonores réparties sur tout le territoire, deux mille bénévoles permettent à des personnes empêchées de lire d'accéder gratuitement à la production littéraire du moment et aux principaux magazines d'actualités. Chaque jour, ces bénévoles lisent pour les autres. Les voix sont enregistrées, mises en ligne, gravées sur des CD. Ainsi les non-voyants, les personnes dans l'incapacité de tenir un livre ou les patients souffrant de troubles DYS peuvent, comme s'ils lisaient eux-mêmes les livres, recréer dans leur propre imaginaire les univers inventés par les auteurs.

120 000 titres mis en catalogue depuis cinquante ans (l'association vit le jour en 1972 puis fut déclarée d'utilité publique cinq ans plus tard), 30 titres de presse proposés à l'écoute et, chaque année, un prix littéraire national de l'audiolecture – il fut attribué en 2016 à mon roman *Un été sans alcool*.

J'ai appris à travailler ma voix et mon souffle et j'ai toujours tenté, au micro, de rester le plus naturel sans accentuer le ton. Aussi neutre que possible sur la forme, comme sur le fond. Il en va de même pour les livres lus par des donneurs de voix bénévoles, qui doivent ne surtout pas se prendre pour des acteurs ni surjouer le texte. Sinon, quelle place resterait-il à l'auditeur pour solliciter son propre imaginaire dans les situations décrites et les dialogues rapportés ? Il faut laisser à celui qui écoute la principale part de créativité dans la perception du récit. Cela réclame une grande humilité pour les donneurs de voix, que j'admire d'autant plus.

Rompre l'isolement, donner accès au savoir et à la culture grâce à cette association, et voilà qu'une situation de handicap s'efface pour des milliers de personnes à travers le pays. C'est formidable ! Je suis très fier d'accompagner cette aventure humaine autant que littéraire.

Voir : Gaulle, de, Charles ; Mai 68 ; Souffle.

W

Waters

La question des toilettes est affaire sérieuse. À preuve, les Nations unies leur consacrent chaque 19 novembre une journée internationale. Car plus de la moitié de la population mondiale s'en trouve privée et reste exposée à la propagation de maladies mortelles.

Sans remonter aux latrines romaines, signalons la découverte à Grignan, dans la Drôme, d'une installation inédite associée à des canalisations d'eau de pluie. Elle fut utilisée par la marquise de Sévigné sur ses derniers jours, à une époque où Louis XIV se contentait d'une chaise percée et où le peuple se soulageait le plus souvent dans la nature.

Depuis la fin du XVIIIe siècle, et l'invention de la chasse d'eau à clapet par l'ingénieur anglais Joseph Bramah, la technique d'évacuation des sanitaires a peu évolué. Nous sommes, pour un usage aussi intime, de trop grands consommateurs d'eau quand cette denrée devient de plus en plus précieuse et difficile d'accès dans certains pays.

Par bonheur, le sujet n'est plus aussi tabou, et la science se penche désormais au-dessus de la coupable cuvette pour réconcilier les petits coins avec la sauvegarde de la planète : W-C high-tech pour analyser le microbiote intestinal de chacun, transformation des urines en engrais chimiques, équipements autonomes peu gourmands en eau ou en énergie, promotion des toilettes sèches, etc. L'avenir est à l'imagination.

La Maison de la radio et de la musique n'en est pas encore là, mais elle a progressé. En effet, la réhabilitation a permis de remplacer par des chasses d'eau classiques et plus économiques – où l'on presse un bouton – un ancien mécanisme tombé en désuétude. Ce dernier consistait en une tige horizontale que l'on maintenait appuyée à volonté. Un véritable déluge, d'une puissance inouïe, jaillissait alors du réservoir et parfois même débordait telle une marée de tempête par-dessus la jetée d'un port. Il m'est arrivé plus d'un matin d'avoir les pieds arrosés.

Autre exemple de gaspillage bien inutile – qui fit jaser en interne dans les années 1990 – à l'occasion d'une visite de François Mitterrand. La prostate présidentielle était entrée depuis peu sous les feux de l'actualité. Ceci a-t-il un lien avec cela ? En tout cas, la direction de France Inter fit repeindre les couloirs du troisième étage et rénover les waters les plus proches du Studio 134, celui où le chef de l'État devait être interviewé. De magnifiques vasques en marbre marron remplacèrent les lavabos blancs de série présents à tous les étages. Ce lieu d'aisances de première classe, unique dans toute la maison, a été emporté par la réhabilitation. De mémoire, François Mitterrand n'y mit pas les pieds.

À propos de président, celui de Radio France disposa longtemps de toilettes privées. Michel Boyon, entré en fonction au milieu des années 1990, leur trouvait un côté « fait du prince ». Souhaitant afficher davantage d'humilité, il les fit supprimer ce qui aurait provoqué l'ire d'un de ses successeurs qui n'appréciait guère, en cas d'envie pressante les jours de grève et de manifestations de salariés devant son bureau, de devoir traverser ces groupes hostiles pour aller se soulager au bout du couloir.

Enfin, cela peut arriver partout, mais dans une entreprise où, après l'heure ce n'est plus l'heure, mieux vaut ne pas se faire enfermer dans cet endroit intime. C'est pourtant arrivé à un journaliste de France Inter, à deux minutes de l'antenne. Son édition écrite sous le bras (le digital n'était pas encore de mise), le voilà coincé face à un verrou hostile et, en attendant la délivrance par le service de serrurerie, contraint de glisser son texte feuille par feuille, sous la porte, pour qu'un confrère le lise à sa place au micro...

Maisondelaradioetdelamusique.fr

Il fallait un site dédié à cette demeure exceptionnelle.

Bien sûr, Radio France dispose d'un accès général, riche en contenus. Il permet de pénétrer les méandres de l'entreprise (ses ressources humaines, sa gouvernance, les chiffres clés), de découvrir les missions de service public qui la guident (informer, éduquer, cultiver, divertir), d'appréhender son rôle dans le champ social ou de connaître les fréquences des stations à n'importe quelle adresse en France. Il renvoie aussi aux sites propres des différentes entités que sont les orchestres, les stations, la médiatrice, les éditions, et... la Maison de la radio et de la musique.

Via cette adresse internet spécifique attribuée à l'édifice, s'ouvre une mine d'informations pratiques. L'agenda des concerts dans les différentes salles permet de choisir son prochain spectacle par genre musical, par date ou par artiste. Les visites guidées sont détaillées, pour les scolaires, pour les groupes ou les individuels, pour le jeune public avec ou sans avant-concert, pour les familles. On y retrouve le déroulé des ateliers artistiques et musicaux ainsi que ceux proposés autour de l'information. Les expositions en cours, les émissions en public, les rencontres et les conférences à venir y sont répertoriées tout comme l'ensemble des informations pratiques sur les billetteries, les moyens d'accès, les espaces ouverts, les lieux de restauration, etc.

Quant à l'histoire du bâtiment, un onglet spécifique entraîne dans un voyage depuis le concours d'architecture en 1952 et l'inauguration officielle en 1963 jusqu'à l'édifice actuel réhabilité. Des extraits sonores ou télévisés et des images d'époque ponctuent ce parcours au gré des décennies. Durant l'année du cinquantenaire, cet espace patrimonial en ligne fut largement étoffé.

Et puis, avant le site officiel, il y eut une adresse parallèle, pour ne pas dire clandestine, à l'initiative d'un jeune collaborateur passionné d'informatique qui venait d'arriver dans les murs. Julien Baldacchino (aujourd'hui au service web de France Inter) trouvait dommage de ne pas valoriser le patrimoine de la maison. « En 2012, je suis tombé sur une vidéo de l'année précédente montrant des musiciens des orchestres en train d'enregistrer les nouveaux jingles de France Inter. Ce qui était une première. J'ai eu envie de dévoiler ces coulisses aux amoureux de la radio. J'ai donc créé le site lapoeleafrire.fr, du surnom du logo de la Maison de la radio. » Toujours accessibles, ces pages forment un témoignage inédit, parmi d'autres, sur un pan de l'histoire de la maison et de ses antennes. On y déniche des vieux logos disparus, des extraits musicaux improbables, des documents oubliés. J'ai adoré y naviguer sans recherche précise, juste pour le plaisir de l'inattendu.

Enfin, il ne serait pas complet d'évoquer la présence du bâtiment sur le digital sans renvoyer vers son application sur les réseaux sociaux.

Voir : Archives ; Poêle à frire.

Wilmotte, Jean-Michel

La Maison de la radio et de la musique vue par...

« Henry Bernard a cassé les alignements haussmanniens afin de réaliser un rond. Pour l'époque, c'était totalement révolutionnaire !

« C'est un bâtiment que j'aime de plus en plus. Il vieillit bien. Peut-être parce qu'il continue de refléter ses fonctions : les bureaux en périphérie ; les studios, protégés, donnant sur la cour intérieure ; les grandes salles de la façade ouvertes vers la ville. Cette fonctionnalité respire dans l'architecture, cela se voit, et le côté visionnaire de l'époque reste, soixante ans plus tard, dans l'air du temps.

« Surtout, la *maison ronde* a ouvert la voie à d'autres constructions incroyables. L'aéroport Roissy 1 de Paul Andreu et Henri Vicario, qui est un lieu unique avec son cœur évidé, les tapis roulants se croisant, les satellites auxquels on accède par des souterrains. Le siège du parti communiste, place du Colonel-Fabien, quand Oscar Niemeyer inventait un objet ovoïde autour de son amphithéâtre. Tout cela est d'une fonctionnalité redoutable.

« En plus, Henry Bernard a eu l'intelligence de ne pas construire les logements prévus autour de la Maison de la radio, afin de dégager l'espace. Et il a fait dialoguer sa construction avec le pont de Grenelle, la Seine et l'ensemble du quartier dont elle est finalement devenue l'emblème. C'est remarquable. »

Jean-Michel Wilmotte est architecte.
Entretien accordé à l'auteur.

X

Xylophone

Si vous écoutez la *Danse macabre*, de Camille Saint-Saëns, tendez l'oreille à moins de deux minutes du début. Après une envolée digne d'une valse de Strauss, des xylophones répondent au thème saccadé lancé par les violons. Lorsqu'elle fut jouée pour la première fois en 1875 sous la direction d'Édouard Colonne, à Paris, l'œuvre surprit le public par l'apparition de ces percussions de bois dans un orchestre symphonique. Une initiative qui n'étonne pas vraiment chez le compositeur français habile à donner à chaque instrument un rôle précis. Ici, le xylophone illustre les os des squelettes qui s'entrechoquent dans le poème d'Henri Cazalis[1], dont ce bal de Satan musical est inspiré :

Les squelettes blancs vont à travers l'ombre,
Courant et sautant sous leurs grands linceuls.
Zig et zig et zig, chacun se trémousse,
On entend claquer les os des danseurs

1. « Égalité, Fraternité... » dans *L'Illusion*, recueil publié en 1888 sous le pseudonyme de Jean Lahor, et dont la deuxième édition a été couronnée par l'Académie française.

Saint-Saëns avait puisé dans le parc instrumental pour créer – comme il le fera plus tard pour *Le Carnaval des animaux* – de véritables images sonores.

À propos de parc instrumental, celui de la Maison de la radio et de la musique serait le plus important d'Europe, au moins l'un des plus riches. Impossible de détailler avec précision le nombre des instruments, autour des 3 000, car certains sont en plusieurs exemplaires, d'autres connaissent différentes déclinaisons. Il y a ceux que les musiciens possèdent en propre (les plus petits), ceux qui sont mis à leur disposition (les plus imposants), des accessoires à n'en plus finir et quelques pièces de musées.

Son responsable Emmanuel Martin présente avec fierté un glockenspiel centenaire : « De la marque américaine Deagan, qui n'existe plus, il est d'une qualité exceptionnelle. On l'appelle le Parsifal, comme l'opéra. Il possède trois octaves. » Contrairement au xylophone dont les lames sont en bois, le glockenspiel qui a exactement la même forme dispose, lui, de lames en métal. Malgré son grand âge, celles de notre Parsifal brillent comme des neuves. À ses côtés, dans l'antre où se cachent toutes ces merveilles, au sous-sol de la maison ronde, des cloches-tubes qui, dans un format plus compact, reproduisent le son de cloches d'églises. « Radio France possède aussi de vraies cloches d'églises, stockées dans des entrepôts dans le 18e arrondissement, précise Emmanuel. Certaines partitions les réclament comme la *Symphonie fantastique* de Berlioz ou *Les Tableaux d'une exposition* de Moussorgski. Les nôtres sont sur deux octaves, ce qui est extrêmement rare. Seul l'Opéra de Paris doit avoir les mêmes. »

Pour protéger le matériel le plus précieux, en particulier les percussions à peau animale, dans certaines pièces l'hygrométrie est maintenue et surveillée en permanence à 50 % d'humidité et la température à 20° C. Tam-tams, gongs, ressorts, xylophones en bois précieux, marimbas, timbales, tubas, harpes, grosses caisses, vibraphones, glockenspiels, contrebasses et des dizaines d'autres objets musicaux attendent sagement d'être utilisés, en fonction des partitions ou des déplacements.

Car les deux orchestres de Radio France voyagent beaucoup. Leur renommée internationale les conduit sur les routes de France, de Navarre et bien au-delà par les airs. Une logistique impressionnante est chaque fois mise en œuvre pour transporter les instruments dans les meilleures conditions. On les emballe en général dans des *flys* (de l'anglais *fly case*) : de grosses caisses en bois capitonnées à l'intérieur et encadrées par des armatures en fer. Un poids lourd semi-remorque se gare devant la radio et des camions de trente tonnes font la navette par une rampe jusqu'au parc instrumental, situé sous la porte B, pour y charger le matériel.

« Ici, ce sont des *flys* spécialement conçus pour les chaises des percussionnistes, explique Catherine Nicolle, déléguée à la direction de la Musique et de la Création culturelle, en désignant un compartiment où rentrent tête-bêche, presque au chausse-pied, quatre de ces chaises spéciales. Elles ont un dossier et une assise réglable en hauteur pour que les timbaliers, notamment, puissent dominer. Seules des chaises spécifiques comme celles-là sont transportées, ainsi que le podium et le pupitre du chef. Les chaises et les pupitres des musiciens sont en principe livrés par la salle où se produit l'orchestre. Une centaine de *flys* est en général mobilisée pour le déplacement d'une formation symphonique. »

Le parc instrumental s'apparente, certes, à l'endroit physique où sont rangés les instruments encombrants, mais c'est aussi l'entité administrative qui les prépare pour chaque représentation. Ils sont alors sélectionnés selon les œuvres au programme et les indications des partitions.

Pour les déplacements, les plus gros instruments sont protégés dans des *flys*, les plus petits (comme les violons, les flûtes, les hautbois ou les trompettes) restent toujours entre les mains de leur titulaire. Pour des concerts à la Maison de la radio et de la musique, ils sont installés à l'Auditorium : un régisseur d'orchestre dessine un plan précis d'implantation suivi à la lettre par un régisseur du parc qui dispose alors sur la scène les chaises, les pupitres et les instruments volumineux.

À l'arrière de la salle, un foyer spécial est dévolu aux percussionnistes, soumis à des manipulations particulières : en fonction des sets inscrits sur leur partition, ils sont amenés à changer d'instrument, à récupérer des accessoires multiples ou à intervertir leurs baguettes, maillets, fagots, balais et autres marteaux. Ils s'éclipsent alors discrètement de la scène, par le fond, pour rejoindre ce petit foyer où chaque percussionniste dispose d'un mobilier sur mesure. Un régisseur du parc instrumental aura déposé les accessoires nécessaires dans les tiroirs nominatifs des « percus » : Florent, Manu ou Gilles, par exemple, pour l'Orchestre national de France.

Voir : Auditorium ; Musique ; Orchestres.

Y

Y a d'la joie

L'année même où je débarquai sur franceinfo, en 1992, Charles Trenet sortait son album *Mon cœur s'envole*. Je fredonnais avec bonheur la plupart des titres de ce disque incroyable, enregistré à 80 ans, avec une préférence pour « Drôles d'idées », aux arrangements remarquables. Trenet qui, la même année, à la question d'Isabelle Pasquier sur France Inter : « Un jour vous partirez sur la pointe des pieds ? » répondit : « Je ne pense pas que je partirai sur la pointe des pieds, je m'envolerai. »

Mon cœur s'envole vers toi
Dans un ciel d'espoir et de dimanches
Ce sera la plus belle des revanches
Quand la vie nous réunira

« Mon cœur s'envole vers toi » était le titre phare de l'album.

Entre le disque et l'envol du poète, son nom fut associé en 1993 – sur une idée de Pierre Bouteiller, directeur des programmes d'Inter – à l'un des studios mythiques de la Maison de la radio et de la musique, le 105. Trenet est venu à ce baptême, honoré et heureux d'être consacré de son vivant. Il a d'ailleurs lui-même dessiné le graphisme, à l'entrée du studio, de l'autoportrait auréolé de son célèbre feutre mou, en lettres de néon comme au music-hall dont il était le représentant le plus éclatant.

Bouteiller était fan de Trenet, comment ne pas l'être au demeurant. L'artiste a tant apporté à la chanson française. Le swing, le rythme, la modernité, une liberté absolue dans les textes. En réalité, Charles Trenet eut une relation singulière avec Radio France. Dans les années où plus personne ne voulait l'écouter, il fut embauché pour assurer une chronique matinale sur les ondes de France Inter. Il y partageait sa passion pour la chanson française. Quelques années plus tard, il parraina un radio crochet qui se déroulait dans la Maison de la radio. Puis, encore plus tard, invité de Laurent Ruquier dans *Rien à cirer*, il se prit au jeu de l'émission en répliquant à la lourdeur d'un humoriste, l'interrogeant sur « La Folle complainte »[1], par un joli trait poétique : « Puisque vous êtes inquiet de savoir à quoi sert cette passoire, eh bien, elle sert à passer… le temps. »

Trenet composa même l'indicatif de *Rien à cirer*, enregistré en novembre 1994 dans ce Studio 105 qui porte désormais son nom. Ce jour-là, sachant sa venue dans la maison, j'avais eu l'outrecuidance de l'attendre dans le grand hall (devant lequel il s'était fait déposer) pour lui tendre quelques textes, qu'il a gentiment pris de mes mains pour les transmettre à son assistant, dont je n'eus, bien sûr, aucune nouvelle. C'était une époque où j'écrivais beaucoup de mauvais poèmes…

Qu'on l'appelle studio Charles Trenet ou Studio 105, le lieu est entré dans la légende de la radio, mais aussi

1. Dans « La Folle complainte », Trenet chante ceci : « La bonne n'est pas sage, on l'a trouvée hier soir derrière la porte en bois, avec une passoire se donnant de la joie. »

de la musique en général. Avec ses 240 places et sa large scène de 200 mètres carrés, il a vu passer des générations de chanteurs et de musiciens. Idéal pour des concerts intimistes ou des émissions accueillant des spectateurs – assez pour qu'on les entende mais pas trop pour que cela reste de la radio –, son alignement de confortables fauteuils bleus (ils étaient rouges en 1963) lui conférait une certaine élégance.

Ce studio reste également dans la mémoire radiophonique pour les *Black Sessions* de Bernard Lenoir. L'animateur – qui avait commencé aux côtés de José Artur dans les années 1970, avant de produire *Feedback*, de quitter la maison ronde, puis d'y revenir en 1990 – occupait les soirées du lundi au vendredi pour *C'est Lenoir*. Durant cette émission, il invitait régulièrement des artistes à se produire en direct et en public. Ainsi, jusqu'en 2011, plus de trois cents *Black Sessions* furent programmées au 105, un certain nombre d'entre elles ont donné lieu à des albums.

Il y eut aussi de nombreux *Live à FIP*, pour des expériences fortes de la musique vivante avec des artistes éclectiques, ainsi que l'émission d'Isabelle Dhordain *Le Pont des artistes* et l'incontournable *Le Masque et la Plume* longtemps menée par Jérôme Garcin.

Et puis comment ne pas citer encore *Le Tribunal des flagrants délires*, qui nous faisait hurler de rire. Claude Villers, robe de juge sur les épaules, tentait de contenir en agitant sa clochette le procureur général Pierre Desproges (l'inoubliable réplique « La robe austère de la justice sous laquelle… ») et l'avocat Luis Rego, qui se déchiraient autour de la personnalité invitée.

Au demeurant, le 105 est le studio historique des grands rendez-vous d'humour de France Inter. Après avoir commencé au 125, *L'Oreille en coin* y établit très vite ses quartiers. On l'a vu, *Rien à Cirer* l'en délogea. Puis *Le Fou du roi* de Stéphane Bern prit la suite et plus récemment *La Bande originale* de Nagui (rapatrié actuellement au 621, au-dessus de la rédaction de la chaîne, le temps de la réhabilitation).

Impossible d'énumérer tous les rendez-vous qui ont pris corps dans cette très belle salle de la Maison de la radio et de la musique. Point de ralliement pour les assemblées générales de grève, elle fut aussi le théâtre de discussions homériques. Une première rénovation avait conduit les émissions à trouver refuge ailleurs. Jean-Luc Hees, directeur d'Inter à ce moment-là, se souvient qu'il fallait chaque jour monter les décors du *Tribunal des flagrants délires* dans le foyer B, juste au-dessus.

Le 105 se refait en ce moment une nouvelle beauté avant sa réouverture en 2025 (comme l'ensemble des studios de création). En décembre 2018, une série de concerts y fut organisée pour fêter sa longue première vie. Il renaîtra sous une forme nouvelle tout en conservant ses caractéristiques : absence de repères extérieurs, régie derrière les vitres (à droite de la scène quand on regarde la salle), des gradins rétractables pour agrandir la scène, et des équipements de projection de qualité cinéma. La couleur bois sera dominante.

Yann

Prononcer ce seul prénom, à France Culture ou à France Inter dans les années 1990, suffisait pour savoir de qui on parlait.

Il m'est difficile de m'attaquer au monstre sacré que fut Yann Paranthoën, véritable légende radiophonique. D'abord parce que je ne l'ai jamais rencontré : la Maison de la radio est un vaste domaine hélas trop cloisonné, où chacun vaque à ses occupations sur un territoire bien défini. Ensuite parce que d'autres l'ont déjà fait avec davantage de talent et de précision. Un livre lui a même été consacré, coordonné par son ami et collègue Christian Rosset : *Yann Paranthoën, l'art de la radio*.

Et puis sans doute l'homme appartient-il au monde radiophonique d'avant, celui de la bande magnétique, dont la page est tournée depuis près d'un quart de siècle : franceinfo fut, dans la Maison, la première radio à passer au tout numérique en 2000 (ce qui m'a valu à l'époque d'improviser de longues minutes, à plusieurs reprises, à cause des bugs des nouveaux outils de diffusion).

Le fondateur de la revue *Syntone*, consacrée à l'art de la radio, Étienne Noiseau, le confirme ainsi dans ses colonnes : « Yann Paranthoën représente une certaine nostalgie du XXe siècle. Sa disparition en 2005, en pleine mutation technologique, est un adieu au siècle qui fut aussi celui du mythe de l'ascension sociale. Répétée à toute occasion, c'est une *belle histoire* que celle du documentariste breton : fils d'un tailleur de pierre de l'Île-Grande, entré par hasard à la radio d'État comme technicien, puis, outrepassant les barrières hiérarchiques et corporatistes, il gagne ses galons de producteur de ses propres documentaires. Aucun autre *ouvrier* de Radio France n'a eu et n'aura jamais plus ce même statut extraordinaire qui lui a permis de bénéficier d'un studio à titre personnel et de signer son travail en tant qu'auteur. »

De fait, Yann Paranthoën disposait de sa propre *cellule* de montage et de mixage, la 208. Située au cinquième étage de la radiale – couloir qui relie la couronne extérieure à la tour centrale –, on y accédait par le palier D. Yann régnait sur une petite dizaine de magnétophones Studer et une console dotée de puissantes enceintes. Il y effectuait les missions dévolues à son poste de réalisateur à France Culture mais aussi des tâches plus personnelles, des créations d'art qui ont fait sa renommée internationale et dont certaines furent couronnées de prix.

Reconnu comme le maître incontesté du documentaire sonore, Paranthoën a inventé un langage. La radio fut son destin. Né en Bretagne, fils adoptif d'un tailleur de pierres après avoir perdu son père à 4 ans, il découvre Radio Londres à 6 ou 7 ans, se passionne alors pour les ondes lointaines et décide dix ans plus tard d'entrer dans la marine comme radariste. Monté ensuite à Paris, il trouve un job dans un Prisunic avant d'entrer, grâce à une cliente originaire de son village, à la Radiodiffusion-télévision française, la RTF. Nous sommes en 1958. Le jeune Yann plonge dans un milieu où il se sent à l'aise. Il débute comme opérateur du son, puis devient monteur et mixeur, il travaille en particulier pour *L'Oreille en coin* du dimanche, un programme radiophonique novateur qui sortait déjà en lui-même des sentiers battus de l'époque. Les thématiques faisaient des pas de côtés, la mise en forme était soignée, les invités avaient du temps pour s'exprimer.

Quand Paranthoën est entré à la RTF, le montage prenait forme, lui offrant une approche inédite de la radio. « Partant du montage, confie-t-il à Agathe Mella sur France Culture en 1987, je me suis mis progressivement à fabriquer avec des sons, sans me reposer sur un autre support. Souvent on prend un texte ou une musique, on fait référence à quelque chose qui existe déjà, alors que moi, quand j'ai une émission à faire, je pars d'une envie. » Très vite, éclate un véritable talent dans sa manière de construire les reportages et les documentaires. Ses productions sont remarquées comme des œuvres où s'affirme la restitution du réel telle une sculpture sonore. De fait, Yann taille les sons à l'image de son père taillant les pierres.

Vingt ans après son arrivée à la radio, Yann Paranthoën avait gagné un statut qui lui permettait de cumuler, en plus de son travail dédié aux chaînes, du temps pour ses créations radiophoniques personnelles. Il bénéficiait de plusieurs jours par mois et donc de la fameuse cellule 208 pour avancer sur des projets pas forcément destinés aux ondes. Il y pétrissait les sons en modeste artisan et les magnifiait en auteur à part entière.

« Pour moi, la radio est très proche du fonctionnement d'un peintre ou d'un sculpteur, expliquait Yann. C'est-à-dire que je manipule les sons comme autant de couleurs, c'est au-delà du sens. Bien sûr qu'il y a du sens qui apparaît dans le travail, mais je n'en tiens pas compte. Ce n'est pas abstrait, il y a une histoire, mais je fais confiance aux sons et aux éléments... »

Surtout, Yann Paranthoën a bénéficié d'un ingrédient majeur, le plus précieux de tous sûrement, qui a permis à la radio de service public d'accéder à un niveau d'exception, et qui tend hélas à être de moins en moins accordé aux nouvelles générations qui s'emparent du micro ou des sons : le temps.

Parmi la centaine de ses œuvres radiophoniques, plus de la moitié ont été diffusées par Radio France. Certaines sont entrées dans l'Histoire des ondes comme *Lulu*, portrait d'une femme de ménage de la maison ronde en 1988, *Questionnaire pour Lesconil*, qui raconte l'incidence du paysage sonore sur le comportement des habitants d'un port breton davantage à l'écoute de la mer, *On Nagra*, consacrée au magnétophone enregistreur de reportage et de cinéma, ou *Un Américain à Paris-Roubaix*, fresque sonore sur la mythique course cycliste dont certains pavés avaient peut-être été taillés par son père ou par le père de son père.

Au demeurant c'était un garçon fou de vélo (qui a dû rêver, gosse, de devenir un jour coureur professionnel). Il a réalisé un *Hommage à Fausto Copi*, hélas inachevé. Son amour pour la petite reine remonte à son enfance. Sa compagne Claude Giovannetti en précisa les origines, dans un hommage rendu par Antoine Chao en juillet 2022 sur France Inter : « Sur son petit vélo, il grimpait la côte de Pleumeur-Bodou, effectivement assez pentue, et il arrivait à doubler le car. Il a dû rêver très fort, enfant, de records cyclistes. Il avait évidemment ses héros, dont Fausto Copi. C'était aussi un aspect breton de son enfance parce qu'il apportait les nouvelles de l'arrivée du tour de France aux tailleurs de pierres qui n'avaient pas de transistor. Il allait même de l'Île-Grande jusqu'à Mûr-de-Bretagne pour voir passer le tour de France. »

Chacun se souvient de la voix douce de Yann, de sa manière d'insuffler une dynamique créatrice malgré une certaine timidité et, paradoxalement, du volume sonore avec lequel il écoutait les éléments sur lesquels il travaillait (ce qui est nécessaire pour bien capter l'ensemble des fréquences). La porte de la 208 était souvent entrouverte, certains passaient une tête et plongeaient à leur tour dans l'univers qu'était en train de bâtir le sculpteur de sons. « Il était presque toujours seul dans son royaume ! se souvient Guillaume Baldy, réalisateur à France Culture. Quand il m'arrivait de glisser un œil dans l'entrebâillement de la porte, j'avais un sentiment délicieux d'effraction et de transgression, alors que Yann était bienveillant avec les jeunes *Padawans*... Je suis de ceux qui pensent qu'un studio ou une cellule de mixage devrait porter son nom. »

Yann Paranthoën a fait construire, sur son île bretonne natale, une maison ronde, comme une deuxième Maison de la radio, la sienne.

Voir : Cellule(s).

Yared, Gabriel

La Maison de la radio et de la musique vue par…

« Deux moments forts à la Maison de la radio restent gravés dans ma mémoire.

« En janvier 2021, j'y ai donné un concert de mes musiques de film, au piano, accompagné par l'Orchestre philharmonique sous la direction de mon ami Dirk Brossé. C'était durant la pandémie, à l'occasion d'une journée que France Musique m'avait consacrée ; hélas, les chœurs n'ont pas pu se joindre à nous en raison d'un cas contact.

« Surtout, en 2009, à l'occasion du prix Sacem-France Musique que j'avais reçu l'année précédente, le Philharmonique a joué sous la direction de Pablo Heras-Casado l'œuvre *Eternity*, pour soprano et orchestre, que j'avais composée (sur commande de France Musique) d'après le poème d'Emily Dickinson. Henri Dutilleux – avec qui j'entretenais une correspondance de longue date – m'avait promis de venir. Il s'est trompé en allant à la Sacem, et n'est arrivé que pour la fin du concert. Le Maître se déplaçait en fauteuil roulant, et avait tenu quand même à être présent à mes côtés à la Maison de la radio.

« Nous avons longuement échangé après le concert. Le plus beau souvenir de ma vie… »

Gabriel Yared est compositeur. Il a obtenu l'oscar de la meilleure musique de film pour *Le Patient anglais*.

Entretien accordé à l'auteur.

Z

Zenatti, Valérie

La Maison de la radio et de la musique vue par...

« Dans une vision très haussmannienne de la capitale, ce bâtiment frappe et raconte une époque architecturale – si je peux me permettre cet oxymore – d'une modernité vieillotte. Il en impose par une densité, qui révèle le poids de la radio à ce moment-là, lorsqu'il y avait monopole d'État. C'était l'alpha et l'oméga de l'information et du divertissement, surtout si on compare à l'érosion actuelle de l'audience radio (sauf pour les chaînes de la Maison de la radio...). L'architecture s'inscrit, tel le cœur d'un réacteur, dans cette histoire d'une toute-puissance.

« De l'intérieur cette fois-ci, je ressens une ruche qui bourdonne sans cesse. Et puis, comme tout le monde, je m'y perds ! Mais cette absence de repères a quelque chose de bénéfique aussi, elle offre une désorientation qui permet d'arriver dans un studio, pour une émission, en étant comme dans une bulle où on va pouvoir enfin reprendre pied. »

Valérie Zenatti est écrivaine, traductrice et scénariste. Entretien accordé à l'auteur.

Zigotos

J'ai longtemps été grand fan, dans les années 1980, d'une émission culte de France Culture : *Des Papous dans la tête*. Il faut dire qu'elle réunissait de sacrés personnages, chaque dimanche à midi autour de ses créateurs Bertrand Jérôme et Françoise Treussard. On s'y amusait en apprenant, on écoutait avec délices les amoureux des mots et des belles lettres s'affronter dans des joutes littéraires de haute volée, on aimait la poésie induite par ce mélange d'humour, de savoir et de partage, on ne se lassait jamais des calembours savants ni des jeux de potaches éclairés, bref l'intelligence de cette émission à l'ambiance bon enfant vous transportait chaque fois, depuis l'univers des classiques jusqu'à la découverte de l'avant-garde.

Pour retrouver cette aventure radiophonique unique, il reste les podcasts qui – sans surprise vu la qualité et l'universalité de ces productions hebdomadaires durant plus de trente ans – n'ont pas pris une ride, ou encore *Des Papous dans la tête. Les Décraqués. L'Anthologie*, un ouvrage collectif réunissant les moments les plus amusants sélectionnés par leurs créateurs eux-mêmes, augmenté peu après par *Le Dictionnaire des Papous*.

Les Papous étaient une petite communauté, un clan adepte de facéties oulipiennes, une bande de zigotos pour lesquels j'éprouvais, jeune adulte, une admiration sans bornes et qui m'ont sans doute instillé l'envie d'aller plus loin dans l'approche des mots et de l'écriture.

D'ailleurs, le mot « zigoto » que j'utilise à leur égard (qui, notez-le, m'arrange bien pour conclure ce *Dictionnaire amoureux*) n'aurait peut-être pas eu l'heur de leur plaire, puisque la définition du Larousse évoque à son propos un « individu inquiétant, bizarre, extraordinaire, ou qui cherche à épater ».

Bien sûr, ils avaient une manière d'épater la galerie, mais avec une telle finesse, sans esbroufe et dans un esprit d'autodérision qu'il faut prendre l'expression dans son acception la plus positive qui soit.

Bien sûr, ils étaient bizarres et inquiétants, avec cette manière de tordre les textes, d'essorer les esprits, de titiller les conjugaisons, de transformer l'auteur des *Misérables* en machine à laver *Victor Hublot* au cours d'une « publipapoucité » de légendaire mémoire où *l'eau de Javer* ne suffisait plus, mais quel bonheur de suivre les méandres de leurs explications, de deviner les chemins sur lesquels ils nous entraînaient.

C'est alors qu'ils devenaient extraordinaires, mettant en application le principe de l'Oulipo[1] selon lequel la contrainte incite à la recherche de solutions originales.

La communauté des Papous s'étendait à un auditoire fidèle, qui les suivait chaque dimanche dans le poste, et de temps à autre pour de vrai, en spectacle vivant.

À la Maison de la radio, les Papous transformaient un simple studio de France Culture en une salle de classe studieuse – j'imagine le travail en amont pour préparer une émission d'une telle densité, le mécano intellectuel à installer, les textes à écrire, les répétitions du matin pour caler les passages chantés, déclamés ou joués à plusieurs voix comme au théâtre. Si les séquences étaient pour l'essentiel enregistrées à l'avance puis remontées par les doigts magiques du réalisateur Yann Paranthoën, il arrivait que le Studio 105 et parfois même le 104, pour les grands millésimes du rendez-vous, se transforment

1. *L'Ouvroir de littérature potentielle*, désigné par son acronyme Oulipo, est un groupe de littérature inventive et innovante né au milieu du XXe siècle.

– les Papous auraient écrit *se transformassent*, en insistant sur les syllabes – en véritable scène de théâtre avec dans la salle un public nombreux (c'était en général plein à craquer). Plusieurs fois par an, les Papous s'évadaient à la rencontre d'autres spectateurs (en province, au Salon du livre, à la Cité des sciences, au théâtre de l'Alliance française, etc.).

Impossible ici de citer tous les exceptionnels participants aux *Papous dans la tête*, ces femmes et hommes écrivains, professeurs, dessinateurs, journalistes, peintres, metteurs en scène, chanteurs, linguistes, cinéastes, traducteurs, comédiens...

Je garde toutefois une affection particulière pour l'un d'entre eux, entré dans l'aventure dès l'année de création de l'émission, en 1984 : Henri Cueco. Ce peintre et écrivain de talent vivait entre la région parisienne (à Montmagny dans le Val d'Oise) et Vigeois, en Corrèze, chez moi.

De sa plume tendre et acerbe à la fois, il écrivait des textes d'anthologie comme celui livré aux Papous, en juin 1998, autour d'une leçon de dessin « universelle et neutre » sur le modèle du petit pois, objet idéal pour le raccrocher « soit au réalisme, soit au paysagisme (n'est-il pas une plante), soit au minimalisme, soit encore à l'art conceptuel, cet art qui consiste à dire comment on fait, comment on pourrait faire, comment on aurait pu faire, tout cela pour éviter de faire ».

Je lui avais consacré un de mes premiers reportages d'envergure dans le journal *L'Écho du Centre*. J'avais 18 ans et je fus très impressionné par cet artiste éclectique qui me reçut chez lui presque comme un ami, passant un après-midi entier à me raconter sa peinture. Plus de quarante ans après, j'ai remis la main sur ce papier : « Cueco a dessiné l'herbe devant son atelier, la haie du Pouget, où il habite, les bêtes du comice agricole du canton. Par certaines toiles, il exprime ses sentiments sur des thèmes plus précis, toujours en rapport avec la région. La sécheresse de 1976, dure de conséquences pour les paysans. Le maquis de Corrèze, visages tendus et poings crispés enfouis dans l'herbe d'un pré moins nu qu'il ne paraît. »

Cueco – il aimait qu'on l'appelle par son seul patronyme – travaillait à cette époque non sur le petit pois mais, pas très loin en thématique, sur l'herbe, dont il emplissait ses toiles de simples brins. L'homme était politique, dénonçant la consommation à outrance, l'emprise de la publicité, le désir de confort, l'accélération de la société à laquelle il opposait la recherche de la simplicité, de l'épure, de l'évidence visuelle. D'où cette série intitulée *Les Herbes/Paysages* qu'il a produite à la fin des années 1970.

Je l'avais invité sur franceinfo en 2010 – retrouvailles brèves mais chaleureuses – pour évoquer son travail de créateur, en toute simplicité et bienveillance, sans jamais lui chercher… des poux dans la tête.

Remerciements

Je veux en premier lieu remercier mes deux éditeurs, qui ont cru en ce projet et m'ont fait confiance : Anne-Julie Bémont aux Éditions Radio France, qui me suit depuis mon premier roman, et Grégory Berthier-Saudrais chez Plon, dont j'ai appris à connaître la délicatesse et l'exigence. Je renouvelle aussi mes remerciements à la présidente de Radio France, Sibyle Veil, qui m'a laissé une totale liberté d'écriture. Merci aux anciens P-DG qui m'ont consacré du temps, Jean-Marie Cavada, Jean-Paul Cluzel, Mathieu Gallet et Jean-Luc Hees, ainsi qu'aux directeurs qui m'ont reçu : Jean-Philippe Baille, Jean-Emmanuel Casalta, Vincent Giret, Didier Varrod et Marc Voinchet.

Ensuite, je tiens à remercier les personnalités, véritables ami(e)s ou relations ponctuelles et cordiales, qui ont toutes répondu « présent » lorsque je les ai contactées. Je voulais ajouter leur regard au mien, parce que souvent nous avons tissé ensemble le premier lien à la Maison de la radio et de la musique : Roberto Alagna, Éric Antoine (fidèle de longue date), Pierre Assouline, Alain Baraton (merci pour les balades dans le parc, avec Coco), Jean-Marc Barr (poète autant qu'acteur), Alain Bauer, Cécilia Berder, Yves Bigot, Barbara Carlotti, Christophe

Dechavanne (dont j'ai toujours admiré l'audace), Natalie Dessay, Philippe Geluck, Pierre Hermé (nous avons entamé nos carrières parisiennes à la même époque), François Hollande (souvenirs de Corrèze...), Étienne Klein (la voie de la sagesse et la sagesse de la voix), Macha Makeïff, Thierry Marx (dix ans de compagnonnage radiophonique et une grande estime), Muriel Mayette-Holtz (souvenirs de la Villa Médicis...), Olivier Mirguet, Patricia Petibon, Yann Queffélec (qui m'a bluffé par son *Dictionnaire amoureux de la Bretagne*, un vrai roman, chapeau !), Vincent Ravalec (merci pour les bons tuyaux sur les scénarios), Jean-Christophe Rufin, Laurent Ruquier, Guy Savoy (toujours là, et quelle cuisine !), Jean-Pierre Siméon (j'adore ton âme de poète enthousiaste), Jean-Michel Wilmotte (grâce à l'ami Pierre Dentale), Gabriel Yared (souvenirs d'une soirée à la Philharmonie), Valérie Zenatti (merci pour ton idée de l'appli).

Enfin, sans les dizaines de personnes que j'ai appelées, croisées dans les couloirs, poursuivies de mes assiduités pour confirmer un fait, obtenir une anecdote, vérifier telle date ou glaner quelque confidence, avec qui j'ai partagé de plus ou moins longs échanges sur leur métier, leur lien avec la Maison. Sans toutes celles-là et tous ceux-là, je n'aurais jamais pu aller aussi loin dans mon travail autour de ce bâtiment mythique. Je les remercie chaleureusement et je vais essayer de n'oublier personne, pardon pour ceux qui auraient échappé à ma mémoire (et à mes notes...) :

Christophe Abramowitz (photographe d'art à qui je dois la très belle image de couverture), Julien Baldacchino, Guillaume Baldy, Romain Beignon, Hélène Béraud, Eva Bettan, Sophie Bissantz, Louis Bozon (complice et tendre ami de Marie Merier), Noëlle Bréham (merci pour ta joie de vivre), Marie Bricout, Fabienne Bureau, Élodie Callac,

Bernard Cantin (souvenirs sur la moto franceinfo…), Frédéric Carbonne (merci pour les cloisons), Pierre-Louis Castelli, Pascal Coulloux, Jean-Guillaume Courtois (merci pour le KB), Laurence Jacquet (merci pour tes archives perso), Cécile de David-Beauregard, Hervé Déjardin, Pascal Delannoy (merci pour ta vision de l'info et ton soutien sans faille), Françoise Demaria, Philippe Derrien, Bertrand Dicale (merveilleux historien de la culture populaire), Catherine Doumid, Philippe Duclos (merci pour tes recherches parallèles…), Alain Dumain, Bertrand Durand (merci pour ton regard passionné sur cette maison), Frédéric Durand, Nicolas d'Estienne d'Orves (merci pour tes conseils sur le portrait en creux), Alain Faucher (combien de spéciales en extérieur ?), David Federmann (merci pour les micros et bravo pour tes musiques), Pascal Francès, Éric Gérard (merci pour le toit), Camille Grabowski, Sidonie Guénin (merci pour la visite du socle), Gérard Holtz (merci pour tes souvenirs), Philippe Jourdan, Hélène Kouyoumdjian, Olivier de Lagarde (merci pour tes propos lors de ma dernière tranche d'actu en direct), Fañch Langoët, Olivier Laurent (merci pour tes années de patience), Emmanuel Laurentin, Pierre-Marie Lecerf (merci de m'avoir proposé d'être parrain des Donneurs de Voix), Jean Lebrun (quelle carrière), Jean-Michel Mainguy, Laurent Mandeix (merci pour l'escalier d'Arles et pour ton amitié de longue date), Janine Marc-Pezet, Guy Marchand, Emmanuel Martin, Jean-Guillaume Martin (merci pour ta disponibilité), Patricia Martin, Olivier Martocq, Farid Melab, Frédéric Michel, Frédéric Millet (merci de m'avoir ouvert tant de portes), Jean Montaldo, Roxane de Montalembert, Catherine Nicolle (merci pour les coulisses musicales), Corine Noël (merci pour ton efficacité), Jean-Christophe Ogier (merci pour les sarcophages), Marie-Laure Pauly, Jean-François Perreau, Régis Picart (merci pour notre longue complicité), Marie-Pierre

Planchon, Michel Polacco (merci pour ta mémoire), Jean-Marie Porcher (merci pour ton travail sur l'histoire), Catherine Pottier (que de passages d'antennes...), Michel Raichman, Cécile Ribault-Caillol, Benjamin Roger, Edwige Roncière, Cathy Rosier (merci pour quelques rappels), Jean-Christophe Rousseau, David Sadoun (merci pour tes précieux contacts), José Sarmento, Guy Senaux, Marina Sichantho, Valérie Solvit (merci de me faire partager ton amour des belles choses), Stéphane Spada, Marc Stelmès, Alain Tonolo, Jacques Vendroux, Éric Vigneron (souvenirs de Limoges...), Anne-Marie Vincent (merci pour les architectes), Éric Wapler.

Quelques livres complémentaires (liste non exhaustive)

Pierre ALBERT et André-Jean TUDESQ, *Histoire de la radio-télévision*, Presses universitaires de France, coll. « Que sais-je ? ».

José ARTUR, *Micro de nuit*, Stock.

—, *Au plaisir des autres*, Michel Lafon.

Henry BARRAUD, *Un compositeur aux commandes de la radio*, Fayard.

Marie BECCARELLI, *Micros de nuit. Histoire de la radio nocturne en France, 1945-2012*, Presses universitaires de Rennes.

Jean-Pierre BEDÉÏ, *L'info-pouvoir*, Actes Sud.

Henry BERNARD, *Paris majuscule.*

Thelma BOCQUET, *Le Charme du microphone*, UGA Éditions.

Michel BOUJUT, Barthélémy STANISLAS, Jacques TARDI, *Le Perroquet des Batignolles*, Dargaud.

Louis BOZON, *Mes petits sentiers*, Éditions du Toucan.

René CHABOUD, *Pleuvra, pleuvra pas. La météo au gré du temps*, Gallimard.

COLLECTIF (sous la direction d'Hervé Glevarec), *Histoire de la radio. Ouvrez grand vos oreilles !*, Silvana Editoriale.

COLLECTIF, *La « Maison » entrevue*, Éditions Radio France.

—, *La Maison de la radio 1963.*

—, *La Maison de la radio 2013*, Éditions Radio France.

—, *Des papous dans la tête, Les décraqués. L'anthologie*, Gallimard-France Culture.

Arthur CONTE, *Hommes libres*, Plon.

Gérard COURCHELLE, *Les Coulisses de la radio*, Éditions du Chêne.

Félicie Dubois, *La Cathédrale des ondes*, Plume.
Claude Frédéric, *Libérer l'ORTF*, Le Seuil.
Mathieu Gallet, *Jeux de pouvoirs*, Bouquins.
Hervé Glevarec, *France Culture à l'œuvre*, CNRS Éditions.
Anne-Marie Gustave et Valérie Peronnet, *La Saga France Inter*, Pygmalion.
Jean-Luc Hees, *Ces ondes merveilleuses*, Baker Street.
Jean-Noël Jeanneney, *Le Rocher de Süsten*, Le Seuil.
—, *La République a besoin d'histoire*, Le Seuil.
—, in *Les Lieux de l'histoire de France*, Perrin.
Fañch Langoët, *60 ans au poste. Journal de bord d'un auditeur*, L'Harmattan.
Blandine Masson, *Mettre en ondes*, Actes Sud.
Hervé Michel, *Les Grandes Dates de la télévision française*, Presses universitaires de France.
Jean Montaldo, *Dossier ORTF, tous coupables*, Albin Michel.
Danielle Moreau, *Les Enfants de la radio*, Hors collection.
Norbert Perreau, *La Maison de l'ORTF 1963.*
Jean-François Pinchon, *Édouard et Jean Niermans, du Trocadéro à la Maison de la radio*, Mardaga.
Christian Rosset (sous la dir.), *Yann Paranthoën, l'art de la radio*, Phonurgia nova.
Claude Samuel, *Panorama de l'art musical contemporain*, Gallimard.
Alain Veinstein, *Radio sauvage*, Le Seuil.
Charlie Zanello, *Maison ronde : Radio France de fond en comble*, Dargaud.

Table

Dans la même collection

Ouvrages parus

Philippe Alexandre
Dictionnaire amoureux de la politique

Albert Algoud
Dictionnaire amoureux de Tintin

Claude Allègre
Dictionnaire amoureux de la science

Metin Arditi
Dictionnaire amoureux de la Suisse
Dictionnaire amoureux de l'esprit français
Dictionnaire amoureux d'Istanbul

Pierre Assouline
Dictionnaire amoureux des écrivains et de la littérature

Jacques Attali
Dictionnaire amoureux du judaïsme

Alain Baraton
Dictionnaire amoureux des jardins
Dictionnaire amoureux des arbres

Christophe Barbier
Dictionnaire amoureux du théâtre

Jean-Baptiste Baronian
Dictionnaire amoureux de la Belgique

Alain Bauer
Dictionnaire amoureux de la franc-maçonnerie
Dictionnaire amoureux du crime

Anne-Laure Béatrix
Dictionnaire amoureux des musées

Frédéric Beigbeder
Dictionnaire amoureux des écrivains français d'aujourd'hui

Olivier Bellamy
Dictionnaire amoureux du piano
Dictionnaire amoureux de Chopin

Tahar Ben Jelloun
Dictionnaire amoureux du Maroc

Yves Berger
Dictionnaire amoureux de l'Amérique (épuisé)

Laurent Binet et Antoine Benneteau
Dictionnaire amoureux du tennis

Adam Biro
Dictionnaire amoureux de l'humour juif

Patrice Blanc-Francard
Dictionnaire amoureux du jazz

Denise Bombardier
Dictionnaire amoureux du Québec

Éric Bouhier
Dictionnaire amoureux de San-Antonio

Hervé Bourges
Dictionnaire amoureux de l'Afrique

Allain Bougrain Dubourg
Dictionnaire amoureux des oiseaux

Jean-Claude Carrière
Dictionnaire amoureux de l'Inde
Dictionnaire amoureux du Mexique

Jean des Cars
Dictionnaire amoureux des trains
Dictionnaire amoureux des monarchies

Michel del Castillo
Dictionnaire amoureux de l'Espagne

Antoine de Caunes
Dictionnaire amoureux du rock

Patrick Cauvin
Dictionnaire amoureux des héros (épuisé)

Jacques Chancel
Dictionnaire amoureux de la télévision

Malek Chebel
Dictionnaire amoureux de l'Algérie
Dictionnaire amoureux de l'islam
Dictionnaire amoureux des Mille et Une Nuits

Jean-Loup Chiflet
Dictionnaire amoureux de l'humour
Dictionnaire amoureux de la langue française

Catherine Clément
Dictionnaire amoureux des dieux et des déesses

Richard Collasse
Dictionnaire amoureux du Japon

André Comte-Sponville
Dictionnaire amoureux de Montaigne

Gérard de Cortanze
Dictionnaire amoureux des Sixties

Xavier Darcos
Dictionnaire amoureux de la Rome antique
Dictionnaire amoureux de l'école

Bernard Debré
Dictionnaire amoureux de la médecine

Jean-Louis Debré
Dictionnaire amoureux de la République

Alain Decaux
Dictionnaire amoureux d'Alexandre Dumas

Didier Decoin
Dictionnaire amoureux de la Bible
Dictionnaire amoureux des faits divers

André Deledicq et Mickaël Launay
Dictionnaire amoureux des mathématiques

Jean François Deniau
Dictionnaire amoureux de la mer et de l'aventure

Bertrand Dicale
Dictionnaire amoureux de la chanson française

Alain Duault
Dictionnaire amoureux de l'opéra

Alain Ducasse
Dictionnaire amoureux de la cuisine

Vincent Duluc
Dictionnaire amoureux de la Coupe du monde

Benoît Duteurtre
Dictionnaire amoureux de la Belle Époque et des Années folles

Jean-Paul et Raphaël Enthoven
Dictionnaire amoureux de Marcel Proust

Nicolas d'Estienne d'Orves
Dictionnaire amoureux de Paris
Dictionnaire amoureux du mauvais goût

Vladimir Fédorovski
Dictionnaire amoureux de Saint-Pétersbourg

Dominique Fernandez
Dictionnaire amoureux de la Russie
Dictionnaire amoureux de l'Italie
(deux volumes sous coffret)
Dictionnaire amoureux de Stendhal

Franck Ferrand
Dictionnaire amoureux de Versailles

Luc Ferry
Dictionnaire amoureux de la philosophie

Élisabeth de Feydeau
Dictionnaire amoureux du parfum

Jean-Louis Fournier
Dictionnaire amoureux du Nord

Patrice Franceschi
Dictionnaire amoureux de la Corse

José Frèches
Dictionnaire amoureux de la Chine

Max Gallo
Dictionnaire amoureux de l'histoire de France

Adrien Goetz
Dictionnaire amoureux de la Toscane

René Guitton
Dictionnaire amoureux de l'Orient

Claude Hagège
Dictionnaire amoureux des langues

Hervé Hamon
Dictionnaire amoureux des îles

Daniel Herrero
Dictionnaire amoureux du rugby
Dictionnaire amoureux du rugby des temps modernes
Dictionnaire amoureux de l'Ovalie

Homeric
Dictionnaire amoureux du cheval

Francis Huster
Dictionnaire amoureux de Molière

Gilles Jacob
Dictionnaire amoureux du Festival de Cannes

Régis Jauffret
Dictionnaire amoureux de Flaubert

Vincent JAUVERT
Dictionnaire amoureux de l'espionnage

Daniel JOUANNEAU
Dictionnaire amoureux de la diplomatie

Serge JULY
Dictionnaire amoureux du journalisme
Dictionnaire amoureux de New York

Alain JUPPÉ
Dictionnaire amoureux de Bordeaux

Christian LABORDE
Dictionnaire amoureux du Tour de France

Jacques LACARRIÈRE
Dictionnaire amoureux de la Grèce
Dictionnaire amoureux de la mythologie (épuisé)

André-Jean LAFAURIE
Dictionnaire amoureux du golf

Pierre et Olivier DE LAGARDE
Dictionnaire amoureux du patrimoine

LAINE
Dictionnaire amoureux de la liberté

Jack LANG
Dictionnaire amoureux de François Mitterrand

Gilles LAPOUGE
Dictionnaire amoureux du Brésil

François LAROQUE
Dictionnaire amoureux de Shakespeare

Michel LE BRIS
Dictionnaire amoureux des explorateurs

Bernard LECOMTE
Dictionnaire amoureux des papes

Anne LEHOËRFF
Dictionnaire amoureux de l'archéologie

Nicole LE DOUARIN
Dictionnaire amoureux de la vie

Jean-Yves LELOUP
Dictionnaire amoureux de Jérusalem

Pierre LEMAITRE
Dictionnaire amoureux du polar

Évelyne Lever
Dictionnaire amoureux des reines

Mathilde Levesque
Dictionnaire amoureux de l'éloquence

Paul Lombard
Dictionnaire amoureux de Marseille

Peter Mayle
Dictionnaire amoureux de la Provence

Michel Meyer
Dictionnaire amoureux de l'Allemagne

Christian Millau
Dictionnaire amoureux de la gastronomie

Richard Millet
Dictionnaire amoureux de la Méditerranée

François et Valentin Morel
Dictionnaire amoureux de l'inutile

Pierre Nahon
Dictionnaire amoureux de l'art moderne et contemporain

Alexandre Najjar
Dictionnaire amoureux du Liban

Henri Pena-Ruiz
Dictionnaire amoureux de la laïcité

Gilles Perrault
Dictionnaire amoureux de la Résistance

Jean-Christian Petitfils
Dictionnaire amoureux de Jésus

Loïck Peyron
Dictionnaire amoureux de la voile

Jean-Robert Pitte
Dictionnaire amoureux de la Bourgogne

Bernard Pivot
Dictionnaire amoureux du vin

Gilles Pudlowski
Dictionnaire amoureux de l'Alsace

Yann Queffélec
Dictionnaire amoureux de la Bretagne
Dictionnaire amoureux de la mer

Christiane Rancé
Dictionnaire amoureux des saints

Alain Rey
Dictionnaire amoureux des dictionnaires
Dictionnaire amoureux du diable

François Rollin
Dictionnaire amoureux de la bêtise

Pierre Rosenberg
Dictionnaire amoureux du Louvre

Jean-Marie Rouart
Dictionnaire amoureux de Jean d'Ormesson

Élisabeth Roudinesco
Dictionnaire amoureux de la psychanalyse

Marcel Rufo
Dictionnaire amoureux de l'enfance et de l'adolescence

Ève Ruggieri
Dictionnaire amoureux de Mozart

Danièle Sallenave
Dictionnaire amoureux de la Loire

Elias Sanbar
Dictionnaire amoureux de la Palestine

Savary
Dictionnaire amoureux du spectacle (épuisé)

Jean-Noël Schifano
Dictionnaire amoureux de Naples

Alain Schifres
Dictionnaire amoureux des menus plaisirs (épuisé)
Dictionnaire amoureux du bonheur

Robert Solé
Dictionnaire amoureux de l'Égypte

Philippe Sollers
Dictionnaire amoureux de Venise

Sébastien Spitzer
Dictionnaire amoureux de Victor Hugo

Michel Tauriac
Dictionnaire amoureux de De Gaulle

Frédéric Thiriez
Dictionnaire amoureux de la montagne

Bernard THOMASSON
Dictionnaire amoureux de la Maison de la radio et de la musique

Denis TILLINAC
Dictionnaire amoureux de la France
Dictionnaire amoureux du catholicisme
Dictionnaire amoureux du Général

Trinh Xuan THUAN
Dictionnaire amoureux du ciel et des étoiles

André TUBEUF
Dictionnaire amoureux de la musique

Jean TULARD
Dictionnaire amoureux du cinéma
Dictionnaire amoureux de Napoléon

Mario VARGAS LLOSA
Dictionnaire amoureux de l'Amérique latine

Hubert VÉDRINE
Dictionnaire amoureux de la géopolitique

Dominique VENNER
Dictionnaire amoureux de la chasse

Jacques VERGÈS
Dictionnaire amoureux de la justice

Pascal VERNUS
Dictionnaire amoureux de l'Égypte pharaonique

Frédéric VITOUX
Dictionnaire amoureux des chats

Olivier WEBER
Dictionnaire amoureux de Joseph Kessel

Jean-Michel WILMOTTE
Dictionnaire amoureux de l'architecture

Denis ZERVUDACKI
(sous la direction de)
Dictionnaire amoureux de l'entreprise et des entrepreneurs

À paraître

Mohammed AÏSSAOUI
Dictionnaire amoureux d'Albert Camus

Alain MINC
Dictionnaire amoureux du pouvoir

Pour en savoir plus
sur les Éditions Plon
(catalogue, auteurs, vidéos, actualités...),
vous pouvez consulter
www.plon.fr
www.lisez.com

lisez!

et nous suivre sur les réseaux sociaux

Editions Plon

@EditionsPlon

@editionsplon

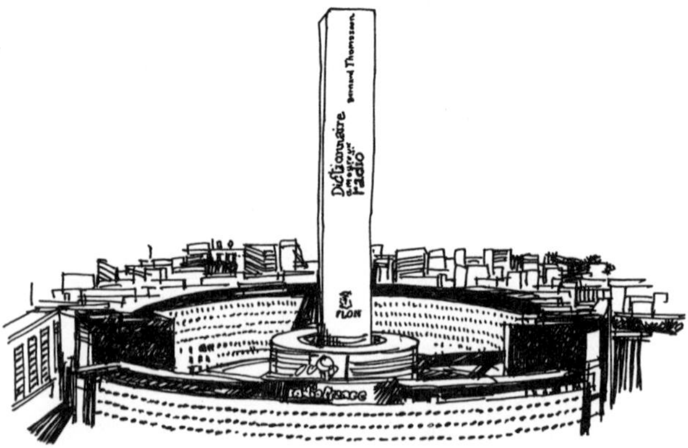

Achevé d'imprimer en octobre 2023
par Normandie Roto Impression s.a.s.
61250 Lonrai
N° d'impression : 2303045

Imprimé en France